Horst Bosetzky

Der König vom Feuerland

August Borsigs Aufstieg in Berlin

Jaron Verlag

Originalausgabe
1. Auflage 2011

www.jaron-verlag.de
Umschlaggestaltung: Bauer + Möhring, Berlin, unter Verwendung eines Gemäldes von Karl Eduard Biermann (Borsig's Maschinenbauanstalt zu Berlin)
Satz: Pinkuin Satz und Datentechnik, Berlin
Druck und Bindung: GGP Media GmbH, Pößneck

ISBN 978-3-89773-668-9

Prolog
15. März 1854

»Borsig!«, stöhnte Ludwig Rellstab, wieder einmal bei Varnhagen von Ense eingeladen. »Hören Sie auf mit unserem König der Lokomotiven! Ich soll für die *Vossische Zeitung* zu seinem fünfzigsten Geburtstag im Juni eine ganze Seite über ihn schreiben, ein umfassendes Lebensbild entwerfen – und habe bis jetzt nicht eine einzige Zeile zu Papier gebracht.«

»Da geht es Ihnen wie mir«, fügte Friedrich von Gräbendorff an. »Ich sitze an der Rede, die mein Minister bei der großen Feier am 25. dieses Monats halten soll.«

Karl Varnhagen von Ense brauchte einige Sekunden, bis ihm die Zusammenhänge klargeworden waren. »Sie meinen also unseren preußischen Handelsminister August von der Heydt. Geht es um Borsigs fünfhundertste Lokomotive?«

Der Assessor nickte. »So ist es. Aber ich bekomme das Phänomen August Borsig nicht in den Griff, ich verstehe nicht, wieso ausgerechnet dieser Mensch zu dem geworden ist, was er heute ist. Es hätte eigentlich nicht sein dürfen. Aller Logik zufolge hätte es dieser Mann höchstens bis zum Meister einer kleinen Zimmerei im hintersten Winkel Preußens bringen können.«

»Versuchen Sie es mit dem Begriff *telos*!«, riet ihm Gottfried Keller, der aufmerksam zugehört hatte.

»Pardon, wenn Sie mir bitte einmal …« Friedrich von Gräbendorff war Jurist und wusste mit dem Begriff *telos* nichts anzufangen.

Gottfried Keller war so weit mit allen philosophischen Grundbegriffen vertraut, dass er ihm in knappen Worten erklären konnte, worum es hierbei ging: »Aristoteles zufolge hat alles ein *telos*, ein ihm eigenes Ziel, und strebt an, es zu erreichen – mit anderen Worten, das zu werden, was ihm vorgegeben ist. Eine Eichel hat das *telos*, eine Eiche zu werden. Das ist ihr Endzweck. Ein immanenter Endzweck ist Bestandteil der Grundstruktur aller Wirklichkeit.«

»Ah …«, machte von Gräbendorff, und es war ihm deutlich anzusehen, dass er noch immer nicht so richtig verstand, was es mit der Teleologie auf sich hatte.

Varnhagen versuchte, ihm mit einem Scherz auf die Sprünge helfen. »Ich schlendere die Linden hinunter und treffe meinen Freund Samuel Goldstein mit seinen beiden Enkelkindern. Wie alt denn die Kleinen seien, will ich wissen. Antwortet Goldstein: ›Der Leibarzt des Königs ist fünf, der Geheime Oberregierungsrath wird sieben.‹«

Ludmilla Assing, Varnhagens Nichte, die Gottfried Keller wie auch den Assessor ins Haus gebracht hatte, verfolgte eine ähnliche Spur. »Das erinnert mich an Calvins Prädestinationslehre. Die Geschichte wird bedingt durch die Errettung der Auserkorenen und die Bestrafung der Zurückgewiesenen. Für Calvin bleibt es unergründlich, warum Gott in der Vorhersehung die einen zum Glück und die anderen zum Verderben bestimmt.«

Varnhagen verzog ein wenig das Gesicht. »Warum denn alles so verkomplizieren! Es war ganz einfach die Zeit, die Menschen wie Borsig hervorgebracht hat. Die entscheidenden Erfindungen waren außerhalb Preußens gemacht worden, und wenn wir nicht hinter alle anderen Staaten zurückfallen wollten – insbesondere hinter England –, musste in unserem Lande etwas geschehen, mussten wir Verkehr und Maschinenbau entwickeln. Beuth hat das als Erster begriffen, und ohne Beuth hätten wir keinen Borsig. Es lag ganz einfach in der Luft.«

Seine Nichte wollte sich damit nicht zufriedengeben. »Schön und gut, lieber Onkel, doch diese Rolle, diese Aufgabe hätten auch hundert andere übernehmen und erfüllen können. Warum aber gerade unser Borsig?«

Ludwig Rellstab, der August Borsig schon einige Male begegnet war, hatte eine zusätzliche Erklärung parat: »Weil er ein Besessener ist!«

Gottfried Keller nickte. »So ist es. Letztlich siegen immer die, die von einer Idee oder einer Mission besessen sind, die voller Hingabe an die für sie heilige Sache sind und alles andere in ihrem Leben nur diesem einen großen Ziel unterordnen.«

Varnhagen lachte. »Da spricht jemand aus Erfahrung!« Alle wussten, dass der Schweizer jeden Tag und jede Nacht in seiner kleinen Wohnung am Gensdarmen-Markt saß und in qualvoller Arbeit seinen Roman *Der grüne Heinrich* zu vollenden suchte.

»Langsam beginne ich zu begreifen«, sagte von Gräbendorff.

»Wie schön«, sagte Ludmilla Assing, wobei sie sich des spöttischen Tons nicht ganz enthalten konnte. »Auch wenn alles letztendlich unbegreiflich ist. Soweit ich August Borsig kenne, ist er nicht ganz frei von Selbstüberhöhung.«

Varnhagen konnte nicht anders, als ihr zuzustimmen. »Ganz recht. Ich erinnere nur an die Frage eines Besuchers, warum er denn am Eingang zum Fabrikgelände keine Statue des Königs habe aufstellen lassen, sondern die eines Schmiedes. Die Antwort: ›Hier passt kein König her, hier ist der Schmied der König.‹ Wobei anzumerken ist, dass sich Borsig selbst in erster Linie immer als Schmied gesehen hat und nicht als Zimmermann, Maschinenbauer oder Fabrikherr.«

Gottfried Keller blickte zu Ludmilla Assing hinüber. »Das wäre doch ein Roman für Sie …«

Varnhagens Nichte winkte ab. »Nein, eher für Sie oder unseren wackeren Rellstab hier. Ich schlage den Titel vor: *Mutmaßungen über Borsig*.«

»Ich bin in erster Linie Musikkritiker und Dichter!«, rief Ludwig Rellstab.

Auch Gottfried Keller winkte ab. »Ich habe mit *Der grüne Heinrich* genug zu tun, und dann sind *Die Leute von Seldwyla* an der Reihe. Außerdem bin ich kein Preuße.«

Varnhagen lachte. »Schiller war auch kein Franzose und Goethe kein Holländer, und sie haben trotzdem *Die Jungfrau von Orleans* und *Egmont* zu Papier gebracht.«

Der Assessor stieß einen tiefen Seufzer aus. »Das alles kann ich doch meinen Minister nicht referieren lassen! Er ist Bankier von Hause aus.«

Ludmilla Assing, die als Feuilletonistin und Romanautorin viele Erfahrungen gesammelt hatte, wusste einen Ausweg. »Gehen Sie bei Borsig vorbei und lassen sich von ihm erzählen, wie das alles gewesen ist in seinem Leben. Sie brauchen ja nicht damit anzufangen, wie er in der Wiege gelegen hat und was er als Knabe alles so gedacht und gemacht hat.«

»Eine vortreffliche Idee!«, sagte Varnhagen. »Aber so viel Aufwand für ein paar Worte des Ministers? Dazu ist unser lieber Borsig doch viel zu beschäftigt, als dass er die Zeit dafür hätte.«

»Ich komme mit!«, rief Ludwig Rellstab. »Bei mir wird er nicht so leicht ablehnen können. Und ich kenne einige Leute, die uns die Türe öffnen könnten, Heinrich Strack zum Beispiel, seinen Hofarchitekten.«

Friedrich von Gräbendorff bedankte sich und verließ, Ludwig Rellstab im Schlepp, die kleine Gesellschaft, um in das Dienstgebäude des Handelsministers zurückzukehren, in die ehemalige Gold- und Silbermanufactur in der Wilhelmstraße 79. Dort war es in letzter Zeit sehr laut, denn das Gebäude wurde nach Plänen von Friedrich August Stüler um ein Stockwerk erhöht. An seinem Schreibtisch angekommen, läutete er nach dem Bureaudiener und fragte das devote Männlein, ob etwas Wichtiges anliegen würde. Das war nicht der Fall.

»Gut, dann bin ich den Nachmittag über außer Haus. Sollte der Herr Minister nach mir fragen, so richten Sie ihm bitte aus, dass ich wegen der Rede zur fünfhundertsten Borsig-Lokomotive unterwegs bin.«

Damit verließen die beiden Männer das Ministerium und schlenderten zum Gensdarmen-Markt, denn es war zu vermuten, dass sich Heinrich Strack zu dieser Zeit im Café Stehely aufhalten würde. Und richtig, er saß dort im Roten Salon an einem der hinteren Tische und war in die Lektüre der *Vossischen Zeitung* vertieft. Rellstab trat näher, entschuldigte sich für die Störung, stellte von Gräbendorff vor und bat, kurz sein Anliegen vortragen zu dürfen.

»Aber natürlich!«, rief Heinrich Strack, hörte sich alles an und versprach, mit Borsig in den nächsten Tagen zu reden. »Ich vermute einmal, dass der Gute sich geschmeichelt fühlen und Ihrem Besuch zustimmen wird.«

Keine Woche später saßen sie August Borsig in dessen Moabiter Villa gegenüber und fragten ihn, wie denn wohl bei ihm alles angefangen und seinen Lauf genommen habe.

»Nun, meine Herren ...« Borsig schloss die Augen, um sich zu sammeln. »Ich sehe alles noch genau vor mir ... Auch wie ich als Kind durch die Werkstatt meines Vaters laufe und mir überall Splitter einreiße ... Aber ich will nicht zu weit ausholen ... Die Zeit der französischen Besatzung lassen wir am besten beiseite und beginnen erst mit den Tagen, da ich schon ein reifer Knabe war, dreizehn Jahre alt, und mich darin übte, ein tüchtiger Zimmermann zu werden. Anderes schien in meiner Familie auch gar nicht möglich. Nun denn, wir schreiben das Jahr 1817 und begeben uns nach Breslau in die Neudorfstraße ...«

Kapitel eins
1817

Obwohl er Klassenbester war, ging August Borsig nicht gern zur Schule, aber sie gehörte halt zum Leben. Und die längste Zeit hatte er schon hinter sich, bald wurde er konfirmiert und kam in die Lehre.

»Wo war ich stehengeblieben?«, fragte der Lehrer hoch oben vom Katheder her.

»Nirgendwo«, antwortete Walter Rawitsch, Borsigs Freund und Nebenmann. »Sie sitzen doch.«

Das Gelächter der anderen quittierte Wilhelm Mistek damit, dass er Rawitsch nach vorne kommandierte. Das konnte er gut, denn er war ein altgedienter preußischer Feldwebel. Rawitsch musste die Finger seiner rechten Hand ausstrecken und nach oben drehen. Die fünf Hiebe mit der Haselrute steckte der Junge weg, ohne aufzuschreien. Er galt als harter Hund, und alle bewunderten ihn – auch Borsig. Mit Leuten wie Walter Rawitsch hätten sich die Preußen 1806 bei Jena und Auerstedt nicht so schmählich in die Flucht schlagen lassen.

»Beim Hausbau bin ich stehengeblieben«, sagte Mistek. »Da liegen Steine, Ziegel, Mörtel und Balken auf dem Boden herum – und ein Jahr später steht dort ein wunderschönes Haus. Wie kommt das?«

Mehrere Finger schnellten in die Höhe, denn die Antwort schien nicht schwer. »Weil da Maurer, Zimmerleute und Dachdecker am Werke waren.«

Mistek nickte. »Richtig! Aber kommen die am Morgen einfach so auf die Baustelle und fangen nach Lust und Laune an, der eine greift sich einen Stein, der andere einen Balken – und dann macht jeder Seins?«

»Nein, da ist noch ein Polier, der aufpasst!«, rief Walter Rawitsch.

Der Lehrer herrschte ihn an: »Du schreibst zu Hause fünfzig Mal: Ich habe mich in der Schule zu melden, bevor ich den Mund aufmache. Doch ansonsten gut beobachtet. Da ist also ein Polier, der alles überwacht. Aber reicht das?«

Nun gab es nur noch einen, der sich meldete – und das war August Borsig. »Nein, da muss vorher einer sein, der sich ausgedacht hat, wie das Haus gebaut werden soll.«

»Bravo, Borsig! Und wie nennt man einen solchen Mann?«

Und wieder wusste nur Borsig, was gemeint war. »Einen Baumeister. Knobelsdorff.«

Mistek war beeindruckt. Was dieser Zwölfjährige schon alles wusste! Dennoch musste er schmunzeln. »Nun, der Erbauer des Berliner Opernhauses und des Schlosses von Sanssouci wird nicht gerade zum Breslauer Ring kommen, um hier ein Bürgerhaus zu errichten, zumal er seit 1753 tot ist. Aber es stimmt, dass es neben den Materialien und der menschlichen Arbeitskraft jemanden geben muss, der eine Idee hat und sie zu Papier bringt, also Zeichnungen anfertigt, nach denen sich der Polier und die Maurer und Zimmerleute zu richten haben. Aber wer ist es, der dem Baumeister seine Idee eingibt?« Keiner meldete sich, was Mistek etwas verstimmte. Nur gut, dass der Pfarrer nicht im Schulhaus war und ihn wegen dieses Mangels tadelte! August Borsig war seine letzte Hoffnung. »Nun, wer fehlt uns noch, wenn ein vortreffliches Haus entstehen soll?«

Borsig überlegte einen Augenblick. »Na, der Bauherr.«

Mistek runzelte die Stirn. »Wie?«

»Na, einer muss doch das Geld haben und dem Architekten sagen, wie er das Haus haben will, und nachher die Arbeiter und die Steine und Balken und das alles bezahlen.«

»Gut, das mag ja sein, aber die alles entscheidende Kraft ist Gott. Ohne den Willen und die Gnade des Herrn geht es nicht.« Und er erhob sich, um an die Tafel zu gehen und zu schreiben:

Johannes 4, 24: Gott ist Geist.
Markus 9, 23: Alle Dinge sind möglich dem, der da glaubt.

Seit der Völkerschlacht bei Leipzig und dem Ende der Befreiungskriege waren nicht einmal dreieinhalb Jahre vergangen, und im Januar 1817 zeigte sich das preußische Bürgertum ebenso erschöpft wie resigniert. Die Erschöpfung rührte vom langen Kampf gegen Napoleon her, die Resignation hatte ihren Grund in den geplatzten Träumen, denn beim Wiener Congress war allen liberal-demokratischen und patriotisch-nationalen Bestrebungen ein Riegel vorgeschoben worden. Der König hatte seinem Volk eine Verfassung versprochen, dieses Versprechen aber niemals eingelöst. Das fortschrittliche Bürgertum zog sich in seine vier Wände zurück, die Zeit der Restauration und des Biedermeiers begann. In Europa gingen die Uhren nun langsam und in Breslau noch etwas langsamer, doch aufzuhalten war das neue Zeitalter – das der Industrie – nicht mehr. Keiner hatte eine Ahnung von dem, was in den nächsten fünfzig Jahren passieren sollte, auch August Borsig nicht, obwohl er eine herausragende Persönlichkeit dieses neuen Zeitalters werden sollte.

Trafen sie sich im kleinen Haus des Zimmermannes Johann George Borsig in der Neudorfstraße, um zu Abend zu essen, dann redeten sie weniger über die Zukunft als über das, was gewesen war. Den Ton gab der Vater an, und auch heute kam er wieder auf die Schlacht bei Großgörschen zu sprechen, die am 2. Mai 1813 geschlagen worden war und an der er als Kürassier im Regiment von Dolffs teilgenommen hatte.

»Wir haben beim Dorfe Starsiedel gestanden, und als die Brigade Klüx die Franzosen angegriffen hat, sind wir nach links herausgerückt, um deren Flanke zu decken. Doch schnell ist alles ins Stocken geraten.«

August Borsig hörte zwar zu, aber das Ganze interessierte ihn nur wenig. Als Napoleon Einzug in Berlin gehalten hatte, war er noch zu klein gewesen, das alles zu begreifen, und erst die schrecklichen Berichte und Bilder vom Russlandfeldzug 1812/13 hatten sich bei ihm eingebrannt. Da war er schon acht Jahre alt, und Alpträume quälten ihn. Wie der Sturm über die Ebene an der Beresina fegte und plötzlich eine Hand aus einer hohen Schneewehe ragte … Ein dunkelblauer Uniformärmel mit rotem Aufschlag folgte ihr … Ein französischer Grenadier kam zum Vorschein … In seiner Brust steckte ein Bajonett. Da schrie August dann mitten im Schlaf auf. Auch an die vielen Soldaten musste er denken, die durch Breslaus Straßen gelaufen waren, an die blauen Grenadiere des Franzosenkaisers, an die schwarzen Kosacken, an die bunten Jäger und Reiter. Der Vater war auf einem Braunen als stolzer Kürassier durch Breslau geritten, und seine prächtige Uniform hing noch immer im Schrank. Auch den langen, breiten Säbel hatte er aufbewahrt, den Helm, das Bandolier und die schweren, hohen Reiterstiefel mit den angeschnallten Sporen. Das alles erfüllte den Jungen eher mit Angst denn mit Ehrfurcht. Krieg und Soldatensein waren einfach nicht seine Sache. Dazu war er zu weich, das fühlte er, nahm es aber nicht als Mangel, zumal für ihn feststand, dass es, solange er lebte, keinen Krieg mehr geben würde.

Der Vater kam von seinen Erinnerungen nicht mehr los. »Fast vier Jahre sind es nun her … Mitte März, Schnee und Eis waren gerade weggetaut, da zieht der Zar in Breslau ein … Und unser König lässt an alle Mauern große Bögen mit seinen Aufrufen anschlagen: *An mein Volk!* Jetzt geht es gegen den verhassten Franzosenkaiser. Das schlesische Freikorps wird in der Kirche von Rogau eingesegnet, und alle singen … Na, was singen sie?«

Er sah die Seinen erwartungsvoll an, aber nur August kannte den Text. Mistek hatte ihn den Kindern wochenlang eingetrichtert. Und so konnte der Junge das Lied nun aufsagen:

Der Herr ist unsere Zuversicht,
Wie schwer der Kampf auch werde.
Wir streiten ja für Recht und Pflicht
Und für die heil'ge Erde.
Drum retten wir das Vaterland,
So tat's der Herr durch unsere Hand. Dem Herrn
allein die Ehre!

»Bravo!«, rief der Vater. »So ist es recht für einen guten Preußen. Theodor Körner hat das gedichtet, einer, der in Major Lützows Freischar mitgekämpft hat.«

August hatte noch deutlich das Bild vor Augen, wie sich auf den Plätzen Breslaus ganze Züge von Freiwilligen gebildet hatten, um sich in den Bierschenken für das Lützow'sche Corps einschreiben zu lassen. Was war er froh gewesen, erst neun Jahre alt zu sein! Denn es grauste ihm davor, von einer französischen Kugel niedergestreckt zu werden, bevor er richtig gelebt hatte. Als dann der Kanonendonner über die Hügel Schlesiens gerollt war, hatten die anderen Jungen beim Soldatenspiel als Blücher und Gneisenau, als Ney und Marmot agiert, er dagegen hatte die Rolle des Feldschers, der sich um die Verwundeten zu kümmern hatte, zugewiesen bekommen. Keiner traute ihm zu, ein richtiger Feldherr zu sein – was ihn ziemlich kränkte. Mit in den Jubel eingefallen aber war er, als im Oktober überall in Schlesien die Glocken des Sieges geläutet hatten.

Nach dem Essen hockte man dann im milden Schein einer Rüböllampe gemütlich auf der hölzernen Bank, die sich um den grünen Kachelofen zog, und beschäftigte sich bis zur Schlafenszeit mit nützlichen Dingen. August, sein Vater und sein Bruder Gottlieb schnitzten Figuren, Tiere zumeist, und Flöten, während die Mutter und seine größeren Schwestern, die Susanne und die Eleonore, strickten. Luise, das Nesthäkchen, gerade einmal drei Jahre alt, schlief schon selig in der Kammer der Eltern.

An der Wand hing der kunstvoll gezeichnete Stammbaum der Familie Borsig, und aus dem ging hervor, dass es für die Männer eigentlich nur einen Beruf gegeben hatte: den des Zimmermanns. Und auch August Borsig zweifelte keinen Augenblick daran, Zimmermann zu werden. Wie sein Vater, wie sein Großvater, wie sein Onkel Christian. »Das liegt uns eben im Blut«, hieß es. Und nach dem Geruch frischen Holzes war der Junge geradezu süchtig. Holz war ein lebendiger Stoff, Holz konnte man formen. Aus einer biegsamen Rute wurde ein Flitzbogen, aus einem Klotz schnitzte er einen Kopf, aus Brettern und Balken baute er sich hinten im Garten ein Häuschen oben in der Baumkrone. Und in jeder freien Minute besuchte er seinen Vater, um ihm auf der Baustelle zur Hand zu gehen, vor allem aber, um zu schauen und zu lernen. Mit seinen zwölf Jahren wusste er schon eine Menge über die Kunst des Dachstuhlbaus. Der Stuhl war ein Gestell, auf dem die Holzkonstruktion ruhte, welche wiederum die Dachhaut trug. Und selbstverständlich wusste er, was Sparren waren, Firstbretter und Fuß- und Mittelpfetten.

Der Winter war lang, und es gab für einen Zimmermann wenig zu tun, und so freute sich Johann George Borsig, als er Anfang Februar von Meister Ihle den Auftrag erhielt, zu einer kleinen, aber sehr dringenden Reparatur ins Haus des Geheimen Regierungsraths Ludger Krauthausen zu eilen. Der Sturm in der gestrigen Nacht habe dessen altersschwachen Schornstein einstürzen lassen, und dabei seien nicht nur die Dachziegel zerschlagen worden, sondern auch einige morsche, weil von Würmern zerfressene Sparren zu Bruch gegangen.

Es war Sonntag, und so fragte August, ob er den Vater begleiten dürfe. Es wurde ihm zugestanden, und so machten sich beide gleich nach dem Frühstück auf den Weg. Es war die Schweidnitzer Vorstadt zu durchqueren, bis sie den Stadtgraben erreichten. Dem folgten sie Richtung Westen, um nach knapp einem Kilometer den Königsplatz zu erreichen, von dem die Nicolaistraße abging. Hier, zwischen Barbara-Kirche und Residenz-Theater, hatte Krauthausen, der aus den preußischen Rheinprovinzen an die Oder versetzt worden war, Quartier genommen. Gerade hatten sie ihr Ziel erreicht, da kam auch Meister Ihle mit seinem Pferdefuhrwerk, und sie luden erst einmal alle Hölzer ab, die sie brauchten, um die maroden Teile zu ersetzen.

»Dann wünsche ich frohes Schaffen!«, sagte Ihle und machte sich wieder auf den Heimweg, um seine Sonntagsruhe zu genießen. Sein Polier würde es schon richten.

Das Mädchen öffnete ihnen, nachdem sie am Klingelzug gerissen hatten, und führte sie auf den Dachboden hinauf.

Bis zum Mittagessen hatten Vater und Sohn alles sauber ausgebessert, so dass der Dachdecker gerufen werden konnte. Als sie wieder herabgestiegen waren und auf dem Weg zur Straße waren, ging im Hausflur unten eine Tür auf, und eine weißgekleidete Gestalt erschien.

»Ein Gespenst!«, rief August Borsig und wich im Reflex zurück.

Doch wer ihnen da den Weg verstellte, war kein anderer als Ludger Krauthausen, eine der berühmten rheinischen Frohnaturen. Untersetzt und schwarzhaarig war er, was nur daran liegen konnte, dass vor rund zweitausend Jahren ein römischer Legionär ein germanisches Mädchen geschwängert hatte. Um sich ein bisschen Heimat nach Schlesien zu holen, wollte er am Fastnachtssonntag einen närrischen Maskenball feiern.

»Und zu dieser Maskerade gehe ich als Kaiser Nero«, erklärte er den Borsigs. »Meine Frau hat mir gerade meine Toga abgesteckt.« Er bemerkte die fragenden Augen des Jungen. »Du weißt nicht, wer Nero war?«

»Doch …« August Borsig zögerte mit einer Erläuterung, da er sie als unschicklich empfand. Aber der Geheime Rath schien ja Spaß zu verstehen, und so sagte er schließlich, dass Nero der im letzten Jahr verstorbene Hund des Zimmermeisters Ihle gewesen sei.

Krauthausen lachte und nahm sich die Zeit, dem Jungen einen kleinen Vortrag zu halten. »Nero kam aus der julisch-claudischen Dynastie und war von 54 bis 68 nach Christi Geburt Kaiser des Römischen Reiches. Er sah sich als großer Dichter und Sänger, und kurz vor seinem Tod soll er immer wieder ausgerufen haben: ›Welch Künstler geht mit mir zugrunde!‹«

Kaiser sein, Herr und Herrscher über viele Menschen, das faszinierte August Borsig. Nicht immer nur Befehle entgegennehmen – ob nun vom Vater oder von Mistek –, sondern tun und lassen, was man selbst wollte. Von nun an träumte er immer wieder, einmal Herr zu sein.

Den Borsigs selbst verging die Lust zum Feiern, denn aus Nieder-Pontwitz kam die Nachricht, dass die Oma im Alter von 68 Jahren unerwartet verstorben war. Die Großeltern hießen noch

Burzik, George und Johanna Burzik, und erst als ihr Sohn Johann George nach Breslau gegangen und Susanna Catharina Werner geehelicht hatte, war durch einen Schreibfehler des Standesbeamten aus Burzik Borsig geworden. Manche vermuteten auch, er habe den Namen still und heimlich eindeutschen wollen oder aber Borsig für wohlklingender gehalten als Burzik.

Von Breslau nach Nieder-Pontwitz, das im Fürstenthum Oels gelegen war, brauchten sie bei bitterer Kälte und auf teils noch vereisten Straßen mit der Kutsche, die sie sich geliehen hatten, mehr als drei Stunden, und sie kamen gerade vor der Dorfkirche an, als der Pfarrer zur Rede ansetzte.

»Wir sind traurig, Herr, denn wir müssen für immer Abschied nehmen von einem Menschen, der uns so vertraut war wie niemand sonst. Mit seinem Tod geben wir auch einen Teil von uns selbst dahin.«

Da schossen dem Jungen die Tränen in die Augen. Zwar war in den Tagen der Napoleonischen Kriege viel vom Sterben die Rede gewesen, aber immer hatte es nur die anderen getroffen, und es war Mitleid gewesen, aber nicht Leid. Seine Großmutter war auch einmal so jung gewesen wie er, ein gesundes und kraftvolles Mädchen … Nun lag sie im Sarg, und auch er würde am Ende seiner Tage in einem solchen Sarg liegen, während die anderen trauerten. In diesen Sekunden begriff August Borsig, dass auch er sterblich war, und das war für ihn eine furchtbare Erkenntnis. Zugleich schoss ihm der Gedanke durch den Kopf, dass es Menschen gab, die unsterblich waren, Friedrich II. von Preußen oder dieser Kaiser Nero beispielsweise. Nur wer Großes leistete, konnte damit rechnen, unsterblich zu werden.

Der Rest des Februars und der März 1817 verliefen ohne Ereignisse, die sich im Gedächtnis der Jungen festgesetzt hätten, und das Gleichmaß der Tage wurde erst mit den Ostertagen beendet. Der Ostersonntag fiel in diesem Jahr auf den 6. April, und am Karfreitag kam seine Tante Anna, die fünf Jahre jüngere Schwester seines Vaters, für ein paar Tage zu Besuch. Sie war in Trebnitz bei einem hohen Offizier in Stellung. Anna Borsig galt als etwas verschroben, »nerrsch«, wie die Schlesier sagten, und glaubte an gute wie an böse Geister. Schon am ersten Abend erschreckte sie die Kinder mit ihren Erzählungen.

Der Vater musterte seine Schwester. »Nu, mein Madla, du siehst mir gar nicht gut aus. So blass und dünne.«

»Ja, da magst du recht haben, Johann, das kommt von diesem dreimal verfluchten Czaja!«

Die Breslauer staunten, denn Joachim Czaja, ihr Verlobter, ein Kürassier aus Steinau an der Oder, war schon seit über zwanzig Jahren tot. Er war kurz vor der geplanten Heirat vom Pferd gefallen und hatte sich den Hals gebrochen.

»Trauerst du noch immer um ihn?«, fragte Susanna Borsig, ihre Schwägerin.

»Nein, das nicht. Aber er ist ein Nachzehrer.«

Was das war, wusste August: ein Toter, der unter der Erde liegt oder sitzt und seinen Hinterbliebenen die Lebenskraft absaugt. Im Gegensatz zum Vampir kam er niemals aus seinem Grab heraus.

»Das mit dem Nachzehrer, das ist doch Mumpitz!«, rief der Vater.

»Das ist es nicht!«, beharrte die Tante. »Als er beerdigt worden ist, haben wir vergessen, etwas auf seine Brust zu legen, das ihn gebannt hätte, ein Messer oder eine Schere.«

Als Anna Borsig am Ostersonnabend mit ihrem Neffen durch die Breslauer Innenstadt schlenderte, entdeckte sie in der Nähe der St.-Elisabeth-Kirche die Stube einer Wahrsagerin.

»Das kann ich mir nicht entgehen lassen, mein Jingla!«, rief sie. »Und du kommst mit!«

»Nein, ich …«

Sie zog ihn mit sich zur Haustür. »Sei kein Plotsch!«

Ein Plotsch, ein Dummkopf, wollte er nicht sein, also ging er mit. Auch damit er seinem Freund Walter Rawitsch etwas zu erzählen hatte. Die Wahrsagerin erinnerte ihn stark an die Hexe aus *Hänsel und Gretel*. Er begann sich zu fürchten. Seine Tante aber plauderte ganz unbefangen mit ihr, und so widerstand er dem Impuls davonzulaufen.

»Mein Neffe zuerst!«, sagte Anna Borsig. »Ich bin mal gespannt, was aus ihm werden wird.«

Die Wahrsagerin starrte in ihre Kristallkugel, in der sich das Licht einer dicken Kerze brach. August zitterte nicht gerade vor Erwartung, aber gespannt war er doch, sosehr er das alles für Humbug hielt.

»Ich sehe eine Menge … Du bist ein Liebling der Götter, hoch sollst du steigen – aber mit einem Schlag kann alles aus sein.«

Schien es in Breslau, als würde die Welt auf ewig bleiben, wie sie gerade war, so geschah anderswo vieles, was sie völlig verändern sollte. Man brauchte das Eisen nicht mehr, um Kanonenrohre zu gießen, es konnte zu anderem verwendet werden. Es begann die große Stunde der Tüftler und Erfinder. Auch bildete sich – vor allem in England – ein Menschentyp heraus, der Neues schaffen wollte und viel damit verdiente, dass er andere für sich arbeiten ließ: der moderne Unternehmer. Erfüllt von der puritanischen Idee, dass nur harte Arbeit Gott gefiel, man aber das verdiente Geld nicht verprassen durfte – denn jede Lust, insbesondere die des Fleisches, war Sünde –, häuften diese Männer so viel Kapital an, dass sie neue Unternehmen gründen und neue Märkte erobern konnten.

John Wilkinson, 1728–1808, genannt *Iron Mad Wilkinson*, der aus einer Familie von Eisenhüttenleuten kam, baute 1747 in Lancashire seinen ersten Hochofen und erfand eine Präzisionsbohrmaschine zum Ausbohren von Kanonenrohren. Obwohl ihn ganz England auslachte, schuf er das erste Schiff aus Eisen. Er war so besessen von diesem Werkstoff, dass er sich sogar in einem gusseisernen Sarg begraben ließ.

Benjamin Huntsman, 1704–1776, von Hause aus Uhrmacher, experimentierte so lange, bis er flüssigen Stahl, Gussstahl, herstellen konnte.

James Watt, 1736–1819, gelernter Mechaniker, verbesserte den Wirkungsgrad der alten Wasserhebe-Dampfmaschinen in den englischen Gruben und machte sie zum Prototyp der modernen Maschine.

Aber auch in Deutschland begann es sich zu regen: Friedrich Krupp, 1787–1826, gründete 1810 mit dem Geld, das er von seiner Großmutter geerbt hatte, die »Firma Friedrich Krupp zur Verfertigung des Englischen Gußstahls und aller daraus resultierenden Fabrikationen«.

Eine Ahnung von dieser modernen Welt sollte August Borsig bekommen, als er Meister Ihle und seinen Vater bei einer Reise nach Tarnowitz begleiten durfte. Das lag 170 Kilometer südöstlich von Breslau, nahe an der Grenze zum sogenannten Congresspolen, das Teil des russischen Zarenreichs geworden war. Sie waren, da Ihles Fuhrwerk mit einigen Ersatzteilen schwer beladen war, mehrere Tage unterwegs. Mit der Schule nahm das keiner so genau, und wenn August ein paar Stunden versäumte, machte das nichts.

Der Junge hatte gestaunt. »Was hat denn ein Zimmermann mit einer Dampfmaschine zu tun? Die ist doch aus Eisen – was soll er da reparieren?«

Die beiden Männer erklärten ihm die Sache: Beim Bau der ersten Dampfmaschinen taten sich Zimmerleute, Schmiede, Schlosser, Eisengießer und Feinmechaniker zusammen, und bei ihren Konstruktionen war noch viel Holz im Spiel. So bestand der – neben dem Dampfzylinder – wichtigste Teil der Maschine, der unförmige und viele Zentner schwere Schwingbaum, aus Eichenholz, das heißt aus mehreren splitterfesten Balken, die in sauberer Zimmermannsarbeit aneinandergefügt worden waren. Diese Arbeit hatte Ihle vor Jahren auf der Friedrichsgrube in Tarnowitz für einen gewissen Friedrich Wilhelm Holtzhagen ausgeführt, dem inzwischen die Aufsicht über alle Dampfmaschinen der Berg- und Hüttenwerke Ober- und Niederschlesiens übertragen worden war.

»Jetzt sind einige Balken zu erneuern, und da hat uns Holtzhagen nach Tarnowitz gerufen«, schloss Ihle.

Als August Borsig vor der ersten Kolbendampfmaschine seines Lebens stand, empfand er sie im ersten Augenblick als ebenso geheimnisvoll wie bedrohlich. Klein kam er sich vor und so verletzlich wie eine Ameise, die auf den Amboss eines Schmiedes geklettert war. Langsam aber begriff er, dass sie Menschenwerk war und von Menschen kontrolliert wurde. Was ihn am meisten beeindruckte, waren die ungeheuren Kräfte, die mit dieser Maschine erzeugt und in Arbeit umgesetzt wurden. Dabei war alles ganz einfach: Man nahm Kohle und erhitzte damit das Wasser so weit, dass es zu Dampf wurde. Und in diesem Dampf – wurde er gebändigt und in richtige Bahnen gelenkt – steckte mehr Energie, als Hunderte von Menschen und Dutzende von Pferden aufzubringen vermochten. Holz und Eisen gehörten auch noch dazu, eine Menge Handwerker und natürlich einer, der sich das alles ausdachte und auf große Bögen zeichnete. Genau so hatte es ihnen Mistek beim Bau eines Hauses erklärt. So etwas zu können steckte im Menschen, wie es in den Bienen steckte, sich ihre Waben und Stöcke zu bauen. Im Menschen? Nein, nicht in allen, nur in einigen.

Dass er zu diesen wenigen Menschen gehörte, war August Borsig an diesem Tag von Tarnowitz zu keiner Sekunde bewusst. Er sah in diesen Jahren nur alles, nahm nur auf, was ihm begegnete, und speicherte es irgendwo im Gedächtnis, ohne dass das eine mit dem anderen zusammenkam. Seine Großmutter hatte immer gesagt: »Mit den Augen kann man stehlen« – also stahl er ununterbrochen. Er hatte jedoch keine Absicht, dies irgendwann einmal zu benutzen – es war der reine Spaß am Stehlen, der ihn trieb.

Nun gut, manchmal kramte er etwas hervor, wenn in der Schule nach bestimmten Sachen gefragt wurde. So wollte Mistek kurz vor den Sommerferien wissen, wo die Oder entspringt.

»In Polen!«, riefen alle.

»Falsch.«

»Im Kaiserthum Oesterreich«, sagte August Borsig. Das hatte ihm Meister Ihle auf der Fahrt nach Tarnowitz erklärt.

»Wieso entspringt die?«, fragte Walter Rawitsch. »Die Oder ist doch kein Sträfling.«

»Rawitsch, die Finger!« Der Lehrer holte seine Haselrute hervor.

Augusts Freund nahm das Züchtigungsritual klaglos hin. Seine Rache bestand darin, dass er Mistek an einem der nächsten Tage scheinbar arglos fragte, ob sein Name vom Englischen *mistake* – Fehler – herkäme. Darauf hatte ihn sein Vater gebracht.

Mistek blickte böse, entschloss sich dann aber, nicht aus der Haut zu fahren, sondern die Sache mit Humor zu nehmen. »Richtig! Ich bin in London geboren worden und war Hauslehrer der englischen Prinzen. Als ich nach Breslau gekommen bin, haben sie den Namen Mistake dann eingedeutscht in Mistek.« Dass viele seiner ehemaligen Schüler ihn Miststück nannten, wusste er nicht.

Endlich war die Schule aus. Auf dem Nachhauseweg kamen August und Walter an einer Glaserei vorbei, die sich nebenbei darauf spezialisiert hatte, Ölbilder einzurahmen und zum Verkauf auszustellen. Diese Gemälde wurden ihr von berufsmäßigen Kunstmalern, aber auch Amateuren zugeliefert. Die Auswahl an Motiven war nicht eben groß. Da war die Oder und nochmals die Oder, dann gab es röhrende Hirsche und balzende Auerhähne im schlesischen Bergland und schließlich das Breslauer Rathaus und die Naschmarktseite des Ringes. Das alles interessierte August Borsig nur mäßig, ein Bild aber beschäftigte ihn Tag und Nacht und tauchte sogar in seinen Träumen auf: der Anblick eines Südsee-Atolls. Ein Schoner ankerte unter üppigen Palmen. *Bougainville vor Tahiti* stand auf dem Schildchen, das am Rahmen klebte.

»Palmen!«, rief Borsig. »Ich liebe Palmen über alles!«

»Dann kauf dir doch den Schinken, und häng ihn dir übers Bett«, riet ihm Walter Rawitsch.

»Das würde ich ja gern, aber was das kostet! Woher soll ich das Geld nehmen?« Von seinen Eltern bekam er kein Geld dafür, und sich das Palmenbild zum Geburtstag oder zu Weihnachten zu wünschen hatte auch keinen Zweck, da gab es zum Geschenk immer nützliche Sachen.

Nach einigem Hin und Her trauten sie sich in den Laden, um mit dem Glasermeister zu handeln, doch der ließ sich nicht erweichen und blieb bei einem Preis, der den Jungen astronomisch hoch erschien. Auch wenn er jeden Groschen sparte, den er ab und an von Meister Ihle und seinem Vater bekam, nachdem er ihnen bei der Arbeit geholfen hatte, er hätte lange Monate gebraucht, bis er das Bild hätte kaufen können – zu lange, denn bis dahin war bestimmt jemand gekommen und hatte es ihm weggeschnappt.

Wie konnte man als Junge zu Geld kommen? Sosehr er sich auch den Kopf darüber zerbrach, er fand keinen Weg … Bis sein Blick eines Tages, als er seinem Vater beim Bau eines Dachstuhls in der Berliner Straße geholfen hatte, auf einen Haufen abgesägter Sparren, Balken und Bretter gefallen war. Es war der ganze Abfall, den Meister Ihle irgendwann mit seinem Pferdefuhrwerk abholen ließ, um ihn hinten im Hof verrotten zu lassen. Wenn nun Walter und er diese Reste mit Beil und Säge zerkleinerten und den Leuten als Anmachholz verkauften, dann …

»Mensch, das ist *die* Idee!«, rief der Freund am nächsten Morgen, denn auch im Sommer brauchte man Kleinholz zum Feueranmachen. In jeder Küche stand ja ein Herd, auf dem sieben Tage in der Woche gekocht werden musste.

Sie machten sich ans Werk, und August Borsig hatte den richtigen Riecher gehabt: Sie nahmen so viel ein, dass er schon bald an den Kauf des Palmenbildes denken konnte.

»Das werde ich mir selbst zum Geburtstag schenken!«, rief er.

Doch bevor es so weit war, erschien der Polizei-Commissarius in der Neudorfstraße, um seinen Vater zur Rede zur stellen. »Der Rentier Chalupka aus der Berliner Straße bezichtigt Ihren Sohn des Holzdiebstahls.«

August hatte nicht bedacht, dass der Abfall strenggenommen nicht Meister Ihle oder seinem Vater gehörte, sondern dem Bauherrn, und der war kein großzügiger Mensch, sondern einer, der sich wegen jeder Kleinigkeit mit seinen Nachbarn stritt.

Der Vater, der von der Geschäftsidee seines Sohnes nichts gewusst hatte, sah ein, dass er am kürzeren Hebel saß, und ersetzte Chalupka den Schaden. Große Schelte gab es nicht, denn die Eltern fanden es gut, was ihr Sohn da versucht hatte – aber sein geliebtes Palmenbild, das konnte August nun für immer und ewig vergessen.

Sein dreizehnter Geburtstag am 23. Juni stand ins Haus. Als wäre seine Existenz nicht Beweis genug, zeigte ihm seine Mutter kurz vor diesem Tag den Taufschein.

Militaria
Ein Tausend acht hundert und vier (1804) den dreiundzwanzigsten Junius ist zu Breslau dem Cairassier im Regiment v. Dollfs bei der 4. Leib-Eskadron, Johann George Bursig von seiner Ehefrau Susanna geb. Werner, EIN SOHN geboren worden, welcher den sechsundzwanzigsten desselben Monats getauft worden ist und die Namen erhalten hat
Johann Friedrich August.
Solches wird hierdurch aufgrund des Kirchenbuches obengenannten Regiments von Amts wegen attestiert.
S. G. Böhm, Garnisonspfarrer

August staunte, dass da nun noch eine weitere Variante seines Nachnamens zu finden war, nämlich Bursig. Wie auch immer – Borsig gefiel ihm am besten.

Als er am Morgen des 23. Juni seinen Geburtstagstisch sah, stieß er einen Jubelschrei aus, denn was mitten auf ihm prangte, war das heißbegehrte Palmenbild. Was er in diesem Augenblick fühlte, war das Urvertrauen in die Welt: Alles war gut, auch das, was noch kommen sollte, das Leben war ein großes Geschenk Gottes.

Zum Geburtstagskaffee kamen seine Tante Anna aus Trebnitz, sein Großvater George Burzik und sein Onkel Christian Borsig, beide aus Nieder-Pontwitz, sowie sein Freund Walter Rawitsch. Man sprach weithin »Schläsch«, sagte also nicht schmatzen, sondern katschen, Lorke zum dünnen Kaffee, Koochmannla zu den Pfifferlingen, Muppa statt Mund und Tschelotka für die Verwandtschaft.

Friedrich, der Onkel, führte das große Wort. Er hatte mit seinen 36 Jahren schon viel erlebt, war als Zimmermannsgeselle auf der Walz gewesen und durch halb Europa gezogen und hatte seine Militärzeit im Leib-Kürassier-Regiment Großer Kurfürst in

Berlin verbracht. Sprach er von der preußischen Residenz, dann geriet er ins Schwärmen.

»Ich habe ja viele Städte gesehen, aber nichts geht mir über Berlin!«, rief er enthusiastisch. »Wie gern war ich Unter den Linden! Das Opernhaus ist das schönste der Welt, und daneben steht die Königliche Bibliothek. Und nicht zu vergessen das Schloss, das Cadettenhaus in der Neuen Friedrichstraße, den Gensdarmen-Markt, die vielen Kirchen, die vielen Theater … Alles unbeschreiblich!«

Er warf einen Blick auf das Geburtstagskind. Sein Neffe hatte ihm mit großen Augen zugehört. Nein, der August sollte um Gottes willen in Breslau bleiben, denn Berlin war nichts für ihn. Für die Residenz war er viel zu zach und zögerlich, da würde er nur untergehen und sich selbst ins Elend stürzen.

Kapitel zwei
1819

Meister Georg Ihle hatte schon so manchen Zimmermannslehrling unter seinen Fittichen gehabt, aber einem solch begabten Schüler wie August Borsig war er noch nie begegnet.

»Der Junge hat die Hände an der richtigen Stelle«, sagte er zu Hinke, seinem Polier. »Manche haben ja zwei linke Hände ...«

»Kein Wunder«, brummte Hinke, »Sie wissen doch, das liegt dem Borsig im Blut ... Der Großvater, der Vater, der Onkel – alles Zimmerleute.«

»Im Blut wird es weniger liegen, eher hat er sich alles bei seinem Vater abgesehen – und bei mir.«

»Nee, Meister, das ist der Instinkt bei dem. Entweder man hat's, oder man hat's nicht – und der Borsig hat es.«

Es war wirklich eine Freude, August zuzuschauen, wie unglaublich geschickt er mit Axt, Säge, Stemmeisen und Fuchsschwanz hantierte. Und alles, was neu war, erfasste er im Nu. Was er in Angriff nahm, gelang ihm, und nichts musste weggeworfen werden, egal, ob mit der Axt Balken zu behauen waren oder er Schrägen und Gehrungen zu sägen hatte. Und die Nuten und Zapfen, die mit dem haarscharf geschliffenen Stechbeitel herzustellen waren, passten immer. Auch wenn es galt, für einen Bauherrn etwas zu zeichnen, war er schnell bei der Hand und brachte etwas zu Papier, mit dem sich arbeiten ließ.

Auch Johann George Borsig waren die Talente seines ältesten Sohnes nicht entgangen. Bei jedem Besuch hatte er mit seinem Vater darüber gesprochen, der gänzlich seiner Meinung gewesen war. Noch auf dem Totenbett – gestorben war er am 22. März 1819 – hatte George Burzik in dem Gedanken Trost gefunden, dass sein Enkel in ihm weiterleben und mehr erreichen würde als alle anderen Burziks und Borsigs zuvor.

»Aber von nichts kommt nichts«, sagte Johann Borsig zu seiner Frau. »So begabt unser August auch ist, er hat mir zu wenig Träume.«

Susanna Borsig winkte ab. »Träume sind Schäume.«

»Ach, komm! Als ich so alt war wie er, da habe ich davon geträumt, nach Amerika zu segeln und dort in den Wäldern ein großes Sägewerk zu bauen.«

Seine Frau lachte. »Und wie weit bist du gekommen? Gerade mal bis Stettin.«

»Ich hatte ja auch nicht die Gaben, die August hat«, wandte Johann Borsig ein. »Aber aus ihm kann mehr werden als ein simpler Zimmermann.«

Seine Frau nickte. »Ja, natürlich, ein Meister wie Ihle mit einer kleinen Werkstatt.«

»Nein, mehr. Wenn ich mir ansehe, was er alles gezeichnet hat ...« Er holte einen Stapel Blätter seines Sohnes aus dem Spind. »Schau dir das mal an, hier ... Da hat er eine riesige Kuppel konstruiert – nur aus hölzernen Dreiecken, die aneinandergefügt sind.«

»Das würde doch alles gleich einstürzen. Kuppeln muss man doch aus steinernen Bögen bauen.«

»Aber wir sind nun mal Zimmerleute!«, rief Johann Borsig. »Und ich bewundere den Jungen. In dem steckt was Großes, das weiß ich.«

»Johann, das ist doch nichts weiter als dein Ehrgeiz. *Du* willst, dass er aufsteigt und Baumeister wird, am Hofe womöglich, nicht er. August kommt nach mir, und mir reicht das, was ich habe. August ist ein Fluss, der träge durch die Wiesen fließt, August ist kein stürmisches Meer.«

Johann Borsig seufzte. »Da magst du recht haben, dass er gar nicht weiß, was alles in ihm steckt, und von sich aus nichts tun wird, um etwas anderes zu werden als ein guter Zimmermann.

Solchem Menschen wie ihm muss man auf die Sprünge helfen, das sind wir ihm als seine Eltern schuldig.«

»Und wenn er dadurch nur unglücklich wird?«, fragte Susanna Borsig.

»Er wird glücklich werden!«, rief Johann Borsig. »Und du weißt doch, der Volksmund hat immer recht: Wer nicht wagt, der nicht gewinnt.«

Zwei Tage nach diesem Gespräch, als man wegen des schlechten Wetters nicht arbeiten konnte, machte sich Johann Borsig auf zur Königlichen Provinzial-Kunst- und Bauhandwerksschule, um dort im Lehrerzimmer dem Hofrath Professor Bach und dem Regierungsarchitekten Hirt seinen Sohn August ans Herz zu legen.

»Als Zimmermann steckt er jetzt schon die meisten Gesellen in den Sack«, pries er ihnen August an. »Aber er hat auch noch ganz andere Talente, und die müssen hier bei Ihnen gefördert werden, denn der König braucht tüchtige Leute, soll Preußen vorankommen und nicht hinter anderen Ländern zurückstehen. Sehen Sie sich nur einmal seine Zeichnungen an! Ob das nun gewaltige Dachstühle, hölzerne Brücken oder Kuppeln sind.«

Hirt besah sich die Blätter. »Hm, das ist alles noch ziemlich kindlich, unbeholfen und unvollkommen ...«

Johann Borsig hörte es mit einigem Schmerz, sein Gesicht hellte sich aber sofort wieder auf, als der Architekt hinzufügte, dass eine gewisse Begabung nicht zu übersehen sei.

Der Hofrath ließ sich die Zeichnungen reichen, setzte die Brille auf und studierte eine nach der anderen. Johann Borsig schlug das Herz so schnell und hart, dass er die rechte Hand auf die Brust pressen musste. Nicht nur das Schicksal seines Sohnes entschied sich in diesen Sekunden, auch seines.

»Nun denn, es sei«, brummte Bach. »Der Zimmerlehrling August Borsig möge am 14. April, wenn unser neues Semester beginnt, mit Skizzenheften und Zeichengerät bewaffnet durch unsere Tore schreiten. Er soll uns herzlich willkommen sein!«

»Im Sommer«, pflegte Meister Ihle zu seinen Lehrlingen zu sagen, »fangen wir Zimmerleute schon an zu arbeiten, bevor wir aufgestanden sind, und machen durch, bis es dunkel wird.«

So rasselte in August Borsigs Kammer jeden Morgen um vier Uhr der altertümliche Wecker, den er von seinem Großvater geschenkt bekommen hatte, manchmal weckte ihn auch der Hahn des Nachbarn, der beim Krähen immer irgendwie ins Stottern kam. Gerade brachen die ersten Sonnenstrahlen durch die Krone der Birke hinter ihrem Haus. Er wusch sich kurz unter der Pumpe im Hof, aß eine Schmalzstulle, trank ein Glas frisches Wasser und eilte zur Baustelle in der Gabitzstraße. Dort band er sich seine blaue Schürze um, griff zum Werkzeugkasten und kletterte, fröhlich pfeifend, Sprosse um Sprosse die steilen Leitern hinauf, die von einem zum anderen Stockwerk führten. Die Sonnenstrahlen tauchten die schon fertigen Sparren in ein wunderbares rötlich goldenes Licht. Breslau war so schön wie eine Stadt aus Tausendundeiner Nacht. Die Gesellen waren schon zur Stelle, und der erste Axthieb des Poliers war das Signal, mit der Arbeit zu beginnen. Borsig wurde angewiesen, einen Balken, der aufgrund eines Rechenfehlers um einiges zu kurz angeliefert worden war, mit ein paar Kunstkniffen zu verlängern, aber so, dass das Anstückeln dem Bauherrn nicht auffallen würde. Er krempelte die Ärmel hoch und beeilte sich, der Weisung nachzukommen.

Die Arbeit machte ihm Spaß, und er liebte es, mit eigenen Händen etwas zu schaffen, das nützlich war und Bestand hatte. Das war eine Erlösung von den Qualen, stundenlang still in der engen Schulbank zu sitzen und nichts zu erschaffen, was man anfassen konnte – einerseits. Andererseits aber war ein Tag wie der andere, und alles drehte sich irgendwie im Leeren. Dazu kam, dass er immer das tun musste, was andere von ihm verlangten, der Polier ebenso wie Ihle.

»Lehrjahre sind keine Herrenjahre«, sagte der Vater, als er ihm von seinen Bedrückungen berichtete. »Aber wer immer strebend sich bemüht, der kann es wohl schaffen, selbst einmal ein Herr zu werden.«

Ein wenig Abwechslung brachten die Bauherren, wenn sie mit

besorgter Miene, unbeholfen und ängstlich die Leitern hochkletterten, um zu sehen, ob alles auch vorankam.

»Sagen Sie, Meister, mein Haus bekommt doch noch vor dem Winter sein Dach?«

»Aber ja!«, wurde ihm von Ihle versichert, und der Meister trieb seine Leute mit lauten Zurufen an, noch schneller zu arbeiten.

Nicht, dass die beiden Gesellen besonders derbe Menschen waren – aber das meiste, was sie miteinander besprachen, drehte sich um das andere Geschlecht. Mit welchem Mädchen sie gerade angebandelt hatten, welche Frau zu haben war und bei welcher sie garantiert auf Granit bissen. August Borsig hatte diesem Thema bisher wenig Beachtung geschenkt, denn wie junge Mädchen an sich waren – zwar hübsch anzusehen, aber immer schnippisch und zickig –, das wusste er von seiner Schwester Susanne, und seine Neugierde hielt sich in Grenzen. Wie Frauen »untenherum« gebaut waren, konnte er sich vorstellen, denn er hatte seine jüngeren Schwestern oft genug in den Badezuber steigen sehen, doch wie eine erwachsene Frau nackt aussah, das wusste er nicht. Sah er hübsche Mädchen oder Frauen auf der Straße, suchte er sich immer vorzustellen, wie sie denn ohne Rock und Mieder aussehen würden. So auch bei Henriette, der vielleicht achtzehnjährigen Tochter des Drechslers in der Gabitzstraße, die er von seiner Baustelle aus jeden Tag beobachtete. Der Mann war Ackerbürger und hielt sich Kuh und Schwein, so dass es für die Schöne immer etwas zu tun gab.

Eines Morgens nun war er als Erster oben auf dem Dach und nutzte die Gelegenheit, die Spanten des halbfertigen Dachstuhls nach oben zu klettern, um einen Blick in ihre Kammer erhaschen zu können. Aber es sollte noch viel, viel besser kommen, denn im Innenhof stand eine Wasserpumpe … Und zu der ging nun Henriette – und zwar splitterfasernackt …

August beugte sich weit nach vorn … zu weit. Seine wild rudernden Hände fanden keinen Halt mehr, er stürzte in die Tiefe.

Im Fallen hörte er noch die Wahrsagerin murmeln: »Mit einem Schlag kann alles aus sein.«

Am 21. Juli 1819 schuf Friedrich Wilhelm III. per Kabinettsorder ein Amt, das mit seiner Arbeit das Gewerbe und vor allem die Industrie in Preußen aufblühen lassen sollte: die Technische Deputation für Gewerbe. Sie ging zurück auf eine Initiative von Christian Peter Wilhelm Beuth und sollte sein Instrument werden, Preußen voranzubringen und den Rückstand, den man England gegenüber hatte, wirksam zu verringern.

Beuth war am 28. Dezember 1781 in Kleve zur Welt gekommen, der Stadt am Niederrhein, die seit 1815 wieder zu Preußen gehörte. Als Sohn eines Arztes hatte er beste Bedingungen für eine große Karriere, begann 1798 an der Universität Halle/Saale ein Studium der Rechte und Kameralwissenschaften, um 1801 in den preußischen Staatsdienst einzutreten. 1806 wurde er Assessor in Bayreuth, 1809 Regierungsrath in Potsdam und 1810 Geheimer Obersteuerrath im Finanzministerium zu Berlin. Als es dann darum ging, die französische Fremdherrschaft abzuschütteln, war er ins Lützow'sche Freikorps eingetreten – eine bessere Adresse gab es nicht – und als Reiter durch Deutschland, Belgien und Frankreich gezogen. Eine feindliche Kugel hatte ihn niedergeworfen, doch er hatte überlebt und war mit dem Eisernen Kreuz II. Klasse ausgezeichnet worden. Als sich Preußen daranmachte, Lehren aus der Niederlage gegen Napoleon zu ziehen und das Land zu modernisieren, saß er im Büro des Staatskanzlers Karl August von Hardenberg und war Mitglied der Commission für die Steuerreform und für die Reform des Gewerbewesens.

Nun war er, ewig ruhelos, Director der Technischen Deputation für Gewerbe geworden und streifte täglich in seinem altväterlichen blauen Überrock und mit der Soldatenmütze des alten Freiheitskämpfers auf dem Kopf durch die Berliner Straßen, um sich selbst ein Bild davon zu machen, was in den Werkstätten der Residenz geschah. Es reichte ihm nicht, in der Kanzlei zu sitzen und etwas anzuordnen, er musste mit den Männern reden, die an den Ambossen und Werkbänken standen. Wen er für wichtig hielt, den lud er in seine Wohnung in der Klosterstraße ein. Zu diesem Zweck führte er immer kleine Kärtchen bei sich: *Wenn ein Mittagessen im Überrock und ohne Ansprüche Ihnen recht ist, so bitte ich Sie, sich am Sonntag, dem … gegen zwei Uhr bei mir einzufinden.*

Einer dieser Gäste war auch Franz Anton Egells, geboren am 25. August 1788 im westfälischen Rheine und von Hause aus Kupferschmied. Nachdem sein Versuch, im westfälischen Gravenhorst Dampfmaschinen zu bauen, gescheitert war, war er nach Berlin gekommen und hatte in der Königlich Preußischen Eisengießerei zu Berlin, die im Winkel zwischen Panke und Invalidenstraße gelegen war, als Abteilungsleiter gearbeitet und den Guss von Denkmälern und anderen Kunstwerken überwacht. Er sah sich immer als Mechaniskus und schaffte es, mit der Verbesserung einer Druckluftwaffe, einer sogenannten Windbüchse, Beuth auf sich aufmerksam zu machen. Der hatte ihn dann nach England geschickt, um sich in den englischen Maschinenbau-Anstalten umzusehen. Die waren damals der Nabel der industriellen Welt, und Beuth hatte bei dieser frühen Form der Industriespionage keine Skrupel, hing er doch auch der allgemeinen Maxime an, dass man mit den Augen stehlen dürfe.

Nun war Egells zurück und erstattete Bericht. Was das Gießen von Eisen betraf, da habe man den Engländern gegenüber schon beträchtlich aufgeholt, aber im Hinblick auf die Lokomotiven hinke man ihnen noch erheblich hinterher.

»Schon 1813 hat ein gewisser William Hedley seine *Puffing Billy* für die Wylam-Zeche konstruiert, und die hat sich so gut bewährt, dass man mittlerweile schon mehrere Lokomotiven dieses Typs gebaut hat. Angeblich soll es schon 1804 eine funktionstüchtige Lokomotive gegeben haben, die war aber zu schwer für die gusseisernen Schienen einer Pferdebahn. Im Augenblick redet alles von George Stephenson, der ausgezeichnete Lokomotiven für die Kohlengruben bei Darlington gebaut hat.«

»Ach ja!« Beuth stieß einen tiefen Seufzer aus. »Während wir gerade mal gelernt haben, vernünftige Dampfmaschinen zu bauen, haben die Engländer längst Dampfmaschinen auf Schienen gesetzt. Und mit diesen Lokomotiven und den vielen angehängten Loren können sie im Handumdrehen ihre Waren an die Küste transportieren und dort auf ihre Dampfschiffe laden, um die Welt mit ihren Produkten zu überschwemmen.« Er richtete die Augen gen Himmel. »Der Herr schenke uns ein Genie, damit wir ihren Vorsprung endlich aufholen können!«

»Wir können das Rad nicht neu erfinden – uns bleibt derzeit nichts anderes übrig, als das englische Rad zu kopieren.«

Beuth stöhnte auf, und Egells tat es ihm nach, denn beide wussten, dass das Kopieren englischer Maschinen auch schiefgehen konnte. So hatte das Brandenburgische Oberbergamt 1814 zwei seiner Beamten, den Oberbergrath Ernst Philipp Ferdinand Eckardt und Johann Friedrich Krigar, den Hütteninspector der Königlich Preußischen Eisengießerei zu Berlin, nach England geschickt, um die dort in Betrieb befindlichen Lokomotiven zu studieren. Sie waren ein Jahr später nach Berlin zurückgekehrt und hatten Pläne des Lokomotivbauers John Blenkinsop mitgebracht. Dabei handelte es sich um eine Zahnradmaschine, da man der Meinung war, der Adhäsionsantrieb sei unzureichend. Die Zahnschiene war nicht zwischen den Gleisen angebracht, sondern neben ihnen. Auf dem Gelände an der Panke entstand nun in den Jahren 1815 und 1816 unter der Leitung Krigars die erste Lokomotive des Blenkinsop-Typs, wenn auch etwas kleiner. Obwohl dieser erste Dampfwagen, wie man in Preußen sagte, in der Minute lediglich fünfzig Meter zurücklegen konnte und nur wenig Zugkraft hatte, wurde er wieder zerlegt und – in fünfzehn Kisten verpackt – auf dem Wasserwege nach Königshütte gebracht, um die Kohlezüge des Bergwerks »Königsgrube« zu ziehen. Leider musste man an Ort und Stelle erkennen, dass die Spurweite der Lokomotive nicht der des vorhandenen Schienenstrangs entsprach und außerdem Kessel und Zylinder nicht dicht waren …

Nach diesem Fiasko war in Berlin eine zweite Lokomotive gebaut und auf dem Seeweg über Amsterdam ins Saarrevier transportiert worden. Am 5. Februar 1819 war sie in Geislautern eingetroffen, um auf einer 2,5 Kilometer langen Versuchsstrecke, dem Friederiken-Schienenweg, ausprobiert zu werden.

»Wir müssen unbedingt nach Geislautern, um zu retten, was zu retten ist«, sagte Beuth.

»Sehr wohl«, sagte Egells und überschlug im Kopf, wie weit es von Berlin nach Völklingen sein würde, der ersten größeren Stadt in der Nähe der Versuchsstrecke. »Ich schätze, bis dahin sind es ungefähr hundert Meilen, und da unsere Postkutschen nur wenig mehr als eine Meile in der Stunde schaffen, werden wir eine ganze Weile unterwegs sein.«

»Dennoch, was sein muss, muss sein.«

Sie machten sich also auf den Weg, doch als sie in Geislautern ankamen, mussten sie feststellen, dass es nicht gelang, die Maschine überhaupt in Bewegung zu setzen. Weder in der ersten noch in der zweiten oder der dritten Woche.

Auf dem Lehrplan standen Zeichnen und Perspektive, Kenntnisse in Grundriss und Aufriss, Planen und Entwerfen und Blick für die Bauten des Altertums und seiner Zeit. Den Schülern der Königlichen Provinzial-Kunst- und Bauhandwerksschule in Breslau wurde also einiges abverlangt, zumal sie gleichzeitig auch bei ihrem Lehrherrn die praktische Arbeit zu verrichten hatten – wobei allerdings der Unterricht in der Hauptsache in den Monaten stattfand, in denen auf den Baustellen nicht viel zu tun war. Langsam gewöhnten sich die kräftigen Handwerkerhände daran, mit dem Bleistift feine Linien auf das gelbliche Papier des Zeichenheftes zu ziehen und zu begreifen, dass die Rechtecke und Quadrate, die man zeichnete, Zimmer und Stuben meinten und sich am Ende zu einem Haus summierten. Aus dem Grundriss wuchs das Werk nach oben, ganz wie in der Wirklichkeit – nur viel schneller und müheloser. Es musste radiert werden, um Türen und Fenstern ihren Platz zuzuweisen.

»Borsig, was du da an Sparren und Pfetten zum Dachstuhl auftürmst, das passt auf den Turmbau zu Babel, aber nicht auf das Wohnhaus eines reich gewordenen Oderschiffers!«, rief Bauinspector Hirt, als er einen Blick auf Augusts Zeichenblatt geworfen hatte. »Und deine Schlangenlinien sind ja fürchterlich!«

Dass August Borsig nur mit Mühe eine gerade Linie zeichnen konnte, lag an seinen immer noch schmerzenden Handgelenken. Die hatte er sich beim Sturz vom Dach verstaucht. Es hätte aber noch alles viel übler ausgehen können, wenn er nicht in einen Misthaufen gefallen wäre. Henriette war zwar schreiend ins Haus gelaufen, als er dicht neben ihr gelandet war, Ihles Gesellen hatten aber schnell mitbekommen, weshalb er in die Tiefe gestürzt war, und hatten nun etwas zum Lästern. Es sei schon etwas ganz Besonderes, mit seiner Liebsten nicht ins Heu oder ins Bett zu gehen, sondern in einen Misthaufen. Harmlos war noch der Reim: *Liegt unser August drin im Mist, / ändert sich's Wetter, oder es bleibt, wie es ist.* Nun, er nahm es mit Humor, hätte sich aber doch lieber als tapferen Helden gesehen anstatt als dummen August.

Das Planen und Entwerfen biederer rechteckiger Bürgerhäuser begann ihn bald zu langweilen, und er hätte die Königliche Handwerkerschule verflucht, wenn die Lehrer nicht einen Hang zum Höheren gehabt hätten und das ernst nahmen, was die Buchstaben über dem Eingang verkündeten, nämlich dass hier auch Kunst vermittelt werde. So legte man den Schülern Zeichnungen der griechischen und italienischen Altertümer vor und brachte sie dahin, die Feinheiten einer kannelierten Säule in all ihren Licht- und Schattenwirkungen zu verstehen. Und man machte auch Exkursionen zu den herausragenden Bauwerken Breslaus.

»Obwohl er 1732 in Landeshut geboren worden ist, möchte ich auch Carl Gotthard Langhans zu den Breslauer Künstlern rechnen«, erklärte Hirt. »Warum? Weil er ab 1782 mit seiner Familie das schwiegerelterliche Haus in der Albrechtstraße 18 bewohnt hat und am 1. Oktober 1808 in Grüneiche bei Breslau gestorben ist.« Er blickte in die Klasse. »Und was ist sein berühmtestes Bauwerk?«

Nur einer hob den Arm.

»Ja, Borsig …«

»Das Brandenburger Thor in Berlin.«

»Richtig, sehr gut. Und sein Sohn Carl Ferdinand, hier bei uns in Breslau geboren am 14. Januar 1782, tritt nun in die Fußstapfen seines berühmten Vaters.«

Man zog durch die Stadt, um sich alles anzusehen, was es an architektonischen Prachtstücken gab – angefangen bei der gotischen Sandkirche, die zwischen 1334 und 1440 entstanden war, bis zur Universität und dem Königsschloss aus dem Rokoko –, und hörte sich die Erläuterungen des Lehrers an.

»Wozu brauchen wir 'n das alles?«, fragte leicht maulend ein Klassenkamerad, dem schon bald die Füße weh taten.

Bei Meister Ihle hatte ein Zimmermann angeheuert, Georg Guttentag, der in seinen Wanderjahren auch durch England gezogen war, und als der Polier in der Frühstückspause erzählte, wie sich der Dampfwagen der Königlichen Eisengießerei in Geislautern keinen Fingerbreit von der Stelle bewegt hatte, da lachte er nur.

»Gott, vor elf Jahren war ich in London, und da hat einer … wie hieß er noch mal … Trevithick, ja, Richard Trevithick hat eine Lok mit ein paar Waggons dran immer im Kreis herumfahren lassen, wie im Zirkus. Ihr Name war *Catch me who can* – was aber keiner geschafft hat.« Er versuchte, ihre Umrisse im lockeren Sand nachzuzeichnen.

»Das verstehe ich nicht«, sagte August Borsig, der die riesige Dampfmaschine auf der Tarnowitzer Grube vor Augen hatte. »Der Kolben im Zylinder geht doch immer senkrecht auf und ab – der Dampfwagen aber rollt doch in der Waagerechten, oder?«

Der Geselle wusste es auch nicht so ganz genau. »Das Ding hatte jedenfalls kein Schwungrad, sondern einen stehenden Zylinder, und der muss über eine Kurbelstange direkt auf die Triebräder gewirkt haben.«

»Was Menschengeist so vermag«, sagte der Polier.

Der Geselle lachte. »Ja, und trotzdem ist Trevithicks Lokomotive eines Tages entgleist und umgestürzt, so dass sich keiner mehr für sie interessiert hat.«

Sie konnten sich nicht länger diesem Thema widmen, denn Meister Ihle erschien in diesem Augenblick und klatschte in die Hände. »Ans Werk, die Herren, von nichts kommt nichts!«

Alle sprangen nun auf, um wieder auf das Dach zu steigen. August Borsig aber wurde vom Meister zurückgehalten.

»Du eilst jetzt zum Schmied Witschel und holst mir ein paar Eisenklammern. Die müssten bald fertig sein.«

Als August Borsig in der Tür der Werkstatt stand, erstarrte er. Es war etwas Archaisches, das er da sah: Der Schmied war Gott, und er stand an einem gewaltigen Vulkan, um die Welt aus glühendem Eisen zu erschaffen. Funken sprühten auf, als er das erhitzte Werkstück mit einer langen Zange aus der Esse zog und zum Amboss trug. Dort stand ein Lehrling mit dem Schmiedehammer, der dem Eisen die Form geben sollte, die Ihle gewünscht hatte. Borsig beneidete diesen Lehrling, und er dachte in diesem Augenblick, dass er viel lieber Schmied geworden wäre als Zimmermann. Aus einer gestaltlosen Masse etwas zu formen, das war das Eigentliche. Man schmiedete das Eisen, das Schicksal, die Zukunft. Das war es, was er wollte: Schmied sein, sich als Schmied fühlen.

»Na, Junge, was treibt dich her?«

Borsig hörte die Stimme des Schmieds wie aus weiter Ferne und brauchte Sekunden, um zu sagen, dass er im Auftrag Ihles gekommen war.

»Der Friedrich ist gleich mit allem fertig.«

Borsig kam mit Friedrich Hermes ins Gespräch, und sie sollten für lange Jahre Freunde werden.

Nachdenklich trug August Borsig die fertigen Teile zur Baustelle. Ein dumpfes Gefühl des Unbehagens und der Enttäuschung erfüllte ihn: Er hatte den falschen Beruf ergriffen.

Kapitel drei
1823

Christian Peter Beuth hatte auch nach dem Fiasko von Geislautern und weiteren Fehlschlägen keine Sekunde daran gedacht zu kapitulieren. Ihm war aber bewusst geworden, dass es nicht ausreichte, die Maschinen und Lokomotiven der Engländer einfach abzuzeichnen und die Pläne nach Preußen zu bringen. Man brauchte auch Männer dafür, Techniker und Handwerker, die in der Lage waren, nach den mitgebrachten Zeichnungen und Skizzen funktionsfähige Maschinen zu bauen. Da kam es manchmal auf Bruchteile von Millimetern an. Aber man musste auch das Wesen einer Maschine verstehen und sie lieben wie seinen eigenen Hund, zu ihr sprechen, sie streicheln und ihr gut zureden, wenn sie nicht anspringen wollte. Und solche Männer gab es in Preußen nicht, Männer, die er Maschinenärzte genannt hätte, wenn er dafür nicht verspottet worden wäre. Dieser James Watt, dem sie die Erfindung der Dampfmaschine zuschrieben, musste ähnlich gedacht haben, als ihm die Idee gekommen war, die Pferdestärke als Maßeinheit für die Leistung einer Dampfmaschine zu wählen. Auch an Fabrikanten mit den nötigen Kenntnissen, mit Weitblick und Wagemut fehlte es. Das alles war nicht weiter erstaunlich, denn alle hatten sich an den langjährigen Protektionismus ihres Staates gewöhnt.

Beuth fasste sich an den Kopf. Da hatte man in den preußischen Universitäten und in Kreisen jüngerer Beamter dem freien Wettbewerb und freien Handel das Wort geredet und dabei übersehen, dass der Rückstand der einheimischen Gewerbetreibenden viel zu groß gewesen war und nun die Engländer mit ihren Waren ungebremst den ganzen Kontinent überschwemmten. Der Schuss war also gründlich nach hinten losgegangen …

Doch Beuth hatte weder resigniert noch die missliche Situation schöngeredet – er hatte gehandelt: Nachdem ihm 1820 die Zuständigkeit für das Gewerbeschulwesen übertragen worden war, hatte er am 1. November 1821 im Gebäude seiner Technischen Deputation in der Klosterstraße 36 eine zweiklassige Gewerbeschule mit zunächst dreizehn Schülern und vier Lehrern eröffnet. Deutlich grenzte er sein Technisches Institut von dem Lehrbetrieb an den Universitäten ab: *Wer mehr lernen will, tut es auf der Universität. Dieses Mehr schließe ich von der Technischen Schule aus, weil ich es mehr für eine Zierde als von wesentlichem Einfluß auf das Gedeihen der Gewerbe und ihre Blüte halte*. Sein Institut sollte allen Bevölkerungsschichten offenstehen, und zur Aufnahme in die untere Klasse genügten anfangs *eine gute Handschrift, die Fähigkeit, dem mündlichen Vortrage zu folgen und das Vorgetragene sprachlich auszuarbeiten, sowie das gewöhnliche Rechnen.* Für die obere Klasse wurden vorausgesetzt: *Kenntniß der Geometrie (Planimetrie und Stereometrie) ohne Beweise, Kenntniß der gemeinen Arithmetik, des Gebrauchs der Logarithmen, Elementarkenntniß in der Physik und Chemie, Handzeichnen nach aufgestellten Körpern, Maschinenzeichnen nach eigener Aufnahme und geometrische Darstellung.*

Das Ganze gedieh prächtig, doch Beuth wollte sich mit dem Erreichten nicht zufriedengeben. Im Gebäude der Technischen Deputation, dem ehemaligen Palais Kreutz, wollte er eine Maschinensammlung, eine Modellsammlung und eine Sammlung fertiger Produkte anlegen, und sogar einen Anbau plante er. Auch ein anderes Projekt, das er gemeinsam mit seinem Freund Karl Friedrich Schinkel angefangen hatte, trieb er kräftig voran.

Schinkel, geboren am 13. März 1781 in Neuruppin, war 1805 von seiner zweiten Italienreise nach Berlin zurückgekommen und hatte 1810 durch Vermittlung Wilhelm von Humboldts eine feste Anstellung gefunden. 1815 war er zum Geheimen Oberbaurath ernannt worden und hatte begonnen, Berlin mit den von ihm erdachten Bauten zu einer europäischen Metropole zu machen, allen voran mit der Königswache, dem Schauspielhaus und dem Königlichen Museum. Er wohnte jetzt mit seiner Familie Unter den Linden 4a und kam gern einmal in die Klosterstraße.

Beuth sprang auf, als Schinkel eingetreten war, und eilte dem Freund entgegen, um ihn herzlich zu umarmen. Beide gaben die *Vorbilder für Fabrikanten und Handwerker* heraus, eine aufwendig gestaltete Sammlung von vorwiegend antiken Formen und Mustern, an denen sich die Gewerbeschulen wie die Fabrikanten orientieren sollten. Gebrauchsgegenstände sollten nicht nur nützlich, sondern auch schön sein und den Aufstieg der preußischen Industrie befördern.

»Was gibt es Neues?«, fragte Beuth.

Schinkel überlegte einen Augenblick. »Unser Kronprinz Friedrich Wilhelm wird im November seine bayerische Elisabeth zum Traualtar führen, und er wird zur Hochzeit Schloss Stolzenfels am Rhein geschenkt bekommen.«

»Und was hast du damit zu schaffen?«

»Ich soll die Pläne zum Umbau entwerfen.«

Beuth verzog das Gesicht. »Schade, ich sähe es lieber, wenn du dich ganz um Berlin kümmern würdest.«

Schinkel lachte. »Deine Gewerbeschule hier wird doch in Bälde so viele große Köpfe hervorbringen, dass Leute wie ich schnell entbehrlich werden.«

»Dein Wort in Gottes Ohr!«

Als August Borsig am letzten Sonntag im Februar am Ring stand und auf seinen neuen Freund Friedrich Hermes wartete, lief ihm sein alter Klassenkamerad Walter Rawitsch über den Weg. Sie hatten sich ein wenig aus den Augen verloren, dennoch begrüßten sie sich mit einigem Hallo. Beide standen kurz vor ihrer Gesellenprüfung, Walter als Tischler, August als Zimmermann.

»Wir machen also beide unser Glück mit dem Holz«, sagte Walter Rawitsch.

Borsig winkte ab. »Ich bin über meinen Beruf gar nicht mehr so glücklich …«

Walter Rawitsch lachte. »Bist du also sozusagen auf dem Holzweg?«

»Eher in einer Sackgasse.«

»Besser in einer Sackgasse als auf einem Misthaufen.« Walter Rawitsch war immer noch der Alte. »Aber mit der schönen Henriette ist es trotz deines Opfers nichts geworden?«

»Leider nein. Oder Gott sei Dank – ganz wie man will.«

Walter Rawitsch kam ihm mit einer alten Volksweisheit: »Früh gefreit, hat nie gereut.«

»Wir haben ja noch unsere Walz vor uns. Wer weiß, wen ich da kennenlerne …«

Die Walz galt als Voraussetzung, um von der Zunft in den Meisterstand aufgenommen zu werden. Wenn ein Lehrling aus der Lehrzeit entlassen wurde, ging er als Geselle für ein bis drei Jahre, manchmal sogar noch länger, auf Reisen. Als »er-fahrener« und »be-wanderter« Mann sollte er nach abgeschlossener Wanderschaft in die Heimatstadt zurückkehren.

»Wohin treibt es dich denn?«, fragte Walter Rawitsch.

Borsig zuckte mit den Schultern. »Keine Ahnung. Irgendwie habe ich zu nichts mehr richtig Lust. Ein Leben lang nur Zimmermann sein … Ich weiß nicht …«

»Das erinnert mich an Goethes *Die Leiden des jungen Werther.*« Über diesen Roman hatten sie in der Schule eingehend gesprochen, und Mistek hatte den Gedanken an einen Selbstmord als zutiefst unchristlich und unpreußisch verdammt.

August Borsig winkte ab. »Das nicht, aber …« Ein Vergleich kam ihm in den Sinn. »Manchmal sehe ich mich als Kugel, die Gott auf die Kegelbahn gerollt hat. Ich möchte meinen Lauf gerne ändern, kann es aber nicht. Ich rolle und rolle …«

»Und am Ende deines Lebens heißt es dann: Volltreffer, alle Neune!«

»Oder aber die Kugel rollt von der Bahn und alle schreien: Eine Ratte!«

Nach diesem Gespräch verbrachten sie noch einen sehr angenehmen Tag miteinander, und als sie am Abend adieu sagten, verabredeten sie, sich von nun an öfter zu treffen.

Daraus aber sollte nichts mehr werden, denn am Donnerstag bekam August Borsig die Nachricht, dass Walter Rawitsch bei einem Unfall ums Leben gekommen war. Gemeinsam mit seinem Meister hatte er ein Sägewerk besichtigt, und dabei waren aufeinandergeschichtete Baumstämme ins Rollen gekommen und hatten ihm den Brustkorb zerquetscht. August Borsig trauerte lange um den Freund, und immer wieder musste er an dessen Worte denken: »Wir machen also beide unser Glück mit dem Holz.« Von wegen! Walter Rawitsch hatte das Holz den Tod gebracht, und August fragte sich, ob das ein Wink des Schicksals war, er selbst solle einen anderen Weg nehmen. Aber welchen denn? Die Kugel, die rollte unaufhaltsam ... Bei aller Trauer kam ab und an ein Gefühl in ihm auf, dessen er sich furchtbar schämte, das er aber nicht ganz unterdrücken konnte: Gott sei Dank hat es *ihn* getroffen – und nicht mich! Wer weiß, was der Himmel mit mir noch vorhat? Aber was sollte er schon vorhaben? Zimmermeister zu Breslau würde er werden.

Nun, die erste Etappe auf diesem Weg hatte er am 12. März 1823 zurückgelegt. Da stand er im schwarzen Feiertagsanzug im Festsaal der Innung und bekam den Lehrbrief überreicht. Schnell überflog er die verschnörkelten Buchstaben. Die *Alt- und Gildemeister des löblichen Zimmermittels der Haupt- und Residenzstadt Breslau* bestätigten ihm, dass er *vom Quartal Reminiscere 1820 bis Reminiscere 1823 die Zimmer-Profession bei dem Zimmermeister Georg Ihle gehörig erlernt* habe.

Ihle schüttelte ihm zuerst die Hand und war sichtlich gerührt, dann gratulierten ihm auch die Eltern und sein Freund Friedrich Hermes.

Der Zimmermeister Caspar Kiesewetter, einer von den Alt- und Gildemeistern, hatte bei der Freisprechung alle Lehrlinge aufmerksam gemustert, dann hatte er August Borsig freundlich zugenickt und ihn zu sich herangewinkt. »Borsig, Sie gefallen mir von allen am besten, und ich würde mich freuen, wenn ich Sie als meinen Gesellen begrüßen dürfte.«

Was blieb August Borsig da anderes übrig, als sich artig zu bedanken? Aber dass jähe Freude in ihm aufschoss, ließ sich nicht behaupten. Die Kugel, die rollte unaufhaltsam … Offenbar kam alles so, wie es kommen musste.

Das Leben eines Zimmergesellen unterschied sich von dem eines Zimmerlehrlings nicht wesentlich. August Borsig führte immer noch das gleiche Leben. Ein bisschen mehr Rechte kamen ihm zu, und die Arbeiten, die er auszuführen hatte, waren etwas anspruchsvoller, aber der Polier und der Meister konnten ihm weiterhin Anweisungen geben, wie sie wollten – und ihn tadeln, wenn sie es für richtig hielten. Sein eigener Herr war er nun weiß Gott noch immer nicht. Und das lastete ebenso auf ihm wie das Wissen, dass er das Holz nicht mehr liebte, sondern es mehr und mehr verachtete, weil es ein zu simpler Werkstoff war. Man ging ganz einfach in den Wald und fällte einen Baum, dann hatte man es. Wie anders dagegen das Eisen! Wie viel menschlicher Geist und wie viel handwerkliches Geschick waren vonnöten, aus Erz Eisen zu gewinnen!

Friedrich Hermes fand, dass er richtig schwermütig geworden war.

»Du hast gut reden!«, rief Borsig. »Du bist ja Schmied und hast das Eisen als Material. Holz, das ist das Mittelalter – Eisen, das ist die moderne Zeit!«

Friedrich Hermes versuchte sich als Philosoph: »Ein Pferd kann keine Kuh werden – und eine Kuh kein Pferd.«

August Borsig stöhnte auf. Keiner verstand ihn so richtig. Aber wie denn auch, er selbst schaffte es ja auch nicht. Sein verstorbener Freund Walter Rawitsch hätte gesagt: »Der August Borsig ist jetzt bei den Stadtmusikern. – Wie denn das? – Er bläst. – Trompete oder Tuba? – Nein, Trübsal.«

Das Ende der Tristesse kam schlagartig, als er Marie erblickte, die Tochter seines neuen Meisters. Sie war für ein paar Wochen in Liegnitz gewesen, um ihre kranke Großmutter zu pflegen.

Er war jetzt neunzehn Jahre alt, sie mochte etwas jünger sein, und von daher passten sie zusammen. Vielleicht war sie etwas drall, aber das fand er sehr verführerisch, und sie hatte ein liebes rundes Gesicht. Es musste unwillkürlich an die Kolportageromane denken, die langsam in Mode kamen: Tüchtiger Geselle heiratet liebliche Tochter seines Meister, übernimmt später dessen Geschäft, und alle werden froh und glücklich. Märchen, die wahr wurden. Auch Maria schien Feuer gefangen zu haben, denn hatte sie ihn anfangs unschuldig angelächelt, so zuckte sie jetzt, wenn sich ihre Blicke trafen, und ihre Wangen wurden von einer verräterischen Röte überzogen. Und er hatte seine Schwierigkeiten, sich abrupt zu erheben, wenn er sie heimlich angestarrt hatte, denn die Aufwölbung seines Hosenlatzes wäre zu peinlich gewesen. Ab und an saßen der Lehrling und die Gesellen im Hause des Meisters und mit dessen Familie am Mittagstisch, und das waren dann wahre Festtage für August Borsig. Näher aber kam er Marie Kiesewetter nicht.

»Du musst ihr einen Liebesbrief schreiben«, riet ihm sein Freund Friedrich Hermes, als er dem seine Nöte geschildert hatte. »Am besten mit einem Gedicht. Die Frauen lieben so etwas und sind dann ganz gerührt.«

»Das kann ich nicht.«

»Dann machen wir das gemeinsam. Meine ältere Schwester ist mit der Feder so gewandt wie mit der Nähnadel. Außerdem hat sie ein paar von Goethes Gedichten im Poesie-Album stehen.«

So kam dann mit Hilfe von Katharina Hermes Borsigs erster Liebesbrief zustande, veredelt mit den ersten und den letzten Zeilen des Goethe-Gedichtes *Nähe des Geliebten*:

Ich denke dein, wenn mir der Sonne Schimmer
Vom Meere strahlt;
Ich denke dein, wenn sich des Mondes Flimmer
In Quellen malt.

Ich bin bei dir, du seist auch noch so ferne,
Du bist mir nah!
Die Sonne sinkt, bald leuchten mir die Sterne.
O wärst du da!

Nun war es zwar schwer, von Breslau aus aufs Meer zu blicken, aber das Brieflein tat dennoch seine Wirkung, denn als August Borsig einen Tag später vom Abtritt kam und Marie, die in die Küche wollte, in die Arme lief, fuhr sie nicht etwa erschrocken zurück, sondern umschlang ihn, so dass es geradezu unmöglich war, sie nicht zu küssen. Die Welt um ihn herum versank, und er sagte später, er könnte schwören, stundenlang in enger Umarmung mit ihr im Flur gestanden zu haben. In Wahrheit aber waren es nur Sekunden, denn da tauchte auch schon Kiesewetter auf und trieb sie mit einem harschen »Was soll denn das?!« schnell wieder auseinander.

Der nächste Tag – es war der 22. September 1823 – sollte August Borsigs letzter an der Königlichen Provinzial-Kunst- und Bauhandwerksschule werden. Mit ungewissen Gefühlen, ebenso erleichtert darüber, dass alles vorbei war, wie enttäuscht darüber, dass nun schon alles vorbei war, hockten sie in ihren Bänken und warteten darauf aufgerufen zu werden. Hier wusste man, was einen erwartete, doch die Zukunft war ungewiss, und ob alle Blütenträume reiften, war fraglich, denn Preußen war noch nicht so weit – so schien es ihnen jedenfalls –, dass man sie mit ihrer hohen Qualifikation draußen im Lande wirklich gebraucht hätte.

»Borsig!«

Wie in Trance erhob er sich und schritt nach vorn. Der Bauinspector Hirt nahm sein Abgangszeugnis aus einem blauen Aktendeckel, drückte es ihm aber noch nicht in dic Hand, denn zuerst war August Borsig noch die große silberne Medaille für die Konstruktionszeichnung einer hölzernen Kuppel nach italienischen Vorbildern auszuhändigen.

»Der Kuppelbau war ja Ihre große Leidenschaft, Borsig. Gut so!«

August Borsig musste unwillkürlich an Walter Rawitsch denken, der ihm einmal gesagt hatte, wenn er es so mit den Kuppeln habe, solle er doch am besten Kuppler werden. So sah er etwas geistesabwesend aus, als man ihm sein Abgangszeugnis in die Hand drückte.

»Ein guter Anfang, Borsig«, sagte Hirt mit der gebotenen

Feierlichkeit. »Und wir freuen uns darauf, später noch viel Gutes von Ihnen zu hören!«

August Borsig bedankte sich und überflog im Zurückgehen das Blatt, das er vorsichtig in den Händen hielt und das vom Hofrath Bach unterschrieben war:

Sein Fleiß und seine Fortschritte in dem Unterricht der schönen und städtischen Baukunst, im Zeichnen alter Säulen, in den vorzüglichen Übungen der Zimmerkunst wie auch im besonderen Unterricht der Mechanik waren besonders lobenswert. Zudem hat der Eleve Borsig mit Eifer und Fleiß die Freihandzeichnungen in verschiedener Art studiert und dabei sehr gute Fortschritte gemacht.

Man feierte das Bestehen in einer nahe gelegenen Schänke, aber als August Borsig dann mit dem Zeugnis in der Hand nach Hause ging, war er etwas schwermütig gestimmt.

»Was hast du denn erwartet?«, fragte ihn Friedrich Hermes. »Dass Friedrich Wilhelm III. höchstpersönlich in einer Kutsche angefahren kommt, um dich als Königlichen Hofzimmermann nach Berlin zu holen?«

»Ja, so in etwa«, brummte Borsig und wurde bitter. »Aber was habe ich denn von der langen Quälerei bei Hirt und Bach? Dieses Zeugnis hier ist doch zu nichts nütze, damit kann ich mir doch den Hintern abwischen!«

Friedrich Hermes suchte, ihn zu beruhigen. »Gott, August, du hast doch in den drei Jahren unheimlich viel gelernt. Das ist doch ein Kapital, mit dem du später einmal wuchern kannst.«

»Ja, ich habe den Kopf voller Wissen und Ideen, aber es ist niemand da, der das alles haben will!«, rief Borsig.

»Sei doch nicht so ungeduldig, du musst nur warten können.«

Am Abend wurde Borsig von Caspar Kiesewetter zu einem Gespräch unter vier Augen gebeten. Er bekam weiche Knie und zitterte am ganzen Körper, denn er erwartete nichts anderes, als dass der Meister ihn bitten würde, förmlich um die Hand seiner Tochter anzuhalten. Aber es sollte ganz anders kommen.

»Borsig, ich kann und ich darf Sie nicht mit Gewalt halten, wenn ich es auch äußerst gern täte. Aber Sie wollen in die Welt, und Sie müssen in die Welt!« Damit bekam er ein Blatt Papier in die Hand gedrückt.

Hierdurch bestätige ich, dass Johann Friedrich Borsig bei mir in Arbeit gestanden und auf sein Ansuchen, weil derselbe, um seine Kenntnisse zu vermehren, reisen will, hiermit entlassen wird. Sein Fleiß und seine Aufführung waren stets so, dass ich ihn jedem meiner Mitmeister empfehlen kann.

»Nicht einmal meinen eigentlichen Vornamen hat er auf diesen Wisch geschrieben«, sagte Borsig später zu seinem Freund Hermes. »Das Ganze hat er doch nur in Szene gesetzt, um mich von seiner Tochter abzutrennen. Marie soll sicher einen reichen Laffen heiraten.«

Friedrich Hermes nickte. »Kann schon sein. Möglich ist aber auch, dass dein Vater dahintersteckt und mit Kiesewetter gesprochen hat, denn es stört ihn mächtig, dass du nicht auf die Walz gehen willst, wie es sich für einen echten Zimmermann gehört.«

»Ich will aber kein echter Zimmermann mehr sein!«, rief Borsig.

Der Hofrath Professor Bach saß am Schreibtisch in der Provinzialregierung und starrte aus dem Fenster – als könnte ihm die matte Herbstsonne zu einer Erkenntnis helfen. Vor ihm lag ein Schreiben aus Berlin, auf das er heute endlich reagieren musste, aber bis jetzt hatte er sich noch nicht zu einer Entscheidung durchringen können. Man beschwerte sich darüber, dass Breslau noch immer keinen Zögling aus Schlesien in die neue Königliche Gewerbeschule in der Klosterstraße geschickt habe. So ginge das nicht – und wenn man den Willen des Königs weiterhin konterkariere, werde das negative Folgen für Breslau haben. Irgendeiner müsse doch auch in Schlesien zu Höherem berufen sein als zu einem schlichten Handwerksmeister. Unterschrieben war das

Ganze von einem Christian Peter Wilhelm Beuth, Director der Technischen Deputation für Handel und Gewerbe.

Bach war hin- und hergerissen. Einerseits musste dem Wunsche Berlins entsprochen werden, und er gönnte ja auch jedem Schlesier den Aufstieg – ja, es war ihm eine Herzensangelegenheit, jede Begabung zu fördern –, andererseits aber wollte er verhindern, dass Schlesien austrocknete und seine Provinz mit der zweiten Wahl vorliebnehmen musste. Das war ein unlösbares Dilemma. Schließlich ließ er den Bauinspector Hirt rufen, um sich mit ihm zu beraten.

»Einen müssen wir schicken, lieber Hirt, da kommen wir nicht drum herum. Aber nehmen wir den Besten, dann berauben wir uns selbst, nehmen wir das Mittelmaß, dann blamieren wir uns.«

Hirt dachte nicht lange nach. »Es ist unsere Pflicht vor Gott und den Menschen, den Besten zu schicken, damit er sich in Berlin entwickeln und zu Preußens Größe beitragen kann.«

»Unser Bester, das ist der Borsig …«

»So ist es, Herr Hofrat. Er ist so begabt wie kein Zweiter.«

Bach sah ein, dass es keine andere Lösung gab. »Dann schicken wir einen Boten nach ihm und lassen ihn kommen.«

Eine halbe Stunde später stand August Borsig vor ihnen – und sah nicht sehr begeistert aus, als er erfahren hatte, was sie mit ihm vorhatten. Dass er wegen Marie in Breslau bleiben wollte, konnte er ihnen unmöglich verraten.

»Borsig«, rief der Hofrath, »warum zögern Sie da? Die Lebensbahn eines Handwerkers ist nichts mehr für Sie, Sie sind dafür geschaffen, sich andere Ziele zu setzen, höhere Ziele! Berlin ermöglicht es Ihnen, das Wissen zu erwerben, das Sie befähigt, Großes, Eigenartiges und Wunderbares zu schaffen!«

Kapitel vier
1823

Seit Beginn der Demagogenverfolgung, die nach der Ermordung des Dichters August von Kotzebue – er galt als Gegner demokratischer Freiheiten – am 7. Juli 1819 eingesetzt hatte, stagnierte in Berlin das öffentliche Leben. Die wichtigste Behörde war das Polizeipräsidium. Seit den Befreiungskriegen, in denen man um die zweihunderttausend Menschen in Berlin gezählt hatte, wuchs die Bevölkerungszahl von Jahr zu Jahr, und hinter London, Paris und St. Petersburg stand die preußische Residenz in der Rangliste der europäischen Metropolen an vierter Stelle. Während im politischen Bereich die liberalen Ideen radikal unterdrückt wurden, kamen sie in der Gewerbe- und Wirtschaftspolitik voll zur Geltung. Trotz aller Unterdrückung erlebten Wissenschaft und Bildung, Kunst und Kultur eine ihrer glanzvollsten Epochen. Berlin entwickelte sich langsam zur Industriestadt. Damit wuchsen auch die sozialen Probleme, und 1820 waren vor den Stadtmauern die ersten Mietskasernen entstanden. Der Salon von Karl August und Rahel Varnhagen von Ense galt als geistiger Mittelpunkt der Stadt. Am 3. März 1821 hatte man das von Karl Friedrich Schinkel geschaffene Nationaldenkmal für die Befreiungskriege auf dem Kreuzberg enthüllt. Am 18. Juni 1821 war Carl Maria von Webers romantische Oper *Der Freischütz* uraufgeführt worden. Im gleichen Jahr hatte Schinkel den Neubau des Schauspielhauses am Gensdarmen-Markt vollendet, und am Oranienburger Thor konnte die Eisengießerei und Maschinenfabrik von Franz Anton Egells ihren Betrieb aufnehmen.

So war das Berlin beschaffen, in das August Borsig am 1. Oktober 1823 seinen Einzug hielt. Am Alexanderplatz stieg er aus der Postkutsche, und das lange Sitzen hatte seine Glieder so steif werden lassen, dass seine ersten Schritte auf dem harten Berliner Pflaster sehr unbeholfen wirkten und er wie ein alter Mann aussah und nicht wie ein junger Spund, der gekommen war, die Welt zu erobern.

Berlin war sicher eine ganz besondere Stadt, aber das ließ ihn nicht vor Ehrfurcht erstarren, denn schließlich kam er aus Breslau und nicht vom Dorfe. Aber die Leute waren doch irgendwie anders.

»Kannst du mir bitte mal sagen, wie ich zur Münzstraße komme?«

Der Schusterjunge, den er angesprochen hatte, grinste. »Klar kann ick det, denn wenn ick det nich könnte, wär ick ja janz schön mit'm Klammerbeutel jepudert. Det is also 'ne Beleidigung, det Se mir det nich zutrau'n.«

Borsig brauchte einen Augenblick, um mit dieser Logik zurechtzukommen. »Muss ich also in diese Richtung?« Er zeigte nach Süden.

»Nee, hier nach Westen. Erst kommt die Alexanderstraße, die ham Se direkt vor da Neese, und dann die Münzstraße.«

Borsig bedankte sich, schulterte die Kiste mit seinen Siebensachen und machte sich auf den Weg. Bald hatte er das zweistöckige Haus der Witwe Järschersky erreicht, in dem ihm die Berliner Schule ein Zimmer reserviert hatte. Der Name irritierte ihn nicht, denn in Breslau gab es viele, die ein -ky am Ende hatten: Brohasky, Ciazynsky, Damretzky, Domschikowsky, Galetschky, Labitzky, Panowsky oder Websky. Es waren eine ganze Menge -ky's, an die er sich erinnern konnte.

Luise Järschersky ging auf die siebzig zu und kam aus der französischen Kolonie in Berlin, wie sich an ihrem Mädchennamen Grolleau leicht erkennen ließ. Geheiratet hatte sie den Holzhändler Johann Järschersky, der aus Ostpreußen nach Berlin gekommen war. Ihr Vorbild war die stadtbekannte Madame Du Titre, mit der sie auch befreundet war. Beide sprachen noch fließend französisch, liebten aber den urwüchsigen Berliner Dialekt und konnten komisch erzählen. Etwa in der Art, wie Madame Du Titre dem König nach dem Tod seiner Luise ihr Mitgefühl ausgedrückt hatte: »Ja, Majestätken, et is schlimm for Ihnen. Wer nimmt ooch jern een Witwer mit sieben Kinderkens?«

Die Witwe Järschersky hieß August Borsig herzlich willkommen. »Ach du meine Jüte, drei Bonbons in eene Tüte! Sie sind nun schon der dritte Jast aus Breslau, den ick hier bemuttan darf. Erst war et der Friedrich von Gentz, aber der ist ja ab in det jlückliche Österreich, und denn der Herr Schleiermacher, aber wat der so rumspinnt, det is mir allet höchst schleierhaft.« Dann verwies sie auf ihre Nähe zu Madame Du Titre und hatte auch gleich noch eine Anekdote bereit, die man sich von ihrer Freundin erzählte: »Sie hat Joethe schon imma bewundert, und als er vor 'n paar Jahre in Berlin war, hat er ooch von ihr jehört. Als er ihr uff de Straße sieht, da will er ihr verwirren und fragt: ›Kennen Sie mich?‹ Da macht sie janz ehrfürchtich 'n Knicks und ruft: ›Jroßer Mann, wer sollte Ihnen nich kennen: *Fest gemauert in der Erden / steht die Form, aus Lehm gebrannt*!‹«

Borsig ging es wie ein Mühlrad im Kopf herum, und er zog sich erst einmal in sein Zimmer zurück, um wieder etwas zu sich zu kommen. Erschöpft warf er sich auf das Bett. Seine Gefühle waren höchst zwiespältig. Einerseits fühlte er sich einsam und verlassen und sehnte sich nach seiner Familie, nach Marie, nach Kiesewetters Zimmerei, andererseits aber war er froh und glücklich, ein neues Leben zu beginnen, war er neugierig auf die Preußenresidenz. Er fühlte sich wie ein Schauspieler, der auf der Breslauer Bühne zehn Jahre lang einen Zimmermann gespielt hatte und sich nun freuen konnte, dass es in Berlin andere Rollen für ihn gab.

Er mochte eine Stunde tief und fest geschlafen haben, als jemand an seine Zimmertür klopfte. Es war Wilhelm Järschersky, der Sohn seiner Wirtin, und der wollte ihn fragen, ob er morgen mit ihm durch Berlin spazieren und den Cicerone spielen dürfe.

»Gerne. Aber haben Sie denn die nötige Zeit dafür?«

Wilhelm Järschersky lachte. »Aber ja, ich bin Student, und bei uns hat das neue Semester noch nicht so richtig angefangen – jedenfalls nicht für mich.«

Erst als der Studiosus wieder gegangen war, bemerkte Borsig die Zeichnung, die über seinem Bett hing. Sie zeigte einen jungen Mann, der am Brandenburger Thor aus der Postkutsche stieg und frohgemut Berliner Boden betrat. Darunter stand: *Schicksal, ick erwarte dir!*

Egells bedauerte zu keiner Zeit, dass er sich vor zwei Jahren mit staatlicher Unterstützung selbständig gemacht hatte. Gemessen an dem, was er in England gesehen hatte, war seine Maschinenanstalt nur eine kleine Klitsche und mehr Manufactur als Fabrik. In der Lindenstraße betrieb er eine kleine Eisengießerei und in der Mühlenstraße, der späteren Obentrautstraße, eine Schlosserwerkstatt. Viel warf das alles noch nicht ab, und immer wieder ging ihm ein Ausspruch seiner Mutter durch den Kopf: »Mühsam ernährt sich das Eichhörnchen.« Er baute alles, was irgendwie denkbar war, und erwarb sich schnell einen guten Ruf als Konstrukteur. Besonderen Erfolg hatte er mit einer gedrungenen und raumsparenden Dampfmaschine, einer sogenannten Bügelmaschine.

Einer seiner besten Leute war Johann Friedrich Ludwig Wöhlert, ein Tischler aus Kiel, der 1818 nach kurzer Wanderschaft nach Berlin gekommen war. Er sah heute Morgen etwas müde aus.

»Na, Wöhlert, gestern wieder zu lange auf den Spuren Ihres Vaters gewandelt?« Der war Brauer.

»Nein, ich habe nur mit geschlossenen Augen nachgedacht. Fragt mich gestern ein Constabler, mit dem ich ins Gespräch gekommen war, ob unsere Bügelmaschine nicht was für seine Frau wäre. ›Wir haben acht Kinder und so viel Wäsche!‹ Da frage ich mich, ob man nicht wirklich etwas bauen kann, das mit heißem Dampf die zerknitterten Wäschestücke glättet …«

»Hm …« Egells dachte nach. »Möglich erscheint mir das schon, aber die Leute müssten dafür statt ihrer Küche kleine Säle zu Hause haben.«

Auch Egells, ansonsten ein rastloser Arbeiter, war heute etwas müde. Schließlich war er jungverheiratet, und seine Anna Elisabeth Sabina, Tochter des Porzellanmalers Peter Angelé, hatte ihm vermittelt, dass ein Bett auch anderem als der bloßen Nachtruhe dienen konnte.

Gegen Mittag ließ sich Beuth in der Lindenstraße sehen. Egells hieß seinen Freund und Förderer herzlich willkommen.

»Na, willst du sehen, ob sich die Gelder, die Preußen hier investiert hat, auch verzinsen werden?«

Beuth lächelte. »Alles, was wir jetzt für die Industrialisierung unseres Landes tun, wird sich später einmal auszahlen. Nein, ich komme, um zu hören, wie es mit dem Umzug in die Chausseestraße vorangeht.«

»Wir werden erst nächstes Jahr alles unter Dach und Fach haben, aber wir kommen mit allem gut voran.«

»Das freut mich zu hören«, sagte Beuth. »Die Königliche Eisengießerei ist ja schon seit nahezu zwanzig Jahren dort zu Hause, und ich hoffe, dass sich in der Gegend nordöstlich des Oranienburger Thores – Chausseestraße, Zollmauer, Garten- und Liesenstraße – bald viele Eisengießereien und Maschinenbau-Anstalten ansiedeln werden. Aus Dutzenden von Schornsteinen sehe ich Rauch in den Himmel steigen.«

Bis der Unterricht in Beuths Institut begann, hatte August Borsig noch zwei Wochen Zeit, sich mit Preußens Residenz vertraut zu machen, und einige Male zog er auch mit Wilhelm Järschersky durch Berlin, das gerade einen wunderbaren Altweibersommer erlebte. Die Damen, die nachmittags Unter den Linden spazieren gingen, hatten zum Teil noch ihre bunten Sonnenschirme aufgespannt, und der Thiergarten zeigte weiterhin ein sattes Grün. Die wenigen Blätter, die von den Linden und Kastanien zu Boden schwebten, fielen nicht weiter ins Gewicht.

Zuerst ging es zum Schloss der Hohenzollern, und Järschersky geriet so ins Schwärmen, dass es Borsig fast zu viel wurde. Denn so recht imponieren wollte ihm das Gebäude nicht, schließlich war auch das Breslauer Schloss keine Hundehütte. Er hörte erst wieder richtig zu, als Järschersky vom Grünen Hut zu erzählen begann.

»Dieser kleine Turm, den du dort oben siehst, ist der Grüne Hut. Er ist ein Überbleibsel der alten Burg, die hier gestanden hat, und diente bis 1648 als Gefängnis. Ganz unten im Turm stand die Eiserne Jungfrau, eine Frauengestalt aus Eisen. Die weitgeöffneten Arme waren als Schwerter ausgebildet, und im Leib befanden sich links und rechts scharfe Messer. Wurde einer zum Tode verurteilt, musste der vor der Eisernen Jungfrau auf eine steinerne Platte treten und sie küssen. Dadurch wurde ein Mechanismus ausgelöst, und die Arme umfingen ihn, pressten ihn gegen die Messer und zerschnitten seinen Körper. Die einzelnen Stücke der Leiche fielen dann durch eine Klappe runter in die Spree – und die Fische und die Krebse hatten was zu fressen.«

Borsig schüttelte sich und war in den kommenden Wochen nur schwer dazu zu bewegen, Fische aus der Spree zu essen. Weniger gruselte ihm vor der Weißen Frau, dem Schlossgespenst der Hohenzollern, bei dem es sich um Anna Sydow handeln sollte, eine Gespielin des Kurfürsten Joachim II. Kaum war der verstorben, beraubte sein Sohn die »schöne Gießerin« all ihrer Güter und Kleinodien und ließ sie auf die Festung Spandau bringen, wo sie nach harter Behandlung verstarb. Sie kam aber im Grab nicht zur Ruhe und wurde zur Todesbotin der Hohenzollern. Jedes Mal, wenn sich ein Landesherr anschickte, einzugehen in die Ewigkeit, erschien sie im Berliner Schloss.

»Da bin ich ja mal gespannt«, sagte Borsig, dessen Liebe zum König sich in Grenzen hielt, hatte sich doch Friedrich Wilhelm III. seiner Meinung nach im Kampf gegen Napoleon am Anfang recht dämlich angestellt.

»Weiter zum Opernhaus«, sagte Järschersky, »mit dessen Bau 1741 begonnen worden ist. Die Pläne stammen von Knobelsdorff, aber Friedrich der Große soll da auch ein Wörtchen mitgeredet haben. 1742 gab es die erste Opernaufführung, später auch Maskenbälle.«

»Ah ja …« Borsig erinnerte sich an Breslau, wo der Geheime Rath Ludger von Krauthausen als Nero gegangen war.

Weiter ging es zum Forum Friedericianum, zur Hedwigskirche

und zum Prinz-Heinrich-Palais, wo sie einen Augenblick innehielten.

»Prinz Heinrich ist 1802 gestorben, und aus seinem Palais ist die Berliner Universität geworden, die *Alma mater berolinensis,* die Friedrich-Wilhelms-Universität. Im Oktober 1810 hat es hier die ersten Lehrveranstaltungen gegeben.«

Borsig lachte. »Das haben wir in Breslau auch, die Schlesische Friedrich-Wilhelms-Universität mit fünf Fakultäten.«

»Und warum hast du nicht versucht, dort zu studieren?«

Borsig winkte ab. »Das ist mir alles viel zu trockenes Zeug.« Nein, in keiner Sekunde seines Lebens hatte er daran gedacht, sich an einer Universität einzuschreiben.

»Das Ende des Forum Fridericianum bildet die Königliche Bibliothek«, sagte Järschersky und zeigte auf ein Gebäude mit einer merkwürdig geschwungenen Fassade. »Weißt du, wie die Berliner sie nennen?«

»Nein, woher denn?«

»Kommode. Weil das Gebäude wie eine Kommode aussieht. Die Leute erzählen sich, dass der König sich mit dem Baumeister Georg Christian Unger über den Neubau gestritten hat, und als sie zu keiner Einigung gekommen sind, hat er auf seine Kommode gezeigt und gesagt: ›So wie das Ding da ist, so will ich, dass Er die Bibliothek errichtet!‹ In Wirklichkeit aber soll die Idee aus Wien stammen, von einem gewissen Erlach.«

Auf der anderen Seite der Straße Unter den Linden gab es die Bauten um den Lustgarten, das Zeughaus und Schinkels Königswache zu bestaunen. Dessen strenge, klare und nüchterne Form faszinierte Borsig.

»Wenn wir Glück haben, kannst du Schinkel sehen«, sagte Järschersky. »Hinten am Lustgarten und an der Spreebrücke arbeiten sie gerade am Fundament seines Museums. Um das Fundament zu gewinnen, wird ein alter Arm der Spree zugeschüttet, und sie rammen viele tausend Pfähle in den Boden. Ein mächtiger Bau soll es werden, mit einer langen, hohen Säulengalerie an seiner Front.«

Sie liefen hin und hatten Glück, denn der Oberbaurath Schinkel stand tatsächlich gerade mit einigen Aufsehern zusammen und erklärte denen anhand eines riesigen Planes, was zu tun war. Stumm und anbetend stand Borsig da. Ein Mann, der sich anschickte, so etwas Großartiges zu schaffen wie ein Museum, das den Bauten Griechenlands in nichts nachstehen würde, der war ein Gott für ihn.

Noch größer wurde seine Bewunderung für Schinkel, als sie auf dem Gensdarmen-Markt standen und ihr Blick zum Schauspielhaus hinüberging.

»Das alte Haus ist 1817 abgebrannt«, wusste Järschersky zu erzählen, »und Schinkel hat 1819 und 1820 ein neues an seine Stelle gesetzt. Anderthalbtausend Zuschauer gehen rein, und hier am Fries kannst du gleich einmal Latein lernen: *Fridericus Guilelmus III. Theatrum et Odeum incendio consumta majore cultu restituit 1821*. Das bedeutet?«

»Friedrich Guelemus hat das Theater 1821 dreimal mit Major Cultu zusammen besucht«, riet Borsig.

Järschersky wusste es besser. »Friedrich Wilhelm III. hat das abgebrannte Schauspielhaus und den Concertsaal in größerer Pracht wiederhergestellt 1821.« Er lachte. »Du solltest anfangen, Latein zu lernen!«

»Dann schon lieber Englisch, denn die Engländer geben jetzt überall den Ton an und nicht mehr die alten Römer.« Dabei stieß Borsig einen Seufzer aus. »Jetzt bin ich aber wirklich erschöpft! Wo habt ihr denn hier in Berlin einen schönen Kretscham?«

»Einen was?«

»Ein Gasthaus. Ein Königreich für ein Schweidnitzer Schöps oder ein Gottesberger Pils!«

Destillen und Budiken gab es genügend in Berlin, und bald hatten sie ihren Durst gestillt.

Am nächsten Tag ging es dann durch die weniger repräsentativen Teile der Stadt und durch Straßen, in denen Läden, Werkstätten und Manufacturen zu finden waren. Hinter verrußten Scheiben begann es plötzlich rot aufzuglühen. Das dumpfe Dröhnen eines Vorschlaghammers war zu hören, und heller klang es, wenn ein kleinerer Hammer auf den Amboss schlug. Aus den Schornsteinen quollen dunkle Rauchwolken in den herbstlich verschleierten Himmel. Aus düsteren Thorwegen kamen Männer mit blauen Arbeitshemden heraus, ein Schurzfell um die Hüfte gebunden. Was hier entstand, war nicht so prunkvoll und gigantisch wie das, was Schinkel schuf, aber es war für August Borsig eine ebenso hohe Kunst. Irgendwie fühlte er, dass Eisen und Maschinen die Welt alsbald beherrschen würden und Schinkels Bauten dann nur Beiwerk waren.

In der Mauerstraße las Borsig an einem der Häuser den Namen *Julius Conrad Freund* und ließ sich von Järschersky erzählen, dass Freund von Uthfelde an der Weser nach Berlin gekommen war, um als Lehrling in die Dampfmaschinenwerkstatt seines Bruders einzutreten. »Brillengläser hat er anfangs geschliffen. Dann ist der Bruder gestorben, und mit achtzehn Jahren hat er die Werkstatt übernommen.«

Borsig staunte, was einem preußischen Untertanen alles möglich war, wenn er diese Karte spielte, die Karte des Maschinenbaus. Ein Zimmermannsgeselle wie er konnte niemals General werden oder Minister des Königs, niemals Landjunker oder Professor, aber Werkstattbesitzer und vielleicht einmal – wenn sich die Dinge in Preußen so entwickelten wie in England – ein Fabrikherr, der reich und mächtig war und vor dem König nicht demütig in die Knie gehen musste.

Während er dies dachte, waren sie in die Lindenstraße eingebogen, und dort fiel sein Blick auf ein Haus, das in großen Buchstaben den Namen *F. A. J. Egells* trug. Er stand lange davor und sah zu, wie hinter den Scheiben Lichter und Flammen gelb und rötlich aufzuckten. Drinnen quoll das flüssige Eisen aus dem Ofen oder den Gießpfannen in die Formen. Er musste unwillkürlich an die Zeichnung denken, die über seinem Bett in der Münzstraße hing: *Schicksal, ick erwarte dir!*

»Du, ich glaube, das flüssige Eisen und die Maschinen, die daraus entstehen, die sind mein Schicksal!«

Wilhelm Järschersky lachte nur. »Ich dachte auch, die Philosophie und die Theologie seien mein Schicksal, als ich Schleiermachers *Kurze Darstellung des theologischen Studiums zum Behuf einleitender Vorlesungen* gelesen hatte – aber denkste! Wie meine Mutter sagen würde: Doof bleibt doof, da helfen keene Pillen. Ich versteh das alles nicht, was die da sabbeln, und ich werde nie Philosophieprofessor oder Pfarrer werden, da habe ich absolut auf die falsche Karte gesetzt und mich völlig überhoben. Das Einzige, wozu ich tauge, ist, Holzhändler zu werden – genau wie mein Vater. Und du solltest daraus deine Lehre ziehen: Nicht hoch hinauswollen, sondern schön auf dem Boden bleiben. Zimmermann, bleib bei deinen Balken!«

August Borsig litt unter Berlin, und er litt unter sich selbst. Die Stadt war ihm zu groß und zu abweisend. Er fand sich unerträglich, weil er Sehnsucht nach Breslau hatte, nach seiner Familie, nach Marie, und Angst vor dem Neuen, das da auf ihn zukam. *Zimmermann, bleib bei deinen Balken!* Wilhelm Järscherskys Warnung hatte er noch lange im Ohr. Er aber wollte nicht bei seinen Balken bleiben, sondern um alles in der Welt hin zum Eisen, hin zu den Maschinen aus Eisen. War das sein Glück, war das sein Untergang? Zu all den inneren Monologen und Qualen kam die Tatsache, dass er die Hohenzollernresidenz ziemlich langweilig fand. In die Oper und ins Theater zog es ihn nicht, und daneben gab es nichts, was ihn wirklich begeistert hätte – weder das Freischießen auf dem Berliner Schützenplatz noch eines der wenigen Volksfeste. Zur Schlachtfeier von Großbeeren wäre er schon gegangen, aber die hatte bereits am 23. August stattgefunden.

»Dein Gemütszustand lässt ja sehr zu wünschen übrig«, hatte Wilhelm Järschersky schnell erkannt. »Berlin ist dir nicht aufregend genug … Nun gut, mal sehen, was wir dagegen machen können.« Er überlegte einen Augenblick. »Warst du schon einmal bei einem Duell dabei?«

Borsig war erstaunt über diese Frage. »Nein. Ich dachte, die sind jetzt verboten.«

»Das sind Sie auch, und es gibt einige Jahre Festungshaft, wenn einer getötet wird, aber beim Adel und in der Armee drückt man schon mal beide Augen zu, wenn sich zwei Zu und Von duellieren. Die Ehre ist eben das Wichtigste.« Järschersky begann nun zu flüstern. »Ich weiß, dass es morgen früh um fünf im Thiergarten ein Duell geben wird. Waldemar von Schwanow ist von einem Neffen zum Zweikampf gefordert worden, dem Leutnant Ferdinand von Deichmann. Schwanow hat gesagt: ›Ich bin ein Mann, der auf dem Schlachtfeld Pulver gerochen hat – du aber nur im Bett das Puder deiner Mätressen.‹«

Borsig staunte. »Woher kennst du die denn alle?«

»Der von Schwanow hat ausgedehnte Waldungen und sein Holz immer an meinen Vater verkauft. Da sind wir oft bei ihm gewesen.«

Borsig schauerte es ein wenig. »Und die schießen richtig mit Pistolen aufeinander?«

»Ja, meinst du denn, die bewerfen sich mit Pferdeäppeln?«

Am nächsten Morgen, kaum hatte es von den Kirchtürmen vier Uhr geschlagen, liefen sie zum Thiergarten, um sich in der Nähe des Brandenburger Thores im Gebüsch zu verstecken – vor sich die Lichtung, auf der das Duell stattfinden sollte. Järscherskys Informationen waren richtig gewesen: Pünktlich erschienen die beiden Duellanten mit ihren Sekundanten. Wie schwarze Krähen kamen sie vom Hauptweg her. Einer der Begleiter trug einen Mahagoni-Koffer mit den Waffen. Es wurden einige Worte gewechselt, die Järschersky und Borsig in ihrem Versteck aber nicht verstanden. Die Distanz, über die der Schusswechsel gehen sollte, wurde vermessen. Dies geschah dergestalt, dass die beiden Sekundanten Rücken an Rücken standen und sich dann jeweils fünfzehn Schritte voneinander wegbewegten. Als die Standpunkte der beiden Schützen mit zwei armdicken Ästen markiert waren, wurde aber noch gewartet.

»Der Arzt ist noch nicht da«, flüsterte Järschersky.

Der erschien schließlich, und von Schwanow, der Ältere der beiden, und der Leutnant traten, ohne sich eines Blickes zu würdigen, an den aufgeklappten Mahagoni-Koffer, griffen zu den absolut gleichen Pistolen und schritten wie mechanische Puppen zu ihren festgelegten Positionen. Dabei wurden sie immer langsamer, als sei die Feder, mit der man sie aufgezogen hatte, abgelaufen. Borsig kam es so vor, als würden sie gar nicht ankommen wollen. Doch nichts ließ sie mehr aufhalten, und als sie ihre Markierungen erreicht hatten, machten sie wie auf Befehl gleichzeitig kehrt, so dass nun ihre Gesichter einander zugewandt waren. Der Lauf ihrer Waffe zeigte noch nach unten.

In der Mitte zwischen beiden, aber in sicherer Entfernung von der Schusslinie, stand der eine Sekundant mit einem weißen Tuch in der hochgereckten rechten Hand.

Järschersky zitterte vor Erregung. »Du oder ich! Sein oder Nichtsein!«

August Borsig schloss die Augen und dachte nur: Du sollst nicht töten! Am liebsten wäre er auf die Lichtung gestürzt, um die beiden Adligen an ihrem Tun zu hindern. Järschersky musste das gespürt haben, denn er drückte ihn fest auf den Boden.

Dann wurde das Tuch gesenkt, und der Neffe als Beleidigter hatte den ersten Schuss. Seine Kugel verfehlte die Brust von Schwanows.

Der aber traf.

Borsig sprang auf und lief in Richtung Straße. Järschersky folgte ihm. Als sie wieder in der Münzstraße waren und frühstücken wollten, kam ihnen die Witwe Järschersky schon im Hausflur entgegen, völlig aufgelöst.

»Bei uns is eingebrochen worden!«, rief sie ihnen zu.

Järschersky sah Borsig vorwurfsvoll an. »Das kommt davon, wenn man Berlin langweilig findet!«

Bei Borsig hatten sie nur ein paar Münzen mitgehen lassen, so dass ihn dieser Zwischenfall nicht besonders aufregte. Wilhelm Järschersky hingegen fehlte einiges an Geld, Gebrauchsgegenständen und Kleidungsstücken. Dieser Verlust führte dazu, dass er den ganzen Tag über schlechte Laune hatte und am Abend unbedingt um die Häuser ziehen wollte, um bei Bier und Schnaps sein Elend zu vergessen. Borsig schloss sich ihm ohne Zögern an, denn auch er fühlte sich schlecht. Sein Heimweh führte dazu, dass er Schlesisch sprach.

Wenns dann wird zum Saufa kumma,
Do warn irscht die Bäuche brumma!
Wein, dann warn ber wie Wosser scheppa,
Saufa aus dan guldna Teppa.
's Duppelbier werd niemals sauer,
Denn dirt sein de besta Brauer.

Es ging feuchtfröhlich zu, und gegen Mitternacht hatte Borsig alle Weinkeller und Kneipen kennengelernt. Plötzlich war Järschersky verschwunden. Panik erfasste Borsig, denn es war stockfinster – wie sollte er nun in der fremden Stadt allein nach Hause finden? Eine Straßenbeleuchtung gab es nicht, nur an wenigen Häusern hingen Laternen. Das Pflaster war grob, und in den Rinnsteinen flossen die Fäkalien Richtung Spree. Um in die Häuser zu gelangen, musste man über ausgelegte Bretter laufen. Er stürzte, rappelte sich wieder auf, taumelte erneut und schaffte es, ein paar Schritte zu gehen, indem er sich an einer Hauswand festhielt. Zum ersten Mal in seinem Leben war er richtig betrunken. »Der Borsig, der Borsig«, grölte er, »der hat das ganze Leben noch vor sich.« Dann schlug er lang hin. Das Letzte, was er wahrnahm, war die Singuhr der Parochialkirche mit ihren 37 Glocken.

Als er wieder zu sich kam, lag er auf einer langen hölzernen Bank. Im ersten Augenblick dachte er, er würde sich in Beuths neuer Gewerbeschule befinden. Doch da wurde ein Betrunkener in den Raum geführt, der schrie, man möge ihn freilassen, da er sonst seinen Dienst verlieren würde. Ein Junge fiel im Schlaf auf die Erde und schrie fürchterlich. Ein elegant gekleideter junger Mann hielt seinen Pass in die Höhe und erklärte in gebrochenem Deutsch, er sei Engländer und niemand dürfe einen Untertanen Seiner Majestät festhalten.

»Na, nu jehm Se endlich Ruhe, Sie! Die andern wolln ooch schlafen.« In der Tür stand ein Aufseher, ein altgedienter Soldat, und rauchte ruhig seine Pfeife.

»Wo bin ich hier?«, fragte Borsig.

»In der Stadtvogtei, mein Guter.«

Am nächsten Morgen flog die Tür auf, und ein Constabler kam, um Borsig zum Verhör zu holen. Der erzählte seine Geschichte, und man entließ ihn mit der Warnung, Herrn Beuth, dem Staatsrath und Director der Technischen Deputation für Handel und Gewerbe, von seinem wüsten Treiben Mitteilung zu machen, wenn er noch einmal aufgegriffen und zum Molkenmarkt No. 2 gebracht würde.

Beuths Technische Schule war im Hause Klosterstraße 36 untergebracht, einem alten zweistöckigen Bau mit einer monotonen Fassade, und bestand im Grunde genommen nur aus zwei nicht eben großen Klassenräumen. Beuths Ziel war nicht eine Anstalt, in der die Massen ausgebildet wurden, sondern er setzte auf Qualität und wollte nur die Besten hier versammelt sehen. So hatte er dieses neue Lehrinstitut vor zwei Jahren mit nur dreizehn Schülern und vier Lehrern eröffnet und bestimmt, dass nie mehr als dreißig Schüler zugleich unterrichtet werden sollten.

Wer Beuth zum ersten Mal sah, hätte ihn für einen Dichter oder Komponisten halten können, beim Formulieren des Konzeptes aber hatte der Offizier in ihm Oberhand gewonnen, und so las sich die Präambel über Wesen und Aufgabe seines Institutes wie ein Befehl an seine Schwadron:

Der Unterricht wird kostenfrei erteilt. Die Disziplin ist streng. Nachlässige Schüler und solche, die dem Unterricht nicht folgen können, werden in den ersten Monaten entlassen, damit sie die Lehrer nicht ermüden und andern kein schlechtes Beispiel geben. Über denselben wissenschaftlichen Gegenstand wird in zwei aufeinanderfolgenden Stunden gelehrt. In der einen werden die Schüler über das in der vorigen Stunde Gelernte geprüft. In der anderen wird mit dem Unterricht fortgefahren. Geübte Schüler sollen Vorschüler (Repetitoren unter Aufsicht des Lehrers) sein.

Der Schüler August Borsig, nunmehr neunzehn Jahre alt, saß mit nicht ganz zwei Dutzend Gefährten in einem Klassenzimmer, das nüchtern und sachlich war und voll preußischen Geistes. Das Bild des Königs hing an der Wand, und Friedrich Wilhelm III. blickte streng auf seine jungen Untertanen – alles begabte Handwerker. Sie kamen aus allen seinen Provinzen, Berliner gab es nur wenige. Borsig konnte sich über seine Gefühle nicht ganz klarwerden. Einerseits war er stolz darauf, dass er Schlesien in diesem illustren Kreis vertreten durfte, andererseits litt er darunter, schon wieder die Schulbank drücken zu müssen. Viel lieber hätte er draußen seine Kräfte erprobt und geholfen, etwas Bleibendes zu schaffen.

Ein Lehrer trat ein, und Borsig fand, dass der Mann jämmerlich aussah – fast sehnte er sich nach Mistek, der wenigstens von der Statur her überzeugend gewirkt hatte. Ohne sich vorzustellen, die jungen Herren willkommen zu heißen und ihnen eine erfolgreiche Zeit an dieser Schule zu wünschen, betrat der Mann das Podium, klopfte mit dem Bleistift auf die Tischplatte und musterte die Anwesenden mit einem scharfen Blick. Dann nahm er ein eng beschriebenes Blatt aus einem blauen Aktendeckel und hielt mit schnarrender Stimme eine kleine Rede.

»Ich verlese die Satzungen, das Gesetz unserer Schule. Ohne Gesetz kein Staat, keine Schule, keine Ordnung. Wir Preußen wissen, was wir dem Gesetz schulden. Der Herr Oberfinanzrath Beuth hat unser Gesetz eigenhändig entworfen.« Er setzte die Brille auf und begann, mit der Stimme eines Dompredigers zu lesen:

Für die Zöglinge des Königlichen Gewerbe-Instituts.
Es ist die Pflicht der Zöglinge des Königlichen Gewerbe-Instituts, sich der Wohltat wert zu zeigen, welche der Staat ihnen durch Aufnahme angedeihen lässt. Diese Anstalt ist nur für sehr fähige, fleißige, ordentliche und moralische Menschen bestimmt; andere werden daraus entfernt. Ihr anzugehören soll eine Auszeichnung sein. Wahrer Gewerbefleiß ist nicht ohne Tugend denkbar. Das Gewerbe-Institut kennt keine andre Strafe, als Entfernung aus der Anstalt.
Diese erfolgt zu jeder Zeit und ohne weiteres:
1. *Wenn die Fortschritte eines Zöglings nicht hinreichend sind, um den folgenden Unterricht zu verstehen, oder zu gering für eine Versetzung in die obere Klasse;*

2. *wenn der Zögling sich nicht der größten Sittlichkeit und des größten Anstandes befleißigt;*
3. *wenn der Zögling den Unterricht unter dem Vorwande von Krankheit oder ohne vorgängige Einwilligung der Herren Lehrer versäumt;*
4. *wenn der Zögling, welcher verpflichtet ist, sich eine Viertelstunde vor dem Anfange des Unterrichts im Gewerbehause einzufinden, im Laufe eines Lehrgangs sechsmal zu spät gekommen ist, d. h. nachdem die Stunde geschlagen hat.*

»Aber Sträflingskleidung bekommen wir keine?«, murmelte der Zögling, der neben Borsig platziert worden war und auf dessen Namensschild *Schäschke* stand.

Der Lehrer setzte seine Brille ab und musterte die Versammelten mit dem scharfen Blick eines Criminal-Commissarius, der auf der Suche nach einem Schwerverbrecher war. Das Schweigen wurde immer beklommener. Der Lehrer entschied sich aber, nichts gehört zu haben, und legte das Blatt, von dem er abgelesen hatte, bedächtig in den blauen Aktendeckel zurück.

Borsig schloss die Augen und wünschte sich auf den Dachstuhl zurück, an dem Meister Kiesewetter gerade baute. Unten stand Marie und winkte zu ihm hinauf. In der Ferne zog sich das silberne Band der Oder Richtung Ostsee.

»Der eigentliche Unterricht beginnt nachmittags zwei Uhr.« Damit schritt der Lehrer würdig zur Tür.

Die Zöglinge traten auf die Klosterstraße hinaus und genossen die Herbstsonne, die in diesem Jahr ganz besonders mild war. Es war Zufall, dass Borsig neben Schäschke geriet.

»Wenn der Lehrer das mit der Sträflingskleidung gehört hätte, wärst du gleich geflogen«, sagte Borsig.

Schäschke zuckte mit den Schultern. »Das hätte dieser Sesselfurzer nicht gewagt. Mein Vater kennt zu viele hochgestellte Persönlichkeiten.«

Der alte Schäschke war Juwelier mit einem Ladenlokal in der Nähe des Berliner Schlosses, und Schäschke junior hatte Goldschmied gelernt.

Am Nachmittag erschien Beuth persönlich im Klassenzimmer, um seine Eleven zu begrüßen. Borsig war überrascht von seiner äußeren Gestalt, denn einen Lützow'schen Offizier hätte er sich kraftvoller vorgestellt, vor allem die dünne, helle Stimme des Geheimen Oberfinanzrathes irritierte ihn. Sein altväterlich weit geschnittener blauer Überrock war schon ziemlich abgetragen, da war wohl Friedrich der Große in seinen letzten Tagen in Sanssouci das Vorbild. Hochgewachsen war er und hager, hielt sich aber trotz seiner 42 Jahre noch immer militärisch straff. Den kleinen Kopf bewegte er schnell hin und her, und seine langen Haare wehten dabei durch die Luft wie die eines Kunstmalers oder Pianisten. Mit seinem Halstuch wirkte er auf August Borsig auch eher wie ein Künstler und nicht wie ein Beamter, der für Handel und Gewerbe zuständig war. Ein guter Redner war er, jedes seiner Worte war Aufruf und Mahnung. Er fing die Zöglinge damit ein, dass er von seiner Englandreise erzählte, von der er vor wenigen Tagen zurückgekehrt war.

»Deren hochstehendes Gewerbe hat mich über alle Maßen beeindruckt. Aber was die Engländer können, das können wir auch, wenn wir mit der ganzen Kraft des alten harten Preußentums in die Zeit der Maschinen hinübergehen. Der Fleiß der Gewerbe und der Wille der Handwerker, sich in die Pflicht nehmen zu lassen und Besseres und Vollkommenes zu leisten, sind unseres Glückes Unterpfand. Sich regen bringt Segen. Für jeden Einzelnen wie für unser ganzes Land. Unsere Zukunft wird eine glänzende sein, wenn Sie, meine Herren, in Ihrem Gewerbe glänzen.«

Seine klugen Augen ruhten sekundenlang auf jedem seiner Zöglinge, und Borsig fühlte sich von diesem Blick durchbohrt und bis in die tiefsten Tiefen seiner Seele durchschaut. Schäschke sollte später sagen, Beuth habe jeden derart magisch und intensiv angeblickt, um in ihm ein inneres Feuer zu entzünden.

Doch in August Borsig war dieses Feuer nicht zu entfachen. Im Gespräch, das Beuth mit jedem der Neuen führte, gab er an, Baumeister werden zu wollen und sein Vorbild sei Schinkel. Doch das stimmte nicht. Er war kein Künstler.

Der Herbst ging in den Winter über, die Tage in der Klosterstraße wurden immer trüber, und Borsig litt unter allem. Morgens musste er, wie die Witwe Järschersky es ausdrückte, schon vor dem Wachwerden aufstehen, und oft hetzte er ohne Frühstück durch die dunklen Gassen zum Gewerbehaus. Am schlimmsten war es, wenn von der nahen Spree her die nasskalten Nebelschwaden durch die Straßen zogen. Die Angst, zu spät zu kommen, und der harte preußische Stil nahmen ihm jede Freude am Leben. Beim Einbiegen in die Klosterstraße hörte er das helle, blecherne Gebimmel der Schulglocke. Er war nie ein guter Läufer gewesen und wog auch zu viel, jetzt musste er das Letzte aus seinem Körper herausholen. Atemlos kam er oben an, eine halbe Minute zu spät. Der Lehrer Gänsicke begrüßte ihn wortlos mit einem Blick, der seine ganze Missbilligung zum Ausdruck brachte, griff nach seiner Liste und machte hinter dem Namen Borsig ein Kreuz. Das dritte schon. Beim sechsten flog man von der Gewerbeschule. Als ersten Zögling hatte es gestern den Mechaniker Buttgereit aus Königsberg erwischt.

In der ersten Stunde hatten sie Chemie, und Gänsicke zögerte keinen Augenblick, sich die Zuspätkommer vorzuknöpfen.

»Borsig, sagen Sie uns doch einmal, was Sie über die Theorie der Oxidation wissen, wie sie von de Lavoisier aufgestellt worden ist.«

»Ja, also …« Nichts wusste er von ihr, denn als sie gestern davon gesprochen hatten, war er mit seinen Gedanken dabei gewesen, eine riesige Kuppel für Schinkels neues Museum zu entwerfen.

Alles, was reine Wissenschaft war, und insbesondere die Chemie verabscheute er. Er wollte etwas mit seinen Händen schaffen, egal nun, ob es Holz, Stein oder Eisen war. Was nützte es ihm da zu sehen, wie sich Flüssigkeiten in Gläsern rot oder blau zu färben begannen, wie Gasblasen langsam in kleinen Perlen nach oben stiegen oder wie Stücke von Eisen oder Zink von einer Säure langsam zerfressen wurden?

Als er Beuth zufällig in der Mittagspause allein an seinem Klassenzimmer vorübergehen sah, ging er spontan auf ihn zu und bat ihn, kurz unter vier Augen mit ihm sprechen zu dürfen.

»Gut, Borsig, kommen Sie mit in mein Bureau!«

Dort angekommen, erleichterte August Borsig sein Herz. »Mir ist alles so fremd, und ich will nicht mehr zur Schule gehen – zur dritten schon in meinem Leben! Pardon, aber was ich hier bei Ihnen lerne, das erscheint mir für meine Zukunft unwichtig zu sein, es gibt mir nichts, es bedeutet mir nichts. Ich muss etwas mit meinen eigenen Händen tun, einen greifbaren Stoff vor mir haben, etwas gestalten.«

Beuth hatte ihm aufmerksam zugehört. »Ich kann sie schon verstehen, ganz nach Goethes *Faust*: *Grau, teurer Freund, ist alle Theorie / Und grün des Lebens goldner Baum.* Schön und gut, aber wollen wir fortschreiten in unserem Gewerbe und unserer Industrie, dann müssen wir wissen, was die Welt im Innersten zusammenhält – und das geht nur mit viel Wissenschaft, also Formeln, Gleichungen et cetera. Und erst recht gilt das, wenn wir Neues schaffen wollen.«

»Ich kann das auch ohne diesen ganzen Firlefanz!«, rief Borsig.

Beuth lächelte. »Sie wollen mich provozieren, Borsig, dass ich Sie verärgert und empört mit einem Federstrich von meiner Anstalt verweise. Aber das tue ich nicht, denn ich halte Sie für den besten Zögling, den wir bislang hatten. In Ihnen steckt etwas, steckt sehr viel, das sagt mir meine Menschenkenntnis, aber das kann sich nur entfalten, wenn Sie noch dazulernen, fremde Gedanken in sich aufnehmen und nicht nur Dampfmaschinen bauen können, sondern auch wissen, welche Gesetze der Physik und der Chemie sie funktionieren lassen. Darum bitte ich Sie: Bleiben Sie noch bei uns!«

Das schmeichelte Borsig, und er sagte zu, sich nun immer strebend zu bemühen und die beiden Jahre an Beuths Gewerbeschule durchzuhalten.

Um sich von all seinen Problemen abzulenken, folgte er am Abend des 23. November einer Einladung Wilhelm Järscherskys, mit ihm zum Kupfergraben zu kommen.

»Da wird erstens Schinkels neue Schlossbrücke eingeweiht,

und zweitens gibt es die Hochzeit des Kronprinzen. Vor dem Zeughaus hat man eine Säulenhalle für dreihundert Ehrenjungfrauen errichtet. Mensch, die muss ich sehen! Vielleicht ist auch eine für mich dabei.«

So zogen sie los. Die Hochzeit des Kronprinzen mit der katholischen Prinzessin Elisabeth aus Bayern interessierte Borsig wenig, aber über die neue Brücke wollte er schon schreiten – allein ihres kunstvollen Geländers wegen. Als sie ankamen, war die Brücke aber noch gesperrt. Bei der abendlichen Illumination brachte jemand das Gerücht auf, niemand dürfe heute über die Brücke gehen. Viele wurden nun von der Angst gepackt, nicht mehr rechtzeitig auf die andere Seite der Spree zu kommen und das große Schauspiel der Eheschließung zu verpassen.

»Komm!«, rief Järschersky. »Am Kupfergraben gibt es eine Notbrücke zum Lustgarten hinüber.«

Auf diese Idee kamen aber auch viele andere, und es wurde gedrängelt und gestoßen. Am engen Platz vor der Brücke staute sich alles, und das Geländer am Spreekanal hielt dem Ansturm nicht mehr stand. Es brach weg, und Dutzende von Menschen wurden von den Nachdrückenden über die Kaimauer hinweg ins eisige Wasser gestoßen. So auch August Borsig.

Kapitel fünf
1824

Der Schmiedegeselle Friedrich Hermes aus Breslau war nach Ende eines Wanderjahres in der preußischen Residenz hängengeblieben und hatte Arbeit bei Franz Anton Egells gefunden. Der breitschultrige und bedächtige Westfale hatte Hermes von Anfang an imponiert, zumal er ihn in gewisser Weise an seinen Vater erinnerte.

Heute hatte Egells ganz besonders gute Laune und pfiff immer wieder fröhlich vor sich hin. Alle wussten, woran das lag: Er war frisch verheiratet. Und wenn Egells gut gelaunt war, dann erzählte er gern von seiner Windbüchse: »Meine Waffe schießt ohne Pulver, ohne Feuer, Knall und Rauch – und der habe ich mein Glück zu verdanken. Zu Fuß bin ich von Rheine nach Berlin gelaufen, um dem König meine Erfindung vorzuführen, das schwere Ding über die Schulter gehängt. Und ich durfte sie Friedrich Wilhelm III. auch vorführen. Und zwar im Hof des Schlosses. Die Wachgrenadiere hatten eine Scheibe an die Wand gehängt. Und ich habe gut gezielt an diesem Morgen, Kugel für Kugel fuhr mit leisem Zischen aus meiner Windbüchse und saß. Der König aber winkte ab. ›Büchsen müssen knallen, sonst sind sie doch wirkungslos im Krieg.‹ Aber vergessen war das nicht, und eines Tages wurde ich zu Beuth in die Amtsstube gerufen, und sie haben mich nach England geschickt. Da war ich dann *the German spy*.«

Hermes gefiel das, und ihm gefiel auch, dass Egells jeden Tag durch die Werkstatt ging und seine Leute fragte, wie es ihnen ginge.

»Na, Hermes, haben Sie schon Anschluss gefunden? Es gibt doch hier in Berlin bestimmt eine ganze Menge Landsleute von Ihnen.«

»Die gibt es sicher, aber ich bin ja erst seit zwei Tagen hier und habe mich noch nicht umhören können. Und ein guter Freund, der August Borsig, soll im November bei der Panik am Kupfergraben umgekommen sein. Das hat mir ein Breslauer erzählt, den ich in Köln getroffen habe. Wir hatten uns aber auch aus den Augen verloren.«

Egells nickte. »Wie das so ist: Aus den Augen, aus dem Sinn.«

Eisen wird technisch gewonnen durch Verhüttung von Eisenerzen mit Kohle in speziellen Hochöfen. Der Hochofen wird von oben abwechselnd mit einer Schicht Kohle und einer Schicht Erz beschickt. Ist man damit fertig, wird die unterste Kohlenschicht entzündet und heiße Luft von unten nach oben durch den Ofen geblasen. Je nach dem Grad der Hitze bilden sich vier Zonen. In der ersten, der unteren Zone, verbrennt die Kohle zu Kohlendioxyd: CO_2*. In der dritten Zone – das ist die Zone der Rotglut – nimmt das Kohlendioxyd noch ein Atom Kohlenstoff auf und wird zu Kohlenoxyd.*

$$CO_2 + C = 2\ CO$$

In der vierten, der heißen Zone, greift dieses Kohlenoxyd das Eisenoxyd an und reduziert es zu Eisen.

$$Fe_2O_2 + 3\ CO = 2\ Fe + 3\ CO_2$$

Dieses reine Eisen nimmt jedoch in der Rotglutzone wieder Kohlenstoff auf, schmilzt als kohlenstoffhaltiges Eisen in der zweiten, der Weißglutzone, und fließt unten als Roheisen ab.

So hatte er es von der Tafel abgeschrieben, und dies alles hatte August Borsig zu lernen, und er lernte es auch – wenngleich mit beträchtlichem Widerwillen. Glühendes Eisen war zwar für ihn ein göttliches Material, welche Elemente es enthielt, war ihm aber völlig gleichgültig. Bewunderte er ein Gemälde von Rubens, so spielte es doch nicht die geringste Rolle, welche Stoffe seine Farben enthielten. Die hatte er ganz sicher beim nächsten Händler gekauft und von dem bekommen, ohne chemische Formeln aufsagen zu müssen.

»Ich verplempere doch nicht meine Zeit damit, diesen ganzen Unsinn zu lernen!«, hatte er Järschersky erklärt, und der hatte zustimmend genickt.

Der Lehrer Johann Georg Gänsicke hatte den Zögling Borsig auf dem Kieker und hätte ihn liebend gern von der Anstalt entfernt, musste ihn aber auf Beuths Weisung hin schonend behandeln, denn der Geheime Oberfinanzrath hielt den Breslauer für ein großes Talent. Doch ein wenig piesacken durfte er den widerborstigen Zögling schon. Er wusste, dass sich Borsig über simple Fragen immer ärgerte.

»Borsig, was kann man aus Eisen alles fertigen?«

»Zähne«, knurrte Borsig.

Gänsicke griff nach seiner Kladde. »Das gibt einen Tadel wegen unbotmäßigen Verhaltens.«

»Wieso? Ich habe nur an Friedrich Eisenzahn gedacht, unseren hochverehrten brandenburgischen Kurfürsten.«

»Richtig!«, rief Konrad Schäschke, Borsigs Banknachbar, der ein Faible für die Geschichte Brandenburg-Preußens hatte. »Friedrich II. von Brandenburg, der Eiserne, auch Eisenzahn genannt, geboren 1413 in Tangermünde, gestorben 1471 in Neustadt an der Aisch.«

»Ich glaube nicht, dass dieses Wissen einem Zögling unserer Technischen Schule zum erfolgreichen Abschluss verhelfen wird«, sagte Gänsicke.

August Borsig hasste das Kleinliche und Pennälerhafte an Beuths Schule, sah aber auch ein, dass er ohne ein Mindestmaß an theoretischem Wissen weder ein guter Baumeister noch ein hervorragender Eisengießer und Maschinenbauer werden konnte. Also schleppte er sich jeden Morgen in die Klosterstraße und versuchte, sich die Rosinen aus dem Kuchen zu picken, das heißt nur das in sich aufzunehmen, von dem er annehmen konnte, dass es für sein späteres Fortkommen von Nutzen sein würde. Das Dumme war nur, dass er sein Lebensziel noch immer nicht richtig zu formulieren vermochte. Was ihm so durch den Kopf ging, durfte er keinem anderen erzählen. Reich wollte er werden, Herr sein über viele Arbeiter, von allen geachtet werden – irgendwie unsterblich werden. Er wünschte sich, dass man noch hundert Jahre nach seinem Tod über ihn sprach und dass alle wussten, wer August Borsig gewesen war und was er geleistet hatte, so wie man noch immer Knobelsdorff kannte, der schon 1753 gestorben war, oder gar den genialen Bildhauer Phidias, der große Kunstwerke auf der Athener Akropolis geschaffen hatte.

Wenn er Beuths Schule ertrug, so lag das auch an Konrad Schäschke, mit dem er sich inzwischen angefreundet hatte. Im Mai wurde er von Schäschke nach Hause eingeladen.

»Meine Eltern würden sich freuen, wenn du am Sonntag zum Mittagessen bei uns antrittst.«

Borsig freute sich. »Herzlichen Dank! Wo kann ich euch denn finden?«

»Unter den Linden«, reimte Schäschke. »Auf der Südseite zwischen Kanonier- und Friedrichstraße. Neben dem Bankier Wörlitzer.«

August Borsig fand alles auf Anhieb und riss mit einiger Beklemmung am Klingelzug. Zwischen dem König und den Lumpensammlern gab es viele Bevölkerungsschichten, das wusste er, und so war ihm klar, dass der Juwelier Julius Schäschke um einiges höher stand als der Zimmermann Johann Borsig. Automatisch nahm er eine gewisse Demutshaltung ein, als ihm jetzt geöffnet wurde. Es war das Dienstmädchen, das fragte, wen sie melden dürfe.

Zu sagen, er sei der Zögling August Borsig, fiel ihm schwer, und so murmelte er: »Der Baumeister Karl Friedrich Schinkel.«

Konrad Schäschke hatte das gehört und begrüßte ihn dementsprechend. »Hallo, mein lieber Schinkel, schön, dass Sie mit der Extrapost aus Neuruppin gekommen sind! Mein Vater erwartet Sie schon. Wo haben Sie denn Ihre Pläne für das Schäschke-

Schloss draußen in Tegel, gleich neben dem der Humboldts, nur viel größer und schöner und mit einer gewaltigen Kuppel obendrauf?«

»Tut mir leid, die Pläne liegen noch bei Herrn Beuth – ich habe noch keine Note dafür bekommen.«

»Wer lernt bei Beuth, der hat das nie bereut.«

Als Borsig das gute Zimmer der Schäschkes betrat, stockte ihm unwillkürlich der Atem, denn so viel Glanz war ihm noch nie begegnet – den hätte er höchstens im Palais des Kronprinzen vermutet. Gemessen daran hatten sie in Breslau alle in ärmlichen Verhältnissen gelebt – selbst Meister Ihle. Die Wände waren mit leichter mattgrüner Seide bespannt. Um die weiße Decke zog sich eine schmale Goldleiste, und in der Mitte gab es zwei gemalte Rosetten, in denen Leuchter aus Holzbronze hingen. Die Möbel waren weiß lackiert und glänzten im Sonnenlicht. Die Seitenlehnen an den Sesseln und an zwei kleinen Bänken waren Schwanenhälsen nachgebildet. Auf einem Konsoltischchen zwischen den beiden Fenstern stand eine gläserne Glocke, in der sich eine kunstvolle Uhr verbarg. Ein türkischer Soldat mit Schnurrbart und Pluderhosen bewachte sie. In einer Blumenecke standen zwei Gummibäume und eine Zimmerpalme.

Gemütlich und in sich ruhend erschienen ihm die Eltern des neuen Freundes, mit sich und dem Leben zufrieden, und er fühlte, dass sie ihm viel Sympathie entgegenbrachten. Nur Konrads Schwester irritierte ihn ein wenig, denn Auguste Schäschke wich seinem offenen Blick stets aus, musterte ihn aber eindringlich, wenn sie sich unbeobachtet glaubte. Zuerst hatte er gedacht, eine Blinde vor sich zu haben, so gläsern und starr waren ihre Augen, deren Vergissmeinnicht-Farbe etwas Unwirkliches hatte. Groß war sie nicht, fast schien sie ihm ein wenig verwachsen zu sein, doch das konnte täuschen. Die Eltern hatten sie, so vermutete er, fürchterlich verwöhnt, und nun saß sie da, die kleine, nicht eben hübsch zu nennende Prinzessin, und wartete auf ihren Prinzen. Als Borsig der Gedanke kam, *er* könnte das sein, wurde ihm nacheinander heiß und kalt, und schnell kam er darauf zu sprechen, dass in Breslau seine Braut auf ihn warten würde, die Marie Kiesewetter, Tochter seines letzten Meisters. Auguste überhörte es.

Julius Schäschke berichtete von einer Erfindung, die für sein Gewerbe interessant erschien. »Neusilber nennen sie es. Es handelt sich dabei um Kupfer-Nickel-Zink-Legierungen mit hoher Korrosionsbeständigkeit, Festigkeit und silberähnlicher Farbe. Es geht zurück auf ein Preisausschreiben des Vereins zur Förderung des Gewerbefleißes. Eine weiße Legierung wollte man haben, die wie Silber aussieht, aber nur ein Sechstel des Silbers kosten würde. Der Geitner in Auerhammer ist als Erster darauf gekommen und hat seine Legierung Argentan genannt, und jetzt haben hier in Berlin die Gebrüder Henniger etwas Ähnliches gefunden, ihr Neusilber. Ich habe aus dem Material bereits Armreifen gefertigt, und die verkaufen sich gut. Der Alfred Krupp will Essbestecke daraus herstellen, denn Bestecke aus Eisen sind ja bis jetzt mit Weißkupfer beschichtet – und das enthält Arsen.«

Konrad Schäschke warf seine Gabel auf den Tisch. »Ihr wollt mich also vergiften?!«

Seine Mutter beruhigte ihn. »Deine Gabel ist aus echtem Silber.«

Als es draußen zu regnen begann, erzählte der alte Schäschke von einer Erfindung aus England. »Da hat ein gewisser Macintosh wasserdichtes Gewebe hergestellt, indem er zwei Stoffbahnen mit einer Gummilösung zusammengeklebt hat.«

»Was Menschengeist so vermag«, sagte Auguste Schäschke.

Ihr Bruder lachte. »Wahrscheinlich ist das nur aus Versehen passiert, und seine Frau hat ihn mächtig dafür ausgeschimpft, dass ihr schönes Tischtuch nun im Eimer ist.«

So verbrachte man zwei gemütliche Stunden miteinander. Als Borsig dann aber wieder in der Münzstraße in seinem Zimmer saß und über alles nachdachte, hatte er kein gutes Gefühl bei allem, denn er empfand Auguste Schäschke als Bedrohung. War sie wirklich entbrannt in Liebe zu ihm und setzte alles daran, ihn zum Traualtar zu führen, dann konnte er schlecht nein sagen, denn sie war eine gute Partie, und alle würden ihn drängen, sie zu nehmen. *Mensch, mit dem Geld ihres Vaters kannst du doch der größte Baumeister Preußens werden!* Alles schön und gut, aber er konnte Auguste Schäschke nicht leiden, sie war ihm, ohne dass er den Grund dafür gekannt hätte, ganz einfach zuwider.

Und recht eigentlich war er ja mit Marie Kiesewetter verbandelt. Seit er in Berlin war, hatte er ihr mehrere Briefe geschrieben, aber die waren eigentlich nur sachliche Berichte über das, was er an der Spree erlebte, und keine Liebesbriefe. Sie hatte immer brav geantwortet und betont, dass sie auf ihn warten würde, aber von ewiger Liebe und Treue und der Sprache des Herzens war auch bei ihr keine Rede gewesen. Borsig sprang auf. Das musste anders werden! Aber wie? Er war zu vielem in der Lage, aber nicht dazu, einen Liebesbrief zu schreiben. Er probierte es dennoch. Es war aber grausames Zeugs, was er da zu Papier brachte, insbesondere wenn er sich im Reimen versuchte. *Sitze ich spätabends hier beim Bier, / Dann lechze ich nach Dir!* Nein, so ging das nicht. Gerne hätte er von Goethe abgeschrieben, aber es war kein Gedichtband in der Nähe. So wandte er sich in seiner Not an Wilhelm Järschersky, und der verfasste dann für ihn einen wunderschönen Liebesbrief – er brauchte ihn nur noch abzuschreiben und zur Post zu geben. Als Gegenleistung reparierte er den Dachstuhl der Järscherskys.

Am nächsten Morgen fragte ihn Konrad Schäschke, wie ihm denn seine Schwester gefallen habe, die Auguste.

»Ganz wunderbar.« Wollte er den Freund nicht kränken, blieb ihm nichts anderes übrig, als zu lügen.

Da waren sie an einem Tag, der halb Winter und halb Frühling war, mit ihrer Klasse unterwegs zu ihrer ersten Exkursion. Beuth wollte, dass seine Zöglinge alle Stätten kennenlernten, in denen das Gewerbe schon blühte. Zu Franz Anton Egells in die Lindenstraße sollte es gehen. Sie liefen im lockeren Klassenverband die Klosterstraße hinunter, überquerten auf der Waisenbrücke die Spree und erreichten über die Wall- die Lindenstraße, deren westliche Seite Teil der Friedrichstadt war, während die östliche zur Luisenstadt gehörte. Als sie ihr Ziel erreicht hatten, fehlte nur ihr Lehrer. Gänsicke, der in der Nähe wohnte, hatte gleich von zu Hause aus kommen wollen. Fünf Minuten vergingen, ohne dass er erschienen wäre. Zehn Minuten …

»Vielleicht ist er über Nacht verstorben«, sagte Borsig.

Schäschke lachte. »Freiwillig stirbt der nicht, es müsste ihn schon jemand gemeuchelt haben.«

Der Wind blies kräftig von Osten her, und die meisten Zöglinge verzogen sich in den düsteren Torweg. Borsig aber blieb vor dem Gebäude stehen, völlig in Bann geschlagen von dem geheimnisvollen Flackern und dem rötlichen Leuchten hinter den verrußten Fenstern.

Schäschke trat lautlos hinter ihn. »Na, ergötzt du dich wieder an Egells Nachbildung der Hölle?«

»Ich habe eher an einen Vulkan gedacht«, antwortete Borsig. »Magma schießt nach oben.« Die Eisengießerei war für ihn kosmische Schöpfung im Kleinen, der Mensch agierte hier wie Gott. Aus lodernder Materie war die Welt geschaffen worden, aus weißglühendem Eisen schuf der Mensch Maschinen, die seine Kräfte vervielfachten und ihm erlaubten, sich die Erde untertan zu machen.

Schäschke spottete, dass Borsig so aussehe, als hätte ihn ein heiliger Schauder erfasst. Und so war es tatsächlich.

Borsig stellte sich auf die Zehenspitzen. »Ob die Formen wirklich halten, wenn der weißglühende Strom wie ein flüssig gewordener Teufel hineinrast?«

»Bei Schiller hält auch immer alles«, sagte Schäschke und zitierte aus dem *Lied von der Glocke*:

Wohl, nun kann der Guß beginnen …
Rauchend in des Henkels Bogen
Schießt's mit feuerbraunen Wogen.
Wohltätig ist des Feuers Macht,
Wenn sie der Mensch bezähmt, bewacht …
Doch furchtbar wird die Himmelskraft,
Wenn sie der Fessel sich entrafft …

Gänsicke kam herangefegt, die dünnen Beine schwingend, und sah in seinem abgetragenen und verwaschenen blauen Mantel zum Lachen komisch aus.

»Mir nach!«, rief er, als er im düsteren Torweg angekommen war. »Hinein in die flackernde Innenwelt von Egells Gießerei!«

Egells erschien in der Tür seines winzigen Comptoirs. So breit und kompakt war er, dass er sich ein wenig querstellen musste, um hindurchzukommen. Bedächtig war er, ganz Westfale. Er reichte dem Lehrer die Hand, und sein Händedruck war derart kräftig, dass Gänsicke fast aufgeschrien hätte. Den Gewerbeschülern winkte er kurz zu und begrüßte sie mit herzlichen Worten. »Sie schmelzen wieder«, sagte er, deutete in das Halbdunkel der Halle und blickte auf seine Taschenuhr. »In einer halben Stunde kommt der nächste Guss.«

»Ein Erguss wäre mir jetzt lieber«, murmelte Schäschke.

»Ruhe«, knurrte Borsig, der sich wie bei einem Gottesdienst fühlte und durch keine lästerliche Bemerkung gestört werden wollte.

»Mir nach!«, rief Egells.

Die Zöglinge stampften durch den weichen schwarzen Formsand, der überall in dicker Schicht auf dem Boden lag, und schlängelten sich zwischen Gießkästen und Pfannen hindurch, um den Formgesellen bei der Arbeit zuzusehen. Die schaufelten den Sand in und auf die Holzmodelle und stampften ihn fest. Borsig nahm eine Handvoll auf, um daraus eine kleine Skulptur zu formen. Klebrig war er und von einer Konsistenz, die es zuließ, scharfe Kanten zu bilden. Mit kleinen Schäufelchen, Lanzetten und Stecheisen sorgten die Gesellen für Vertiefungen, die dem gewünschten Rohling entsprachen und in die das glühende Eisen nachher fließen sollte. Ihr Tun erinnerte Borsig an spielende Kinder, außer dass hier äußerste Präzision gefragt und das Ganze hohe Kunst war. Ein Kasten nach dem anderen wurde gebaut und so aufgestellt, dass er mit der Gießpfanne gut erreichbar war.

Von dem Schmelzofen in der Ecke strahlte eine Hitze aus, die Borsig an eine kleine irdische Sonne denken ließ. Neugierig näherte er sich mit Schäschke und einigen anderen dem Stichloch, fuhr aber sofort zurück, denn er hatte das Gefühl, versengt zu werden.

Nun hieß es, bis zum nächsten Abstich zu warten. Borsig ließ seinen Blick durch die Halle schweifen – und konnte nicht fassen, wen er am anderen Ende erblickte. Der junge Schmied, der dort am Amboss stand und den Hammer schwang, das war doch Friedrich Hermes, oder?

Er stürzte hin. »Bist du's oder bist du's nicht?«

»Ich bin's!«

Sie lagen sich in den Armen, doch bald musste Borsig zu seiner Truppe zurück, denn Egells hielt seine Taschenuhr, groß wie ein Gänseei, in der Hand und rief »Abstich!« durch die Halle.

Die Männer in den blauen Arbeitshemden rissen die Gießpfannen vom Boden und schleppten sie an langen Tragestangen zum Ofen. Der Gießmeister rammte eine Eisenstange in das Stichloch und bahnte dem flüssigen Eisen den Weg. Gleißend schoss es aus dem Mund des Ofens, wälzte sich blitzschnell durch die Gießrinne und füllte die Pfannen.

Die düstere, schwärzliche Halle war jetzt in ein magisches Licht getaucht. In ihm trugen die Arbeiter die Pfannen mit der flüssigen Glut zu den Formkästen und gossen die Schmelze vorsichtig in die Formen. Borsig stockte der Atem bei diesem Schauspiel, bei dem der Mensch das feuerflüssige Eisen bändigte und beherrschte. Er fühlte es: Hierher gehörte er, das war seine Welt.

Breslau hatte sich nicht wesentlich verändert, seit August Borsig vor einem Dreivierteljahr nach Berlin gegangen war. Der Bau der Elftausend-Jungfrauen-Kirche, den Karl Ferdinand Langhans 1821 begonnen hatte, war abgeschlossen worden. Vom niedergelegten Nikolaithor hatte man die Sandsteinplastiken, ein Kruzifix, die trauernde Maria und den Apostel Johannes geborgen und an der Außenseite der Kirche eingemauert. Derzeit arbeitete der Baumeister am Blücherplatz, wo die neue Börse entstehen sollte. Die Bezeichnung »Gassen« war in »Straßen« geändert worden, den Königsplatz hatte man neu gestaltet und die Sandgasse in Friedrich-Wilhelm-Straße umbenannt. Als prominenter Gast war August Heinrich Hoffmann von Fallersleben in die Stadt gekommen.

August Borsig saß in der Eilpost nach Breslau, denn die Familie hatte gedrängt, dass er die Schulferien, die Beuth ihm um ein paar Tage verlängert hatte, nutzen möge, seinen zwanzigsten Geburtstag in seiner alten Heimat zu feiern. Am 23. Juli war es so weit, seine Stimmung aber war aus den verschiedensten Gründen nicht sonderlich gut. Zum einen verabscheute er die ewig lange Reise mit den mehrfachen Übernachtungen und hatte schon in Königs Wusterhausen genug von allem. Zum anderen hätte er gern als Held in Breslau Einzug gehalten, doch bis jetzt hatte er so gut wie nichts erreicht – im Gegenteil, er fürchtete, alsbald zu scheitern. Zum Baumeister war er nicht geboren, und ob er als Eisengießer und Maschinenbauer reüssieren konnte, stand in den Sternen. Was die Reise aber erträglich machte und zuweilen sogar amüsant werden ließ, waren drei Reisegefährten, die wie er nach Breslau wollten.

Da war zuerst ein Mann, den Borsig einige Male im Breslauer Rathaus oder auf dem Ring gesehen hatte, der Oberbürgermeister Friedrich August Carl Freiherr von Kospoth. Er war 1767 in Ruppin geboren worden, hatte in Halle studiert und war nach seiner Tätigkeit als Richter in der Provinz Südpreußen 1808 nach Breslau gekommen, wo man ihn 1812 zum Oberbürgermeister berufen hatte. In den Befreiungskriegen wie beim Ausbau der Stadt hatte er sich ein hohes Ansehen erworben.

Wie es Brauch war, hatte man sich miteinander bekannt gemacht, und von Kospoth freute sich, als Borsig erzählte, wie er nach Berlin gekommen war.

»Dann sind Sie ja so etwas wie der Botschafter Breslaus in Preußens Residenz und müssen immer bemüht sein, uns in ein gutes Licht zu rücken.«

»Ich gebe mir alle Mühe«, sagte Borsig etwas hölzern und hoffte nur, dass man noch keinen Bericht nach Schlesien geschickt hatte, in dem man seine Absicht verurteilte, die Schule zu verlassen, weil sie ihn langweile.

»Wie gefällt Ihnen denn Berlin?«, wollte der Oberbürgermeister wissen.

Das war nun eine der abstrakten Fragen, wie sie Borsig gar nicht gerne mochte. »Nun ja … Es ist nicht Breslau. Aber wer in Preußen etwas werden will, der muss wohl oder übel Berliner werden.«

Von Kospoth verzog das Gesicht. »Dann wäre ich wohl nichts geworden, junger Mann? Nein, ein Land besteht nicht nur aus seiner Hauptstadt – wie arm es da wäre! –, sondern ist immer mehr als nur die Residenz. Und es ist darauf angewiesen, dass in seinen Provinzen kraftvolle Menschen leben. So hoffe ich, dass Sie nach Ende Ihrer Schulzeit zu uns zurückkehren.«

»Aber ja, Herr von Kospoth – obwohl ich im Augenblick wohl eher zwischen zwei Stühlen sitze, also den Stühlen Breslau und Berlin.«

Diese Bemerkung gefiel dem zweiten Mitreisenden. Es war August Kopisch, am 26. Mai 1799 in Breslau als Sohn des wohlhabenden Kaufmanns Christian Gottlieb Kopisch zur Welt gekommen. Er hatte das Maria-Magdalenen-Gymnasium besucht und sich nach Studienaufenthalten in Dresden, Prag und Wien einen guten Ruf als Historienmaler wie als Schriftsteller erworben.

Von Kospoth stutzte, als er sah, dass Kopischs rechte Hand steif war und er mit der linken Mühe hatte, einen Bleistift zu halten und etwas in eine dicke Kladde zu schreiben. Wie er unter diese widrigen Umständen noch an der Staffelei stehen und malen könne?

Kopisch seufzte. »Ach, diese vermaledeite Hand, wo ich doch Rechtshänder bin und mit links wenig zustande bringe. Im Winter 1820/21 habe ich sie mir bei einem Schlittschuh-Unfall gebrochen. Da sie steif geblieben ist, musste ich die Malerei schweren Herzens und gegen den Willen meiner Familie aufgeben. Jetzt widme ich mich nur noch der Literatur.«

»Da können wir ja hoffen.«

Kopisch winkte ab. »Bis jetzt habe ich nur serbische Volkslieder und Dantes *Göttliche Komödie* übersetzt und kaum Eigenes zu Papier gebracht. Was mich aber brennend interessiert, sind die deutschen Sagen um Zwerge, Elfen, Kobolde und Heinzelmännchen. Wassergeister sind etwas Herrliches! Besonders angetan hat es mir der Nöck, der die Furten an Flüssen bewacht und in Seen,

Teichen, Quellen oder Brunnen lebt. Gerade sitze ich an einem Gedicht, in dem ich ihm huldige. Hören Sie mal …« Er schlug seine Kladde auf und las den Mitreisenden eine Strophe vor:

Es spielt der Nöck und singt mit Macht
Von Meer und Erd und Himmelspracht.
Mit Singen kann er lachen
Und selig weinen machen!
Der Wald erbebet,
Die Sonn entschwebet …
Er singt bis in die Sternennacht!

Alle klatschten Beifall und wünschten ihm weiterhin viele gute Einfälle. Breslau sei ja ein hervorragendes Pflaster für jeden Dichter, sagte von Kospoth, man möge nur an Johannes Scheffler denken, genannt Angelus Silesius, den großen Sohn der Stadt, dessen *Cherubinischer Wandersmann* Weltgeltung erlangt habe.

»Wandern will ich in der Tat auch«, sagte Kopisch. »Und zwar auf Goethes Spuren nach Italien.«

»Kennt denn überhaupt einer der Herren etwas von Angelus Silesius?«, ließ sich die einzige Dame vernehmen, die in der Eilpost nach Breslau saß. Und als sich niemand zu Worte meldete, rezitierte sie eine Zeile: »*Halt an, wo läufst du hin, der Himmel ist in dir:/Suchst du Gott anderswo, du fehlst ihn für und für.*«

Vorgestellt hatte sich die Dame als Karoline Jagemann, geboren am 25. Januar 1777 in Weimar. Sie galt als eine der hervorragenden tragischen Schauspielerinnen und Sängerinnen ihrer Zeit. Sie hatte 1790 in Mannheim bei keinem Geringeren als August Iffland Schauspiel- und Gesangsunterricht genommen und nach ihrem Debüt im Jahre 1792 in Berlin und Wien gastiert. Ins Gespräch aber brachte sie vor allem ihre Rolle als Geliebte des Herzogs Karl August von Sachsen-Weimar-Eisenach, der sie 1809 zur Freifrau von Heygendorff gemacht und ihr das Rittergut Heygendorf geschenkt hatte. Der spätere Pessimist und erklärte Frauenfeind Arthur Schopenhauer hatte sich als junger Mann unglücklich in sie verliebt und ihr sein einziges überliefertes Liebesgedicht gewidmet. Ihr herzoglicher Geliebter hatte sie auch zur Operndirectorin ernannt, und in dieser Funktion hatte sie so lange gegen Goethe intrigiert, bis der sich aus dem Theaterbetrieb zurückgezogen hatte. In diesem Jahr wollte sie die alleinige Leitung des Weimarer Hoftheaters übernehmen. Zu ihren großen Rollen gehörten die Elisabeth in *Maria Stuart* und die Beatrice in der *Braut von Messina*.

Von Kospoth war begeistert von ihr. »Und nun wollen Sie sehen, ob Sie das Theater in Breslau voranbringen können?«

»Ja, Breslau sozusagen als Dependance von Weimar.«

Kopisch grinste. »Und sicherlich wollen Sie die Jungfrau von Orléans bei uns geben …« Das spielte darauf an, dass Herzog Karl August seiner Geliebten untersagt hatte, als geharnischte Jungfrau auf der Bühne zu stehen, so dass Schillers Drama in seinem Fürstentum erst nach einiger Verzögerung mit einer anderen, unbekannteren Protagonistin aufgeführt werden konnte.

August Borsig war von diesen Gesprächen mehr als beeindruckt. So ging es also in den gehobenen Ständen zu. Was war er doch für ein kleines Licht, gemessen an von Kospoth, Kopisch und der Freifrau von Heygendorff! Wie klein waren doch die Verhältnisse, aus denen er kam. Und nie dürstete er mehr nach gesellschaftlichem Aufstieg als während dieser Reise nach Breslau.

Als die Eilpost am Ring angekommen war, stand seine Familie am Halteplatz, ihn gebührend zu empfangen. Vater und Mutter kamen ihm älter vor, als er sie in Erinnerung gehabt hatte, und die Geschwister – Susanne, Gottlieb Wilhelm, Eleonore und Luise – alle viel erwachsener. Der Empfang war herzlich, und dennoch war er etwas enttäuscht, denn von Marie war nichts zu sehen. War sein großartiger Liebesbrief etwa vergebens gewesen?

Seinen zwanzigsten Geburtstag feierten sie am nächsten Tag in der leer geräumten Werkstatt von Georg Ihle. Gekommen waren auch die Verwandten aus Nieder-Pontwitz und die alten Lehrer, so Mistek von der Volksschule sowie von der Provinzial-Kunst- und Bauhandwerksschule der Hofrath Professor Bach und der Regierungsarchitekt Hirt. Sie alle wollten wissen, welche Fortschritte ihr Schüler und Schützling in Berlin gemacht habe.

Borsigs ehrliche Antwort hätte in einem Wort bestanden: Keine! Das mochte objektiv nicht stimmen, denn in den Fächern Zeichnen, Mechanik, Gewerbekunde und auch Chemie hatte er eine Menge gelernt und sehr gute Zensuren eingeheimst, doch vom Gefühl her war bei ihm alles nur Stillstand, und noch weit entfernt war er vom Eigentlichen. Was das war, konnte er nicht recht in Worte fassen, was viel zu seiner Verlegenheit beitrug, doch es hatte viel mit dem zu tun, was er bei Egells gesehen hatte.

Caspar Kiesewetter, sein letzter Meister, erschien, um ihm zu gratulieren und alles Gute für die Zukunft zu wünschen.

»Wo bleibt denn Marie?«

Kiesewetter blickte zu Boden. Die Antwort fiel ihm nicht leicht, denn er hätte August Borsig gern als Schwiegersohn begrüßt. »Sie lässt sich entschuldigen, sie …«

Borsig hatte Mühe, sich nicht anmerken zu lassen, dass seine Augen feucht wurden. »Danke, dann weiß ich Bescheid.«

Berlin dümpelte auch im Spätsommer 1824 weiter vor sich hin und wartete auf seine Zukunft. Die Rinnsteine wurden mit Wasser aus den Werderschen Mühlen durchspült, was den Gestank, der in den Straßen hing, etwas minderte, und die *Vossische Zeitung* erschien nun täglich statt wie bisher nur dreimal wöchentlich.

August Borsig stand weiterhin neben sich. Zwar besuchte er wie gehabt mit Fleiß, Disziplin und guten Noten Beuths Gewerbe-Institut und hinterließ überall den Eindruck eines optimistischen und durchweg glücklichen jungen Menschen, doch wie es in seinem Innern aussah, darüber schwieg er lieber, denn da überwog das Düstere. Er ging den falschen Weg, das wusste er, und dass er nicht die Kraft hatte, dies zu ändern, bedrückte ihn zunehmend. Dass es ihn nicht niederwarf, verdankte er seinen Freunden Wilhelm Järschersky, Konrad Schäschke und Friedrich Hermes. In der Woche saßen sie abends oft zusammen und spielten Karten, und am Wochenende mieteten sie sich einen Kremser, um einen Ausflug nach Pankow, Rixdorf, Schöneberg oder Lietzow zu machen, manchmal auch nach Tegel.

Oft war auch Auguste Schäschke mit von der Partie. Sie machte sich noch immer Hoffnungen, Frau Borsig zu werden, wenn er alle seine Prüfungen abgeschlossen hatte und zu Schinkel ging, um ein großer Baumeister zu werden und in dessen Fußstapfen zu treten. Dass die Beinahe-Braut in Breslau Borsig einen Korb gegeben hatte, war ihr nicht entgangen und nährte ihre süßen Träume. Sie waren doch füreinander geschaffen: August und Auguste.

Borsig war immer freundlich zu ihr, wie er zu allen Menschen freundlich war, gab aber Obacht, dass er alles vermied, was sie als Zeichen einer Annäherung hätte deuten können. Da war jedes Wort und jede Geste zu prüfen – was auf Dauer recht anstrengend war. Doch die Freunde arbeiteten gegen ihn. Konrad Schäschke hätte ihn liebend gern zum Schwager gehabt, Friedrich Hermes hatte eine gewisse Ahnung von Borsigs Leiden und glaubte, dass eine liebende Frau dem abhelfen könnte, und in Wilhelm Järschersky steckte irgendwie ein Kuppler. So war er es auch, der die Idee hatte, zur Eröffnung des Königstädtischen Theaters vier Karten zu organisieren.

»Eine für mich«, erklärte er seiner Mutter, »eine für August und eine für Auguste. Der Monat August möge sie zueinanderfinden lassen. Die vierte ist für Konrad Schäschke, der als Anstandswauwau mitkommen muss.«

Was Borsig mehr interessierte als Auguste Schäschke, war die Entstehungsgeschichte dieses Theaters, wie Wilhelm Järschersky sie ihm erzählte, als sie auf dem Alexanderplatz standen und auf das Geschwisterpaar warteten.

»Was sich jetzt Königstädtisches Theater nennt, war die Textilmanufactur der Gebrüder Hesse. Karl Theodor Ottmer hat es umgebaut. Na ja, Stoffe sind hier wie da das Entscheidende. Auf die Idee mit dem Theater fürs Volk ist ein Pferdehändler aus Dessau gekommen, der Friedrich Hirsch. Klingt jüdisch – und er war auch Jude, ist aber zum Christentum konvertiert. In den Kriegen gegen Napoleon ist er zum Oberkriegscommissarius aufgestiegen und soll im Auftrage des Königs geheime diplomatische Kontakte zu den Russen hergestellt haben. Als Dank dafür soll er nun die Konzession für das neue Theater erhalten haben – und Zuschüsse vom Hofe wohl auch. Cerf nennt er sich jetzt, wahrscheinlich weil Hirsch auf Latein *cervus* heißt, und manche meinen, dass er das Lustspiel, das es heute gibt, selbst geschrieben habe, denn auf den Zetteln steht nur *Der Freund in Not*, aber ein Autor ist nicht angegeben.«

Borsig imponierte das, und er dachte: Wer wagt, gewinnt. Es war in diesen Zeiten vieles möglich, wenn man nur den Mut hatte, Neues zu schaffen. Er war zu ungeduldig, um zu warten. Aber was sollte er als Zögling des Gewerbe-Institutes denn anderes machen, als zu warten?

Konrad Schäschke kam mit seiner Schwester, und Järschersky begrüßte Auguste, als sei sie eine Prinzessin von Sachsen-Coburg und Gotha. Borsig fand sie zwar nicht ganz so abstoßend wie bei ihren letzten Begegnungen, verspürte aber nicht das geringste Kribbeln. Sie konnte ihn Marie nie und nimmer vergessen lassen. Schon die Konversation mit ihr war eine Qual.

»Mir sind ja die königlichen Hofbühnen lieber, das Schauspielhaus am Gensdarmen-Markt und die Hofoper Unter den Linden. Da wird Allerhöchstes geboten, während es hier nur Posse, Melodram und Singspiel geben soll«, beklagte sich Auguste.

»Jedem das Seine«, sagte Borsig, dem das alles ziemlich gleichgültig war.

Järschersky entdeckte, als sie das Foyer betraten, einen Bekannten und schickte sich an, ihn Borsig vorzustellen.

»Herr von Holtei, auch aus Breslau … August Borsig, Beuths große Hoffnung, was Preußens Industrie betrifft.«

Den Namen Karl von Holtei hatte Borsig schon gehört. Mistek hatte sie ein Gedicht von ihm lernen lassen, eines in schlesischer Mundart. Holtei hatte damals als Schauspieler am Schlosstheater in Grafenort in der Grafschaft Glatz sein Geld verdient. Das war Borsig im Gedächtnis geblieben.

»Nun sind Sie nicht mehr beim Grafen Johann Hieronymus von Herberstein?«

»Nein, ich bin jetzt Directions-Sekretär und Dramaturg am Königstädtischen Theater hier in Berlin und will sehen, dass viele meiner Stücke auf dieser Bühne gespielt werden.«

»Was wäre Berlin ohne die Breslauer!«, rief Järschersky.

Sie arbeiteten sich vor und nahmen ihre Plätze ein. Parkett, Reihe 7, das war nicht schlecht. Auguste wurde zwischen Borsig und ihrem Bruder platziert. Sie war sichtlich aufgeregt, denn ringsum wurde geflüstert, der König höchstpersönlich würde zur Eröffnung des Theaters kommen.

»Ich glaube, da werde ich in Ohnmacht fallen«, hauchte sie.

»Keine Angst, unserer wackerer Borsig fängt Sie schon auf und leitet Ihre Wiederbelebung ein«, sagte Järschersky.

Vorerst aber war es wenig feierlich, denn auf dem dritten Rang wurde mächtig gelärmt. Dort saßen Eckensteher sowie Lehrjungen, leichtfertige Dirnen, Bediente, Knechte und Mägde in ihrem Sonntagsstaat und ließen es sich bei Branntwein, Wurst, Fleisch und Brot gutgehen.

Als Friedrich Wilhelm III. in seiner Loge erschien, herrschte zuerst andächtige Stille, dann wurden Bravorufe laut. Der König blickte auf sein Volk hinunter, und Borsig hatte das Gefühl, dass das Auge des Monarchen auf ihm ganz besonders lange verweilte. Er war der Auserwählte!

Friedrich Wilhelm III. hatte dem Volk während des Kampfes gegen Napoleon eine Verfassung versprochen: Preußen sollte eine konstitutionelle Monarchie mit Volksrepräsentation und bürgerlichen Freiheitsrechten werden. Viele hofften auch auf ein einig deutsches Vaterland. Mit dem Wiener Congress 1814/15 aber war Schluss mit diesen Träumen, Fürstenmacht und Kleinstaaterei blieben unangetastet, und wer gegen die herrschende Ordnung rebellierte, wurde als Demagoge verdächtigt und verfolgt. Seit Studenten 1817 beim Wartburgfest obrigkeitliche Schriften verbrannt und am 23. März 1819 der Burschenschaftler Karl Ludwig Sand den Staatsrath und Lustspieldichter August von Kotzebue erdolcht hatte, waren Verbote, Bespitzelungen und Verhaftungen an der Tagesordnung. Die deutschen Staaten schürten eine wahre Umsturzhysterie. Junge Leute wurden wegen einzelner unbedachter Äußerungen von einem Verhör in das nächste geschleppt, liberale Professoren wie Ernst Moritz Arndt verloren ihre Lehrstühle, und Wilhelm von Humboldt wurde aus seinem Amt entlassen und zog sich ins Privatleben zurück. In den Vorlesungen Schleiermachers saßen die Spitzel und schrieben alles mit, was ihnen verdächtig erschien. Ein eigens geschaffenes Oberzensurkollegium wachte über die *Vossische* und die *Spenersche Zeitung*, und Fichte untersagte man den Neudruck seiner *Reden an die deutsche Nation*.

Borsig interessierte all das nur wenig, und so hatte er auch keine Ahnung, in welche Gefahr er sich begab, wenn er seinen Freund Wilhelm Järschersky bei dessen Besuchen begleitete. Es war Anfang November und fast schon Winter in Berlin, als sie Adelbert von Chamisso besuchten, der in der Friedrichstraße 235 zu Hause war. 1781 auf einem Schloss in der Champagne geboren, war er mit seinen Eltern 1796 nach Berlin gekommen, hatte im preußischen Heer gegen Napoleon gekämpft und von 1815 bis 1818 als Naturwissenschaftler an einer Weltumseglung teilgenommen.

»Und wissen Sie, meine Herren, wer diese Expedition geleitet hat?«, fragte er, als Järschersky und Borsig bei ihm Platz genommen hatten. »Ein russischer Kapitän deutsch-baltischer Abstammung namens Otto von Kotzebue, Sohn des ermordeten Dichters August von Kotzebue …«

Järschersky lachte. »Und trotzdem liebäugeln Sie mit liberalen Gedanken …« Das bezog sich darauf, dass Chamisso gespottet hatte: *Denn der Deutsche denkt und glaubt, / spricht und schreibt nun alles frei / was die hohe Polizei / erst geprüft hat und erlaubt.*

»Pst!«, machte Chamisso, denn er stand als Zweiter Kustos am Königlichen Herbarium in preußischen Diensten. Zwar war er als Dichter des *Peter Schlemihl* ziemlich unantastbar, dennoch war Vorsicht angebracht, denn vom Schreiben und Dichten allein konnten er und seine Antonie nicht leben.

Von Chamisso ging es weiter zur Wilhelmstraße 73, zum Sackenschen Palais, in dem der Buchhändler und Verleger Georg Andreas Reimer residierte. Er kam aus Greifswald und genoss in literarischen Kreisen einen geradezu sagenhaften Ruf, hatte er doch alle namhaften Autoren der deutschen Romantik verlegt. Aber nicht nur das, er war in die preußische Reformbewegung involviert und 1809 der Gesetzlosen Gesellschaft zu Berlin beigetreten und ließ politische Schriften drucken, in denen liberale und nationale Positionen vertreten wurden.

Järschersky wollte seine ersten literarischen Arbeiten gern bei Reimer veröffentlichen, war aber auch öfter bei ihm zu Gast, weil er sich als Kurier zwischen den einzelnen oppositionellen Kräften in Preußen verstand. Sie wurden von einem Faktotum in Reimers Privatgemächer geführt, wo sie zwei Burschenschafter vorfanden, die bei Reimer logierten. Einer von ihnen war gerade aus Basel angekommen, wo er Wilhelm Martin Leberecht de Wette getroffen hatte.

»Herr de Wette hat einen Lehrstuhl an der dortigen Theologischen Fakultät angenommen, und es geht ihm gut.«

Er war schon in Berlin Theologieprofessor gewesen, aber 1819 von der Friedrichs-Wilhelms-Universität geflogen, weil er der Mutter des hingerichteten Studenten Karl Ludwig Sand einen Kondolenzbrief geschrieben hatte mit Sätzen wie *Er hielt es für recht, das zu thun, was er getan hat …* Das Berliner Professorenkollegium hatte gegen die Entlassung de Wettes protestiert, der König und sein Kultusminister von Altenstein hatten sich jedoch nicht umstimmen lassen.

Reimer, der mit Schleiermacher befreundet war, lächelte, als sie darauf zu sprechen kamen. »Und unser lieber Hegel hat zwar auch protestiert, aber – wie er nun mal ist – nur halbherzig, und später Schleiermacher gegenüber betont, dass der Staat durchaus das Recht habe, Professoren aus Gesinnungsgründen zu entlassen – vorausgesetzt, er zahle ihnen ihr Beamtengehalt auch weiterhin. Das hat ein heftiges Wortgefecht zwischen beiden gegeben, zumal de Wette kein Geld mehr bekommen hat.«

Über das Für und Wider dieser Vorgehensweise konnten sie nicht mehr diskutieren, denn in diesem Augenblick kam ein Diener herein und meldete, dass zwei Männer im Anmarsch seien, die ihm suspekt erschienen.

»Das sind womöglich Büttel der Hausvogtei, die gekommen

sind, jemanden zu verhaften!« Sein Blick streifte die beiden Burschenschafter, aber auch Järschersky und Borsig. »Wen, weiß ich auch nicht.«

»Los«, rief Reimer, »schnell weg von hier!«

Die drei anderen stürzten zur Tür, obwohl das nicht eben klug war. Borsig hingegen war wie gelähmt, denn erst jetzt begriff er, auf was er sich da eingelassen hatte. Fand man ihn im Kreise der Demagogen, war er als Zögling des Königlichen Gewerbe-Institutes nicht länger tragbar und konnte Berlin adieu sagen. Aus der Traum! Panik erfasste ihn, und da er Schreie aus dem Treppenhaus hörte, wo die drei Fliehenden offenbar auf ihre Häscher getroffen waren, sprang er zum Fenster, schwang sich hinaus auf den Sims und schmiegte sich so dicht an die Wand, dass er vom Zimmer aus nicht mehr zu entdecken war.

Die Charité war 1710 auf Befehl von Friedrich I. außerhalb der Stadtmauern als Lazarett gegründet worden, um die Berliner Pestkranken aufzunehmen. Die Epidemie zog von Osten her über Europa hinweg, hatte schon die Provinz Preußen entvölkert und bedrohte nun auch die Mark Brandenburg und die Residenz. Doch Berlin blieb verschont, und das vor dem Spandowischen Thor erbaute Haus konnte anderen Zwecken zugeführt werden. Zuerst diente es als Armen- und Arbeitshaus für Bettler, unehelich Schwangere und Prostituierte. 1727 verfügte Friedrich Wilhelm I. dann seine Umwandlung in ein Bürgerhospital. *Es soll das Haus die Charité heißen.* Erster Director wurde der Leibarzt des Königs, Johann Theodor Eller (1689–1760). Christoph Wilhelm Hufeland, im Jahr 1801 als königlicher Leibarzt und leitender Charité-Arzt berufen, trieb bald eine Vereinigung von Charité und Universität voran. 1815 übernahm Carl August Wilhelm Berends die Leitung des Charité-Hospitals, das von der wachsenden Stadt geschluckt worden war und nun innerhalb der Mauern lag.

Berends nun stand am Krankenbett von August Borsig, denn er hatte als Leiter der Universität Breslau vier Jahre in Schlesien gelebt und die Stadt liebgewonnen. Als er gehört hatte, dass ein junger Mann aus Breslau mit einer schweren beidseitigen Lungenentzündung in einem seiner Bettenhäuser lag, hatte er sich ganz besonders um ihn gekümmert.

»Ich will nicht sagen, mein lieber Borsig, dass Sie dem Tod von der Schippe gesprungen sind, aber … nun ja … Jetzt können Sie weiter darangehen, Berlin zu erobern. Ein paar Wochen werden Sie noch etwas schwächeln, dann aber …« Der Arzt sah seinen Patienten forschend an. »Wie sind Sie denn zu dieser schweren Erkältung gekommen, die sich dann zu einer so formidablen Pneumonie ausgewachsen hat?«

Borsig schloss die Augen und stieß einen tiefen Seufzer aus. »Fällt das alles unter die ärztliche Schweigepflicht?«

»Selbstverständlich!«

Da erzählte ihm Borsig die Geschichte, wie er, um einem längeren Aufenthalt in der Hausvogtei zu entgehen, beim Verleger Reimer aus dem Fenster geklettert war. »Und da habe ich dann, da die Hausdurchsuchung nicht enden wollte, bei eisigem Wind und Schneeregen über eine halbe Stunde draußen auf dem Sims gestanden.«

Etwas Gutes aber hatte seine Erkrankung: Er hoffte, dass man ihn bei der bevorstehenden Musterung aufgrund seiner körperlichen Schwächung durch die Pneumonie vom Dienst an der Waffe befreien würde. So schlich er, als er aufgerufen wurde, durch den Sanitätsraum und hustete so heftig, als hätte ihn gerade die Tuberkulose erwischt.

Doch das ging schief, denn der Militärarzt stauchte ihn heftig zusammen: »Hören Sie auf zu simulieren, Borsig!«

August Borsig verfluchte sich und die Welt, denn er wollte auf jeden Fall dem Soldatenleben entgehen – zu schrecklich waren die Bilder aus dem letzten Krieg, die sich bei ihm eingebrannt hatten.

Doch als dann das Schreiben von der Behörde kam, hatten Schäschke und er etwas zu lachen – Järschersky nicht, denn der saß in der Hausvogtei.

Copia vidimata.
Der Rekrut Friedrich August Borsig, angeblich 20 Jahre alt, aus Breslau gebürtig, dessen Körperbeschaffenheit von Kreis-Ersatz-commissions wegen für Berlin durch uns heute ärztlich untersucht worden, hat einen dicken Hals.
Derselbe wird daher aus angeführten Gründen zum Königlichen Militärdienst im Felde für immer als unbrauchbar, wohl aber noch tauglich zum Garnisonsdienst von uns gehalten.
Berlin, den 13. November 1824

»Ein dicker Hals!« Borsig konnte es nicht fassen.

»Vielleicht hatten sie Angst, dass sie für deinen Uniformrock zu viel Stoff verbrauchen würden«, scherzte Konrad Schäschke.

Borsig sah ihn böse an. »Willst du damit sagen, dass ich nicht nur einen dicken Hals habe, sondern im Ganzen etwas dicklich bin?«

»Nein, das wollte ich nicht sagen – denn ich mag keine Untertreibungen …«

Kapitel sechs
1825

Die industrielle Revolution war nicht mehr aufzuhalten. Sie hatte ihren Anfang in England genommen, denn viele günstige Faktoren waren dort – und nur dort – zusammengekommen. Mit dem Textilgewerbe hatte es begonnen, mit der Mechanisierung der Handarbeit durch den Webstuhl. Mit Maschinen konnte man präziser und billiger etwas herstellen, mit der Dampfmaschine ließ sich die menschliche Kraft ins Unermessliche steigern, und zum Bau von Dampfmaschinen brauchte man Eisen, und zur Erzeugung von Eisen wie zum Betrieb von Dampfmaschinen Kohle. Viel musste transportiert werden: Das Eisenerz von den Überseehäfen zu den Hüttenwerken, die Kohle von den Gruben zu den Gießereien und die produzierten Teile und Maschinen zu den inländischen Manufacturen oder den Häfen. Da Pferdefuhrwerke das nicht schaffen konnten, musste die Dampflokomotive erfunden werden. Das ganze Räderwerk wäre nicht in Gang gekommen, wenn es keine genialen Tüftler, keine innovativen und wagemutigen Geldgeber und keine von der Landwirtschaft freigesetzten Arbeiter gegeben hätte, die vor der Alternative standen, entweder in den Gruben und den Fabriken zu schuften und sich ausbeuten zu lassen oder aber mit ihren Familien zu verhungern.

Bei den englischen Unternehmern überwog der asketische Typ. Unermüdliche Arbeit galt ihm als gottgefällig, Genuss und Fleischeslust waren Sünde. So häufte er Kapital an, mit dem immer modernere und immer größerere Fabriken gegründet wurden. Das Geld bekam Junge, wie die Leute sagten.

Ein solcher Unternehmertyp war der gottesfürchtige Quäker

Edward Peace. Er kam aus dem Norden Englands und hatte gehört, dass es auf einigen Kohlengruben kleine Wagen gab, die auf gusseisernen Schienen rollten und von Pferden gezogen wurden. Man sprach auch davon, diese Pferde von der Koppel durch *Iron Horses* zu ersetzen, durch Dampfwagen und Dampflokomotiven, wie sie Richard Trevithick und William Hedley schon gebaut hatten. Aber das Ganze hatte nicht funktioniert, weil die Schienen unter der Last der Dampfmaschinen auf Rädern schnell gebrochen waren. Doch Peace ließ sich davon nicht abschrecken. Er war besessen von der Idee, die beiden im nordenglischen Kohle- und Industrierevier gelegenen Städte Stockton und Darlington mit einer eisernen Bahn zu verbinden. Doch wen er auch ansprach, alle hielten ihn für einen Spinner. Ein Herzog kämpfte gegen das Projekt, um seine Fuchsjagd nicht zu gefährden.

Auf diesen Mister Peace nun traf George Stephenson, ein Autodidakt, der für die neben Darlington gelegenen Kohlengruben von Lord Ravensworth eine Dampflokomotive gebaut hatte.

»Ich arbeite in der Killingworther Kohlengrube und bin gekommen, um mit Ihnen über Ihre Idee einer eisernen Schienenbahn zu sprechen«, begann Stephenson. »Seit Jahren schlage ich mich mit Gusseisenschienen und eisernen Pferden herum. Kennen Sie meine *Travelling Engine*? Sie ist so stark wie fünfzig Pferde – und auf die werden wir nächstens verzichten können.«

Peace strahlte, und bald waren sie handelseinig. George Stephenson sollte Darlington und Stockton-on-Tees, das westlich von Middlesbrough gelegen war, mit einer eisernen Bahn verbinden. An die zwölf Meilen mochten die Städtchen auseinanderliegen – nicht viel, aber immerhin. Bald lief Stephenson vom Morgengrauen bis zum Einbruch der Dunkelheit durch die Felder und Wiesen zwischen beiden Städten, um die Trasse abzustecken. Er stieß die Fluchtstäbe in den Boden und winkte unaufhörlich dem Jungen zu, der mit der Messlatte hinter ihm herlief. Sechs Wochen dauerte es, dann war die ganze Strecke zwischen den beiden Städten sauber mit Fluchtstäben und Holzpflöcken markiert. Damit nicht genug, Stephenson brachte Peace auch dazu, eine Fabrik zum Gießen der Schienen und zum Bau der Eisenpferde überwiegend zu finanzieren. Der Rest des Kapitals kam von Stephenson selbst. Die Erfindung einer Sicherheitsgrubenlampe hatte ihm tausend Pfund Sterling eingebracht.

Nun war daranzugehen, den Unterbau zu legen. Mit seinem Nivellierungsinstrument lief George Stephenson durch die Felder und dirigierte und kommandierte wie ein Feldherr seine Leute, die hackten und gruben, mal Erde wegnahmen, mal aufschütteten, denn eben musste alles sein.

»Ist das nicht ein herrlicher Anblick!«, rief er den Bauern am Rande der Linie zu, bei denen er mittags ein Glas Milch trank und dazu einen Kanten trockenen Brotes verzehrte. »Wie eiserne Schlangen kriechen die Schienen von Darlington auf Stockton zu.«

Seine Leute fügten ein Stück der kurzen gusseisernen Schienen an das andere und schraubten sie auf zierlichen eisernen Stühlchen fest. Als die letzte Lücke geschlossen war, bestellte sich Stephenson, übermannt von der Größe des Augenblicks, eine Flasche Wein und hielt die erste Rede seines Lebens.

»Jungens!«, rief er und klopfte mit dem Messerrücken gegen sein Glas. »Heute ist es mir zur Gewissheit geworden, dass ihr die Zeit noch erleben werdet, in der unsere Eisenbahn alle anderen Beförderungsarten im Land ersetzt. Die Postkutschen werden auf Schienen fahren und die Eisenbahnen die Hauptstraßen für König und Untertanen sein. Unsere Eisenbahn wird die Welt erobern, unserer Eisenbahn gehört die Zukunft! Ein dreifaches Hoch auf sie!«

Am 27. September 1825, einem Dienstag, war der große Tag gekommen, an dem die erste öffentliche Eisenbahn der Welt ihren Betrieb aufnehmen sollte. Bei herrlichem Herbstwetter stand ganz Darlington an der Strecke, keiner wollte sich dieses grandiose Schauspiel entgehen lassen. Manche waren aber nicht gekommen, um zu jubeln, sondern der zu erwartenden Katastrophe wegen: wenn die *Travelling Engine*, das eiserne Pferd, mit einem donnernden Knall in die Luft flog oder zwei vollbeladene Züge gegeneinanderkrachten.

George Stephenson stand selbst auf der Lokomotive, feierlich gewandet, die Hand am Dampfventil. Angehängt waren sechs gewöhnliche Karren mit Kohlen und Mehlsäcken und eine prächtige Postkutsche, in der das Directorium der Bahn und die Amtspersonen saßen. Dem schlossen sich 21 Wagen mit provisorischen Sitzen für das Publikum an. Dann kamen noch einmal sechs Kohlenwagen. Insgesamt bestand der Zug aus 34 Wagen, von denen viele mit Flaggen und Schildern geschmückt waren. An einem, dem mit der Blaskapelle, stand *Periculum privatum utilitas publica*: Aus der privaten Gefahr solle öffentlicher Nutzen erwachsen. Reiter hatten sich eingefunden, um dem Zug das Geleit nach Stockton zu geben.

Die Ungeduld der Neugierigen wuchs und wuchs, bis endlich der Startpfiff erklang und sich der Zug unter dem Jubel der Menge in Bewegung setzte.

Der Bürgermeister von Darlington war um das Wohl seiner Bürger besorgt und hatte vor der Lokomotive einen Reiter postiert, der mit einer roten Fahne alle warnen sollte, die sich anschickten, den Fahrweg zu überqueren. Mit dem Startpfiff setzte er sein Pferd in Trab, ritt mit einigem Stolz dem Zug voraus und winkte mit seiner Fahne bald nach links, bald nach rechts, was auch heißen sollte: Heh, seht her, mein Pferd aus Fleisch und Blut ist dem aus Eisen noch immer überlegen. Doch die Fahrt sollte etwas mehr als eine Stunde dauern, und schon nach einer Viertelmeile fühlte das Tier das Fauchen der Maschine erschreckend nah an seinem Hinterteil, brach, um nicht überrollt und getötet zu werden, mit Entsetzen zur Seite aus und katapultierte den stolzen Reiter in hohem Bogen ins Gras.

Es brauchte seine Zeit, bis die Kunde von der ersten Eisenbahnfahrt der Welt auch in Preußen angekommen war, denn was die Korrespondenten in Stockton zu Papier gebracht hatten, musste erst per Schiff und dann von zahllosen Reitern und Postkutschern durch die verschiedensten Länder transportiert werden. Aber Mitte Oktober war auch den Eleven des Beuth'schen Gewerbe-Institutes zu Ohren gekommen, was sich an Weltgeschichtlichem in Nordengland abgespielt hatte. August Borsig wurde vom

Schüttelfrost gepackt. Er war kein Kirchgänger, aber dass Neid und Ruhmessucht als Todsünde galten, wusste auch er, und dennoch neidete er Stephenson diese Sternstunde der Menschheit. Wie gern hätte er sich selbst in dessen Rolle gesehen!

»Wir sind eben zu spät auf die Welt gekommen«, erklärte ihm Schäschke, als er dem Freund andeutungsweise von seinen Gefühlen erzählte. »Alles ist schon gebaut und erfunden worden, und Amerika ist seit 1492 auch schon entdeckt.«

In der Klosterstraße wurde kontrovers darüber diskutiert, was es mit dieser sogenannten Eisenbahn auf sich hatte. Die einen lachten und meinten, das sei doch nur eine Circusattraktion, andere wiederum bedauerten die Pferdezüchter und -händler, deren Gewerbe zugrunde gehen müsse, und nur eine Minderheit begriff die Tragweite dieser Entwicklung: dass nämlich die Welt kleiner würde.

»Mit der Eisenbahn bräuchte ich nach Breslau nicht mehr drei Tage, sondern vielleicht nur noch sechs Stunden«, sagte Borsig.

»Was willst du zweieinhalb Tage mehr in Breslau?«, fragte Schäschke. »Aber einen Vorteil hätte die Sache doch: Beim nächsten Krieg sind die Nationen die Sieger, die Eisenbahnen haben, weil sie dann bei einer Mobilmachung ihre Truppen viel schneller an die Grenze schicken können.«

Der Lehrer Gänsicke wurde gefragt, wie es denn überhaupt möglich wäre, dass dieses Gefährt auch wirklich führe: Die glatten Räder würden doch auf den glatten Schienen keinen Halt finden und durchdrehen. Da er keine einleuchtende Antwort wusste, fragte er seine Zöglinge. Nur Borsig meldete sich und bekam das Wort.

»Na, das macht doch allein das Gewicht der Lokomotive. Dadurch haften die Räder an den Schienen, auch wenn beide ganz glatt sind.«

»Richtig!«, rief Gänsicke und nahm seine Lateinkenntnisse zur Hilfe. »Wir sprechen also von Adhäsion, vom Lateinischen *adhaerere*, anhaften.«

Die Lehrer hielten in ihrer Mehrheit nicht viel von dem neuen Versuch der Engländer, mit einer kleinen Dampfmaschine auf

Rädern und Schienen viel zu bewegen. Und auch Beuth zeigte, als Borsig ihn danach fragte, wenig Begeisterung für das neue Verkehrsmittel.

»Ach, wissen Sie, ich bin ein alter Kavallerist und liebe das Pferd. Die schönen und guten Pferde, die der Herrgott jedes Jahr auf den Weiden grasen lässt, reichen doch aus, die Kohlen, die Mehlsäcke und schließlich auch die Menschen von einem Ort zum anderen zu befördern. Preußen braucht keine Eisenbahn, für die Technik und die Maschinen gibt es doch Aufgaben, die wichtiger sind.«

Borsig war wie vor den Kopf geschlagen. Immer hatte er den Geheimen Oberfinanzrath bewundert, nun erschien er ihm wie ein lebendes Fossil. Der Mann hing zu sehr am Alten fest und war blind gegenüber dem Neuen. Gewerbe und Gewerbeförderung schön und gut, aber das war nur Kleinkram. Der Industrie gehörte die Zukunft! Die Dampfmaschine, das flüssige Eisen und die werdende Schienenbahn – das war das Wahre, dem hatte er sich zu verschreiben. Aber wie denn, war er doch auf dem Wege, Baumeister zu werden, und studierte jeden Tag die sauber in Kupfer gestochenen Vorlagen Schinkels. Anstatt Lokomotiven zu bauen und Berlin und Breslau mit Schienen zu verbinden, zeichnete er Tag für Tag Hausfassaden und quälte sich mit der Chemie herum. Er verplemperte seine Zeit und nutzte seine Gaben nicht. Wieder fiel er in eine Phase der Lähmung und der Düsternis.

Bald würde er sein Abschlusszeugnis in den Händen halten und nicht mehr anders können, als den Weg zu gehen, den er als Zimmermann zu gehen hatte: aufzusteigen zum gutsituierten Baumeister. Die Eleven der Beuth'schen Schule zählten die Tage bis zur Prüfung, und selbst die Trägen wurden langsam munter. Hektisch gingen sie daran, den Stoff der beiden Jahre zu repetieren. Auch Borsig tat das, und er bemerkte dabei, dass ihm die vier Wochen fehlten, die er wegen seiner Lungenentzündung in der Charité und im häuslichen Krankenbett zugebracht hatte. Diese Lücken waren so schnell nicht zu schließen, und deshalb machte er sich auf den Weg zu Beuth, ihn um gewisse Erleichterungen zu bitten.

Beuth dachte, der Eleve sei gekommen, um mit ihm über Stephensons triumphale Fahrt von Darlington nach Stockton zu reden.

»Ich weiß, lieber Borsig, was Ihnen am Herzen liegt, und ich kann Sie damit trösten, dass wir es ja schon versucht haben … Aber es ist ein fürchterlicher Reinfall gewesen.« Er erzählte von der Lokomotive der Königlichen Eisengießerei, die sich im Saarland nicht von der Stelle bewegt hatte.

»Das hat daran gelegen, dass wir in Deutschland keine richtigen Mechaniker haben«, sagte Borsig.

Beuth hatte an diesem Tage schlechte Laune und gab sich ungewohnt grantig. »Und Sie wären einer, wie?«

»Ich glaube schon.«

»Werden Sie lieber Schuster als Mechaniker«, brummte Beuth. »Was führt Sie eigentlich zu mir, junger Mann?«

»Prüfung und Preisbewerbung stehen an …«, begann Borsig mit aller gebotenen Vorsicht.

»Das weiß ich.« Beuth brütete seit Wochen über einer Prüfungsordnung, in der alles bis auf die letzten Feinheiten festgelegt war. Außerdem sollten die Besten als Preis für besondere Leistungen eine eherne Denkmünze erhalten. Er blätterte in den Akten, in denen die Lehrer die Beurteilungen ihrer Zöglinge niedergeschrieben hatten. »Nun, mein lieber Borsig, da gibt es einige Klagen über Sie. In einigen Fächern wirft man Ihnen vor, dass Sie sich das theoretische Wissen nicht mit der nötigen Sorgfalt angeeignet hätten, es mangele da auch an Fleiß und Präsenz.«

»Wozu soll ich lernen, was ich nie brauchen werde!«, rief Borsig.

Beuth blieb ruhig. »Man weiß vorher nie, was man später brauchen wird. Und darum wird es hier gelehrt und geprüft.«

»Ich bitte bei den Prüfungen um mildernde Umstände«, sagte Borsig. »Denn durch meine Krankheit habe ich viel versäumt und beim besten Willen nicht alles nachholen können.«

Beuth schüttelte den Kopf. »Völlig unmöglich! Alle müssen dieselben Aufgaben bekommen – wie will man sonst Ihre Leistungen miteinander vergleichen? Und Sie, Borsig, haben allemal das Zeug, trotz Ihrer Beeinträchtigung gut abzuschneiden. Extrawürste gibt es hier nicht!«

»Ich protestiere gegen diese Ungerechtigkeit! Damit werde ich mich nicht abfinden.«

»Dann müssen Sie diese Schule verlassen.«

Julius Wucke hasste den Augenblick des Aufwachens und suchte, das Aufstehen von Viertelstunde zu Viertelstunde hinauszuzögern. Wenn er abends einschlief, dann immer in der Hoffnung, niemals wieder aufzuwachen. Und dann quälten Träume ihn. Da sah er sich das Hohenzollernschloss an der Spree in Brand stecken. Die Soldaten der Wache jagten ihn durch die ganze Stadt, und schließlich schleppte man ihn zum Galgen. Er wollte um Hilfe schreien, brachte aber nur ein klägliches Wimmern hervor.

»Raus aus dem Bett!«, schrie sein Vater. »Kriegt du deinen Hintern wieder nicht hoch?«

Der Alte hockte schon am frühen Morgen an seinem Dreifuß und versuchte, einen Stiefel zu reparieren, der eigentlich nur noch dazu taugte, ins Feuer geworfen zu werden. Er gehörte einem Kriegsinvaliden aus dem Armenhaus, und der hätte ohne seine vergammelten Stiefel barfuß durch den Winter kommen müssen.

»Halt's Maul, alter Flickschuster!«, brummte Wucke. Die guten Tage seines Vaters waren längst vorbei, und da er nahezu erblindet war und es schaffte, so lange Nägel in die Sohlen zu treiben, dass sie weit durch das Leder gingen und sich die Leute blutige Füße holten, ließ kein vernünftiger Mensch mehr bei ihm arbeiten.

Wucke hielt sich die Nase zu, denn der Gestank in dem feuchten Kellerloch war wieder einmal unerträglich. Das lag weniger am Pech und Kleister seines Vaters als an dem, was seine Schwester Katharina an Gerüchen verströmte. Sie war Bettnässerin, und das mit fünfzehn Jahren. Der Armendoktor hatte gesagt, sie sei leicht imbecil, also blöd. Vom anderen Bett her kam das krampfartige Husten seiner Mutter.

»Hör auf zu bellen!«, rief der alte Wucke.

»Sie kann doch nüscht dafür, det sie die Motten in der Lunge hat«, sagte Julius Wucke. »Wenn wir ’ne richtige Wohnung hätten, dann …«

»Ich gehe nicht ins Armenhaus!«, schrie der Alte.

»Ich habe solchen Hunger«, jammerte Katharina, »und es ist nichts zu essen da.«

Ihre Mutter kroch aus dem Bett. »Ich gehe heute zu den Geberts putzen helfen, da kriege ich immer was zu essen mit nach Hause.«

Wucke zog sich sein blaues Arbeitshemd über den Kopf. »Ich will auch mal sehen, wo es ein bisschen was zu holen gibt.«

»Bis du mal im Zuchthaus landest!«, rief der Alte.

»Ihr habt ja noch Johannes«, sagte Wucke und höhnte, was das doch für ein guter Junge sei.

Und richtig, wenig später kam Johannes mit einem großen Korb zurück. In dem hatte er Pferdeäpfel gesammelt, um sie im Laufe des Vormittags den Dienstmädchen als Blumendünger zu verkaufen. Nun stank es im Kellerloch der Wuckes am Rosenthaler Thor wirklich so bestialisch, dass auch die beiden Ratten, die hinter dem Schrank ihre Jungen aufzogen, genug hatten und die Kellertreppe nach oben liefen.

Wucke hatte jetzt endgültig die Nase voll und machte sich auf, seinen Freund Ede zu treffen. Beide, Eduard Radicke wie er, hatten in der Schule nicht lernen wollen und können, hatten nur Ärger gehabt und gemacht und danach wegen ihres schlechten Rufs keinen Lehrmeister gefunden, so dass sie jetzt ihr Geld als Tagelöhner verdienen mussten. Das reichte nicht hin und nicht her, und wenn sie nicht verhungern und erfrieren wollten, waren sie gezwungen, denen ein paar Friedrichsd’or wegzunehmen, die davon genügend hatten. Sie hielten das für legitim, hatten sie doch in der Schule gelernt, was das Lukas-Evangelium verkündete: *Und siehe, es sind Letzte, die werden die Ersten sein, und sind Erste, die werden die Letzten sein.* Aber bis zur Ewigkeit dauerte es ihnen zu lange, einen gewissen Ausgleich sollte es schon früher geben. Und da die Reichen von sich aus nichts abgaben, musste man es ihnen eben wegnehmen – ohne dabei erwischt zu werden. So schwer war das gar nicht, verfügte man nur über das nötige Maß an Geschick und Intelligenz. Und in dieser Hinsicht waren sie vom Herrn reich beschenkt worden: Wucke mit der Intelligenz und Ede mit dem nötigen Geschick. Ihre Spezialität waren die Balkon-Diebstähle. Wenn Wucke eine gute Gelegenheit ausbaldowert hatte, warfen sie einen Strick mit einer Art Ankerhaken von unten über das Balkongitter, und Ede kletterte hinauf, während Wucke unten Schmiere stand. Heute aber hatte Wucke eine andere Idee.

»Kennst du Waldemar von Schwanow?«, fragte Wucke, als sie am Rosenthaler Thor standen und überlegten, wo an diesem Tag etwas zu holen war.

»Nee, nich persönlich. Ich weiß nur, dass er sich 'ne neue Hütte bauen lässt.«

»Ja, ein Palais in der Wilhelmstraße. Heute zieht er um, von der Klosterstraße in die Wilhelmstraße.« Wucke sah den Freund prüfend an, ob der schon verstanden hatte, worum es dabei ging.

Nein, hatte er nicht. »Willste die Wohnung mieten, wo er rauszieht?«, fragte er.

»Ja, wenn du mir das Geld dafür gibst.« Wucke machte eine kleine Kunstpause, um die Sache spannender zu machen. »Unsinn! Aber was passiert, wenn solch eine reiche Kanaille wie der umzieht? Dann wimmelt es da von Tagelöhnern, die seine Möbel und seine Klamotten schleppen.«

Ede stöhnte. »Und da sollen wir mitmachen?«

»Ja, aber nur, um ... Ich hab mir da was ausgedacht. Wir mischen uns einfach unter die anderen Tagelöhner und tragen auch Sachen runter zum Fuhrwerk. Aber nicht alle. Wenn uns keiner sieht, dann verschwinden wir damit zur anderen Seite hin, ich meine, über den Hof zur Rosenstraße. Da haben wir dann unseren Handkarren stehen und fahren in aller Ruhe zu Grunzke.« Das war ihr Hehler in der Friedrichstraße.

»Wunderbar!« Ede schlug Wucke so kräftig auf die Schulter, dass es ordentlich krachte. »Mensch, wenn der König dich als Minister hätte und nicht all seine Idioten, dann könnte aus Preußen noch was werden!«

Sie schlenderten die Rosenthaler Straße entlang und grüßten den Bezirks-Commissarius, der sie misstrauisch musterte, so übertrieben freundlich, dass der seine Meinung über sie sofort korrigierte. Über den Hackeschen Markt und die Spandauer Brücke kamen sie zur Neuen Friedrich- und von der direkt in die Klosterstraße. Dort waren die angeworbenen Tagelöhner schon mächtig am Schuften, und Wucke und Ede konnten sich einreihen, ohne dass es jemandem auffiel.

Und Wuckes Plan ging auf, denn innerhalb der nächsten Stunde hatten sie eine wertvolle chinesische Vase, einen Sessel mit wunderschöner weinroter Samtbespannung und kunstvoll gedrechselter Lehne und einen Kasten mit silbernen Löffeln, Messern und Gabeln beiseitegeschafft.

»Der König kann stolz sein auf solche Leute wie uns«, sagte Wucke. »Sein Volk kann sich selbst helfen, sein Volk lässt sich nicht verkommen.«

Lange hatte er sich mit ihr gequält, jetzt endlich war die Entscheidung gefallen, und Schäschke war der Erste, der davon erfuhr.

»Ich kann nicht mehr, ich will nicht mehr!«, rief August Borsig. »Alles widert mich an. Ich will nicht meine Tage und Nächte damit zubringen, für Beuths Prüfung zu lernen und seine pingeligen Formulare auszufüllen, ich will zu meinem glühenden Eisen! Ich bin kein Zimmermann, ich bin kein Baumeister, ich bin in meinem Herzen ein Schmied!« Er fühlte sich bei diesem Gefühlsausbruch wie Martin Luther 1521 vor dem Reichstag zu Worms, als der ausgerufen hatte: *Hier stehe ich, ich kann nicht anders, Gott helfe mir, Amen!*

Schäschke war entsetzt. »Jetzt, wo das Schiff schon in den Hafen einläuft und reicher Lohn auf dich wartet, da springst du von Bord?«

»Ich kann nicht anders!«, entgegnete Borsig. »Ein Zurück gibt es nicht. Der Maschinenbau ist meine wahre Berufung!«

Langsam fing Schäschke an, den Freund zu verstehen. »Es ist wohl so, als wenn du bei einem Weibe liegst und in sie eingedrungen bist. Irgendwann kommt dann der Augenblick, wo man nur noch feststellen kann: Es kommt mit Macht, und keiner kann's mehr halten.«

Borsig musste schmunzeln. »Ja, so ungefähr ist es.«

»Dann tu, was du nicht lassen kannst«, sagte Schäschke. »1850 sprechen wir uns wieder und urteilen dann, ob es richtig oder falsch war, Beuth den Krempel vor die Füße zu werfen.«

»Der hält mich sowieso für einen Dämlack. Ich solle lieber Schuster werden als Mechaniker, hat er gemeint.«

Schäschke verteidigte Beuth. »Er hält eine Menge von dir, aber seiner Meinung nach solltest du Baumeister werden.«

Borsig winkte ab. »Preußen braucht nur einen Schinkel.«

Schäschke seufzte. »Was willst du denn jetzt machen? Nach Breslau zurückkehren?«

»Nein, zu Egells gehen und bei dem anfangen zu arbeiten!« Borsig sah keine andere Möglichkeit.

»Und wenn er dich nicht nimmt?«, fragte Schäschke.

Diese Möglichkeit hatte Borsig niemals in Betracht gezogen, aber nach Schäschkes Worten war ihm doch etwas bange, als er in der Lindenstraße angekommen war und in den düsteren Thorweg einbog. Ein paar Sekunden zögerte er noch, dann klopfte er kräftig und entschlossen an die Tür, an der ein Schild mit dem Schriftzug *Comptoir* angeschraubt war. Als ein brummiges »Herein« zu hören war, trat er ein.

Egells war gerade aufgestanden, um durch ein kleines Fenster in die Werkhalle zu sehen, wo sich seine Männer anschickten, das Stichloch des Schmelzofens aufzustoßen. Rötlicher Schein drang in den Raum und ließ Egells wie einen Magier erscheinen. Borsig machte einen Schritt nach vorn, um sich nicht entgehen zu lassen, wie draußen die Höllenglut in die Pfannen lief. Es erinnerte ihn an ein Gemälde, auf dem glühende Lava aus einem Vulkankrater quoll.

»Guten Tag, August Borsig mein Name.«

Egells musterte ihn. »Sie waren doch schon mal hier … mit Beuths Zöglingen.«

Borsig nickte. »Ja, und da hat es mich gepackt … Ich möchte bei Ihnen arbeiten.«

»Oh!« Egells schien fast erschrocken. »Woher kommen Sie denn?«

»Aus Schlesien.«

»Stimmt, das hört man.«

Borsig wurde etwas mutiger. »Und Sie aus Westfalen.«

»Wieso?«, fragte Egells.

»Na, das hört man auch.« Was aber nicht stimmte. Vielmehr hatte Borsig über alle Maschinenbauwerkstätten Erkundigungen eingezogen, und dabei war er darauf gestoßen, dass Franz Anton Egells aus Rheine nach Berlin gekommen war.

Egells trat einen Schritt zurück, um Borsigs Statur zu begutachten. »Nun, breite Schultern haben Sie, kräftige Glieder, und aus Ihrem Gesicht lässt sich frohe Tatkraft ablesen. Aber können Sie auch anpacken?«

»Ich habe Zimmermann gelernt, Herr Egells.« Borsig krempelte seine Hemdsärmel hoch, um zu zeigen, wie kräftig seine Arme waren.

Egells wiegte den schweren Kopf bedächtig hin und her und unterstrich jedes seiner Worte durch eine kleine Pause. »Die Arbeit mit dem Eisen ist schwer. Eisen ist hart, scharfkantig und glühend. Es ist anders als sanftes und williges Fichtenholz. Und die Gießhalle ist kein luftiger Dachstuhl, sie ist schwarz und schmutzig, voller Staub und Qualm.«

Borsig ließ sich davon nicht abschrecken. »Das ist genau die Arbeit, zu der es mich drängt, Herr Egells! Was Schwielen sind, weiß ich, und mit ein paar Brandblasen werde ich auch zurechtkommen.«

Egells schien noch immer zu überlegen. »Beuth wird über mich herfallen, wenn ich ihm einen seiner Zöglinge entreiße.«

»Er wird froh sein, dass er mich los ist.«

Egells hatte eine Entscheidung getroffen. »Wann können Sie anfangen, Borsig?«

»Morgen, Herr Egells.«

»Gut.«

Als Borsig auf die Lindenstraße hinaustrat, warteten dort Schäschke und dessen Schwester. Er prallte zurück.

Schäschke lachte. »Ich hoffe, dieses Erschrecken war ein freudiges.«

Borsigs Ja war reichlich gedehnt.

»In dieser schweren Stunde wollten wir Sie nicht allein lassen«, sagte Auguste Schäschke. »Jeder Mensch braucht doch einen anderen, der bereit ist, mit ihm durch dick und dünn zu gehen. Und ich finde es grandios, dass Sie bei Egells anfangen wollen!«

Wilhelm Järschersky war wegen der guten Beziehungen seiner Mutter vorzeitig aus der Festungshaft entlassen worden. Die Zeit in Graudenz war schlimm gewesen, aber er war mitnichten als gebrochener Mann nach Berlin zurückgekehrt, sondern als jemand, der noch intensiver als bisher für den Umsturz kämpfen wollte. Irgendwann kam die Stunde, mit dem König und dem Adel abzurechnen, man musste nur warten können und konspirativer vorgehen als bisher. Was ihm vorschwebte, war so etwas wie die republikanische Verfassung der Vereinigten Staaten von Amerika aus dem Jahre 1787. Einen ihrer Artikel hatte er sich ausgeschnitten und übers Bett gehängt. Es war der, der sich direkt auf den 39. Artikel der Magna Charta von 1215 stützte:

Kein freier Mann soll verhaftet, gefangen gesetzt, seiner Güter beraubt, geächtet, verbannt oder sonst angegriffen werden; noch werden wir ihm anders etwas zufügen, oder ihn ins Gefängnis werfen lassen, als durch das gesetzliche Urteil von Seinesgleichen, oder durch das Landesgesetz.

Und diese Gesetze sollten vom Volk gemacht und vom frei gewählten Parlament beschlossen werden. Järschersky war klar, dass es ein langer, langer Weg war, bis das deutsche Volk ein einig Volk geworden war und sein Schicksal in die eigene Hand genommen hatte. Seinen Beitrag dazu wollte er leisten, indem er Romane schrieb, die das Volk aufrüttelten. Der erste sollte den Titel *Der zersprungene Pulverturm* bekommen, und er hatte sich mit Adelbert von Chamisso im Café Stehely verabredet, um mit ihm darüber zu diskutieren und Anregungen zu empfangen.

Johann Stehely, ein geborener Schweizer, hatte Café und Konditorei 1820 gegründet, und es gab kaum einen Schriftsteller,

Dichter, Schauspieler, Professor, Journalisten oder Studenten in Berlin, der nicht bei Stehely zu Gast war, anfangs Charlotten-, Ecke Jägerstraße zu finden, später in der Charlottenstraße 36. Der von allen gerühmte gute Kaffee sowie die Vielzahl der ausliegenden Tageszeitungen und Zeitschriften trugen schnell zu seiner Beliebtheit bei. Friedrich Steinmann sollte in seinen *Briefen aus Berlin* über das Stehely schreiben:

Stehely's Conditorei-Lesekabinet mit seinen hundert Journalen und Blättern ist das Eldorado der Pflastertreter Berlins, das Paradies der Novitätenkrämer der Residenz, die hohe Schule der Gardeofficiers und Beamten, die größte besuchteste Bildungsanstalt der Hauptstadt Preussens, welche von Jung und Alt, Arm und Reich, Gelehrten und Dummköpfen frequentirt wird.

Järschersky bewunderte Johann Stehely und hatte sich vorgenommen, ihn in einem zeitgenössischen Roman eine Hauptrolle spielen zu lassen. So notierte er jetzt, während er auf Chamisso wartete:

Signor Stehely ist eine gravitätische, eine imposante Figur mit vornehmem Kopfe und noblen charakteristischen Zügen – eine durchaus interessante Erscheinung, die eher in die Cirkel der Diplomatie als hinter den Ladentisch und die Liqueurflaschen gehört. Man merkt, dass er aus einem Land kommt, in dem sich die Menschen nicht vor ihren Fürsten ducken müssen und zu allem nur gelangen, wenn sie sich ihnen kriechend nähern.

Chamisso kam, und nachdem sich die beiden herzlich begrüßt hatten, zögerte Järschersky nicht, dem Refugié von seinem Romanprojekt zu erzählen. »Es geht um den alten Pulverturm am Spandauer Thor, der 1710 abgebrochen werden sollte. Zwei Dutzend Artilleristen hatten den Befehl, den aufgehäuften Sprengstoff aus dem Turm zu schaffen. Wegen der Explosionsgefahr durften sie nicht rauchen und keine Stiefel, sondern nur Filzsocken tragen. Und trotzdem kam es am 12. August 1720, vormittags um halb elf, zu einer schrecklichen Explosion. Der Turm zersprang in fünf Teile, und seine Brocken mähten alles nieder, was es am Spandauer Thor an Gebäuden gab, Wohnhäuser, eine Kirche, ein Lazarett, eine Herberge, ein Hospital und eine Schule für Soldatenkinder. 72 Menschen fanden den Tod, darunter die Soldaten selbst und 35 Kinder. Und wissen Sie, wer nicht zerschmettert worden ist?«

»Nein.«

»Der König selbst, Friedrich Wilhelm I., unser Soldatenkönig. Er war auf dem Weg zum Pulverturm, um die Bombardiers mit dem Stock anzutreiben, hatte sich aber auf der Wachtparade verspätet.«

»Ach ja, die Vorsehung«, murmelte Chamisso.

»Das will ich ausführlich erzählen, aber auch die Geschichte des Kindes, das man erst nach drei Tagen unverletzt aus den Trümmern geborgen hat.«

»Das hört sich gut an«, sagte Chamisso. »Aber an einen Stoff, der im Heute angesiedelt ist, wollen Sie sich noch nicht wagen?«

»Wenn ich ein Thema hätte ... Aber die Zeit gibt nichts Heldenhaftes her.«

»Beschreiben Sie doch Ihr Leben«, riet ihm Chamisso. »Wir sind doch ohnehin nur unsere eigenen Zuschauer, und deswegen leben wir eigentlich auch nicht, sondern betäuben uns nur mit Leben.«

»Muss ich das verstehen?«, fragte Järschersky.

»Man genießt in der geistigen Welt nur dann die höchste Anerkennung, wenn man mit den billigsten Worten und abgedroschensten Gedanken so grandios jongliert, dass einem die anderen nicht mehr folgen können und das dann für Größe halten.«

Als Järschersky nach Hause ging, wusste er genau, welche Menge an wohlfeiler Füllmasse er seinem ersten Roman beizufügen hatte. Seine Mutter war zum Glück unterwegs, so dass er nicht mit ihr plaudern musste, sondern sich gleich an seinen Schreibsekretär setzen konnte. Namen waren zu suchen, die charakteristisch waren für einen ganz bestimmten Menschentypus, einzelne Szenen zu entwickeln, ein Rhythmus für das Ganze zu finden. Gerade wollte er sich daranmachen, den ersten Gedanken zu Papier zu bringen, und tauchte den Federkiel ins Tintenfass, da wurde draußen am Klingelzug gerissen.

Er zuckte derart zusammen, dass er gewaltig kleckste. »Ja, Mutter, ja!« Er stürzte zur Tür, doch draußen stand nicht seine Mutter, sondern ein hübsches Mädchen von nicht ganz zwanzig Jahren.

»Oh!«, rief Järschersky. »Besuch von der Diva des Königstädtischen Theaters!«

»Unsinn. Ich bin in Stellung bei Geheimrath Effertz in der Königstraße.«

Järschersky grinste. »Aber hier sind Sie in der Münzstraße bei Järschersky …«

»Das weiß ich!«, rief das Mädchen ungehalten. »Ich will zu August Borsig.«

Järschersky ging ein Licht auf. »Ah, dann sind Sie die Marie Kiesewetter aus Breslau?«

»Erraten, mein Herr!«

»Aber August hat mir doch erzählt, dass Sie ihm bei seinem letzten Besuch in Schlesien einen Korb gegeben haben, weil da ein anderer Mann in ihr Leben getreten ist …«

»Ja, aber das hat er inzwischen wieder verlassen.«

Järschersky gefiel die kesse Art der Kleinen. Das hätte er einer, die aus Breslau kam, nie und nimmer zugetraut. Er fand den Dialog mit ihr durchaus reizvoll und wollte ihn gern ein wenig verlängern. »Und nun wollen Sie sehen, ob August noch zu haben ist?«

»Was geht Sie das an?«

»Eine Menge, schließlich zählt er zu meinen besten Freunden.«

»Dann lassen Sie mich bitte zu ihm«, bat sie.

»Hier ist er nicht …«

»Wo steckt er dann? Im Gewerbe-Institut in der Klosterstraße ist er nicht mehr, da war ich schon.«

Järschersky lachte. »Nein, da ist er von sich aus abgegangen, um Hephaistos zu huldigen oder gar selbst einer zu werden – ein preußischer Hephaistos.«

Marie Kiesewetter konnte ihm nicht folgen. »Wer in Gottes Namen ist Hephaistos?«

»Ein Grieche, wenn man so will.«

»Was für ein Grieche?«

»Kein einfacher Grieche, sondern ein griechischer Gott, der Gott des Feuers und der Schmiedekunst.«

Die junge Dame war nun erst recht verwirrt und fragte Järschersky, ob man Borsig gar ins Irrenhaus gebracht habe.

»Nein, aber was nicht ist, kann ja noch werden.«

Marie Kiesewetter hatte Tränen in den Augen. »Und er hat mir so schöne Liebesbriefe geschrieben …«

Järschersky prustete los. »Gott, ja!«

Sie fauchte ihn an. »Da gibt es nichts zu lachen!«

»Doch, denn die Briefe habe ich für ihn geschrieben.«

Sie brauchte Sekunden, das zu begreifen. »Ohne mich zu kennen?«

Järschersky warf ihr eine Kusshand zu. »Wenn ich Sie schon gekannt hätte, wären sie noch viel schöner geworden!«

In den späten Septembertagen schuftete der Praktikant August Borsig in der Gießhalle von Egells Maschinenwerkstätte wie kein Zweiter. Was bei einem römischen Sklaven nur mit vielen Peitschenhieben und Androhung des Todes möglich gewesen wäre, schaffte er kraft seines Willens. Hände und Gesicht waren schwarz und verschmiert durch den Formsand, der in hoher Schicht auf dem Boden lag. Stapfte er durch ihn hindurch, erinnerte er sich an die Sommertage an der Oder, wenn sie durch Sand und Kies zum Wasser gelaufen waren, um zu baden. Ohne aufzustöhnen, schleppte er die schweren, eisernen Formkästen dahin, wo sie gerade gebraucht wurden. Schaufel für Schaufel schippte er dann die schwarze Masse auf ein Sieb und rüttelte daran, bis sich unter ihm ein Berg feinsten Sandes angehäuft hatte. Der kam dann in den Formkasten. Borsig hob den Arm, um dem Formermeister anzuzeigen, dass die Arbeit so weit erledigt war. Der eilte herbei, in der Hand das hölzerne Modell eines Rades.

»Jetzt mal aufpassen!«, rief er Borsig zu und begann, mit beiden Händen den Formsand um das Modell zu häufen. »Mit dem Stampfholz hier musst du ihn verdichten. Immer fester, er muss ganz innig an das Stück heran.«

Borsig erschien das Ganze wie ein Kinderspiel, und es dauerte nur wenige Tage, da hatte er ohne fremde Hilfe seine erste Gussform angefertigt. Behutsam hob er das Holzmodell aus dem festgestampften Sandkuchen. Seine Hand zitterte nicht im Geringsten. Stolz sah er auf das eingegrabene Abbild des hölzernen Rades hinunter. Nur eine Kante war ein wenig abgebröckelt. Das war mit der Lanzette schnell ausgebessert. Ein bisschen kam er sich vor wie ein Konditor, der eine Sahnetorte formte. Das erhöhte nur den Spaß.

»Abstich!«, hörte er Egells rufen. Das erinnerte Borsig an den Tag, an dem er mit den Zöglingen des Gewerbe-Institutes zum ersten Mal in dieser Halle gestanden hatte. Jetzt saßen die in der Klosterstraße vor ihren Prüfungsaufgaben, schwitzend und voller Angst zu versagen. Er war glücklich, dem entgangen zu sein. Er hatte alles richtig gemacht und nichts zu bereuen.

Er lief zum Schmelzofen, um mit einem anderen Arbeiter die Gießpfanne mit dem glühenden Eisen zu seiner Form zu schleppen. Der Guss gelang, und Egells war zufrieden mit ihm.

In die Schmiedekunst weihte ihn sein Freund Friedrich Hermes ein. Aus einem langen Vierkanteisen, das wie ein Knüppel aussah, sollte ein Teil einer Dampfmaschine werden. Glühend lag das Teil im Feuer, und Hermes und er mussten es mit zwei Zangen packen und zum Amboss tragen. Daneben lag die Zeichnung. So wie es dort festgelegt war, sollte ihr glutrotes Eisen geformt werden. Hermes drückte ihm den Vorschlaghammer in die Hand.

»Nun du!«

Borsig fasste das Gerät mit beiden Händen und ließ es auf das glühende Eisen niederfahren. Die Funken stoben weithin. Doch die Wucht des Schlages reichte nicht, um etwas zu verformen. Das war schon etwas anderes, als mit dem Zimmermannsbeil einen Eichenbalken zu spalten. Doch auch hier lernte Borsig schnell.

»Gut gemacht«, sagte Egells.

Borsig strahlte. »Kein Wunder, wo doch Hephaistos mein

Schutzpatron ist.« Järschersky hatte ihm von Marie Kiesewetters Besuch erzählt.

»Wer ist Herr Feistos?«, fragte Egells.

Die Glocken der St.-Hedwigs-Kathedrale drangen bis zur Oberwallstraße hinüber. Louise Praschl zählte ihre Schläge mit. *»Egy, kettő, három, négy, öt …«*

»Schön, dass du auf Ungarisch zählst!«, sagte ihre Mutter. »Vater würde sich freuen.«

Robert Praschl war aus Ungarn nach Berlin gekommen und Küster in der St.-Hedwigs-Kathedrale geworden. Nach seinem Tod hatten es die beiden Frauen schwer, durchs Leben zu kommen. Sie versuchten es, indem sie in Heimarbeit Posamenten herstellten, Bänder, Soutachen, Fransen, Borten, Kordeln, Quasten, Volants und Zierknöpfe. Zu diesem Zweck stand ein Posamentierstuhl in ihrer kleinen Wohnung.

Die Mutter schüttelte das Glas, in dem für gewöhnlich ein paar kleine Münzen lagen – aber es war leer. »Es kommt noch die Zeit, wo ich betteln gehen muss. Seit Vater tot ist, da …«

Louise legte ihr den Arm um die Schultern. »Nur Mut, du hast ja noch mich. Und Herr Wegener wird uns wohl auch aushelfen.« Ludwig Wegener war der Student der Rechte, an den sie ein Zimmer vermietet hatten.

Die Mutter fuhr zurück, in ihren Augen stand Entsetzen. »Dann stimmt es also, was mir das Fischweib am Molkenmarkt erzählt hat?«

»Was hat sie dir erzählt?«

»Dass der sich bei Witwen einquartiert, die nichts zu beißen haben, und ihnen und ihren Töchtern dann Geld anbietet, wenn sie ihm zu Willen sind.«

Louise wurde rot und stammelte, dass er ihr Blumen und Konfekt geschenkt habe. »Ich dachte, er hat ernste Absichten …«

»Gott, Louise! Hast du dich mit ihm eingelassen?«

»Nein, Mutter, wo denkst du hin, aber …«

»Was aber?«

»Als alte Jungfer will ich auch nicht enden …«

Ihre Mutter ließ nicht mit sich reden. »Der fliegt raus! Heute noch! Und bald haben wir ja wieder den Weihnachtsmarkt, und da kommt gewiss so mancher Friedrichsd'or in unsere Kasse.«

Es klopfte. In der Tür stand Ludwig Wegener und beglückte die beiden Damen mit einem Lächeln, das er für unwiderstehlich hielt.

Louise senkte den Blick, und ihre Mutter donnerte los: »Sie verlassen sofort meine Wohnung, Sie verkommenes Subjekt! Ich kündige Ihnen hiermit!«

Zu keiner Zeit sah man in Berlin regeres Treiben als in der Vorweihnachtszeit. Zwei Wochen vor dem Heiligen Abend wurde der Weihnachtsmarkt eröffnet, und der Schlossplatz und die Breite Straße waren auf jedem Quadratmeter mit Buden besetzt. Am Abend war der Weihnachtsmarkt auch ein Tummelplatz für Verliebte, doch es galt als unschicklich und konnte den guten Ruf erheblich gefährden, wenn man seine Gefühle füreinander offen zeigte oder sich gar küsste, und so zog man sich lieber hinter die Rückseiten der Buden zurück. Dies nun nutzten einige Burschen aus den besseren Kreisen für ihr Amüsement. Acht bis zehn an der Zahl, schlichen sie sich im Halbdunkel an die Pärchen heran, umstellten sie unbemerkt, zogen dann unter ihren Mänteln Knarren, kleine Trompeten, Pfeifen und Waldteufel hervor und tanzen unter dieser wahrhaft teuflischen Musik eine Runde um die Liebenden. Die fuhren erschrocken auseinander, konnten aber nicht entweichen und waren nun schutzlos den Blicken herbeieilender Zuschauer ausgesetzt. Die Spaßvögel sprengten nach allen Richtungen auseinander, und das Liebespaar schlich ebenso wütend wie beschämt von dannen.

Als August Borsig und Friedrich Hermes an den Buden entlangschlenderten und sich an der frohen Weihnachtszeit erfreuen wollten, wurde ganz in ihrer Nähe ein Liebespaar vom infernalischen Lärm der Burschen aus seinen Träumen gerissen. Und als die beiden die Flucht ergriffen, erkannte Borsig auch, wen es da getroffen hatte: seinen Freund Wilhelm Järschersky und seine Beinahe-Braut Marie Kiesewetter.

»Da braucht man gar nicht ins Theater zu gehen!«, rief er. »Das Leben schreibt die besten Stücke.«

Friedrich Hermes suchte, in seinem Gesicht zu lesen, was in dieser Sekunde in ihm vorgehen mochte, doch dazu gaben die Laternen, Kerzen und Rübenöllampen nicht genügend Licht. So musste er fragen. »Ist es denn eher eine Tragödie oder eher ein Lustspiel für dich?«

»Das weiß ich nicht. Es ist eben so, wie es ist – und wenn wir vom Schicksal füreinander bestimmt gewesen wären, die Marie und ich, dann wäre aus uns auch ein Brautpaar geworden, so aber …«

Sie kamen am Stand eines Konditors vorbei, der Marzipanfiguren feilhielt. Als sie genauer hinsahen, bemerkten sie, dass es sich dabei um die grotesken Nachbildungen stadtbekannter Berliner handelte.

»Mensch, das ist ja Beuth!«, rief Borsig. »Da ist dem Konditor aber eine prächtige Karikatur gelungen!«

»Beuth kommt sicher jeden Abend und kauft sich alle Beuths auf, damit er nicht zum Gespött der Leute wird. Aber der Konditor hat einen ganzen Vorrat davon am Lager …«

»Immerhin muss man ganz schön berühmt sein, damit einem so etwas widerfährt«, sagte Borsig.

Friedrich Hermes sah ihn von der Seite an. »Ich habe das Gefühl, du möchtest hier auch einmal als Marzipanfigur ausgestellt sein …«

»Da magst du nicht so unrecht haben«, murmelte Borsig.

Der Freund wechselte das Thema. »Hast du denn schon für deine Schwester und deine Mutter ein kleines Geschenk gekauft, wenn es Weihnachten nach Breslau geht?«

»Nein, was könnte ich ihnen denn mitbringen?«

Friedrich Hermes zeigte schräg nach vorn. »Da ist ein Stand mit Posamenten. So was mögen die Frauen doch immer.«

»Na gut.«

Borsig war das alles ein wenig lästig, und mit nicht eben großer Begeisterung trat er an die Bude heran, an deren oberer Stange Fransen, Lambrequins, Bänder, Kordeln und Quasten baumelten. Dahinter waren die Gesichter zweier Frauen zu erkennen, ganz offensichtlich Mutter und Tochter.

»Was darf es denn sein?«, fragte die Tochter.

»Louise, nicht so mit der Tür ins Haus fallen!«, zischte die Mutter. »Das schreckt die Kunden ab.«

»Nein, nein …« Borsig lächelte die Tochter an. Louise. Der Name gefiel ihm. Königin Luise. Und als er der jungen Frau ins Gesicht sah, traf es ihn mit derselben Macht, wie es ihn in Egells' Gießhalle getroffen hatte: Die ist es!

Kapitel sieben
1826–1827

Waldenburg war in einem Hügelland zwischen Riesen- und Eulengebirge gelegen und zählte an die zweitausend Einwohner. Ende des 13. Jahrhunderts gegründet, gehörte es anfangs zum Königreich Böhmen und fiel dann 1742 nach dem Ersten Schlesischen Krieg an Preußen. Man lebte in der Hauptsache von der Herstellung und dem Handel mit Leinwand, Anfang des 19. Jahrhunderts kam noch der Bergbau hinzu. Waldenburg wurde 1793 Sitz eines Bergamtes und entwickelte sich später zur Commerzialstadt. Daneben kam es zu einer gewissen Blüte der Porzellanindustrie.

Hierher nun hatte es August Borsig verschlagen. Wie es dazu gekommen war, stand ihm noch immer deutlich vor Augen …

Er kniete im Dunst und Staub der Werkhalle vor einer Gussform und bastelte an den letzten Feinheiten, da wurde nach ihm gerufen.

»Borsig, wo stecken Sie?« Es war Egells, der ihn suchte.

»Hier!« Er richtete sich auf und wischte sich mit einem alten Jutesack den klebrigen schwarzen Sand von den Fingern.

Egells war bei ihm angekommen und sagte etwas Überraschendes: »Borsig, Sie müssen mir helfen!«

»Pardon, aber …«

»Kommen Sie mit in die Schlosserwerkstatt hinüber!«

Dort standen die Gesellen an ihren Schraubstöcken, feilten und bohrten und trieben mit kurzen Hammerschlägen Teile ineinander oder lösten sie voneinander. Hier ging es nicht gerade so sauber und edel zu wie in der Werkstatt eines Uhrmachers oder Goldschmieds, aber doch schon etwas gediegener als in der Gießhalle. Mitten im Raum stand ein frisch gegossenes Eisengestell, das einmal zu einer Dampfmaschine werden sollte.

»Nun passen Sie auf, Borsig«, sagte Egells und zeigte auf dieses blaugrau schimmernde Gebilde. »Diese Maschine soll nach Schlesien gehen, in Ihre Heimat also. Sie haben sich in den paar Monaten, in denen Sie bei mir sind, tüchtig in alles hineingearbeitet. Gießen, Schmieden, Schlossern, Feilen. Sie haben eine unglaublich geschickte Hand, und Zeichnungen lesen und selbst zeichnen können Sie auch – das scheint Ihnen im Blut zu liegen.«

»Danke, Herr Egells.«

»Bitte. Aber jetzt kommt es: Trauen Sie sich zu, die Schlosser so anzuleiten und zu führen, dass sie es schaffen, die schlesische Dampfmaschine vor Ort aus den Tausenden von Einzelteilen zusammenzubauen, die wir hinschaffen werden? Als fertiges Stück ist sie viel zu schwer für ein Pferdefuhrwerk – zumal auf unseren holprigen Straßen.«

August Borsig erfasste die Teile, die schon fertig oder halbfertig in der Halle lagen, mit einem schnellen Blick und sah sie vor seinem geistigen Augen aufeinander zufliegen und sich zusammenfügen zu einem funktionierenden Ganzen.

»Ja, selbstverständlich schaffe ich das, Herr Egells. Ich fahre nach Schlesien.«

»Gut. Sie haben mein volles Vertrauen, dass Sie die Maschine in Waldenburg zum Laufen bringen werden!«

So stand er also in den Herbsttagen des Jahres 1826 auf dem Gelände der Spinnerei Gebrüder Alberti zu Waldenburg. Immer wieder sah er prüfend zum Himmel hinauf, hoffend, dass es nicht zu stürmen oder zu regnen begann, denn bevor sie die Dampfmaschine aus der Berliner Lindenstraße aufbauen konnten, musste erst noch ein Maschinenhaus gebaut werden. Er hatte alles sorgsam abgesteckt, und gerade war die Erde für das Fundament ausgehoben worden. Er stand in der Grube und prüfte mit langen

Latten, einer Wasserwaage und einem Lot, ob die Arbeiter alles richtig gemacht hatten.

»Nun, Borsig, alles im Lot?«, fragte Gustav Wilhelm Alberti, der aus seinem nahe gelegenen Comptoir getreten war.

»Ja, es stimmt alles, die Maurer können anrücken.«

Borsig hatte nun ein wenig Zeit, sich in Waldenburg umzusehen. Zuerst wanderte er zum Schloss Fürstenstein hinauf, schlesisch Schlessla Ferschtensteen, das als das schönste in der ganzen Provinz gepriesen wurde. Der Kastellan informierte ihn dahingehend, dass Graf Konrad Ernst Maximilian von Hochberg hier zu Hause war und 1738 ganz Waldenburg erworben hatte.

»Heute leben hier Graf Hans Heinrich VI. von Hochberg, geboren 1768, und seine Frau, die Prinzessin Anna Emilie von Anhalt-Köthen-Pleß, Tochter von Fürst Friedrich Erdmann von Anhalt-Köthen-Pleß. Ihr Sohn Graf Hans Heinrich gibt zu den schönsten Hoffnungen Anlass.«

Borsig war beeindruckt. Hier war ganz oben, und er stand trotz all seines Fleißes und seiner vielen geistigen und handwerklichen Gaben noch immer ganz unten. Er lebte als Untermieter in einer kleinen Kammer, während die hier im Schloss wohnten.

Der Kastellan stieß ihm den Zeigefinger in die Seite und zeigte auf einen Mann, der an der Brüstung stand und auf Waldenburg hinabsah. »Mit dem lassen Sie sich lieber nicht ein, das ist ein ganz gefährlicher Bursche!«

»Ein Räuber und Wegelagerer?«, fragte Borsig.

»Schlimmer noch, das ist ein Freund von diesem Sand gewesen«, flüsterte der Kastellan.

»Welchem Sand?«, fragte Borsig.

»Na, dem Karl Ludwig Sand, der den armen Kotzebue ermordet hat.«

Borsig war neugierig geworden. »Und was macht der Kerl hier?«

»Das ist der Wolfgang Menzel, der ist unten in Waldenburg zur Welt gekommen, hat in Breslau studiert und ist 1820 in die Schweiz geflohen. Nun haben sie ihn wieder nach Preußen reingelassen. Zeiten sind das!«

Beim Abstieg ins Tal richtete es Borsig so ein, dass er zu Menzel aufschließen konnte. Um ein wenig plaudern zu können, war ihm jeder recht, zumal wenn er auch aus Breslau kam.

Borsig stellte sich vor und erzählte Menzel, dass ihn der Kastellan gewarnt habe, mit ihm in Kontakt zu treten. »Ich sage nur: Sand.«

Wolfgang Menzel blieb stehen. »Ach ja, Herr Borsig … Mich haben sie wegen meiner Umtriebe in der Burschenschaftsbewegung verfolgt, so dass ich in die Schweiz gehen musste. Lehrer in Aarau bin ich gewesen, aber jetzt wollen sie mich in Heidelberg wieder arbeiten lassen.«

»Als was?«, fragte Borsig.

»Als Literaturkritiker und Schriftsteller. Sie werden meine *Streckverse* nicht kennen …«

»Nein, bedauere …«

»Na, die ersten drei kann ich auswendig.« Menzel schloss die Augen. »*Mit dem Herzen erweitert sich auch seine Brust, die Welt.*«

»Ah ja …« Borsig verstand nicht, was das bedeuten sollte.

Menzel fuhr fort. »*Den Griechen genügte die einfache Lyra, die Töne seiner Natur zu fassen, der Deutsche bedarf der hundertsaitigen Harfe.*«

Borsig lachte. »Die Griechen hatten auch noch keine Dampfmaschine, da war alles viel einfacher.«

Menzel nickte. »Das mag sein. Und der dritte Vers in meinem Büchlein, der geht so: *Einem großen Volke fehlten große Geister nie, die es schildern, wie von den hohen Alpen rings Seen fließen, darin sie sich spiegeln.*«

Das nun verstand Borsig. »Bis jetzt fehlt uns noch der große Geist, der das heraufziehende Zeitalter der Maschinen angemessen beschreibt.«

Menzel lächelte. »Ich werde helfen, ihn zu finden, denn ich bin seit dem letzten Jahre in Stuttgart Redakteur des Literaturteils in Cottas *Morgenblatt für gebildete Stände*.«

»Das wäre etwas, das meine Frau einmal abonnieren könnte«, sagte Borsig.

»Haben Sie denn schon eine?«

»Nein, aber da ist eine in Berlin, die ich gern heiraten würde, die Louise.« Er schrieb ihr jede Woche einen Liebesbrief, sogar ohne jede fremde Hilfe. »Wenn ich wieder in Berlin bin, dann werden wir heiraten.«

»Na, dann wünsche ich Ihnen Gottes Segen auf allen Wegen!«

Borsig bedankte sich trotz der leichten Ironie dieser Worte und machte, dass er wieder auf seine Baustelle kam.

Es vergingen noch Tage und Wochen, bis das Fundament fertig geworden war und man das Maschinengestell und den dicken Dampfzylinder hinaufhieven konnte. Dann zogen die Maurer ringsum die Wände hoch, aber dem Maschinenhaus fehlten noch Dachstuhl und Dach.

»Mein Gott«, jammerten die Gebrüder Alberti, »wenn der Winter in diesem Jahr zu früh kommt, ist alles verloren.«

»Dann schaffen Sie mir bitte so viele Zimmerleute heran, wie vertraglich verabredet ist!«, rief Borsig.

»Ja, aber woher nehmen und nicht stehlen?«

Da besann sich Borsig wieder auf das, was er einmal gelernt hatte, und griff zu Axt und Stemmeisen. Mit offenem Mund staunten die Handwerker. Nicht nur Dampfmaschinen zu gießen und zu schmieden, verstand der Berliner aus Breslau, er wusste auch überaus geschickt mit Fuchsschwanz, Bohrer und Stemmeisen umzugehen.

Johann George Borsig sah aus dem Fenster. Es schneite in Breslau schon seit dem Vorabend – so wie es sich für ein echtes deutsches Weihnachtsfest gehörte. In einer halben Stunde musste er los, August von der Relaisstation der Eilpost abzuholen.

»Wie schön, dass der Junge uns Weihnachten besuchen kommt«, sagte seine Frau.

»Das wäre ja wohl noch schöner! Wo Waldenburg gleich um die Ecke liegt.«

Susanna Borsig sah ihren Mann prüfend an. »Du bist nicht gut auf unseren August zu sprechen?«

»Nein, das bin ich nicht. Dass er das Gewerbe-Institut so kurz vor der Prüfung verlassen hat, ist doch reine Narretei. Ihn wirft es aus der Lebensbahn, und wir müssen mit der üblen Nachrede der Leute fertig werden, dass er zu faul war und zu dämlich.« Von Satz zu Satz wurde er zorniger.

Susanna trat von hinten an seinen Stuhl und legte ihm, um ihn zu besänftigen, beide Hände auf die Schultern. »Berlin wird schuld daran sein, die ganzen Ablenkungen … Hier in Breslau hätte er durchgehalten.«

»Wenn es nur die Ablenkungen wie Spiel, Bier, Weiber wären!«, fuhr er auf. »Nein, das glühende Eisen ist ihm ins Gehirn gefahren, der Teufel hat ihn sich geholt – im wahrsten Sinne des Wortes. Solch eine Gießerei, das ist doch die reinste Hölle! Der Himmel ist, oben einen Dachstuhl zu zimmern. Aus der Art geschlagen ist er – pfui!«

»Er ist und bleibt unser Kind, und es ist der Wille des Herrn.« Sie zitierte einen Vers aus dem 37. Psalm: »*Befiehl dem Herrn deine Wege und hoffe auf ihn; er wird's wohl machen.*«

»Hör mir auf mit deinem religiösen Quatsch!«, fauchte er sie an. »Der August hat den Verstand verloren. Wer bei Beuth in die Schule geht, der hat den Marschallstab im Tornister, kann Baumeister des Königs werden. Und was macht unser August? Der ist so dumm und wirft diesen Marschallstab in den Dreck!«

Eleonore, die drei Jahre jüngere Schwester des Gescholtenen und inzwischen eine verheiratete Schulze, war gerade eingetreten und zögerte nicht, August in Schutz zu nehmen. »Da bist du ungerecht, Vater. Ich habe aus Waldenburg gehört, dass er dort Großartiges leistet. Es steckt vielleicht mehr in ihm, als wir erwartet haben.«

»Zimmerleute sind wir alle gewesen, das ist von Natur aus so gewollt. Und er? Auf die Walz wollte er nicht gehen, einen Meisterbrief hat er auch nicht. Obwohl er damit bei Caspar Kiesewetter alles hätte erben können.«

Seine Tochter verdrehte die Augen. »Nun, wenn die Marie ihn nicht hat haben wollen …«

»Eines Tages wird er am Bettelstab zurückkommen nach Breslau«, sagte Johann George Borsig. »Wie hieß der im alten Griechenland, der zu hoch hinauswollte und dem dann die Flügel in der Sonne weggeschmolzen sind?«

Sie kamen nicht auf den Namen – aber das Grübeln darüber ließ den Zorn des Vaters über den anscheinend so missratenen Sohn etwas abschwellen.

Jetzt kamen auch die anderen Geschwister, um später gemeinsam mit ihrem Bruder zu Abend zu essen, Susanne, Gottlieb Wilhelm und Luise. Die Meinungen darüber, ob August töricht oder klug gehandelt hatte, gingen weit auseinander. Man versuchte aber, auf den Vater einzuwirken, die Sache in milderem Lichte zu sehen und August nicht die Weihnachtsfreude zu verderben.

Gottlieb Wilhelm, ein ähnlich unruhiger Geist wie sein älterer Bruder, sah alles sehr gelassen. »Warten wir ab, was ist, wenn er fünfzig wird. Ist er in der Gosse gelandet, oder wohnt er als reicher Mann in einem Schloss?«

»Wenn er fünfzig ist, liege ich längst im Grabe«, brummte der Vater.

Die Mutter sprach das Schlusswort: »Hauptsache, unser August ist glücklich.«

Johann George Borsig zog sich seine Stiefel an, seine Frau half ihm in den Mantel. Dann zog er mit Gottlieb Wilhelm los, um rechtzeitig an der Endstelle der Schnellpost aus Waldenburg zu sein.

Wir Unterschriebene, Eigentümer der hiesigen Maschinenspinnerei, bezeugen hiermit, dass eine von Herrn Egells in Berlin für uns angefertigte Dampfmaschine von 28 Pferdekraft durch dessen Bevollmächtigten Herrn August Borsig zu unserer völligen Zufriedenheit hier zusammengesetzt und aufgestellt worden ist. Mehrere dazugehörige Teile sind hier nach seinen Rissen und unter seiner Leitung noch angefertigt, wodurch derselbe von seiner Sachkenntnis im Maschinenfache uns zu überzeugen Gelegenheit hatte. Desgleichen sind mehrere bedeutende Teile des noch unvollendeten Gebäudes ebenfalls nach seinen Angaben und unter seiner Leitung ausgeführt, auf eine Weise, die seine gründlichen

Kenntnisse vom Bauwesen völlig bewährte. Mit allem Grunde können wir daher dieses Zeugnis von der Geschicklichkeit und Gründlichkeit des Herrn Borsig in den benannten Fächern ablegen und durch unsere Unterschrift bestätigen.
Waldenburg, den 12. Februar 1827. Gebrüder Alberti.

Ein großes Siegel des Königlichen Landrätlichen Amtes zierte das Schriftstück. Gustav Wilhelm Alberti hielt den Bogen, auf dem dies alles geschrieben stand, bereit, um ihn Borsig auszuhändigen, wenn denn die Dampfmaschine wirklich lief.

Der prüfte erneut jedes noch so kleine Teilchen. Dann zog er mit einer feierlichen Geste an einem Hebel, und durch eine Rohrleitung strömte der heiße Dampf vom Kessel zum Maschinenzylinder. Der Kolben begann, langsam auf und ab zu gehen, und das riesige Schwungrad drehte sich geräuschlos. Die Maschine lief.

»Bravo!«, riefen die Gebrüder Alberti, und alles klatschte Beifall.

Dieses Bild hatte August Borsig immer wieder vor Augen, als er in der Postkutsche saß, die ihn nach Berlin zurückbringen sollte. Er war glücklich und in euphorischer Stimmung, wie ein Feldherr, der eine bedeutende Schlacht gewonnen hatte.

Doch dieses Stimmungshoch sollte nicht lange anhalten, denn kurz vor Liegnitz brach die hintere Achse des Wagens, und sie schlugen um. Borsig und seine fünf Mitreisenden wurden durch die Luft gewirbelt. Alles schrie, und es gab ein unentwirrbares Knäuel von Armen, Beinen und Köpfen. Auf ihm kam leider keine der beiden mitreisenden Damen zu liegen, sondern ein dicker Fähnrich, und der schnürte ihm die Luft ab. Schließlich kroch einer nach dem anderen aus einem kleinen Fenster ins Freie, und Borsig fühlte sich wie ein Schornsteinfeger, der im Rauchfang gesteckt hatte.

Da standen sie nun fluchend am Straßenrand, und der Schlamm reichte ihnen bis an die Knöchel. Zudem setzte ein äußerst unangenehmer Schneeregen ein. Der Fähnrich machte sich daran, den Kutscher zu verprügeln, denn der hatte gewaltig einen über den Durst getrunken und daher ein riesiges Schlagloch übersehen.

Minuten vergingen, da nahte eine gelbe viersitzige und vierrädrige Kutsche, das Verdeck wegen des schlechten Wetters heruntergeklappt, und hielt dicht vor ihnen. Die Tür flog auf, und ein nobel gekleideter Herr steckte seinen Kopf heraus. »Kann ich Ihnen helfen, kann ich wen mitnehmen?«

Alle wollten das, aber einschließlich des angetrunkenen Postillons waren sie sieben Personen, und die passten unmöglich alle in den haltenden Landauer hinein.

»Drei Plätze habe ich frei, und da haben natürlich die beiden Damen Vorrang. Und wen nehmen wir denn von den Herren mit?« Der Fähnrich war ihm zu dick, das schafften seine Pferde nicht, und der Kutscher stank ihm zu sehr nach Fusel.

»Wie wär's mit mir, Herr von Schwanow?«, fragte Borsig.

»Wie? Woher kennen Sie mich denn?«

Borsig grinste. »Von Ihrem Duell. Ich habe im Gebüsch gesteckt und zugesehen.«

»Na, dann steigen Sie mal ein!«

Das tat Borsig dann auch, und im Verlauf der Fahrt kam er immer wieder mit von Schwanow ins Gespräch. Beide fanden Gefallen aneinander und verabredeten sich zu einem Treffen in Berlin. Da von Schwanow nur nach Liegnitz wollte, wo er Geschäftliches zu erledigen hatte, mussten die drei Geretteten dort auf die reguläre Schnellpost umsteigen, was aber ohne weiteren Zeitverlust glückte.

Als Borsig dann mit nur geringer Verspätung am Alexanderplatz aus der Kutsche stieg, erwartete ihn ein wahres Empfangscomité. Seine beiden engsten Freunde waren gekommen, Konrad und Friedrich, begleitet von zwei jungen Frauen. An Schäschkes Seite standen seine Schwester Auguste und jemand, den Borsig noch nie gesehen hatte. Das musste die Braut sein, von der ihm Schäschke geschrieben hatte, seine Karoline. Und Hermes hatte neben seiner Verlobten auch Louise mitgebracht.

Borsig flog auf Louise zu und umarmte sie so stürmisch, wie es mitten auf dem Alexanderplatz eigentlich unschicklich war und wie es ihm bei seiner eher bedächtigen Art niemand zugetraut hatte.

Beuth saß in seinem Bureau in der Klosterstraße und machte sich daran, die von den einzelnen Gewerbelehrern benoteten Prüfungsarbeiten durchzusehen. Zum einen, um mit den Kollegen über mögliche Korrekturen der Noten zu reden, wenn das Urteil seiner Meinung nach viel zu gut oder viel zu schlecht ausgefallen war, und zum anderen, um die Besten des Jahrgangs herauszufinden und zu bestimmen, wer seine Gedenkmünze in Empfang nehmen sollte.

Schäschke, Konrad: Bestanden, aber nur gutes Mittelmaß. Der plante eine Manufactur für gehobene Damengarderobe. Nun gut, auch das musste sein, wenn Berlin mit Paris und London mithalten wollte, und schließlich gab es eine beträchtliche Anzahl von Hofdamen in den Schlössern in und um Berlin. Aber das war nichts, womit sich Englands Vorsprung einholen ließ.

Bei Schäschke musste Beuth automatisch an August Borsig denken, dessen Freund, und da wurde ihm schmerzlich bewusst, wie sehr ihm doch der beste Schüler dieses Jahrgangs bei der Abschlussfeier fehlen würde. Was Borsig in Waldenburg geleistet hatte, war ihm von Egells in allen Einzelheiten berichtet worden. Nun gut, man konnte später über den vorzeitigen Abgang hinwegsehen und sagen, dass August Borsig nur deswegen so Großartiges leistete, weil er das Königliche Gewerbe-Institut besucht hatte, Beuths Schule, und er die Prüfung bestanden hatte, ohne sie abgelegt zu haben – allein dadurch, dass die Praxis Beweis genug dafür war, wie gut er alles Dargebotene aufgenommen hatte.

Nicht aus der Hand Beuths, sondern aus der von Egells erhielt August Borsig sein Zeugnis, und aus der Lindenstraße ging ein kurzer Brief in die Klosterstraße, in dem stand, dass Borsig in Waldenburg auch ohne Prüfung bewiesen habe, dass bei ihm eigentlich nichts mehr zu lehren und zu prüfen übrig bliebe.

Inhaber Dieses, Herr August Borsig, gebürtig aus Breslau, hat sich seit September 1825 bei mir im Maschinenbau geübt und waren seine Fortschritte von der Art, dass ich ihm schon im nächsten Jahre die Aufstellung einer großen Dampfmaschine anvertrauen konnte, welche er, sowie auch alles, was er bis jetzt bei mir in Metall gearbeitet, modelliert und gezeichnet hat, zu meiner vollkommenen Zufriedenheit ausführte. Sein sittliches Betragen und Fleiß waren höchst lobens- und empfehlenswert.
Dieses bescheinigt hiermit der Wahrheit gemäß
Berlin, den 15. März 1827. Egells, Maschinenbauer.

Doch damit nicht genug. Drei Monate später wurde Borsig ins Comptoir gerufen, wo Egells einen geradezu feierlichen Ton anschlug. »Borsig, ich habe mit Ihnen zu reden.«

Der Praktikant, der er noch immer war, klopfte sich den Formsand von der Joppe und sah den Maschinenbauer erwartungsvoll an.

»Ich habe Sie, lieber Borsig, wie Sie wissen, ohne Prüfung und ohne förmliches Gesellen- und Meisterstück von der Lehre freigesprochen. Nun, es gibt in Berlin einige Fabrikherren, die nach jungen Männern mit technischem Verstand und geschickter Hand suchen, und ehe Sie mir zu den Konkurrenten gehen, will ich mit Ihnen reden.«

»Wenn ich jemals zu einem anderen gehe, dann nur zu mir«, entfuhr es Borsig.

Egells lachte. »Ich weiß, ich weiß, Sie werden sich eines Tages selbständig machen. Aber noch ist es zu früh, noch ist die Zeit dazu nicht gekommen. Warten Sie, bis Preußen weiter gereift ist und bis Sie weiter gereift sind! Nun, Sie wissen, dass es nicht meine Sache ist, viel zu reden, darum ganz kurz: Ich will Sie zu meinem Faktor machen. Was das heißt, wissen Sie. In allen Werkstätten, in der Gießerei, der Schmiede, der Schlosserwerkstatt – kurz überall – sollen Sie nach dem Rechten sehen und die dreihundert Leute, die jetzt gießen, hämmern, bohren und feilen, richtig in allem anleiten. Genau so, als ob ich es selbst täte … Einverstanden?«

Reglos und stumm stand Borsig da und drehte seine Mütze in den Händen. Er war von allem so überwältigt, dass er keinen klaren Gedanken fassen konnte.

Egells glaubte, Borsig nicht für sich gewinnen zu können, und seine Rede wurde noch eindringlicher. »Auf acht Jahre, habe ich mir gedacht. Hören Sie, Borsig, ich will nicht, dass Sie mir fortlaufen, dazu sind Sie mir zu wertvoll. Ich will Sie hierbehalten, auf acht Jahre mindestens – am liebsten aber für immer.« Er streckte Borsig die Hand entgegen.

August Borsig war gerührt. Er konnte stolz auf sich sein, denn er war jetzt wer, und er hatte einen Menschen gefunden, der an ihn glaubte und ihn schätzte. Anders als sein eigener Vater. Freude und Dankbarkeit ließen seine Augen feucht werden. »Einverstanden, Herr Egells!«, rief er. »Und vielen herzlichen Dank auch!« Am liebsten hätte er Egells überschwenglich umarmt – doch das gehörte sich wohl nicht. So stürmte August Borsig aus der Halle …

Egells sah ihm hinterher und wischte sich eine Träne aus den Augen. Leise schloss er die Comptoirtür, die Borsig beim frohen Hinausstürmen halboffen gelassen hatte, und begann, den Vertrag aufzusetzen, der ab dem 1. Juli 1827 das Leben August Borsigs bestimmen sollte. Es wurde ihm ein festes Jahresgehalt von dreihundert Thalern sowie eine Tantieme auf den Jahresumsatz bewilligt. Außerdem wurde ihm für den Fall eines nutzbringenden Geschäftsganges zugestanden, dass er *eine von den vakanten größeren Wohnungen im Vorderhaus nach seiner Wahl beziehen* dürfe *und je einen halben Haufen Holz und Torf jährlich erhalten* solle.

Kapitel acht
1828–1829

Waldemar von Schwanow war am 2. Februar 1793 auf dem elterlichen Rittergut im schlesischen Groß Bischkowitz, Landkreis Trebnitz, geboren worden und dort auch aufgewachsen. Nach dem Schulbesuch in Breslau war er ins Husaren-Regiment No. 4 in Trebnitz eingetreten und hatte sich in den Befreiungskriegen hervorgetan. Nach Friedensschluss war er zweimal durch Italien gereist und hatte ein wenig studiert, Philosophie und Kunstgeschichte vor allem, und auch Gedichte und einige Theaterstücke geschrieben, ohne allerdings sonderlich zu reüssieren. Das tangierte ihn allerdings wenig, denn er war ohne jeden Ehrgeiz. Der hätte ihn nur gehindert, das Leben zu genießen und sich an den schönen Künsten zu erfreuen. Auch auf Ämter am Hofe und im Staate war er nicht erpicht, es reichte ihm völlig, sich als preußischer Petronius zu sehen, Berlins *arbiter elegantiarum*. Verheiratet war er nicht, denn er liebte den Wechsel und tauschte spätestens nach zwei Jahren seine alte Geliebte gegen eine neue aus. Geld zu verdienen brauchte er nicht, das bezog er aus Schlesien, nachdem er ausgedehnte Ländereien geerbt hatte.

Friedrich Wilhelm III. schätzte ihn als Berater beim Ankauf von Gemälden, auch spielte er ihm gern seine gerade entstandenen Kompositionen vor.

Von seinem Palais in der Wilhelmstraße hätte er auch zu Fuß zum Berliner Schloss laufen oder sich in seinen Landauer setzen können, doch von Schwanow liebte es, hoch zu Ross durch Berlins Straßen zu reiten. Das hing mit seiner Marotte zusammen, sich zuweilen wie Friedrich Wilhelm von Seydlitz zu fühlen, den zu verehren er in Trebnitz gelernt hatte, wo der – neben Ziethen – berühmteste Reitergeneral Friedrichs des Großen eine Weile gelebt hatte. Seydlitz' einzigartige Gabe war es gewesen, zu Beginn einer Schlacht, in Minuten höchster Anspannung und Gefahr, ganz ruhig und gelassen zu sein. Bei seinem Duell hatte von Schwanow das auch geschafft, fast gelangweilt hatte er gewirkt, und darauf war er heute noch stolz.

Als er im Schlosshof angekommen war, lief ihm der Kronprinz über den Weg, und der war kein Seydlitz-Verehrer. »Bist du der Schwanow, bist du mir willkommen«, sagte Friedrich Wilhelm. »Bist du aber der Seydlitz, so schere dich zum Teufel!«

Von Schwanow sprang vom Pferd. »Was hast du bloß gegen den Mann, der deinem großen Ahnen das Leben und das Königreich gerettet hat, damals 1758 in der Schlacht bei Zorndorf?«

Das spielte darauf an, dass sich Seydlitz mehrfach geweigert hatte, dem Befehl Friedrichs des Großen nachzukommen, mit seinen Kavallerie-Einheiten in die Schlacht einzugreifen, obwohl ihm gedroht wurde, er hafte mit seinem Kopf für den Ausgang der Schlacht. Ein Angriff in die Flanke wäre verfrüht gewesen, um die optimale Wirkung zu erzielen, und hätte in einer fürchterlichen Niederlage geendet. Seydlitz wartete und trug damit maßgeblich dazu bei, dass die Schlacht gegen die Russen gewonnen wurde.

»Seydlitz hat dem Befehl seines Königs nicht dem Worte nach gehorcht, sondern dem Sinne nach«, sagte von Schwanow.

Der Kronprinz winkte ab. »Wer sich dem Willen des Königs widersetzt, ist des Todes – auch wenn er dadurch eine Schlacht gewinnt.«

»Das wäre ein schöner Stoff für ein preußisches Theaterstück«, sagte von Schwanow und lachte sogleich. »Ach Gott, das hat Kleist ja schon geschrieben mit *Der Prinz von Homburg*.«

Am Hofe hielt man nicht viel von Heinrich von Kleist, und der Kronprinz wechselte schnell das Thema. »Im September breche ich nach Italien auf.«

»Ohne mich?« Von Schwanow war etwas enttäuscht.

»Der König will, dass Ancillon an meiner Seite ist.« Der war seit fast zwanzig Jahren sein Erzieher. »Der Herr Pastor soll mich zügeln. Weiterhin sollen mitreisen der von der Gröben, der Rust und der Massow.« Karl von der Gröben war sein Adjutant, Johann Nepomuk Rust der Leibarzt und Ludwig von Massow der Hofmarschall und Kassenverwalter.

»Und Elisabeth?«

»Meiner Gemahlin sind die Reisestrapazen nicht zuzumuten, sie soll sich am heimatlichen Tegernsee erholen, damit sie ...«

Der Kronprinz ließ den Satz unvollendet, aber von Schwanow wusste nur zu genau, was er hatte sagen wollen: dass nämlich Elisabeth endlich einen Thronerben austragen sollte. Von Schwanow dachte sich seinen Teil, denn Hofarzt Hufeland, eine medizinische Koryphäe, hatte durchblicken lassen, dass nicht die Bayerin schuld an der Misere war, sondern der Kronprinz selbst, weil er impotent sei. Seit er das gehört hatte, träumte von Schwanow davon, dass man ihn, der eine Schar unehelicher Kinder in ganz Preußen herumlaufen hatte, von interessierter Seite bitten würde, Elisabeth doch einmal still und heimlich ...

Der Kronprinz eilte davon, weil er in irgendeiner Kaserne einen Orden zu verleihen hatte, und von Schwanow machte sich auf den Weg in das Schwarze Adlerzimmer, wo der König ihn empfangen wollte. Friedrich Wilhelm III. war nun auch schon 58 Jahre alt und hatte es nicht leicht. Seine Luise, die er geliebt hatte, war 1810 gestorben, und seine zweite Frau, Auguste Gräfin von Harrach, dreißig Jahre jünger als er und von niederem Adel, hatte es bei Hofe schwer und rangierte im Protokoll ganz weit hinten, was daran lag, dass er sie nur in morganatischer Ehe geheiratet hatte, die ihr kaum Rechte einräumte. »Eine Königin darf sie nicht sein – eine Luise bekomme ich nicht wieder«, hatte er gesagt. Aber auffallend hübsch war sie, und von Schwanow erinnerte sich daran, dass man sich von Karl dem Großen erzählte, er habe sich, als er auf dem Weg zum Greise war, junge Mädchen ins Bett geholt, um neue Lebenskräfte zu gewinnen.

Wenn er politischer Berater des Königs gewesen wäre, hätte von Schwanow den zu einer liberalen Politik gedrängt. »Hören Sie auf das Volk, Majestät, und nicht auf Metternich, geben Sie ihm eine Verfassung, und lassen Sie ab von gehässigen Verfolgungen!« Aber er war vom König nicht gerufen worden, um seine Meinung über die Stimmung im Lande abzugeben, sondern um ihn beim Ankauf neuer Gemälde zu beraten. Früh hatte Friedrich Wilhelm III. seine Liebe zu Caspar David Friedrich entdeckt und dessen *Mönch am Meer* und die *Abtei im Eichwald* angekauft. Während er durch das Schloss ging, summte von Schwanow den Präsentiermarsch, den der König – inspiriert von den Hoboistenkorps des ausgehenden 18. Jahrhunderts – in seiner Jugendzeit komponiert hatte.

Friedrich Wilhelm III. begrüßte ihn freundlich und fragte ihn, nachdem sie Platz genommen hatten, in seiner knappen Sprache nach empfehlenswerten Malern. »Romantiker. Wie Caspar David Friedrich. Und Deutsche.«

Von Schwanow begann, ihm einen längeren Vortrag über Johann Friedrich Overbeck, Carl Rottmann und Adrian Ludwig Richter zu halten.

August Borsig logierte noch immer bei der Witwe Järschersky in der Münzstraße, denn in Bälde wollte er heiraten, und es lohnte sich nicht, vorher allein in eine eigene Wohnung zu ziehen. Aber der Weg zu seiner Wirkungsstätte in der Lindenstraße war lang und erschien ihm von Monat zu Monat länger zu werden. Doch tapfer legte er ihn jeden Morgen und jeden Abend zurück, denn sein Arzt hatte ihm Bewegung an der frischen Luft verschrieben, ansonsten bekäme er bei der schlechten Luft in der Gießhalle und seinem gewaltigen Arbeitspensum bald Ärger mit dem Herzen und der Lunge.

Als er auf die Straße treten wollte, traf er auf seinen Freund Wilhelm Järschersky, der für seine Mutter zum Bäcker eilen sollte.

»Ah, da ist ja der Faktor Borsig! Wie geht es denn?«

Järschersky liebte es, mit dem Begriff Faktor zu spielen. Borsig lächelte, als der Freund ihn liebevoll spöttelnd fragte, wann denn damit zu rechnen sei, dass er ein entscheidender Faktor in Preußens Industrialisierung werden würde.

Borsig konterte, indem er Järschersky fragte, wo denn das Sauerkraut sei.

»Was für 'n Sauerkraut?«

Borsig lachte. »Na, das, welches du mir noch schuldig bist. Ich habe doch von deiner eigenen Mutter gehört: Tausche abgelegte Braut / gegen ein Pfund Sauerkraut.«

Järschersky reimte etwas drastischer: »Bei 'ner abgelegten Braut / sparst du dir den Ärger mit der Jungfernhaut.«

»Ich habe Marie nie angerührt«, beteuerte Borsig.

Järschersky grinste. »Ich weiß, ich weiß. Wir können ja am Sonntag alle gemeinsam ausgehen, Louise und du, Marie und ich.«

»Sonntag geht leider nicht, da bin ich mit Louise bei Waldemar von Schwanow eingeladen. Das ist der, der mich auf der Fahrt von Breslau nach Berlin gerettet hat, als unsere Postkutsche umgekippt ist.« Man hatte sich wiedergesehen, als von Schwanow bei Egells erschienen war, um sich ein Gitter schmieden zu lassen.

Pünktlich um elf Uhr stand Borsig vor dem Schwanow'schen Palais in der Wilhelmstraße, seine Braut am Arm, und kam sich klein und jämmerlich vor. Gemessen an diesem schlesischen Edelmann war er noch immer ein gesellschaftliches Nichts, da mochte er zehn Mal Egells' Faktor sein.

»Warum hat der dich eigentlich eingeladen?«, fragte Louise.

»Um mit mir über Schlesien zu plaudern, unsere Heimat. Er schart viele Landsleute um sich, und auch heute sollen wieder einige bedeutende Persönlichkeiten anwesend sein.«

»Da kannst du stolz sein, dass er dabei auch an dich gedacht hat«, sagte Louise.

Borsig wusste nicht, ob seine Braut das spöttisch gemeint hatte oder ob sie ihn, den Faktor, schon als bedeutende Persönlichkeit ansah, und so murmelte er vorsichtshalber, was nicht ist, könne ja noch werden. Gleichzeitig bemühte er den schweren Türklopfer, der bei Egells in der Lindenstraße gegossen worden war.

Ein Diener in einer Livree, die der Uniform der Trebnitzer Husaren nachempfunden war, nahm sie in Empfang.

Louise Praschl war in katholischen Kirchen aufgewachsen und wusste daher, was Prunk und Prachtentfaltung waren, doch auch ihr entlockte die Ausstattung des Schwanow'schen Palais den Ausruf, hier sehe es ja aus wie im Königlichen Schloss.

Sie wurden in einen mit grüner Seide ausgekleideten Salon geführt und gebeten, einen Augenblick zu warten. Auf einem Tischchen lag ein Gästebuch, und Borsig griff sofort danach, neugierig wie er war. Es waren illustre Namen, die er da fand, vorwiegend Männer aus Schlesien, so Christian Gottlob Dierig, der Jaquardweber aus Langenbielau, der Schriftsteller und Diplomat Friedrich von Gentz aus Breslau, der Artilleriegeneral Rudolf von Neumann aus Carlsruhe, der Komponist Joseph Anton Franz Elsner aus Grottkau und nicht zuletzt Joseph Freiherr von Eichendorff, geboren auf Schloss Lubowitz bei Ratibor, derzeit Oberpräsidialrath zu Königsberg, der sich sogar mit einem kleinen Gedicht verewigt hatte:

Aus der Heimat hinter den Blitzen rot
Da kommen die Wolken her.
Aber Vater und Mutter sind lange tot.
Es kennt mich dort keiner mehr …

Borsig fühlte sich geehrt. »Und zwischen all denen soll nun auch mein Name stehen«, murmelte er. »Herr von Schwanow muss ja Großes von mir denken.«

Seine Braut hielt das schon für einen Anflug von Hoffart – eine der Todsünden – und zitierte einen der Sprüche Salomos: »*Hoffärtige Augen und stolzer Mut, die Leuchte der Gottlosen, ist Sünde.*«

Borsig lächelte. »Louise, ich verspreche dir, ein bescheidener Mensch zu bleiben, wenn mich der Herr dafür zu einem so großen Fabrikherrn macht wie den Dierig aus Langenbielau und mich ein Palais wie dieses hier besitzen lässt.«

Nun erschien auch Waldemar von Schwanow – heute nicht in seiner Husarenuniform, sondern in einem flaschengrünen Anzug –, und bald darauf trafen auch die anderen Gäste ein, die er zum Mittagessen eingeladen hatte: der Schriftsteller Willibald Alexis, geboren in Breslau, der »preußische Zinkkönig« Karl Godulla aus Makoschau in Oberschlesien, der Infanterieleutnant Eduard Vogel von Falckenstein, der ebenfalls in Breslau das Licht der Welt erblickt hatte und in Begleitung seiner Frau Luise angetreten war, die aus Treuenbrietzen stammte, und als Letzter der Schriftsteller und Theaterkritiker Heinrich Laube aus Sprottau.

»Herzlich willkommen zum Schlesiertreffen hier in Berlin! Die Herren sind ja echte Schlesier, und die Damen werden unser Heimatland bald ebenso liebgewinnen. Die Tafel ist gedeckt, ich bitte, näher zu treten und Platz zu nehmen. Es kommt natürlich nur das auf den Tisch, was echt schläsch ist.«

Der erste Gang war die Breslauer Guttschmecke, eine Kartoffelsuppe, und der zweite das legendäre Schlesische Himmelreich, ein Gericht aus Kasslerfleisch in heller Backobst-Sauce mit hausgemachten Kartoffelklößen. Zum Nachtisch gab es Strässelkucha.

Während der Mahlzeit und zwischen den Gängen wurde angeregt geplaudert. Der Hausherr führte Regie und fragte reihum einen jeden Gast, was er denn Neues zu berichten habe. Als Erster kam Willibald Alexis an die Reihe.

»Werfen Sie jetzt mit dem Suppenlöffel nach mir, wenn ich ausrufe: Seien Sie mir an meinem Tisch herzlich willkommen, lieber Georg Wilhelm Heinrich Häring?«

Willibald Alexis lachte. »Nein, solange es keine Heringe zu essen gibt …« Dann erklärte er Borsig, dem Leutnant und dem Zinkkönig, weshalb er ein Pseudonym gewählt hatte. »Ich habe einen anderen Namen angenommen, um nicht immer als Hering verspottet zu werden. Meine Familie stammt ja aus der Bretagne – eine echte Hugenottenfamilie – und trug den Namen Harenc. Daraus wurde dann in Berlin Häring. Und da Hering im Lateinischen *alex* heißt, bin ich auf Alexis gekommen.«

Von Schwanow nahm wieder das Wort. »Sie waren ja Referendar am Criminalsenat des Kammergerichts, haben aber die Beamtenlaufbahn aufgegeben, um nur noch zu schreiben.«

»Noch kann ich mit dem Schreiben nicht meinen Lebensunterhalt bestreiten«, bekannte Willibald Alexis. »Ich leite nebenbei die Redaktion des *Berliner Konversationsblattes*, habe aber noch viel vor – immer auf den Spuren von Walter Scott.«

Wie sich die Bilder gleichen, dachte August Borsig: In der Literatur eifern sie ebenso den Engländern nach wie wir beim Maschinenbau.

»Bleiben wir bei der schreibenden Zunft«, fuhr von Schwanow fort, »und kommen zu unserem Heinrich Laube. Wie sind Ihnen denn die zwei Monate im Karzer bekommen?« Das bezog sich darauf, dass man Laube an der Universität Halle-Wittenberg, wo er Theologie studieren wollte, wegen seiner Aktivitäten in einer liberalen Burschenschaft eingesperrt hatte.

»Die haben mir gutgetan«, war Laubes Antwort. »Ich hatte endlich Muße, über vieles nachzudenken. Ich will nach Breslau gehen und dort Literaturgeschichte studieren. Die ist mir lieber als die Theologie. Eine neue Zeitschrift wollen wir gründen, *Aurora*. Da soll ich Redakteur werden und Theaterkritiken schreiben. Vielleicht schlage ich mich auch als Hauslehrer durchs Leben, in Kottwitz suchen sie einen.«

»Ah, Kottwitz!«, rief der Infanterieleutnant Eduard Vogel von Falckenstein. »Großartige Familie. Hugo Freiherr von Kottwitz wird mit seinem siebzehnten Geburtstag in das Infanterie-Regiment No. 11 in Breslau eintreten. Ich kenne seinen Vater.«

»Ich kenne nur den Obristen Kottwitz vom Regiment«, sagte von Schwanow.

Willibald Alexis lachte. »Ich auch, aus Heinrich von Kleists *Der Prinz von Homburg*. Der vertritt die Meinung, auf dem Schlachtfeld zähle nur der errungene Sieg, auch wenn er entgegen einem Befehl errungen worden ist.«

Nun wandte sich Waldemar von Schwanow an Karl Godulla, der immer noch in Schlesien lebte und nur zur Erledigung einiger Geschäfte für ein paar Tage nach Berlin gekommen war. »Wie sind Sie denn über den Tod Ihres großen Gönners hinweggekommen?«, fragte er ihn.

»Schwer.«

Willibald Alexis wie auch Borsig fragten nach, und sie erfuhren, dass von Schwanow den Gönner Carl Franz Graf von Ballestrem meinte.

»Dessen Vater ist aus Savoyen nach Preußen gekommen und hatte so wunderschöne Vornamen wie Giovanni Battista Angelo. Seine Mutter Elisabeth Auguste Freifrau von Stechow aber war von hier, und so hat er keine so schönen Vornamen bekommen, sondern musste als Carl Franz durchs Leben – wie schrecklich! Aber für einen Major beim oberschlesischen Kürassier-Regiment No. 12 hat es gereicht. Von seinem Onkel Carl von Stechow hat er einige kleine Kohlengruben geerbt und die immer weiter und weiter ausgebaut. Außerdem hat er ganze Dörfer besessen. Das war dann zu viel für ihn, und er hat unseren wackeren Godulla erst zum Verwalter, dann zum Bevollmächtigten ernannt. Zum Dank für die geleistete Arbeit hat er Godulla 28 Freikuxe der Carlshütte in Ruda geschenkt.«

Godulla nickte. »Ja, und damit konnte ich mich dann selbständig machen.«

»Sind Sie doch nicht so bescheiden!«, rief von Schwanow. »An die achtzig Zinkbergwerke und fast fünfzig Steinkohlengruben gehören Ihnen, dazu haben Sie noch beträchtlichen Landbesitz.«

Godulla winkte ab. »Bitte, reden wir nicht darüber.«

Der Leutnant wollte aber noch wissen, ob es stimmte, dass Godulla lieber in seinem Holzhäuschen in Ruda als in seinem Schloss in Schomberg wohnte.

»Ja, das stimmt.«

Von Schwanow lachte. »Sparsamkeit ist seine größte Tugend.«

Borsig war vom Gehörten überaus beeindruckt. Ballestrem und Godulla … Ob Egells ihn, Borsig, auch so großzügig beschenkte, wenn er ihm eines Tages eröffnete, dass er sein eigener Fabrikherr werden wollte, seines eigenen Glückes Schmied?

Aber sosehr ihn Godulla auch beeindruckte, in einem wollte Borsig doch anders sein: Er wollte fürstlich leben und wohnen.

Ferdinand Fluschnik war 1799 im Dorfe Ferch am Schwielowsee als Sohn eines Gastwirts zur Welt gekommen, hatte im nahe gelegenen Potsdam die Volks- und Gewerbeschule besucht und den Beruf des Mechanikers gelernt und war wegen seines Fleißes und seiner vielen Talente von der Provinz Brandenburg zum 1. November 1821 auf Beuths Gewerbe-Institut geschickt worden. Nachdem er es zwei Jahre später mit einem glänzenden Zeugnis verlassen hatte, war er zur Königlichen Eisengießerei gegangen, dort aber gescheitert. Die Arbeit war ihm zu schmutzig, der Lohn zu gering, und außerdem hatte der Staub seine Lunge angegriffen.

Im Gasthaus seines Vaters war er dann einem Kaufmann begegnet, der Waren aus England einführte und mit beachtlichem Gewinn in Preußen verkaufte. Da hatte er gelernt, dass an dem Spruch »Und ist der Handel noch so klein, / so bringt er mehr als Arbeit ein« viel Wahres war. Seine erworbenen Kenntnisse nutzend, hatte er in der Brüderstraße ein Handelskontor eröffnet, das sich der Einfuhr englischer Maschinen widmen sollte. Fluschnik war nicht nur von hoher Intelligenz, sondern verfügte auch über ein so großes Sprachtalent, dass er schon nach einem halbjährigen Aufenthalt in London ein fast perfektes Englisch sprach. Alles schien darauf hinauszulaufen, dass ihn der König, wurde er fünfzig Jahre alt, zum Commerzienrath ernannte.

So hätte Fluschnik mit sich und dem Leben zufrieden sein können, doch in ihm gab es etwas Triebhaftes, das in zwang, gegen die geltenden Normen und Gesetze zu verstoßen. Nur das verschaffte ihm Lust, nur dieser Kitzel war das eigentliche Leben. Kurzum, er war nur glücklich, wenn er krumme Geschäfte machen konnte. So beschäftigte er eine Reihe von Männern, um in den Königlichen Forsten Holzdiebstähle zu begehen. Das brachte Geld, denn Berlin wuchs von Tag zu Tag und brauchte immer mehr Bau- und Brennholz. Gerade hatten seine Leute einen Forstbeamten, der ihnen auf die Schliche gekommen war, niedergeschlagen, und Fluschnik entnahm dem Amtsblatt der Regierung, dass man im Ministerium des Innern, bei der Polizei und im Kriegsministerium überlegte, Militär gegen die Forstfrevler einzusetzen. Da hieß es also, Acht zu geben. Weniger gefährlich war da der Verkauf von Chinin und Chinarinde, dem sogenannten Chinapulver. Den Apothekern war das verboten worden.

Aber das alles reichte ihm nicht, und so lief er am Sonntagvormittag in den Thiergarten, wo – das hatte er in Erfahrung bringen können – ein hoher Beamter des Kriegsministeriums beim morgendlichen Ausritt anzutreffen war, ein gewisser Eitel von Tessendorff. Als er ihn kommen sah, sprang er auf den Reitweg. »Auf ein Wort, Herr Major!«

»Aus dem Weg!«, schnauzte von Tessendorff.

Fluschnik dachte nicht daran. »Ich habe einen Antrag gestellt, mit meinen Fuhrwerken Pulvertransporte durchführen zu dürfen. Und Sie haben ihn abschlägig beschieden.«

»Kommen Sie morgen in die Leipziger Straße ins Ministerium!«

»Nein, denn was ich Ihnen zu sagen habe, kann ich Ihnen nur an dieser Stelle sagen …«

»Was denn, in Gottes Namen?«

Fluschnik senkte die Stimme. »Dass Ihr nächster Pulvertransport samt der Militär-Eskorte in die Luft fliegen wird, wenn nicht ich ihn durchführen darf – und das wird Sie Ihr Amt kosten.«

»Sind Sie wahnsinnig geworden?«

»Nein, Herr von Tessendorff, sonst würde ich nicht wissen und beweisen können, dass Sie eine Liaison mit der Frau Ihres Vorgesetzten unterhalten.«

Die St.-Hedwigs-Kathedrale war zwischen 1747 und 1773 nach Plänen von Georg Wenzeslaus von Knobelsdorff und Jean Laurent Legeay errichtet worden, nachdem Friedrich der Große die Erlaubnis dazu gegeben hatte. Die vielen Katholiken, die aus Schlesien nach Berlin kamen, sollten ihre eigene religiöse Heimstatt haben. Nachempfunden war die vergleichsweise riesige Kirche dem Pantheon in Rom, benannt hatte man sie nach Hedwig von Andechs, der Schutzpatronin von Schlesien. So war es nicht verwunderlich, dass August Borsig und Louise Praschl hier heiraten wollten. Sie, weil ihr Vater hier als Küster gewirkt hatte und sie hier aufgewachsen war, er wegen der Schutzpatronin, aber auch, weil die Kuppel in Holz ausgeführt war, es aber selbst ein solch berühmter Baumeister wie Johann Boumann der

Ältere nicht geschafft hatte, sie völlig fertigzustellen. Und hölzerne Kuppeln waren ja Borsigs Leidenschaft seit seinen Breslauer Tagen. Schäschke hatte ihm erzählt, wie der König mit seinem Baumeister Knobelsdorff beisammengesessen und über das Aussehen der St.-Hedwigs-Kathedrale beraten hatte. Als sie zu keinem Ergebnis gekommen waren, hatte er seine Kaffeetasse umgedreht und gesagt: »Baue Er sie doch so!«

Der 26. April 1828 war ein Sonnabend, und Berlin erfreute sich eines herrlichen Frühlingstages, als sich die beiden Mietdroschken mit dem Brautpaar und seinen Gästen St. Hedwig näherten.

»Es ist etwas holprig«, sagte Borsig und drückte Louise an sich, damit sie weniger durchgeschüttelt wurde. »Hoffentlich verläuft unser Leben etwas glatter.«

Egells lachte. »Ach was, zu glatt ist langweilig!« Er war einer der Trauzeugen.

Unter den Linden promenierten die Offiziere, die Paare und die Müßiggänger in der milden Frühlingssonne. Der Wind wehte lau von Westen her, und alles war im Wachsen und Werden.

Borsig war glücklich. Er war jetzt fast 24 Jahre alt und war es leid, am Morgen einsam aufzuwachen und abends noch einsamer einzuschlafen. Die Witwe Järschersky hatte ja recht, wenn sie sagte, ein Mann in seinem Alter könne sich nicht alles durch die Rippen schwitzen. Und er liebte Louise. Sie war eine feste Natur und bodenständig. Das war wichtig für ihn, denn er hatte noch Großes vor, und eine Frau sollte ihm Halt geben und ihn nicht strapazieren und seine Kräfte verbrauchen, indem sie kapriziös war und ihre Marotten kultivierte.

Die beiden Kutschen bogen auf den Opernplatz ein und fuhren langsam auf St. Hedwig zu. Der Anblick der Fassade irritierte Borsig. Sie war so wenig preußisch.

Seine Kutsche hielt. Er sprang hinaus und half seiner Braut aus dem Gefährt. Die kleine Gruppe formierte sich. Da waren neben dem Brautpaar die Verwandten, die aus Breslau gekommen waren, die Freunde Konrad Schäschke, Wilhelm Järschersky und Friedrich Hermes, der Fabrikherr Egells, der Maurerpolier Pahl und der Tischlermeister Wacker.

»Hoffentlich passen wir da alle rein«, witzelte Järschersky mit Blick auf die Kathedrale.

»Du hast recht, anno 1823 bei der Hochzeit des Kronprinzen mit seiner bayerischen Elisabeth waren ein paar mehr Leute unterwegs«, fügte Schäschke hinzu. »Allerdings gerät unser August heute auch nicht in Gefahr, in der Spree zu ertrinken.«

So richtig konnte Borsig über diese Scherze nicht lachen, denn ein wenig mehr Publikum hätte er sich bei seiner Hochzeit schon gewünscht. Er bot der Braut den Arm und führte sie langsam die Stufen zur Kathedrale hinauf. Das spärliche Gefolge schloss sich an. Egells und die beiden Handwerker mit ihren langen schwarzen Röcken, ihren schweren, bedeutsamen Schritten und einem feierlichen Ernst in den Gesichtern verliehen dem Zug die nötige Würde. Die Freunde und Verwandten nahmen alles lockerer. Der riesige kreisrunde Raum umfing sie mit festlicher Stille. Die Strahlen der Frühlingssonne drangen kaum durch die bunten Fenster, alles blieb im Dämmerlicht. Umso heller wirkte das Licht der Kerzen, die auf dem Altar entzündet worden waren. Der Geruch von versprühtem Weihwasser hing in der Luft. Das Spiel der beiden Orgeln setzte ein. Der Geistliche begrüßte sie und führte sie zu ihren Plätzen.

Borsig geriet in einen Zustand, den er später als Trance bezeichnen sollte. Die Stimme des Geistlichen drang wie aus weiter Ferne zu ihm.

»Ich frage dich, Johann Friedrich August Borsig, Faktor in der Egell'schen Eisengießerei, evangelischer Konfession und ehelicher Sohn des Zimmermeisters Johann George Borsig zu Breslau, willst du die Ehe mit Marie Josephine Louise Praschl, katholischer Konfession und eheliche Tochter des verstorbenen Küsters zu Sankt Hedwig, Johann Praschl, eingehen?«

Borsig fühlte sich nicht angesprochen, und erst als ihm Schäschke den Ellenbogen in die Seite stieß, murmelte er etwas, das wie ein Ja klingen sollte, erschrak dann und schrie ein zweites Ja – so laut, dass alle erschraken.

Der Pfarrer setzte nun zu einer längeren Rede an, die rund um den ersten Brief des Paulus an die Korinther aufgebaut war: »*Nun aber bleibt Glaube, Hoffnung, Liebe, diese drei; aber die Liebe ist die größte unter ihnen.*«

Borsig hörte das nicht gern, denn es verwirrte ihn, weil er nicht nur seine Louise liebte, sondern auch sich selbst und seine Arbeit. Auch mit dem christlichen Glauben war es bei ihm nicht so weit her, da hatte er die Skepsis seiner Großmutter aus Nieder-Pontwitz geerbt, die immer gesagt hatte: »Ich glaube nur, dass drei Pfund Rindfleisch eine gute Brühe ergeben.« Und was er hoffte, das behielt er lieber für sich: nämlich eine Fabrik zu besitzen wie Egells, ein König genannt zu werden wie Karl Godulla und in einem Palais zu wohnen wie Waldemar von Schwanow. Vater wollte er noch werden, ja, das auch – und seine Louise glücklich machen.

Der Geistliche war am Ende seiner Rede, das Orgelspiel setzte wieder ein. Aber erst als sie draußen vor der Kathedrale standen und alle ihm und Louise gratulierten, kam August Borsig wieder zu sich. Sie bestiegen die gemieteten Kutschen, die draußen gewartet hatten, und fuhren Richtung Friedrichstraße. Auf der ging es über die Weidendammer Brücke und dann durch den dunklen Bogen des Oranienburger Thors zur Chausseestraße. Über der Tür des Hauses No. 4 hing ein Kranz aus Frühlingsblumen.

Die Gäste wie auch neugierige Nachbarn standen Spalier, als der Faktor Borsig seine Gattin die Stufen zum neuen Heim hinaufführte.

»Sehr praktisch«, war Schäschkes Kommentar. »Hinter dem Haus liegt Egells' neue Fabrik, und da kann der liebe August jeden Morgen schon vor dem Aufstehen mit der Arbeit beginnen.«

Ludwig Persius war am 15. Februar 1803 in Potsdam geboren worden und hatte dort die Bürgerschule und das Gymnasium besucht. Nachdem er sich im Zimmerergewerbe versucht hatte, war er Feldmesser geworden und hatte ab 1821 als Baukondukteur unter Karl Friedrich Schinkel gearbeitet. 1824 war er Mitglied im Architektenverein zu Berlin geworden, und 1826 hatte er die Baumeisterprüfung an der Bauakademie in Berlin abgelegt. Ein

Jahr später hatte er Pauline Sello geheiratet, die aus einer berühmten Hofgärtnerfamilie kam.

Im Sommer 1828 leitete Persius den Umbau des Schlosses Charlottenhof, der nach den Plänen Schinkels erfolgen sollte. Auf die Grundmauern des alten Gebäudes sollte ein kleines Schloss im klassizistischen Stil errichtet werden. Vorbild dafür waren römische Villen.

Es erschienen viele Handwerker und Händler bei ihm, um die Dinge zu besprechen, vor allem aber, um Aufträge zu erhalten. Mit ihnen zu reden und zu verhandeln gehörte zu seinem Handwerk, ohne dass es ihm viel Vergnügen bereitet hätte. Bei August Borsig allerdings war es etwas anderes, denn schnell hatten sie festgestellt, dass sie beide von Hause aus Zimmerer waren.

»Auch ich habe einmal Baumeister werden wollen«, fügte Borsig hinzu. »Und ich war sogar Zögling in Beuths Gewerbe-Institut. Bis dann das Eisen meine große Leidenschaft geworden ist und ich zu Egells gegangen bin.«

»Nun …« Persius konnte diese Begeisterung nicht ganz teilen. »Ich schwöre immer noch auf Stein und Holz, wie sie uns die Natur gegeben hat. Kunst und Eisen – ob das zusammenpasst? Ich weiß nicht …«

Borsig widersprach ihm: »Bronze ist doch auch in Ihrem Sinne nichts Natürliches und muss, wie das Eisen, erst in Schmelzprozessen gewonnen werden. Und welch herrliche Kunstwerke gibt es aus Bronze, denken Sie nur an den kapitolinischen Dornauszieher in Rom!«

Persius musste schmunzeln. »Und den will Ihr Herr Egells nun in Eisen gießen lassen und hier am Schloss Charlottenhof aufstellen lassen?«

»Nein, er lässt nur fragen, ob wir nicht ein paar Säulen gießen könnten, sei es auch nur für die Kellerräume. Das könnte Sie billiger kommen als die Steinmetzarbeit.«

»Ich will es mir überlegen, Herr …« Er stockte, denn gerade war eine Kutsche vorgefahren, und in der saß hoher Besuch.

Charlottenhof war der Sommersitz des Kronprinzen Friedrich Wilhelm, und der wollte an der Gestaltung von Schloss und Park teilnehmen und sich hier sein Arkadien schaffen. So erschien er, begleitet von Waldemar von Schwanow, auch an diesem Tage wieder mit einer Mappe voller eigener Entwurfszeichnungen. Persius, Künstler durch und durch und eher ein weicher Mensch, stöhnte auf. Denn was blieb ihm anderes übrig, als höflich zu bleiben und sich von der Kreativität des künftigen Königs begeistert zu zeigen?

»Ein Zimmer hätte ich gern nach Art eines römischen Feldherrnzeltes gestaltet«, sagte Friedrich Wilhelm.

»Ja, das Zeltzimmer«, murmelte Persius. »Das haben wir natürlich eingeplant.«

»Decke und Wände sollen mit blau-weiß gestreiften Papiertapeten beklebt werden«, ordnete Friedrich Wilhelm an. »Von gleicher Musterung sollen die Vorhänge und die Überhänge und die Decken der Feldbetten sein.«

Waldemar von Schwanow stutzte. »Wie das? Ich habe noch nie gehört, dass die alten Römer die Farben Blau und Weiß bevorzugt hätten. Da sieht man doch auf den Gemälden immer nur Rot und Gold ...«

»Das mag ja sein«, entgegnete der Kronprinz. »Aber blau-weiß ist bayerisch, und ich verstehe das Ganze als Huldigung an meine Elisabeth. So sollen auch alle Fensterläden blau und weiß gestrichen sein.«

Wieder musste Waldemar von Schwanow ein wenig frotzeln. »Dann solltest du dein Schloss ›Alpenblick‹ oder ›Haus Enzian‹ nennen.«

»Nein, es bleibt bei ›Siam‹.« Der Kronprinz wollte es so nennen, weil Siam als das Land der Freien galt und er sich selbst gern scherzhaft als *Siam-house-architect* bezeichnete.

In diesem Augenblick hatte Waldemar von Schwanow August Borsig entdeckt, der hinter einem Sandhaufen in Deckung gegangen war.

»Kommen Sie ruhig vor, mein lieber Borsig! Ich stelle Sie gern dem Kronprinzen vor. Der weiß vielleicht gar nicht, welche Talente in seinem Lande leben.«

Auch das Jahr 1829 begann in Berlin nicht so, dass darüber viel in die Geschichtsbücher eingegangen wäre. Der erste Höhepunkt sollte der Auftritt des weltberühmten Geigenvirtuosen Niccolò Paganini werden, den sie den Unerreichbaren nannten. Sein Premierenkonzert fand am 4. März im Konzertsaal des Schauspielhauses statt.

»Ich habe zwei Karten ergattern können!«, rief Wilhelm Järschersky, als er Borsig im Café Kranzler traf. »Eine für dich und eine für mich. Die Leute stehen Schlange, obwohl sie die Preise auf das Dreifache erhöht haben. Zwei Thaler kostet das Billett!«

Borsig sah nicht sehr erfreut aus. »Ich weiß nicht, ob ich von zu Hause wegkann. Bei Louise können jeden Tag die Wehen einsetzen.«

Järschersky lachte. »Umso besser, wenn du bei der Geburt nicht zu Hause bist, denn die werdenden Väter stehen der Hebamme sowieso nur im Wege und behindern sie. Und wenn sie dann auch noch kollabieren, gefährden sie Mutter und Kind.«

Da Louise die Sache auch so sah, machte er sich am Mittwochabend mit Järschersky auf den Weg zum Gensdarmen-Markt.

»Weißt du eigentlich, wo Paganini geboren worden ist?«, fragte ihn der Freund.

»Auch in Breslau?«, fragte Borsig zurück. »Nein, das hätte ich gemerkt.«

»Unsinn, 1782 in Genua. Schon als Kind hat er Gitarre gespielt, heute ist er der größte Geigenvirtuose, den wir haben. Seit 1810 ist er ständig auf Konzertreisen. In Wien haben sie ihn enthusiastisch gefeiert, und der österreichische Kaiser hat ihm den Ehrentitel Kaiserlicher Kammervirtuose verliehen. Und jetzt ist er in Berlin! Der halbe königliche Hof soll kommen.«

Für Borsig war das, was die anderen in Entzücken versetzte, ein »unerträgliches Gefiedel«. In Breslau hatte man ruhig und verhalten auf der Violine gespielt und nicht wie ein Besessener. Außerdem sah der Mann richtig teuflisch aus in seiner schwarzen Kleidung – und krank war er offenbar auch.

»Das Dämonische ist es doch, was die Leute so in Raserei versetzt«, erklärte ihm Järschersky in der Pause. »Genau so hätte Goethes Mephisto die Violine gespielt.«

»Meinetwegen«, brummte Borsig. Das hier war nicht seine Musik. Seine Musik war das Zischen des flüssigen Eisens am Abstichloch, war das Ratschen der Feile, waren die Hammerschläge des Schmiedes am Amboss. Er begriff aber auch, dass er Theaterstücke und Violinenkonzerte über sich ergehen lassen musste, wenn er zu den ersten und angesehensten Bürgern Preußens zählen wollte.

Am nächsten Tag konnte er dann in der Zeitung lesen, dass ein gewisser Ludwig Rellstab, Järschersky zufolge der wichtigste Berliner Kritiker, die Konzertbesucher noch nie so erlebt hatte – *in einem Zustand des Überschwanges, den ich selten in einem Theater und noch nie in einem Konzertsaal beobachten konnte.*

Überschwengliche Freude kam bei Borsig erst drei Tage später auf, als die Hebamme in die Küche kam, von der aus er Louises Schreie gehört und in arger Qual mit ihr gelitten hatte.

»Gratuliere, Herr Borsig, der Stammhalter ist da, und Mutter und Kind sind wohlauf!«

Er stürzte zu Louise, kniete sich neben ihr Bett und küsste ihr die heiße Stirn. »Danke, ich danke dir unendlich! Und was für ein wunderbares Kind!«

Als die Wöchnerin es verkraften konnte, zog man um in eine größere Wohnung, und zwar von der Chausseestraße No. 3 in die Chausseestraße No. 4. Im zweiten Stock dieses Hauses, das ebenfalls Egells gehörte, gab es drei Stuben und eine Kammer. Dazu kamen noch Küche, Keller und ein Verschlag. Dies alles für 85 Reichsthaler Miete im Jahr.

Bis zum Schwanow'schen Palais ist es noch ein weiter Weg, dachte Borsig, aber er hatte in der Schule gelernt: Raum ist in der kleinsten Hütte für ein glücklich liebend Paar.

Der Kronprinz galt als Romantiker, und so war es kein Wunder, dass er den romantischen Dichter Friedrich de la Motte Fouqué besonders schätzte. Der entstammte altem französischem Adel, einer Hugenottenfamilie, und war am 12. Februar 1777 in Brandenburg an der Havel zur Welt gekommen. Sein Großvater hatte als General unter Friedrich dem Großen gedient, und so ging auch der Enkel wie selbstverständlich zur Armee. Schnell wurde er Fähnrich in Preußen und anschließend Leutnant in Weimar, wo er mit Goethe, Schiller und Herder zusammentraf. 1803 heiratete er die Schriftstellerin Caroline von Rochow – auch ein großer Name in Brandenburg-Preußen –, und beide schrieben nun auf ihrem Gut Nennhausen bei Rathenow. Seine Erzählung *Undine*, erschienen 1811, ließ die Fachwelt aufhorchen und lieferte das Libretto zur gleichnamigen Oper von E. T. A. Hoffmann. Verschiedene Romane aus der Welt der Ritter und der nordischen Recken machten ihn danach bekannt.

Baron de la Motte Fouqué nun hatte sich ans Werk gemacht, dem Kronprinzen zuliebe das »Fest der Weißen Rose« vorzubereiten, das am 13. Juli 1829 in Potsdam gefeiert werden sollte. Es war als Huldigung an das Mittelalter und die Zeit der Ritter und Troubadoure gedacht, eine Epoche, die Friedrich Wilhelm so gerne zurückgeholt hätte.

Der Vorhof des Neuen Palais war in einen Turnierplatz verwandelt worden, und auf einer der Tribünen saß auch Waldemar von Schwanow, an seiner Seite August Borsig. Den verwirrten widersprüchliche Gefühle. Einerseits fühlte er sich geehrt und glücklich, Gast dieses Festes zu sein, emporgehoben in eine gesellschaftliche Schicht, der er von seiner Stellung her – was war schon ein Faktor bei Egells! – an sich nicht angehörte. Andererseits quälte ihn die Frage, warum ihn von Schwanow mitgenommen hatte. Er musste immer wieder an das denken, was am Abend zuvor gesagt worden war, als er sich wieder einmal mit Wilhelm Järschersky, Konrad Schäschke und Friedrich Hermes zum Kartenspiel getroffen hatte. Die Szene stand ihm deutlich vor Augen …

»Irgendwie ist mir nicht geheuer, dass dieser Schwanow sich so um dich kümmert«, sagte Järschersky.

»Wieso denn das?«, fragte August Borsig.

Järschersky druckste ein wenig herum. »Bei den alten Griechen war es üblich, dass ältere Männer sich gerne Knaben als Liebhaber nahmen …«

Borsig lachte. »Ich bin kein Knabe mehr und außerdem glücklich verheiratet.«

»Ja, warum tut er es dann?« Järschersky hatte zwei weitere Antworten parat. »Er glaubt, dass du einmal so werden kannst wie dieser Godulla, der preußische Zinkkönig, und setzt auf dich wie bei einem Glücksspiel. Vielleicht kaufst du ihm dann einmal seine Ländereien ab, um da eine Kohlengrube anzulegen. Es kann aber auch sein, dass er im Auftrage des Kronprinzen handelt und alle Bürger einlullen soll, die eines Tages auf die Barrikaden gehen könnten, um eine demokratische Verfassung zu fordern.«

Schäschke sah noch einen anderen möglichen Grund für Schwanows Zuwendung. »Vielleicht sieht er in August den Sohn, den er nicht hat.«

Friedrich Hermes sprach das Schlusswort: »Nimm's doch einfach so, wie es ist, und freue dich über deinen adligen Gönner!«

Nun, ein wenig misstrauisch war August Borsig durch dieses Gespräch am Vorabend dennoch geworden, auch wenn er durchaus geneigt war, immer an das Gute im Menschen zu glauben. Zu weiteren Grübeleien blieb aber keine Zeit mehr, denn de la Motte Fouqués Spektakel nahm seinen Anfang.

An der Spitze der Preußen, die sich als Ritter aus dem 12. Jahrhundert kostümiert hatten, ritt der Kronprinz in die Arena. Schwarz, Weiß und Gold waren seine Farben. Fanfaren ertönten, und unter Trompetenschall senkten sie ihre Schwerter vor der Herrin des Festes. Das war die russische Zarin, Friedrich Wilhelms Schwester Charlotte, die Gattin von Nikolaus I. Sie war ganz in Weiß gekleidet und trug im Haar einen Kranz weißer Rosen – ihre Lieblingsblumen.

Es begann das Ritterspiel. Man warf mit Lanzen nach Kränzen aus weißen Rosen und stach mit ihnen auf Mohrenköpfe ein. Dann wurden lebende Bilder gezeigt: Es begann mit einer jugendlichen Berolina, der folgten Rübezahl mit Flussnymphen aus dem

Riesengebirge und die Kriegsgöttin Bellona, die von Pulverdampf eingehüllt war. Der Höhepunkt war der Moskauer Kreml, über dem eine Lichtgestalt schwebte – zweifellos die Zarin aus dem Hause Hohenzollern.

Damit war für Borsig das Fest zu Ende, und er konnte sich wieder in die Postkutsche setzen und nach Berlin zurückkehren, während von Schwanow zum Festbankett in den Muschelsaal eilte, wo Minnesänger die Gäste erfreuten. Anschließend gab es noch einen Kostümball, der bis in den Morgen dauerte.

Zu diesem Zeitpunkt wurde Borsig bereits vom Geschrei seines Sohnes geweckt, was ihn aber nicht weiter störte, da er sowieso früh bei Egells sein wollte.

Zum Mittagessen kam er wieder in die kleine Wohnung zurück, neugierig darauf, was seine Louise ihm gekocht und welche Fortschritte der kleine Albert gemacht hatte. Das war immer eine fröhliche Stunde. Doch heute standen seiner Frau die Tränen in den Augen, als sie ihm öffnete.

»Um Gottes willen, was ist denn passiert?«

»Es ist eben ein Brief aus Breslau angekommen …«

»Ja, und?«

»Deine Schwester Susanne ist gestorben.«

Kapitel neun
1835–1837

Ferdinand Fluschnik war möglicherweise der skrupelloseste und gerissenste Kaufmann im gesamten Königreich Preußen. Auch hatte er die Gabe, das Gras wachsen zu hören. Dennoch war er weit davon entfernt, wohlhabend zu sein – ja, manches Jahr konnte er sogar nur mit größeren Verlusten abschließen. Vielleicht hatte ihm bei seinen seriösen wie seinen windigen Geschäften bisher nur das nötige Quentchen Glück gefehlt, einige Male aber war er auch auf Menschen getroffen, die ihm ebenbürtig waren. Das beste Beispiel dafür war dieser Eitel von Tessendorff. Der hatte ganz kühl erklärt, wenn er, Fluschnik, seine Affäre publik machen würde, dann würde er Anzeige erstatten wegen Erpressung. »Und dann wären wir beide erledigt, mein Lieber.« Zu oft hatte es solch ein Patt gegeben, und Fluschniks Finanzlage war immer misslicher geworden.

Nun aber sollte alles anders werden! Fluschnik hatte Pläne, die – sollten sie gelingen – ihn endlich zum reichen Manne machen würden. Alles, was er hatte, wollte er auf die eine Karte setzen: die Eisenbahn. Er war auf dem Weg von Berlin nach Nürnberg, um bei der Eröffnungsfahrt der Bayerischen Ludwigsbahn dabei zu sein. Vorher wollte er aber noch in Leipzig Station machen, um mit Friedrich List zu reden und sich über dessen Absichten zu informieren.

Friedrich List, der im August 1789 in Reutlingen zur Welt gekommen war – den genauen Tag wusste man nicht –, hatte in der Kommunalverwaltung gearbeitet, in Tübingen nebenbei Kameralwissenschaften und Juristisches studiert, um es in Stuttgart zum

Rechnungsrath zu bringen. Protegiert vom württembergischen Kultusminister Karl August Freiherr von Wangenheim, wurde er, obwohl er die nötigen Abschlüsse dazu nicht hatte, 1817 in Tübingen Professor für Staatsverwaltungswissenschaften. Früh kämpfte er für die Überwindung der innerdeutschen Zollgrenzen, wurde 1819 Abgeordneter des württembergischen Landtages und 1822 wegen unbotmäßiger Kritik am König und moderner Verfassungsvorstellungen zu einer zehnmonatigen Festungshaft verurteilt. Der entzog er sich zunächst durch die Flucht, aber 1825 wurde er dann doch auf der Festung Hohenasperg eingekerkert. Nachdem er die Hälfte seiner Strafe abgesessen hatte, wurde er begnadigt – allerdings musste er versichern, sofort in die Vereinigten Staaten auszuwandern. Dort scheiterte er zwar als Farmer, gewann aber entscheidende ökonomische Erkenntnisse. 1832 kehrte er nach Deutschland zurück und ließ sich zunächst in Leipzig nieder, wo er ein Projekt realisierte, das ihm sehr am Herzen lag: die Herausgabe eines Staats-Lexikons, einer *Encyklopädie der sämtlichen Staatswissenschaften für alle Stände*, die das Grundbuch des vormärzlichen Liberalismus werden sollte. Sein alter Traum, die innerdeutschen Zollschranken – und mit ihr die Rückständigkeit der deutschen Kleinstaaten – zu überwinden, war ihm geblieben. Und dafür sah er es als unabdingbar an, Deutschland mit einem funktionsfähigen Eisenbahnnetz zu überziehen. Kern sollte die Strecke Leipzig–Dresden werden. Ein Comité zur Vorbereitung des Bahnbaus war schon gegründet worden.

Dies alles hatte Fluschnik in Erfahrung gebracht, und als er Friedrich List in einem Café in der Leipziger Innenstadt gegenübersaß, hatten sie sich viel zu erzählen.

Fluschnik war in England gewesen und hatte sich die Eisenbahn zwischen Liverpool und Manchester angesehen. Nun schwärmte er davon, mit welcher Großtat George Stephenson das *Chat Moss*, das Katzenmoor, überwunden hatte.

Friedrich List lachte. »Moore haben wir in Deutschland auch genug.«

»Ich war am 6. Oktober 1830 auf der Ebene von Rainhill mit dabei, als die englischen Lokomotivbauer ihren großen Wettkampf ausgetragen haben. Vier Maschinen waren am Start: *The Rocket, The Novelty, The Sans Pareil* und *The Perseverance*.«

Friedrich List seufzte. »Da bewundere ich Sie, Herr Fluschnik. Und Stephensons *Rakete* hat gewonnen ...«

»Ja, und sie ist mit beinahe fünfzehn Meilen pro Stunde gefahren.«

»Das wäre mir für ein geeintes Deutschland viel zu wenig, denken Sie nur an die Entfernung zwischen Königsberg und Aachen oder zwischen Kiel und Stuttgart!«

»Nicht zu vergessen die Strecke Steele–Vohwinkel«, spottete Fluschnik, denn das war, obwohl sie von manchen als die erste Eisenbahn Deutschlands angesehen wurde, nur eine Pferdebahn.

»Wenn Sie meinen Entwurf eines deutschen Eisenbahnnetzes noch nicht kennen ...« Friedrich List hatte eine Kopie mit ins Café gebracht. Dicke Linien verbanden die großen deutschen Städte miteinander. Da kreuzten sich neben kleineren Strecken die Magistralen Hamburg–Berlin–Breslau, Danzig–Thorn–Berlin–Magdeburg–Braunschweig–Hannover–Minden–Cöln und Stettin–Berlin–Wittenberg–Leipzig, von wo es einmal über Bamberg und Nürnberg weitergehen sollte nach München, und der andere Ast führte über Frankfurt am Main–Mannheim–Carlsruhe nach Basel.

»Ein genialer Wurf«, murmelte Fluschnik. Dann stellte er die für ihn alles entscheidende Frage: »Glauben Sie denn, Herr List, dass die Deutschen in der Lage sein werden, auch selbst Lokomotiven für all diese Strecken zu bauen?«

Friedrich List musste nicht lange nachdenken. »Nein, zumindest in den ersten Jahrzehnten werden wir sie aus England beziehen müssen, vielleicht auch aus den Vereinigten Staaten, denn dort schreitet alles um ein Vielfaches schneller voran als in unseren verschlafenen deutschen Ländern.«

Fluschnik wäre ihm aus Dankbarkeit am liebsten um den Hals gefallen, denn das bedeutete, dass man mit der Einfuhr englischer und amerikanischer Lokomotiven eine Menge Geld verdienen konnte. Frohen Herzens machte er sich auf nach Nürnberg, um dort die ersten Kontakte zu knüpfen.

Am 7. Dezember 1835, einem Montag, war es so weit: Die erste deutsche Eisenbahnstrecke mit Dampfkraft für den Personen- und Güterverkehr konnte vor großem Publikum eröffnet werden. Auch Ferdinand Fluschnik klatschte begeistert Beifall, als sich die *Adler* am Nürnberger Plärrer in Bewegung setzte. Man hatte sie aus Newcastle kommen lassen, und am Regler stand kein Geringerer als George Stephenson. Die Kohle war per Pferdefuhrwerk aus Sachsen herangeschafft worden, die Schienen mit derselben Transportmethode aus der Nähe von Neuwied und die Anhänger von Wagenbauern aus der Umgebung. Ludwig I., der bayerische König, war nicht erschienen, da ihm diese Eisenbahn nicht bedeutsam genug erschien – da war der Bau des Ludwig-Donau-Main-Kanals wesentlich wichtiger.

Fluschnik ging, als sie nach sechs Kilometern langer, geruhsamer Fahrt die Endstation in Fürth erreicht hatten, auf Stephenson zu und sprach ihn an. »*Excuse me, Mr. Stephenson, I'm a German merchant and a good old friend of Friedrich List. I intend to import english engines to Germany – we have a gigantic market!*«

Am 23. Juni 1836 war August Borsig 32 Jahre alt geworden, und es schien ihm, als würde er schon eine Ewigkeit als Faktor bei Egells angestellt sein. Womöglich hatte er die Hälfte seines Lebens schon hinter sich, und es galt zu handeln, wenn er sein großes Ziel erreichen wollte, berühmt zu werden und als großer Industrieller im Großen Brockhaus aufzutauchen.

»Du bist so unruhig, August«, hörte er Louise klagen.

»Ich will endlich mein eigener Herr sein, Louise, und selbst Maschinen bauen!«, rief er.

Aber so einfach war das nicht. Um langsam von Egells loszukommen, dem er viel zu verdanken hatte, war er schon aus dessen Haus ausgezogen und hatte sich mit seiner kleinen Familie in der Chausseestraße 1 eine Wohnung gemietet. Das Haus gehörte dem Stadtgerichtssekretär Stoof, und Borsig hätte es später gern gekauft.

Egells ... Das war ein Kapitel für sich. Er war wie ein Vater für ihn, aber auch von einem Vater musste man eines Tages Abschied nehmen. Egells war sich von Anfang an bewusst, dass sein Faktor danach strebte, sich irgendwann einmal selbständig zu machen, denn Borsig hatte sich vertraglich eine Abschiedssumme von 10 000 Thalern zusichern lassen, um bei der Gründung einer eigenen Fabrik eine nennenswerte Geldsumme zur Verfügung zu haben.

Noch arbeitete Borsig Tag für Tag in Egells' neuen Werkstätten draußen an der Chausseestraße, doch er hatte beim Magistrat bereits die Errichtung einer eigenen Gießerei beantragt, bestehend aus einem Hüttengebäude mit Masse- und Lehmformerei, einer Trockenkammer, zwei Cupolöfen mit Schmelzkammern und einer Bohr- und Drehwerkstatt.

»Und wo soll das alles hinkommen?«, fragte Louise.

»Na, auf mein eigenes Grundstück.«

»Hast du schon eins?«

»Nein, aber ich suche danach.«

Und wo anders sollte er es suchen als in der Nähe von Egells? Denn wo schon die Schornsteine qualmten, da würden die Behörden eine neue Fabrik am ehesten genehmigen. Und alles sollte nicht zu weit von seiner Wohnung entfernt sein. Das sparte Zeit und machte sein Leben bequemer.

Wilhelm Järschersky hatte von seinen Freunden die meiste Zeit, und so nahm er ihn mit auf die Suche nach einem geeigneten Grundstück. Am letzten Sonntag im Juni trafen sie sich am Oranienburger Thor. Seit 1788 gab es hier statt des bescheidenen alten Häuschens den repräsentativen Neubau von Carl von Gontard, der einem römischen Triumphbogen nachempfunden war. An beiden Seiten existierten zwei kleine Durchgänge für Fußgänger und in der Mitte eine breitere Durchfahrt für Fahrzeuge. Hier an der Akzisemauer endete Berlin, und das Thorgebäude wirkte wie eine steinerne Barriere, die man quer über die Friedrichstraße gelegt hatte, um dies allen zu zeigen. Hinter dem Thor begann die Chausseestraße, begann ein Bereich, der langsam Vorstadt wurde, aber derzeit eher noch eine Art Niemandsland war.

Järschersky betrachtete kopfschüttelnd den klassizistischen

Quaderbau mit seinen Waffen- und Wappensymbolen. »Gott, was gibt es für hässliche Kunst auf dieser Welt!«

Borsig lachte. »Habe ich ein Glück, dass ich nicht Baumeister geworden bin!«

Noch ahnte er nicht, dass sein Sohn Albert 1867, als das Oranienburger Thor abgebrochen wurde, weil es ein zu großes Verkehrshindernis darstellte, zwei Sandstein-Trophäen aus dem Schmuck des Thores erwerben und sie auf das Eingangsthor seines Gutes in Groß Behnitz im Havelland setzen würde, dem ehemals Itzenplitz'schen Schloss.

Die Chausseestraße zog sich lang und schnurgerade hinaus nach Dalldorf und in die Wälder um Tegel. Nur wenige Häuser hatten sich bisher aus der Stadt hinausgewagt. Ein wenig verloren standen sie auf den weiten Ackerflächen, klein und ärmlich. Gleich rechts hinter dem Thor und an der Ecke Thorstraße stand das Wohnhaus Chausseestraße 1, und Borsig und Järschersky winkten zum Fenster hinauf, wo Louise und Albert standen. Gleich dahinter befand sich das Areal der Egells'schen Werkstätten. Sauber, ordentlich und von außen recht behäbig wirkte alles, zumal an einem Sonntag. Gegenüber auf der linken Straßenseite, also Richtung Westen, erstreckten sich hinter roten Mauern die Kirchhöfe der katholischen Gemeinde, der französischen Kolonie sowie der Friedrichswerderschen und der Dorotheenstädtischen Gemeinde. Jenseits der Sandäcker stand ein einsames Haus: die Scharfrichterei. Der Wald, den es hier gegeben hatte, war längst verschwunden, zu groß war der Hunger der Stadt nach Bau- und Brennholz gewesen. Nur wenige hochstämmige Kiefern erinnerten noch an ihn.

Järschersky lachte. »Die Berge und Wälder um Breslau herum sind sicherlich schöner …«

»Ja, aber meine Fabrik gehört nach Berlin.«

»Aber so weit außerhalb der Stadt?«, kam Järscherskys Einwand. »Irgendwie müssen deine Arbeiter ja auch zu dir gelangen, ohne vorher schon wegen Erschöpfung zusammenzubrechen.«

»Sie werden sich zum Voigtland hin ansiedeln«, sagte Borsig und wies nach Nordosten.

Järschersky zeigte sich erschrocken. »Das kann nicht gutgehen, August, da wohnen ausgemergelte Hungerleider, und wenn die bei dir arbeiten, kippen sie aus den Pantinen. Du brauchst kräftige Männer, die genug zu essen haben und sich eine anständige Unterkunft leisten können!«

»Da ist was dran«, musste Borsig zugeben. »Aber ich habe darauf zu achten, dass mich die Löhne nicht ruinieren.«

»Du solltest Maschinen bauen, die so hochwertig sind, dass sich auch höhere Preise rechtfertigen lassen.«

Borsig staunte. »Gott, du redest ja wie die klugen Leute von der Friedrich-Wilhelms-Universität!«

»Professor Wilhelm Järschersky – das könnte mir durchaus gefallen.«

Borsigs Blick ging über die dürren, sandigen Äcker, die einmal dem Invalidenhaus gehört hatten, aber so schlecht waren, dass sie keinen rechten Ertrag abwarfen. So hatte man sie in Parzellen aufgeteilt und versucht, sie als Bauland zu verkaufen. Aber damit wollte es nicht recht vorangehen, denn Berlin wuchs nicht so schnell, wie manche es gerne gesehen hätten.

Borsig blieb stehen. Er hatte sich entschieden. »Ich will nicht weiter zur Invalidenstraße hin.«

»Nicht neben die Königliche Eisengießerei? Da wärst du doch in guter Nachbarschaft!«

»Egells als Nachbar ist mir lieber«, bekannte Borsig.

Aber Järschersky ließ nicht locker. »Warum denn nicht weiter raus? Da hättest du doch neben deiner Werkstatt gleich Platz genug, einen Botanischen Garten anzulegen.« Er spielte darauf an, dass Borsig im letzten Jahr Mitglied des Vereins zur Förderung des Gartenbaues in Preußen geworden war.

»Nein, ich will die Ecke hier zwischen Egells und der Thorstraße haben.«

Damit hielt Borsig auf das Eckgrundstück Chaussee-/Thorstraße zu. Die Grundstücke Thorstraße No. 46 bis 52 gehörten dem Tierarzt Rottger Arnold Leopold Bitter, das hatte er schon in Erfahrung gebracht.

»Das wird bitter für dich werden, das dem Bitter abzukaufen«, sagte Järschersky, als er das gehört hatte. »Der Gute will doch bestimmt nicht selbst bauen, sondern nutzt das Land zum Spekulieren. Hast du denn Geld genug?«

»Nein«, musste Borsig bekennen.

Die Gold- und Silbermanufaktur war 1693 von den Gebrüdern Bose aus Leipzig errichtet worden und auf die Fertigung von Gold- und Silberdraht, Lahn, Flittern, Borten, Franzen, Tressen, Troddeln, Schärpen und dergleichen spezialisiert. Die Liebe König Friedrichs I. zur Pracht hatte ihr zu einer ersten Blüte verholfen. Erst war die Manufactur am Molkenmarkt untergebracht gewesen, mit der Erweiterung der Friedrichstadt aber war sie in ein eigenes Haus am Wilhelmplatz umgezogen. 1763 war sie vom König an den Veitel Heine Ephraim verkauft worden, und in dessen Hause unweit der Spandauer Brücke wurde nicht nur die importierte Seide, die man brauchte, eingefärbt, hier befanden sich auch Warenlager und Comptoir, und im Ephraim'schen Garten auf dem Schifferbauerdamm war sogar eine Silberraffinerie errichtet worden.

Aufseher über die Buchhalter und die anderen Comptoirbedienten war Konrad Schäschke, der zwar christlich getauft worden war, aber einen jüdischen Großvater vorweisen konnte. Im Zweifelsfalle war das für den Ephraim'schen Erben auch ziemlich unbedeutend, denn Schäschke galt als ausgewiesener Fachmann, und mit den Kenntnissen, die er in Beuths Gewerbe-Institut erworben hatte, war er allen Mitbewerbern haushoch überlegen gewesen. Vor fünf Jahren hatte er geheiratet, seine Karoline, die Tochter eines königlichen Porzellanmalers, und es inzwischen schon auf drei Kinder gebracht. In letzter Zeit hatten sich Borsig und er ein wenig aus den Augen verloren, was zum einen daran lag, dass Borsig viel zu beschäftigt war, um abends oder am Sonntag für einige Stunden im Wirtshaus zu sitzen und Karten zu spielen, zum anderen lag das aber auch an der mysteriösen Erkrankung von Auguste Schäschke. Sie litt unter Essstörungen und Auszehrung, und der Arzt, nach der Ursache gefragt, hatte nur mit einem Wort geantwortet: »Borsig«. Auguste verzehrte sich nach ihm, der unerreichbar war. Aber nicht genug damit, im Fieber phantasierte sie davon, ihn eines Tages zu vergiften. »Wenn er mich nicht leben lässt, soll er auch nicht leben«, hatte sie gehaucht. Schäschke traute ihr das zu, und so wagte er es nicht, Borsig und seine Louise zu sich einzuladen. Aber wer konnte seine Schwester auf Dauer daran hindern, durch die Stadt zu schleichen und Borsig Arsen oder einen Knollenblätterpilz ins Essen zu schmuggeln? Gern las Schäschke die Kriminalerzählungen eines Jodocus Donatus Hubertus Temme, und so schien ihm alles möglich.

Nächtelang saß Borsig am Reißbrett, maß und zeichnete. Es war ein Geländeplan. Wie ließ sich auf dem Grundstück Chaussee-, Ecke Thorstraße alles unterbringen, was zu einer funktionstüchtigen Fabrik gehörte? Das Blatt füllte sich mit Linien, Winkeln, Rechtecken und Quadraten. Er sah die eigenen Werkhallen deutlich vor sich. Dass er einst Baumeister hatte werden wollen und was er bei seinem Vater, den Meistern Ihle und Kiesewetter, dem Hofrath Professor Bach, dem Regierungsdirector Hirt und den Lehrern von Beuths Institut alles gelernt hatte, kam ihm nun sehr zupass. Alles, was er an Balken- und Mauerwerk zu Papier brachte, sah so sauber und exakt aus, dass es jeden preußischen Beamten entzücken musste. Am 12. September 1836 schickte er seine Zeichnung, von einem sauber geschriebenen Bauerlaubnisgesuch begleitet, zum Königlichen Polizei-Präsidium. In der Ecke des Planes stand in sorgfältig ausgeführten Lettern: *A. Borsig fecit.* Das hatte er beim Lehrer Gänsicke gelernt: *Ipse fecit* – »Er hat das selbst gemacht.«

Als er am 7. Oktober 1836 nach Hause kam, schwenkte Louise ein großes Kuvert in der Hand. »August, ein Brief von der Polizei!«

Er riss den Umschlag auf. Dieser enthielt die Erlaubnis, mit den Bauten wie geplant zu beginnen.

»Louise, es kann losgehen!«

»Aber du hast doch das Grundstück noch gar nicht gekauft«, wandte sie ein.

Borsig seufzte. »Ach ja …«

Am 5. November 1836 ging er zum Tierarzt Bitter, und er nahm Louise und den Jungen mit, weil seine Frau meinte, der Anblick einer herzigen Familie würde den Verkäufer milder stimmen. Doch das wirkte nicht.

»Ach, wissen Sie, Herr Borsig, ich will eigentlich noch gar nicht verkaufen, ich will noch warten, denn Berlin wird wachsen. Vielleicht wird es nie so groß werden wie London oder Paris, aber es wird in den nächsten Jahren gewaltig wachsen. Und damit steigen die Grundstückspreise, insbesondere da, wo der Magistrat schon gesagt hat, dass es sich um Baugelände handelt. Wie bei meinem Stück vom Invalidenacker. Was meinen Sie, wie viele Wohnhäuser man auf meinem Grundstück hochziehen kann! 12 000 Thaler ist mir meine Ecke wert und keinen Thaler weniger.« Es waren genau 19 250 Quadratmeter, um die es ging.

»Ich hatte an höchstens 8000 Thaler gedacht«, sagte Borsig, denn ein bisschen wollte er von dem noch übrig behalten, was er von Egells bekommen hatte.

Bitter stand auf. »10 000 und keinen Friedrichsd'or weniger!«

»Gut!« Borsig war zu sehr auf dieses Grundstück fixiert, als dass er es aufgegeben hätte. Er wusste, nur hier konnte der Grundstein für sein Lebenswerk gelegt werden, nur hier und nirgendwo anders. Er zahlte dem Tierarzt das Geld bar auf die Hand.

Louise teilte sein Glück, aber sie war eine zu nüchterne Natur, als dass sie nicht gefragt hätte, woher er nun das Geld für die Bauten und die Maschinen nehmen wolle.

Borsig flüchtete sich in den gleichen drastischen Humor, der für seinen langjährigen Freund Wilhelm Järschersky so bezeichnend war. »Du hast recht, ich habe keinen Thaler mehr. Da werden wir wohl die nächsten fünfzig Jahre Kartoffeln anbauen müssen, bis ich meine Werkstätten bauen kann.«

Am nächsten Morgen trat er zu Egells ins Comptoir und bat um zwei Tage Befreiung von seinen dienstlichen Pflichten.

Egells ahnte den Grund, ließ seinen Faktor aber ein wenig zappeln. »O Sie Ärmster, wieder eine Beerdigung in Breslau?«

»Nein …« Borsig zögerte, Egells die Wahrheit zu sagen, aber

ihn anzulügen wäre ein Akt groben Undanks gewesen. »Es ist so weit.«

Egells stand auf, um ihm lange, kraftvoll und herzlich die Hand zu drücken. »Bravo, mein Lieber, Sie werden es schaffen!«

Borsig wurden die Augen feucht. »Ich habe Ihnen so viel zu verdanken, Herr Egells … Und nun mache ich Ihnen Konkurrenz.«

Egells lachte. »Ach Gott, die Welt hat Platz für uns beide – und noch für viele andere! Und ich bin stolz darauf, dass ich einmal sagen kann: Dieser August Borsig, das war mein Schüler!« Damit umarmte er ihn.

Als Borsig durch die Werkhalle ging, um noch einmal nach dem Rechten zu sehen, bevor er sich für zwei Tage verabschiedete, kam Friedrich Wöhlert auf ihn zu. Sie hatten sich in all den Jahren, in denen sie bei Egells waren, angefreundet.

»Du wirst also gehen?«, fragte Wöhlert.

Borsig nickte. »Ja. Das Grundstück für eine eigene Fabrik habe ich schon, nun fehlt mir nur noch das Geld, um richtig loszulegen. Willst du mitkommen?«

Wöhlert zögerte nicht lange. »Ja.«

»Gut, dann wirst du Werkmeister bei mir.«

Borsig lief auf die Straße, erleichtert darüber, dass das Gespräch mit Egells so beglückend verlaufen war und er mit Wöhlert einen tüchtigen Mann an seiner Seite haben würde. Er machte sich mit seinen Plänen und der Baugenehmigung auf den Weg, um sich das nötige Geld zu beschaffen. 60 000 Thaler brauchte er, das hatte er genau ausgerechnet. An Egells wagte er nicht heranzutreten, denn das hätte der wohl trotz aller Zuneigung als Unverfrorenheit betrachtet, und so suchte er erst einmal die Banquier-Häuser auf, die in Berlin zu finden waren, von Anhalt & Wagener in der Brüderstraße bis zu Robert Warschauer & Co. in der Behrenstraße. Aber die Herren wollten ihr Geld nur ganz sicher anlegen, und ein unbebautes Grundstück vor der Stadtmauer reichte ihnen nicht als Sicherheit. Also musste sich Borsig private Geldgeber suchen. Und er hatte Glück: Die Witwe Järschersky lieh ihm etwas, auch von Schwanow war dabei, die größte Summe aber kam vom Hofkleidermacher Johann Simon Freytag, der im Ruhestand in seiner Villa im Thiergarten lebte. Freytag hatte Borsig im Verein zur Beförderung des Gewerbefleißes kennengelernt, einer wichtigen preußischen Institution, die Beuth gegründet hatte und in der er als Egells' Faktor gerne aufgenommen worden war.

»Maschinen sind gut, Herr Borsig, aber Lokomotiven sollten Sie bauen! Wie dieser Stephenson. Das ist die Zukunft, daran lässt sich was verdienen! Ich will Ihnen also 40 000 Thaler leihen, zu 3,75 Prozent Zinsen jährlich, hypothekarisch abgesichert.«

Nun kam aber der Winter, und Borsig musste warten, bevor er beginnen konnte, sich sein eigenes Reich zu errichten. Immerhin wurde er im Bürgerbrief, der ihm endlich erteilt wurde, schon als Eigentümer und Fabrikunternehmer bezeichnet.

Bürger-Brief
Wir, Ober-Bürgermeister, Bürgermeister und Rath dieser Königlichen Preußischen Haupt- und Residenzstadt Berlin, erklären hiermit, dass Wir den Eigenthümer und Fabrikunternehmer Johann Friedrich August Borsig auf sein geziemendes Ansuchen und nach beigebrachter Qualification, zum Bürger angenommen, ihn auch derer, einem hiesigen Bürger zustehenden, Rechte und Wohlthaten theilhaftig machen wollen.
Da nun derselbe, zur Versicherung seiner Treue und seines Gehorsams, nachstehenden Eid geleistet hat:
Ich Johann Friedrich August Borsig – schwöre zu Gott, dem Allmächtigen und Allwissenden, dass Seiner Königlichen Majestät von Preußen, meinem Allergnädigsten Herrn, ich unterthänig, treu und gehorsam sein, meinen Vorgesetzten willige Folge leisten, meine Pflichten als Bürger gewissenhaft erfüllen und zum Wohl des Staats und der Gemeine, zu der ich gehöre, nach allen meinen Kräften mitwirken will, so wahr mir Gott zur Seligkeit helfe durch seinen Sohn Jesum Christum.
So ist ihm dieser Bürgerbrief ertheilet worden. Urkundlich unter unserem Stadt-Insiegel.
So geschehen Berlin, den zwanzigsten Dezember eintausendachthundertsechsunddreißig.

Das Jahr 1837 war angebrochen. Waldemar von Schwanow hatte sich vorgenommen, im neuen Jahr mehr Einfluss auf den Kronprinzen zu nehmen und ihn davon abzubringen, in der Tradition seines Vaters mit den Waffen der Vergangenheit in den Kampf gegen den liberalen und demokratischen Drachen zu ziehen. Da war dieser unselige Schweizer Staatsrechtler Karl Ludwig von Haller, der Friedrich Wilhelms Denken bestimmte: *Flieht das Wort Konstitution; es ist Gift in Monarchien, darum, weil es eine demokratische Grundlage voraussetzt, den inneren Krieg organisiert und zwei auf Leben und Tod gegeneinander kämpfende Elemente schafft.*

Seinen guten Vorsätzen folgend, hatte sich von Schwanow auch Heinrich Laubes angenommen, gegen den im Winter 1836/37 vor dem Berliner Kammergericht wegen *burschenschaftlicher Umtriebe und Anstiftung zur Unzufriedenheit gegen den Deutschen Bund* verhandelt worden war.

»Zu sieben Jahren Haft hat man ihn verurteilt!«, rief Iduna Hänel, die Frauenrechtlerin, die Laube im letzten Jahr geheiratet hatte, als sie hilfesuchend vor von Schwanow stand.

Der suchte, sie zu trösten. »Noch ist nicht aller Tage Abend, und ich werde zusehen, ob ich ein paar Männer finden kann, die sich für ihn einsetzen.«

Als Erstes sprach er mit dem Fürsten Hermann von Pückler-Muskau, der gerade in Berlin weilte, um seine Reise zu den Nil-Katarakten vorzubereiten. Von dem war bekannt, dass er liberale Positionen vertrat und für eine politische Selbstverwaltung auf kommunaler Ebene plädierte.

»Aber selbstverständlich bemühe ich mich darum!«, rief Pückler. »Ich werde alle Hebel in Bewegung setzen, dieses Unrecht zu verhindern. Und Sie wirken bitte dahingehend auf den Kronprinzen ein, dass er mir nicht in die Quere kommt!«

Und tatsächlich schafften sie es mit der Hilfe und der Fürsprache einiger einflussreicher Männer, dass einem Gnadengesuch Laubes stattgegeben und seine Strafe von sieben Jahren auf achtzehn Monate verkürzt wurde. Und die durfte er auf Schloss Muskau verbüßen …

In bestimmten Amtsstuben hörte man das gar nicht gern, und von Schwanow und sein Freundeskreis fanden sich auf den Listen derer wieder, auf die man Acht zu geben hatte.

Fast ein Vierteljahr hatte er warten müssen, und für August Borsig war das wie psychische Folter gewesen. Nun aber war der letzte Schnee geschmolzen und auch der Boden aufgetaut, so dass die Arbeitsleute mit Spitzhacken und Schaufeln im Morgennebel anrücken konnten, um die Weisungen des Bauherrn entgegenzunehmen. Schon nahte der in seiner groben Überjoppe und stampfte mit Wöhlert an seiner Seite in hohen Stiefeln durch matschigen Sand und welkes Gras. Durch die Einfahrt zum Bauplatz rollten die schweren Wagen und zogen tiefe Spuren durch die Erde. »Brr!«, schrien die Kutscher mit heiserer Stimme. Die Pferde blieben stehen und dampften, und die Kutscher warfen ihnen eine Decke über den Rücken.

Borsig gab das Zeichen, und das Abladen begann. Balken, Bohlen und Bretter flogen krachend auf den Boden, um danach ordentlich gestapelt zu werden.

»Willst du wirklich in einer hölzernen Baracke anfangen und nicht warten, bis die Gebäude fertig sind?«, fragte Wöhlert.

»Ja, das will ich«, antwortete Borsig. »Denn bis ein richtiges Fabrikgebäude aus Stein hier stehen wird, werden viele Monate vergehen – und so lange will ich nicht warten. Ende März müssen Ambosse und Schmiedefeuer stehen, denn der erste Auftrag ist schon in Sicht.«

Anfang 1837 hatte das »Comité der Eisenbahnanlagen zwischen Berlin und Potsdam« eine Ausschreibung veröffentlicht, in der es um 116 200 eiserne Schrauben für die erste Eisenbahnstrecke in Preußen ging. *Zu billigem Preis zu liefern innerhalb von sechs Monaten.*

Borsig kannte die Vorgänge in etwa. Im April 1835 hatte der Justizcommissar J. C. Robert die Erlaubnis erhalten, das Gelände für eine Bahnlinie Berlin–Potsdam zu vermessen, und der Geheime Oberbaurath August Leopold Crelle war mit der Ausführung der Arbeiten betraut worden. Der Generalpostmeister von

Nagler hatte versucht, das Projekt zu verhindern, und in einer Stellungnahme zu bedenken gegeben, dass der Post durch die Bahn Roheinnahmen von 17 000 Thalern pro Jahr verlorengehen würden. So hatte es bis zum Dezember 1835 gedauert, ehe J. C. Robert von Friedrich Wilhelm III. die vorläufige Bauerlaubnis erteilt worden war. Es mussten Vereinbarungen getroffen werden mit den vom Bahnbau betroffenen Bürgern und Bauern, die ihre Grundstücke abtreten sollten, auch hatte man sich um Actionäre zu bemühen. Der Streit, wo welche Bahnhöfe anzulegen waren, kostete ebenfalls Zeit. Mit dem Beginn der Bauarbeiten war für Anfang August 1837 zu rechnen.

Borsig wusste, dass er keine Zeit zu verlieren hatte. Das Risiko war groß, und dennoch griff er zur Feder, um an der Ausschreibung teilzunehmen. *Einem Wohllöblichen Comité der Eisenbahn-Anlage zwischen Berlin und Potsdam beehre ich mich, in Folge der allgemein eröffneten Submission nachstehender Gegenstände die Kostenpreise zu überreichen.* Als er alles aufgelistet hatte, faltete er das Schreiben sorgfältig zusammen und schickte es mit einem Boten in die Stadt.

Jetzt zahlte es sich aus, dass er Zimmermannsgeselle war und im Beuth'schen Gewerbe-Institut das gelernt hatte, was man brauchte, um ein tüchtiger Baumeister zu sein, denn unter seiner Leitung und dadurch, dass er überall Hand mit anlegen konnte, waren die hölzernen Werkstätten schnell gebaut.

Und wie er damals in Breslau bei seinem Vater mitgeholfen hatte, so sorgte er nun dafür, dass sein Sohn – immerhin schon acht Jahre alt – so oft wie möglich auf der Baustelle war und da anpackte, wo es seine Kräfte schon zuließen.

»Gut so, Albert, schließlich wirst du alles einmal erben und fortführen.«

Die ersten Werkbänke konnten aufgestellt, der erste Amboss hereingeschleppt werden. Bald stand der erste Schlosser am Schraubstock, feilte und schnitt mit Sorgfalt Gewinde, denn Borsig wollte dem Comité der Potsdamer Bahn Musterstücke der Schrauben zukommen lassen, um deren Herstellung und Lieferung er sich beworben hatte. Das, so dachte er, würde seine

Chancen erhöhen. Gleichzeitig wollte er sein Angebot ein wenig nachbessern: *Zugleich erlaube ich mir, eine dritte Schraube, mit C bezeichnet, beizufügen, wo die Seiten des Kopfes mit den Seiten des Schraubenkörpers parallel laufen. Wird die Anwendung dieser Schrauben zulässig, so wird, da bedeutende Arbeit gespart wird, der Preis per Zentner bis auf 15⅚ Reichsthaler sich stellen lassen.* Ein Bote wurde geholt, der die Schrauben in Sackleinwand packte und mit ihnen durch das Oranienburger Thor nach Berlin lief.

»Wenn das Bahncomité mir den Schraubenauftrag zukommen lässt, dann werden wir einiges an Maschinen brauchen«, sagte Borsig zu Wöhlert. »Zwölf Schmiedefeuer mit vier Blasebälgen werden wir installieren müssen, zwölf Ambosse, zwanzig Schraubstöcke und etliches an Werkzeugen.«

»Nicht zu vergessen die fünfzig Leute, die wir noch einstellen müssen«, fügte Wöhlert hinzu.

August Borsig bekam den Schraubenauftrag, und zudem durfte er noch mehrere Wagenladungen voll gusseiserner Schienenstöcke liefern.

Wilhelm Järschersky studierte noch immer an der Friedrich-Wilhelms-Universität, mal mit weniger, mal mit mehr Bemühen. Sich um einen Brotberuf zu sorgen brauchte er nicht, dazu war das Vermögen seiner Mutter zu groß. Ohne an einen Abschluss zu denken, besuchte er Vorlesungen, von denen er sich einiges versprechen konnte, las dieses und jenes, schrieb ab und an etwas für unbedeutende Blätter, genoss seine Liebschaften und freute sich auf Gespräche mit interessanten Menschen.

So saß er am Ende des Sommersemesters 1837 mit einem gewissen Karl Marx aus Trier im Café Stehely und diskutierte mit ihm über die Ansichten der sogenannten Linkshegelianer.

Karl Marx war gerade erst aus Bonn nach Berlin gekommen, um hier neben Jura vor allem Philosophie und Geschichte zu studieren.

»Wollen Sie denn auch zum Doktor der Philosophie promovieren?«, fragte ihn Järschersky.

Marx nickte. »Ja, wahrscheinlich mit dem Thema *Differenz der demokritischen und epikureischen Naturphilosophie*.«

»Ah …«, machte Järschersky, obwohl er nicht im mindesten verstand, worum es dabei ging. »Ich habe gehört, Sie sind Junghegelianer oder Linkshegelianer. Wenn ich das richtig verstehe, dann haben Sie von Hegel die Dialektik übernommen, nicht aber seinen Standpunkt, dass im preußischen Staat die Dialektik ihr Ende gefunden habe, weil alles schon perfekt ist … Stimmt das?«

»Richtig, das dialektische Denken muss auch in Preußen weitergehen, wir müssen das Ziel haben, die politischen und sozialen Zustände in Preußen und in ganz Deutschland zu überwinden. Dabei ist vom praktischen Leben der Menschen auszugehen, von den wirklichen Verhältnissen, die davon bestimmt sind, wie die Menschen ihr materielles Leben reproduzieren. Die Gesellschaft muss sich weiterentwickeln, die Armut überwinden, die staatliche Zensur abschaffen. Und Aufstände muss es geben!«

»Ganz meine Meinung.« Jetzt konnte Järschersky endlich mitreden. »Wir hatten Mitte September 1830 in Berlin schon die sogenannte Schneiderrevolution. Ein paar Schneidergesellen haben gefeiert und dabei die französische Julirevolution hochleben lassen und ›Freiheit und Gleichheit‹ gerufen. Am Abend sind sie dann mit anderen Unzufriedenen in einem großen Haufen zum Cöllnischen Rathaus gelaufen, um die Freilassung verhafteter Genossen zu erreichen. Auch die Wohnungsmieten sollten abgeschafft und neue Maschinen verboten werden. Die Gendarmen haben sie mit flacher Klinge auseinandergetrieben.«

Karl Marx hatte aufmerksam zugehört. »Unter der glatten Oberfläche scheint es ja in Berlin ganz schön zu brodeln.«

»So ist es. Vor zwei Jahren strömte wie jedes Jahr am 3. August alles zu einem Volksfest anlässlich des Geburtstags des Königs auf den Exerzierplatz vor dem Brandenburger Thor. Sonst war es immer ruhig und festlich, diesmal aber schossen einige in Richtung des Königs Feuerwerkskörper ab, und der Zorn seiner Untertanen, der sich so lange aufgestaut hatte, brach sich Bahn. Unter den Linden wurden die neuen Straßenlaternen zertrümmert, die eisernen Stangen von den Barrieren gerissen und krumm gebogen und die Fensterscheiben der anliegenden Häuser eingeworfen.«

»Nun«, sagte Karl Marx, »die Proletarier werden eines Tages nichts mehr zu verlieren haben als ihre Ketten, und dann wird das Volk sich richtig erheben.«

Das elfte Gebot der Berliner lautete zwar »Lass dir nich verblüffen«, doch von dem Tempo, das die Arbeiter auf Borsigs Fabrikgrundstück anschlugen, waren sie tatsächlich verblüfft. »Bei Borsig schuften se wie die Besengten«, erzählten sie sich in der Gegend des Oranienburger Thores, »bis weit in 'ne Nacht.« Während die ersten fünfzig Männer in den hölzernen Baracken an den Schrauben schmiedeten, feilten und schnitten, waren zahllose Maurer und Hucker dabei, das zu verwirklichen, was sich der Baumeister, der trotz allem in August Borsig steckte, ausgedacht hatte: eine Gießhalle mit einem achteckigen Grundriss und hohen Bogenfenstern, flankiert von zwei langgestreckten, etwas niedrigeren Flügelbauten mit jeweils vier hohen rechteckigen Fenstern, die die Formerei aufnehmen sollten. Hinter der Gießhalle wurden eine Werkstatt und ein Raum für die Dampfmaschine gebaut. Zwei mächtige viereckige Schornsteine wuchsen neben dem Gießhaus empor. Alles wurde in rotbraunem Backstein ausgeführt und bot ein faszinierendes Bild. Auf der Kuppel des Gießhauses saß ein sechseckiges Türmchen mit niedlichen Fensterbögen.

Borsig und Wöhlert standen an der Auffahrt zur Gießhalle und sahen zu, wie das Gebäude langsam Gestalt annahm.

»Im Juli wollen wir gießen«, sagte Borsig. »Im Juli – und nicht später!«

Wöhlert sah den Fabrikherrn erstaunt an. »Wie denn das, August? Die Cupolöfen zum Schmelzen des Eisens, die mögen fertig werden – aber wie soll das mit den Gebläsen werden, die wir für das Feuer in den Öfen brauchen? Sie müssen bewegt werden. Dazu gehört eine Dampfmaschine – und die haben wir im Juli noch nicht!«

Borsig wurde nun geradezu förmlich, verstimmt darüber,

dass der Freund, der ja doch auch Untergebener war, an seinen Worten zweifeln konnte. »Ich sage: Im Juli wird gegossen, Herr Wöhlert!« Um seine vielleicht etwas harschen Worte sofort wieder etwas abzumildern, klopfte er Wöhlert auf die Schulter. »Und wenn wir uns selbst an die Blasebälge stellen, Friedrich, um das Feuer bis zur Weißglut anzufachen.«

Julius Wucke war in den letzten Jahren ein anderer Mensch geworden. Äußerlich jedenfalls, denn innerlich war er der Anarchist und Umstürzler geblieben, der er immer gewesen war. Er hatte geheiratet, eine Babette, Tochter eines Drechslermeisters, und mit ihr drei Kinder gezeugt. Die mussten alle ernährt werden, und das ging nicht mehr mit kleinen Gaunereien und Diebstählen. Auch hätte seine Babette dies nie und nimmer geduldet. Mit ihren Augen, die leuchteten wie Vergissmeinnicht, hatte sie volle Gewalt über ihn, der sich doch geschworen hatte, nie einem anderen Menschen zu gehorchen.

Nun, Wucke war geschickt, er war intelligent, ein Kraftkerl und außerdem besser als viele tausend andere in Preußen. Aber er hatte keinen Beruf erlernt, hatte nichts studiert und war darauf angewiesen, sein Geld als Tagelöhner und Gehilfe zu verdienen, mal hier, mal dort. Das alles machte ihn furchtbar wütend. Aber konnte er es ändern? Nein. Noch nicht ... Die Bibel hatte ihn wenig interessiert, aber einen Spruch hatte er begierig aufgesogen, Matthäus 19, Vers 30: *Aber viele, die da sind die Ersten, werden die Letzten, und die Letzten werden die Ersten sein.*

»Du, Julius ...« Es war Ende Juli, als Babette auf ihn zukam, während er am Frühstückstisch saß und voller Behagen in seine Schmalzstulle biss. »Ich habe etwas für dich ...«

Er ahnte, dass sie zu einer Attacke ansetzte.

»Vater hat gestern dem Borsig in der Thorstraße einen Schreibsekretär geliefert, und da hat er erfahren, dass sie noch Leute suchen ... kräftige Männer für die Gießhalle. Sie zahlen gut und wollen, dass die Arbeiter lange dableiben.«

Wucke ließ sich überreden, in der neuen Fabrik vorzusprechen. Er wurde zum Meister Wöhlert geschickt. Der stellte ihm ein paar

Fragen, musterte ihn von oben bis unten und meinte dann, dass er am nächsten Tag in der Gießhalle anfangen könne.

»Das da ist übrigens Herr Borsig.« Wöhlert zeigte auf den Fabrikherrn, der gerade durch die halbfertige Halle eilte.

Wucke sah Borsig hinterher. Es war Hass auf den ersten Blick.

Viel zu schnell verging die Zeit, und manches ließ sich zu seinem großen Ärger nicht beschleunigen. Jeden Tag schritt August Borsig durch die Gießhalle, um nach dem Rechten zu sehen. Überall standen noch Gerüste, und die Handwerker hämmerten und sägten. Die Schmelzöfen waren gottlob schon fertiggemauert, von daher konnte er zufrieden sein.

»Auf die Gebläse werden wir noch lange warten müssen«, sagte Wöhlert.

»Und? Wir haben doch unsere Blasebälge!«

Wöhlert sah ihn fragend an. »Ich dachte, das war ein Scherz …«

»Nein, sie sind schon bestellt. Wir machen es wie bei einem Schmiedefeuer, Friedrich Hermes kümmert sich darum.«

In den ersten Julitagen wurden die Blasebälge angeliefert, und die Handwerker montierten sie an die Gießöfen. Als sie fertig waren, holte Friedrich Hermes Borsig herbei. »Probier mal.«

Borsig zog einen Blasebalg auf und ab. Der fauchte so gewaltig wie ein junger Drache und jagte ein jedes Mal einen Schwall verdichteter Luft in den Ofen. Bald aber pustete auch August Borsig.

»Das kostet viel Kraft, das werden wir nicht lange durchhalten«, gab Wöhlert zu bedenken. »Auch wenn sich alle Männer hier immer wieder abwechseln.«

Borsig kratzte sich am Kopf. »Du magst recht haben … Aber warte mal!« Ohne sich einen Hut aufzusetzen, eilte er mit großen Schritten aus der Gießhalle. Auf der Chausseestraße sahen sich die Leute nach ihm um, denn Männer der besseren Stände ließen sich in der Öffentlichkeit nicht barhäuptig sehen. Borsig war es egal, er schritt schon in eine der dunklen Pforten des Oranienburger Thores, um gleich darauf im Eingang eines roten Ziegelbaus zu verschwinden, der Kaserne des II. Gardegrenadier-Regiments. Der Posten kannte ihn und ließ ihn passieren. Borsig trat in das Wachlokal, bemühte sich um einen militärischen Gruß, stellte sich kurz vor und schilderte dem Wachhabenden sein Problem. »Und darum, Korporal, habe ich eine große Bitte: Schicken Sie mir ein paar Grenadiere hinüber, wenn wir loslegen, kräftige Burschen mit muskulösen Armen.«

Der Korporal kannte und schätzte den jungen Fabrikherrn und zögerte nicht, die Bitte wie einen Befehl entgegenzunehmen. Lachend salutierte er. »Sehr wohl, Herr Borsig!«

Am 22. Juli 1837 war es so weit. Als die Soldaten eintrafen, stellte Borsig sie an die Öfen, in denen Wöhlert das erste Feuer entfacht hatte. Der Koks knisterte leise, dann begann er zu glühen, doch die Roheisenblöcke im Ofenschacht wollten noch nicht flüssig werden.

»Los, Kameraden«, rief Borsig, »packt die Bügel!«

Die Grenadiere taten es und fingen an, am Blasebalg zu ziehen, immer auf und ab im selben Bewegungsablauf. Bald rannen ihnen Schweißtropfen von der Stirn, denn die Mittagssonne brannte auf die Dächer, und aus dem Schmelzofen drang eine höllische Hitze. Doch sie hielten durch, bis die Koksbrocken zu weißer Glut geworden waren und die Eisenblöcke schmolzen. Wöhlert stand bereit, das Gießloch aufzustoßen.

»Abstich!«, rief Borsig durch die Halle – genau so, wie es Egells damals gerufen hatte.

Es war die Sternstunde seines Lebens, als das flüssige Eisen wie eine feurige Schlange durch die Gießrinne lief und die erste Gussform füllte.

Kapitel zehn
1838–1840

Der Geheime Oberbaurath August Leopold Crelle, seit 1828 Mitglied der Preußischen Akademie der Wissenschaften, war am 11. März 1780 im Oderbruch zur Welt gekommen, und zwar im Flecken Eichwerder bei Wriezen. Der Wahrscheinlichkeit nach hätte er Kossät werden müssen, höchstens aber Kleinbauer oder Fischer, zumal er keinerlei Schulbildung genossen hatte, doch er wurde einer der führenden Köpfe des preußischen Staates. Weil vor seiner Haustür gerade Straßen gebaut wurden, kam er zum Straßenbau. Und zwar als Handlanger. Er war fleißig, konnte rechnen wie kein Zweiter, und A und B miteinander zu verbinden wurde seine Passion. So stieg er im preußischen Staatsbauwesen langsam auf, und die meisten zwischen 1816 und 1826 gebauten Straßen in Preußen entstanden unter seiner Regie. Architekt und Ingenieur durfte er sich nennen, doch recht eigentlich war er Mathematiker. 1826 begründete er in Berlin das *Journal für die reine und angewandte Mathematik*, kurz *Crelles Journal*, das bald zu einer der renommiertesten mathematischen Fachzeitschriften wurde.

Schnell war Crelle klargeworden, um wie viel schneller und komfortabler ein Dampfwagen gegenüber einer Postkutsche zwei Orte miteinander verbinden konnte, doch Preußen war ein rückständiges Agrarland, und der König schenkte dem neuen Verkehrsmittel zunächst keinerlei Aufmerksamkeit. In Berlin hatten sich Alexander von Humboldt und der General Rühle bemüht, Friedrich List eine Audienz bei Friedrich Wilhelm III. zu verschaffen, doch eine Stunde vor dem vereinbarten Termin hatte der König plötzlich verreisen müssen. »Sehe keinen Vorteil dabei, wenn eine Stunde früher in Potsdam«, hatte er knurrend angemerkt. Auch was List in seinem *Eisenbahnjournal* geschrieben hatte, war ihm entgangen, vielleicht weil es ihm zu schwärmerisch geraten war: *Durch die neuen Transportmittel wird der Mensch ein unendlich glücklicheres, vermögenderes, vollkommeneres Wesen. Man verliert sich ins Unendliche, wenn man über die Wirkungen und Wohltaten dieser Göttergeschenke nachdenkt: sie erstrecken sich auf alle menschlichen Zustände von den tausend kleinen der Individuen und Familien bis auf die großartigen ganzer Völker und Länder, bis auf die Interessen der gesamten Menschheit.*

Crelle hatte sich über den Vorstoß des Justizcommissarius C. J. Roberts gefreut, die Bahn Berlin–Potsdam endlich zu bauen, und ihm bei der Ausarbeitung seiner Pläne geholfen. Deren Generalinspecteur war er geworden, und er sollte nicht schlecht dabei verdienen: 4000 Thaler hatte er vorweg erhalten, und für die einmalige Inspizierung der Bauarbeiten pro Woche sollten es noch 3400 Thaler in Bahnaktien und 800 Thaler Gehalt werden. Es gab aber auch eine Menge zu tun, vor allem waren endlose Gespräche zu führen. Schon wieder wurde ihm aus dem Vorzimmer jemand gemeldet.

»Ein Herr Fluschnik von der Firma Norris.«

»Soll eintreten!«

Ferdinand Fluschnik glaubte, die lang gesuchte Goldader endlich gefunden zu haben: die Einfuhr amerikanischer Lokomotiven nach Deutschland. 1837 war er in die Vereinigten Staaten gereist und hatte bei William Norris in Philadelphia vorgesprochen, wo man ihn als Handelsvertreter für Preußen und die benachbarten deutschen Staaten eingestellt hatte.

»Wir beabsichtigen, unsere Lokomotiven von Stephenson zu kaufen«, erklärte Crelle, nachdem sie einige Begrüßungsworte gewechselt hatten.

Fluschnik ließ sich durch diese Eröffnung ihres Gespräches nicht beirren. »Dann darf ich Sie von den Vorzügen der amerikanischen Maschinen überzeugen. Sie sind einfacher aufgebaut als die englischen und benötigen mit ihren Außenzylindern keine gekröpfte Achse.«

»Haben Sie Referenzen?«, wollte Crelle wissen.

»Aber selbstverständlich! Die Eisenbahn Wien–Raab hat unsere Dampflokomotive *Philadelphia* gekauft. Sie wird per Schiff nach Triest gebracht werden und dann auf Ochsenkarren nach Wien gelangen.« Er reichte Crelle eine Zeichnung über den Tisch. »Hier, das ist sie. 35 Pferdestärken bringt sie auf die Schienen.«

»Danke.« Crelle warf einen kurzen Blick auf die Skizze. »Gut, ich melde mich bei Ihnen, wenn eine endgültige Entscheidung gefallen ist.«

August Borsig ging unruhig in seinem kleinen Comptoir auf und ab. Draußen schneite es, der Winter 1837/38 war hart. Er mochte keine Kälte, er sehnte sich nach Palmen und südlicher Wärme. Das drückte zusätzlich auf seine Stimmung, die ohnehin ihren Tiefpunkt erreicht hatte. Seit der überschießenden Freude beim ersten Guss im Sommer letzten Jahres war sie immer schlechter geworden, denn Borsig hatte erfahren müssen, dass die Selbständigkeit, nach der er so lange gestrebt hatte, etwas Zwiespältiges an sich hatte: Er war zwar frei und Herr in seiner Fabrik, konnte auch alles, was verdient wurde, dem eigenen Konto gutschreiben lassen, war aber nun in eine andere Abhängigkeit geraten – in die von seinen Kunden. Kamen keine Aufträge ins Haus, geriet er in Gefahr pleitezugehen. Hatte früher Egells Klinken putzen müssen, so war es nun an ihm, dies zu tun. Kein stolzer Fabrikherr war er in diesen Szenen, sondern nur noch Bittsteller, »so kleen mit Hut«, wie die Berliner sagten und dabei Daumen und Zeigefinder vorstreckten, um die Größe eines solchen Menschen anzudeuten. Genauso kam er sich auch vor, als er in der Amtsstube von Oberbaurath Crelle Platz genommen hatte und nach neuen Aufträgen fragte.

»In diesem Winter kaum mehr«, sagte Crelle und zeigte mit der Hand auf den Flockenwirbel vor dem Fenster. »In Schnee und Frost ist nicht gut Bahn bauen. Wir haben unsere Leute nach Hause geschickt, erst im Frühjahr wird die Arbeit weitergehen.«

»Und die Guss- und Eisenarbeiten, Herr Oberbaurath?«

»Vorläufig keinen Bedarf mehr, Herr Borsig.«

Nach diesem Bescheid zog es Borsig an diesem Tage nicht mehr in seine Fabrik draußen vor dem Oranienburger Thor. Er wollte und konnte den rund hundert Menschen nicht ins Gesicht sehen, die da für ihn an den Schmelzöfen, den Gießformen, den Ambossen und den Werkbänken standen. Sie verlangten nach Arbeit, denn ohne Arbeit würden sie und ihre Familien hungern und frieren und womöglich der Armenfürsorge anheimfallen. Er trug die Verantwortung für sie, und er trug schwer an dieser Verantwortung.

In seiner kleinen Wohnung angekommen, hörte er, wie sein Sohn mit seinem Freund Heinrich im Wohnzimmer fröhlich spielte. Sie würfelten, und es gab ein jedes Mal einen explosionsartigen Knall, wenn sie den gefüllten Würfelbecher, der aus hartem Leder war, auf dem Tisch entleerten.

»Eine Sechs!«, rief Albert, der im kommenden März schon seinen neunten Geburtstag feierte, und jubelte. »Ich habe die Fahrt nach Breslau gewonnen!«

Borsig trat näher und sah, dass die Jungen auf einem riesigen Blatt Papier, das offenbar von seinem Reißbrett stammte, mit Bleistift und Reißschiene das Eisenbahnnetz von Friedrich List gezeichnet hatten. Zusätzlich hatten sie die Linien mit kleinen Querstrichen versehen, also in Felder aufgeteilt, die sie dann durchnummeriert hatten. Mit jedem Auge, das der Würfel zeigte, konnte ein Feld aufgerückt werden.

Borsig musste schmunzeln, zugleich aber bedrückte es ihn. Was, wenn seine Firma längst in Konkurs gegangen war, bevor die ersten Eisenbahnen wirklich fuhren? Herzstiche quälten ihn. Er presste die rechte Hand auf die Brust und fiel auf einen Küchenstuhl.

Seine Frau eilte herbei. »August, was ist denn?«

»Nichts, nur eine kleine Unpässlichkeit. Bitte hol mir ein Glas Wasser.« Als er es ausgetrunken hatte, ging es ihm wieder besser, und fast brüsk lehnte er Louises Vorschlag ab, nach einem Arzt zu schicken. »Lass nur, es geht schon wieder. Es muss der schnelle Wechsel sein von der Kälte draußen in die Wärme hier drinnen.«

Aber seiner Frau konnte er nichts vormachen. »Komm, ich weiß doch, was dich bedrückt: dass es nichts zu tun gibt für dich und deine Leute. Da hilft nur eines«, sie nahm ihren Schürhaken vom Herd und hielt ihn hoch, »nämlich die alte Weisheit: Kleinvieh macht auch Mist. Du musst eben in deiner Fabrik so etwas produzieren. Mit hundert Schürhaken lässt sich auch Geld verdienen.«

Er sah ein, dass sie recht hatte, und so klapperte er in den nächsten Tagen und Wochen alles ab, was gusseiserne Produkte gebrauchen konnte. Er ging durch die Straßen und sprach mit Ladenbesitzern, er wartete in Amtsstuben und Kontoren, er warb für seine Fabrik und suchte unablässig nach neuen Kunden. Kein Auftrag war ihm zu gering.

Und es glückte! Aus den Gussformen seiner Fabrik kamen eisernes Schreibzeug, Spiegel- und Bilderrahmen, alle möglichen Werkzeuge und – als Krönung – vier eiserne Löwen für eine hölzerne Hängebrücke im Thiergarten. Borsig, seine Beamten in der Verwaltung und seine Arbeiter bissen sich durch, bis es endlich weiterging mit der Eisenbahn vor ihrer Haustür.

Für den 18. September 1838 war die erste Probefahrt terminiert, und zwar zwischen Zehlendorf und Potsdam. Aber schon Tage zuvor fuhren die Lokomotiven *Pegasus* und *Adler* zwischen diesen Stationen hin und her, um zu erproben, wie viele angehängte Wagen sie zu ziehen imstande waren. 230 Personen waren zur Probefahrt geladen worden, darunter auch August Borsig und Friedrich Wöhlert.

»Wie kommen wir denn am besten nach Zehlendorf?«, fragte Borsig. »Zu Fuß ist es mir doch zu weit, schließlich habe ich nicht bei der Infanterie gedient und war auch nicht bei den Eilmärschen Friedrichs des Großen dabei.«

Wöhlert lachte. »Als Fabrikherr solltest du dir langsam ein Reitpferd zulegen.«

Daran hatte Borsig zwar auch schon gedacht, aber zum einen warf seine Fabrik nicht genügend ab, um sich Ross und Reitstall leisten zu können, und zum anderen hatte er zu große Angst davor, abgeworfen zu werden. »Hat denn Crelle für seine Ehrengäste keine Vorsorge getroffen?«

»Doch, er hat Kremser akquiriert. Die Fuhrleute wollen es ab dem Hofpostamt in sechzig bis siebzig Minuten bis Zehlendorf schaffen und verlangen dafür pro Nase fünf Silbergroschen, während das Generalpostamt in seinen Wagen Platz für fast fünfzig Personen bereitstellen will, aber um drei Silbergroschen teurer ist.«

»Dann nehmen wir natürlich einen Kremser«, entschied Borsig.

Vor Antritt der Fahrt machten sie sich noch in der Buchhandlung von Gropius kundig, denn es war bereits ein Buch mit einer Streckenkarte und mit Zeichnungen von Bahn und Bahnhöfen erschienen, auch hatte die Direction in der Tagespresse die Beförderungsbedingungen veröffentlichen lassen. Jeder Fahrgast durfte nur so viel Gepäck mitnehmen, wie er auf dem Schoße halten konnte, ohne seine Nachbarn zu belästigen. Geraucht werden durfte nur in der 3. Klasse. Den Fahrgästen war es untersagt, die Wagentüren zu öffnen oder zu schließen, dies war allein Sache des Zugpersonals. Vor Abfahrt eines Zuges wurde in Abständen von fünf Minuten dreimal geläutet. Das Fahrgeld war nach Wagenklasse gestaffelt und sollte von Zehlendorf nach Potsdam fünfzehn Silbergroschen in der 1., zehn in der 2. und fünf in der 3. Klasse betragen.

Als Borsig und Wöhlert dann zur festgesetzten Stunde draußen in Zehlendorf in dem für sie bestimmten Wagen Platz genommen hatten, war ihnen recht feierlich zumute – und ein wenig mulmig. Wie bei allem Neuen konnte auch hier einiges schiefgehen. Was, wenn die Lokomotive zu schnell fuhr und die Wagen aus den Schienen sprangen?

»Wenn da nur eine einzige unserer Schrauben locker ist …«, sagte Borsig.

Der Schreiber von der *Vossischen Zeitung*, der ihnen gegenübersaß, lachte. »Bei Crelle ist 'ne Schraube locker! Unglaublich, die erste Fahrt nicht in Berlin zu starten, sondern in dieser Einöde hier!«

Warum dies so war, wusste keiner richtig zu sagen, man vermutete aber, dass die Bauarbeiten auf Berliner Territorium ins Stocken geraten waren, weil die Kirchenbehörde Einspruch gegen die Streckenführung eingelegt hatte. »Vor dem Berliner Bahnhof liegt doch der kleine Friedhof der Dreifaltigkeitskirche, und man sagt, die Züge würden die Totenruhe stören. Man fordert eine drei Meter hohe Steinmauer zwischen dem Schienenstrang und den ersten Gräbern und außerdem 40 Thaler für die Wertminderung des Kirchengeländes.«

Ein anderer wusste zu berichten, dass man erst noch die Stallungen für die 45 Pferde bauen müsse, die für alle Fälle vorgehalten werden sollten. »Und bei Fahrten in der Dunkelheit sollen sowieso nur Pferde eingesetzt werden.«

»Das ist bei Zusammenstößen auch wesentlich besser«, sagte der Mann von der *Vossischen*. »Denn bis auf die Ausweichen in Steglitz und Zehlendorf ist alles eingleisig.«

Die Probefahrt verlief allen Unkenrufen zum Trotz ohne jeden Zwischenfall, ebenso die erste offizielle Fahrt zwischen Zehlendorf und Potsdam am 21. September 1838. Der Betrieb auf der gesamten Strecke Berlin–Potsdam wurde dann am 29. Oktober 1838 aufgenommen.

Tout Berlin war auf den Beinen, um an den Eröffnungsfeierlichkeiten am Bahnhof vor dem Potsdamer Thor teilzunehmen. Der Kronprinz, selbst unter den Fahrgästen des Eröffnungszuges, äußerte sich zukunftsfroh: »Diesen Karren, meine Herren, der durch die Welt rollt, hält kein Menschenarm mehr auf!« Hatte die Schnellpost von Berlin nach Potsdam rund dreieinhalb Stunden gebraucht, so schaffte es die Eisenbahn – es waren 26 Kilometer zurückzulegen – in etwa einer Stunde. Aber auch das war einigen Berlinern noch zu langsam, wie sich einem zeitgenössischen Bericht entnehmen ließ:

Es war ein großes Fest für die Berliner, als sie zum ersten Mal mit dem Dampfwagen fahren konnten. Aber ganz zufrieden waren sie mit der neuen Erfindung doch nicht, sie hatten sich die Schnelligkeit des Fahrens doch viel größer gedacht. Bald nach der Er-

öffnung der Eisenbahn wandte sich ein böser Anonymus mit der scherzhaften Bitte an die Behörde, man möge doch Sorge tragen, dass nicht Invaliden mit Stelzfüßen neben dem Zug herliefen, um eine milde Gabe zu fordern; das sei nicht schicklich. Ein anderer Teil des Publikums hielt jedoch die Schnelligkeit für so gefährlich, dass sie sich schworen, niemals auf der Eisenbahn zu fahren. Selbst die Geistlichkeit nahm in dem Eisenbahnstreit, der damals die Berliner viel beschäftigte, Partei. Einige pietistische Helden meinten, es sei eine Sünde, in solcher Weise, wie dies auf der Eisenbahn geschehe, der natürlichen Fortbewegung, wie sie Gottes Wille sei, zu spotten.

Ganz anders dagegen war der Tenor des Artikels, der am 21. September 1838 in der *Vossischen Zeitung* zu finden war:

Die Eröffnung der Berlin-Potsdamer-Eisenbahn auf der Strecke von Potsdam nach Zehlendorf, hat heut, unter den günstigsten Verhältnissen Statt gefunden. In gewisser Beziehung ist dieses Ereigniß, da es den Anfangspunkt der Benutzung der Eisenbahnen im preußischen Staat bildet, für diesen eines der wichtigsten des Jahrhunderts. In der Geschichte der Industrie wenigstens dürfte ihm keins an die Seite zu setzen sein. – Der Potsdamer Bahnhof, dessen schöne Gebäude noch nicht ganz vollendet sind, war mit einem interimistischen Aufbau versehen, welcher einen größeren Salon und zwei kleinere elegant eingerichtete Gemächer, als Versammlungsorte für die Abreisenden bei üblem Wetter, enthält.
Den Weg dahin hatte man mit Kränzen, Blumengewinden und Fahnen verziert. Schon vom frühen Morgen an, bot die Gegend um den Bahnhof ein belebtes Schauspiel dar; gegen die Mittagszeit aber waren Tausende von Zuschauern herbeigeströmt, welche auf der Brücke, in den ringsum gelegenen Gärten, Wiesen, Feldern und Wegen, sich in bunten Gruppen vertheilt hatten, um der Abfahrt beizuwohnen. Es waren zu derselben über dreihundert Billette ausgegeben, und sechszehn Wagen wurden von den beiden Locomotiven »Adler« und »Pegasus« gezogen. Auf dem vordersten Wagen weheten Fahnen in den preußischen Farben und mit

dem preußischen Adler geschmückt. Dieser und die Locomotiven waren gleichfalls mit Laubgewinden geschmückt. Kurz vor zwölf Uhr wurde das Zeichen zum Einsteigen gegeben; auf dem ersten Wagen befand sich ein Musikchor und unter schmetterndem Hörner- und Trompetenklang und den Freudenschüssen aufgestellter Böller, setzte sich mit dem Schlag zwölf Uhr der Zug in Bewegung. Ein schneidendes Pfeifen gab das Signal zur Abfahrt. Sie begann in langsamem Tempo, wuchs aber mit jeder Sekunde, bis sie jene rapide Schnelligkeit erreicht hatte, wodurch die Eisenbahnen ihren so glänzenden Sieg über alle sonstigen Mittel des Fortkommens erfechten. Einige Reiter versuchten eine Zeit lang den Wagenzug zu begleiten, doch schon nach wenigen Minuten konnten die erschöpften Pferde nicht mehr in gleicher Schnelligkeit folgen. In nicht voll zwei und zwanzig Minuten war der Anhaltpunkt bei Zehlendorf, eine Strecke von 3850 Ruthen, erreicht. Da in der Folge bei größerer Einübung der Leute gewiß die Fahrt sich noch beschleunigen lässt, überdies diese Station die größere ist, indem die folgende nur noch 3150 Ruthen beträgt, so wird der ganze Weg von Berlin nach Potsdam künftig bequem in 40 Minuten zurückgelegt werden. – Nach einem etwa halbstündigen Aufenthalt wurde die Rückfahrt nach Potsdam angetreten, welche der Berichterstatter jedoch nicht mitmachte. Die höheren Beamten der Regierungs- und städtischen Behörden in Potsdam waren zu der Fahrt eingeladen und hatten derselben zum größeren Theil beigewohnt. Mittags wird ein großes Gastmahl in Potsdam die Directoren, viele Aktionaire und Ehrengäste vereinigen. Durch die zweckmäßigen Einrichtungen, welche Seitens der Post-Behörde zur Beförderung nach Zehlendorf getroffen sind, so wie durch die Aufstellung der Kremser Fuhrwerke, wird es möglich sein, diese fertige Bahnstrecke schon jetzt, sowohl zu Vergnügungs-Fahrten, wie zur Beschleunigung des Verkehrs zu benutzen. Zu den ersteren ladet das schöne Herbst-Wetter noch ganz besonders ein; der bei Zehlendorf durch Herrn Heinzelmann erbaute Salon, so wie das elegante von demselben eingerichtete Lokal in Potsdam nächst dem Bahnhofe, bieten den Spazierfahrern auch zugleich angenehme Aufenthaltsplätze dar, um die Zeit der Abfahrt ab-

zuwarten. – Der glückliche Anfang ist gemacht; möge der Fortschritt in gleicher Weise erfolgen. Bald wird das Publikum es allgemeiner zu würdigen wissen, welche unschätzbare Wohlthat demselben durch die Anlegung dieser Eisenbahn geworden ist, die nach ihrer Vollendung Berlin aus seiner ärmlichen Gegend gewissermaßen in die nahe Nachbarschaft der anmuthigsten Umgebungen versetzen wird.
L. Rellstab.

Julius Wucke hatte geglaubt, dass sein Leben nun in gesicherten Bahnen verlaufen würde, doch er sollte sich geirrt haben. Babette war von einem Tag auf den anderen an einem Darmverschluss verstorben. Seine Mutter und seine Schwester Katharina mussten sich nun um die drei kleinen Kinder kümmern. Da er bei Borsig nicht schlecht verdiente, hatte er sich auf einem kleinen Grundstück am Weinbergsweg, das Babettes Vater ihnen geschenkt hatte, ein Holzhäuschen hinstellen können, mehr eine Laube, aber immerhin mit Platz genug für ihn, seine Frau und die drei kleinen Kinder. Doch nun dieser Schicksalsschlag!

»Such dir ’ne neue Frau«, sagte seine Mutter auch an diesem Morgen. »Ich schaff das nich mehr lang mit die Jören. Und bei die Kathi, da lern’n se doch nüscht, außa det se falsch sprechen wie die, ick meine, det se ooch stottern tun.«

Wucke löffelte seine Mehlsuppe in sich hinein. Gott, wie tief steckte er im Dreck! Nur weil er nicht als Sohn eines Grafen oder wenigstens eines Kaufmanns, Professors oder Pastors geboren worden war. Als dem König seine Luise weggestorben war, hatte der sich um die Zukunft seiner zehn Kinder keine Sorgen machen müssen. Oben war der Himmel, unten war die Hölle, und von ihrem Stand her waren die Wuckes ganz weit unten angesiedelt. Dafür, dass er es mit ehrlicher Arbeit versucht hatte, war er von niemandem belohnt worden, weder von den Menschen noch von Gott. Wäre die Welt ein Pulverturm gewesen, er hätte sich ein Zündholz genommen und alles in die Luft gejagt.

Georg, Jenny und Wilhelm wuselten um ihn herum. Er hatte

schon oft daran gedacht, sie mit in den Tod zu nehmen, um ihnen sein Schicksal zu ersparen, das Dahinvegetieren in einer herzlosen Welt, die unendlich viel zu geben hatte, aber dies nur einigen wenigen, zu denen die Wuckes nie gehören würden. Doch er hatte den Gedanken schnell wieder verworfen. Denn warum sollten die Deutschen nicht auch einmal eine Revolution wagen wie 1789 die Franzosen und das Unterste nach oben kehren? Eine Welt schaffen, wo die Wuckes gebratene Wachteln aßen und die ganze Bande mit dem Von und Zu vor dem Namen Kartoffeln mit Stippe und Mehlsuppe fressen musste? Er pfiff die *Marseillaise* vor sich hin. Noch war Hoffnung. Er kniete sich auf den Boden, bewegte sich auf allen Vieren und machte »Hüh«. Die Kinder sprangen auf seinen Rücken und spielten Pferd mit ihm. Für einige Minuten ging es fröhlich zu, und sie vergaßen ihr Leid. Ohne Mutter ging es allerdings nicht.

Wucke machte sich auf den Weg zu Borsig. Weit hatte er es nicht. Vom Weinsbergweg kam er direkt zum Rosenthaler Thor und damit schon auf die Thorstraße, die er allerdings in ihrer vollen Länge zu bewältigen hatte. Links von ihm lag das Spandauer Viertel, rechts, draußen vor dem Hamburger Thor, wuchs das Voigtland heran, Berlins Armutsviertel, dann kam schon die Fabrik von August Borsig. Pünktlich stand er an seinem Arbeitsplatz in der Gießhalle.

Nach der Frühstückspause, als es bis zum nächsten Abstich noch ein Weilchen dauerte, bekam er von Wöhlert den Auftrag, ein Loch im Zufahrtsweg zu Borsigs Comptoir mit Schlacke aufzufüllen. Er machte sich an die Arbeit und war schon fast fertig, als sich vor seinen Augen eine Szene abspielte, die er so schnell nicht vergessen sollte.

Eine Tür flog auf, und Wöhlert beförderte eine Dame, die sich heftig wehrte, ins Freie. »Das geht beim besten Willen nicht, Sie können Herrn Borsig jetzt nicht sprechen!«

Es handelte sich bei dieser Dame, wie Wucke später erfahren sollte, um Auguste Schäschke. Sie war von ihren Verwandten zum Auskurieren ihres Nervenleidens nach Karlsbad geschickt worden und nun zurückgekommen, ohne dass sich ihr Zustand entscheidend verbessert hätte. Nur ein Impuls beherrschte sie: in der Nähe von August Borsig zu sein.

Wöhlert rief Wucke herbei und bat ihn, die Mademoiselle nach Hause zu bringen.

Die Witwe Järschersky hatte sich schon lange mit dem Gedanken getragen, sich auch einmal dieser neumodischen Eisenbahn anzuvertrauen, doch immer war ihr etwas dazwischengekommen. Nun aber feierte ihre Cousine Eleonore am 10. Dezember in Potsdam Geburtstag, und das war eine wunderbare Gelegenheit, es einmal zu wagen.

»Janz alleene traue ick mir aba nich«, sagte sie zu ihrem Sohn. »Du musst mit, Wilhelm!«

»Mutter, das ist ein Montag, und da muss ich in meine Vorlesung.«

»Der Brotfresser da wird ooch ohne dir wat vorlesen können.«

»Wie?« Obwohl er sich längst an den Humor seiner Mutter gewöhnt hatte, musste er einen Augenblick überlegen, ehe ihm dämmerte, dass sie mit dem Brotfresser den Professor meinte. Aber auch er war neugierig auf die Eisenbahn, und so stimmte er schließlich zu. »Nun gut, was der Schleiermacher vorliest, kann ich später auch nachlesen.«

Er fand heraus, dass der für sie günstigste Zug um zehn Uhr vormittags abfuhr, und so setzten sie sich eine Stunde vorher in der Münzstraße in eine Droschke, um zum Potsdamer Thor zu fahren, an dessen Südseite der Eisenbahnhof gelegen war. Pünktlich zur Stelle, traten sie an den Schalter, um sich ihre Billets zu lösen.

Als die Witwe Järschersky die Fahrpreise sah, wurde sie blass: *1. Klasse: 17½ Silbergroschen, 2. Klasse: 12½ Silbergroschen, 3. Klasse: 7½ Silbergroschen.* »Wat denn, det is ja Wucher! Die Post hat letztet Jahr nur acht Silberjroschen von mir haben wollen!«

Järschersky suchte, sie zu beruhigen. »Mutter, du hast es doch.«

»Jut, meckere ick nich mehr, det Ziejenfutter is ja ooch zu teuer.«

Sie gönnten sich also zwei Plätze in einem Wagen der 1. Klasse, wo sich ein durchaus akzeptables Publikum versammelt hatte. In ihrem Abteil hatten sich noch drei Damen eingefunden, deren Hüte viel Platz beanspruchten, und dazu ein kleiner rundlicher Herr, der sich ihnen als Professor Narius vorstellte. »Altphilologe bin ich«, sagte er.

»So alt sehn Se aba nich aus«, erwiderte keck die Witwe Järschersky. »Da können Se ja meinem Sohn jleich wat vorlesen, dann vasäumta nich so ville.«

Zweimal war der Zug schon abgeläutet worden, und gleich musste die Glocke zum dritten Mal erklingen. Die Spannung stieg.

Da geschah es: Urplötzlich gab es einen Knall, ein gewaltiges Krachen, und sie wurden mit außerordentlicher Heftigkeit durcheinandergewirbelt. Schreie hallten durch die Wagen, Schreie des Entsetzens wie des Schmerzes.

Was war passiert? Wegen der Überlänge des Zuges hatte man eine Schiebelokomotive einsetzen wollen, und der junge englische Maschinist hatte diese nicht rechtzeitig abbremsen können, so dass sie heftig auf den haltenden Zug geprallt war.

Der eilig herbeigerufene Arzt diagnostizierte bei Professor Narius ein gebrochenes Nasenbein, bei der Witwe Järschersky einen ausgebrochenen Zahn und bei Wilhelm Järschersky diverse Quetschungen.

»Reisen is Quatsch«, sagte die Witwe Järschersky leicht lispelnd. »Und mit der Eisenbahn noch viel quätscher. Nachher zu Hause jibt et zur Feier des Tages Quetschkartoffeln.«

Den meisten Schaden aber hatten die Hüte der Damen genommen. Sie waren weitgehend demoliert.

Auch das Jahr 1839 schien für August Borsig und seine junge Maschinenbau-Anstalt noch keine goldenen Zeiten zu bringen. Nun erhielt Borsig zwar genügend Aufträge, denn die hervorragende Qualität seiner Produkte und ihre pünktliche Lieferung hatten sich überall herumgesprochen, und er selbst hatte viele geschäftliche Verbindungen zu maßgeblichen Leuten des Berliner und des preußischen Wirtschaftslebens angebahnt, aber er konnte sie kaum noch fristgerecht erfüllen, denn das Fabrikgelände war langsam zu klein geworden – vor allem aber fehlte es ihm an geeigneten Werkzeugmaschinen.

»Du musst unbedingt welche kaufen!«, drängte Friedrich Wöhlert.

Borsig blätterte noch einmal in seinen Büchern und Bilanzen. »Wovon denn? Ich darf keine neuen Schulden mehr machen, denn Schulden kosten Geld, die Zinssätze sind hoch – und irgendwann bin ich dann zahlungsunfähig.«

»Und wenn du nun Beuth um Hilfe bittest?«, fragte Wöhlert.

Borsig sah erstaunt von seinen Zahlen auf. »Beuth? Der Beuth, mit dem ich …«

Wöhlert lachte »Genau, der nämliche Christian Peter Wilhelm Beuth vom Königlichen Gewerbe-Institut. Dessen Ziel ist nämlich auch, selbständigen Unternehmen bei ihrer Entwicklung zu helfen und sie mit Rat und Tat zu unterstützen.«

Borsig schlug seine Bücher so schwungvoll zu, dass es wie ein Schuss klang. »Und das, obwohl wir beide eher im Krach auseinandergegangen sind?«

»Der Mann ist nicht nachtragend. Und eigentlich kann er ja stolz darauf sein, wie weit du es als sein Schüler schon gebracht hast.«

»Nun gut …« Borsig hatte im Breslauer Konfirmandenunterricht nicht viel mehr gelernt als das Vaterunser, das aber sagte er öfter auf, um seiner Frau eine kleine Freude zu machen. »Wie heißt es so schön: *Und vergib uns unsere Schuld, wie auch wir vergeben unseren Schuldigern.*« Und so setzte er sich hin und verfasste am 14. April 1839 ein langes Schreiben an Beuth:

Hoch zu verehrender Herr Geheimer Rath! Die vor zwei Jahren von mir begründete Maschinenbau-Anstalt erfreut sich einer so regen Teilnahme des Publikums, dass mir Bestellungen sowohl auf einfache als auch zusammengesetzte Maschinen aller Art gemacht werden. Der große Aufschwung, welchen die Runkelrübenzuckerfabrikation in der neuesten Zeit gewonnen, hat auch meine Maschinenwerkstätte im Ausland vorteilhaft bekannt wer-

den lassen, so dass mehrere Dampfmaschinen und hydraulische Pressen nach den Königreichen Sachsen und Polen zu diesem Zweck aus derselben geliefert worden sind. Auch ist vor einigen Wochen für die neu etablierte Kattunfabrik der Herren Pardow & Philipp hierselbst eine Dampfmaschine von 24 Pferdestärken aus meiner Werkstatt nach dem Bestimmungsort (Köpenicker Straße 27) abgegangen und bereits in voller Tätigkeit. Zwei Hochdruckmaschinen für Magdeburg, eine Dampfmaschine für Leipzig, und desgleichen für Berlin und oszillierende Dampfmaschinen sind jetzt in Arbeit. Euer Hochwohlgeboren wage ich es, durch diese treue Darstellung ganz offen zu gestehen, dass zwar die Tätigkeit meiner Maschinen-Bau-Anstalt immer mehr und mehr in Anspruch genommen wird, es mir aber immer noch an Werkzeugen und namentlich an Drehbänken mangelt, um schwere Maschinenteile abdrehen zu können, weil meine Fonds es bis jetzt noch nicht gestatten, mich in dem Maße mit Werkzeugen zu versehen, als es der Betrieb des Geschäftes erheischt. Die Drehbänke meiner Werkstatt sind viel zu schwach konstruiert, um schwere Maschinenteile damit zu bearbeiten, sind daher in der letzten Zeit vielfach beschädigt worden.

Euer Hochwohlgeboren haben so oft schon Gelegenheit genommen, das Entstehen vaterländischer Fabrikanlagen zu unterstützen, und aus diesem Grunde wage ich es, nachstehende Bitte ganz gehorsamst vorzutragen: Hochgeneigtest mir die auf dem Königlichen Gewerbe-Institut disponible Drehbank, welche durch den Mechaniker Hamann angefertigt worden, zur ferneren Fortführung einer Geschäftstätigkeit, wenn auch nur leihweise, anvertrauen zu wollen. Mit der vorzüglichsten Hochachtung habe ich die Ehre zu sein

Euer Hochwohlgeborener ergebenster A. Borsig.

Und Borsig sollte sich in Beuth nicht getäuscht haben. Der Vater der preußischen Gewerbeförderung schätzte sein Können, seinen Unternehmungsgeist und seine Risikofreude und sorgte dafür, dass ihm die besagte Drehbank nicht nur ausgeliehen, sondern für immer überlassen wurde.

Bedanken konnte er sich ein paar Tage später bei Beuth, als sie sich bei einer Versammlung des Vereins zur Beförderung des Gewerbefleißes in der Klosterstraße trafen. Hier kam stets ein illustrer Kreis zusammen, so zum Beispiel Schinkel, die Hofarchitekten Persius und Strack, die Bildhauer Rauch, Tieck und Drake und Fabrikherren wie Egells. Daneben konnte man Politiker und hohe Militärs begrüßen. Vorstandsmitglied dieses Vereins wie des anderen, den man zur Beförderung des Gartenbaus gegründet hatte, war Alexander von Humboldt, der sich anschickte, am 14. September 1839 seinen achtzigsten Geburtstag zu feiern. Er plauderte gern mit Borsig.

»Nun, mein Lieber, wie steht es denn mit Ihren Gartenanlagen und Ihrem Palmenhaus?«

Borsig winkte ab. »Ich habe zwar schon einmal mit Lenné darüber geredet, aber im Augenblick fehlen mir die finanziellen Mittel für beides.«

Alexander von Humboldt lachte. »Anderen in diesem Lande fehlen die geistigen Mittel – was viel schlimmer ist.«

Die Umstehenden schmunzelten, denn es war bekannt, dass sich Alexander von Humboldt in diesem Preußen nicht sonderlich wohl fühlte. Als aufklärerischer Liberaler hatte er viele Feinde in der starr konservativen Gesellschaft und wäre vermutlich auch verfolgt worden wie viele andere, wenn er nicht ein solch großes internationales Renommee gehabt und deshalb die Gunst des Königs wie des Kronprinzen genossen hätte. Der Preis war allerdings hoch: Er hatte die höfische Gesellschaft, die Tafel des Königs, mit seinen Kenntnissen und Anekdoten geistvoll zu unterhalten. Diese Rolle als intellektueller Hofnarr ließ manchmal eine gewisse Bitterkeit in ihm aufkommen und ihn in heftiger Art ironisch und sarkastisch werden. Er erzählte von seiner Russlandreise und den schönen Tagen im republikanischen Mexiko und wurde dem gerecht, was Goethe einmal von ihm geschrieben hatte: *Man könnte in 8 Tagen nicht aus Büchern herauslesen, was er einem in einer Stunde vorträgt.*

Als Alexander von Humboldt den Raum verließ, trat Borsig zu Egells und Freund. Julius Conrad Freund hatte 1819 die von seinem Bruder vier Jahre zuvor gegründete Firma übernommen und baute erfolgreich Dampfmaschinen. Gerade war man auf ein großes Gelände am Salzufer in Charlottenburg umgezogen. Sie hatten ein wichtiges Thema zu bereden, den Bau von Eisenbahnen, denn allen dreien war klar, dass mit Lokomotiven, den »Dampfmaschinen auf Rädern«, viel Geld zu verdienen war. Freund reichte einen Ausriss aus der *Vossischen Zeitung* vom 9. Mai 1839 herum:

Gestern fand ein wichtiges und erfreuliches Ereignis für die Geschichte der Eisenbahnen im preußischen Staat statt. Se. Maj. der König haben, in Begleitung des Prinzen Karl und Höchstdessen Gemahlin, sowie der Frau Fürstin von Liegnitz Durchlaucht, die erste Fahrt auf der Berlin-Potsdamer-Eisenbahn gemacht, die in 38 Minuten ohne alle Störung vollendet wurde. Se. Maj. geruhten Ihre allerhöchste Zufriedenheit über diese Fahrt sowohl, wie über die ganze Anlage, in den huldreichsten Ausdrücken zu erkennen zu geben.

»Wir müssen das Projekt einer Eisenbahn Berlin–Frankfurt/Oder–Breslau noch intensiver vorantreiben«, sagte Egells, als alle die Notiz überflogen hatten. »Die Niederschlesisch-Märkische Eisenbahn muss so schnell wie möglich kommen.«

Freund stimmte ihm zu. »Der Aktienverein zu ihrer Finanzierung hätte längst gebildet werden müssen.«

»Formulieren wir doch einen Aufruf zum Bahnbau!«, schlug Borsig vor.

Und das taten sie dann auch im Dezember 1839 und schlossen mit dem Satz: *Wir Unterzeichneten sind bereit, den Bau der Lokomotiven und Wagen sowie die Lieferung der Gusswaren zu dieser Bahn planmäßig zu übernehmen.*

Konrad Schäschke saß am Frühstückstisch, trank seinen Malzkaffee und blätterte lustlos in der *Vossischen* vom Vortage. Er wollte am Vormittag mit der Eisenbahn nach Potsdam, um mit dem Verwalter des Neuen Palais über den Ankauf einiger Dinge aus der Gold- und Silbermanufactur zu beraten. Aber nicht die anstehenden Verhandlungen beschäftigten ihn, sondern die Hochzeit, die in vierzehn Tagen anstand. Seine Schwester Auguste wollte jemanden zum Manne nehmen, der drei Kinder mit in die Ehe brachte, den Arbeiter Julius Wucke. Karoline kam in die Küche, um zu fragen, ob sie ihm noch ein Spiegelei braten solle.

»Nein danke, irgendwie vergeht mir ein jedes Mal der Appetit, wenn ich an Auguste und diesen Wucke denke.«

Karoline setzte sich ihm gegenüber an den Küchentisch. »Wucke ist ein heller Kopf, der bringt es irgendwann noch zu was.«

Schäschke machte eine abschätzige Handbewegung. »Wucke ist ein Filou und bei Borsig der Letzte unter den Arbeitern.«

»Aber er ist die Rettung für Auguste. Sie hatte sich derart in ihrer Liebe zu Borsig verrannt, und Wucke wird sie hoffentlich davon heilen – ein für alle Mal. Ohne ihn würde sie über kurz oder lang im Irrenhaus landen, so aber wird sie eine glückliche Frau Gemahlin und Mutter.«

»Dein Wort in Gottes Ohr«, brummte Schäschke. »Ich glaube eher, dass uns dieser Wucke ins Unglück stürzen wird – uns alle! Ich hab das so im Gefühl.«

Jetzt wurde Karoline drastisch. »Dann geh doch hin zu deinem Freund August Borsig und sag ihm, dass er Weib und Kind verlassen soll, um deine Schwester zu nehmen!«

Schäschke stöhnte auf. »Ach, es ist alles ein Elend! Ich hatte schon überlegt, ob ich August nicht zur Hochzeit einladen sollte …«

»Bist du des Wahnsinns!«, rief Karoline.

»Um zu sehen, ob Auguste nun wirklich geheilt ist von ihm.«

»Das wird sich erst später herausstellen, wenn sie Wucke wirklich liebt. Jetzt ist es nur die Flucht vor Borsig, die sie in seine Arme sinken lässt.«

»Er hat sie in seine Arme gezogen, um eine neue Mutter für seine drei Kinder zu haben«, korrigierte Schäschke sie. »So wird ein Schuh daraus.«

»Wie dem auch sei, hoffen wir auf das, was meine Großmutter immer gesagt hat: Die Liebe kommt in der Ehe.«

»Nun ja …« Schäschke stand auf, um zum Bahnhof zu eilen. »Jedenfalls wird unser Vater dafür sorgen, dass sie und Wucke ein anständiges Zuhause haben, und Borsig kann sich freuen, dass Auguste ihn von nun an nicht mehr belagern wird. Aber lieber wär's mir schon gewesen, wenn alles anders gekommen wäre und August und Auguste in zwei Wochen vor dem Traualtar stünden.«

In seiner Wohnung in der Marienstraße 15 saß im Januar 1840 ein alter Mann und las in der *Vossischen Zeitung* mit einiger Verwunderung vom Aufruf der Herren Egells, Borsig und Freund.

»Die tun ja so, als hätten sie das Rad neu erfunden!«, rief er seiner Haushälterin zu. »Dabei war ich schon 25 Jahre vor ihnen zur Stelle. Ich war der Erste in Deutschland, aber von mir spricht ja keiner mehr!«

Der Mann, der da klagte, dass man ihn gänzlich vergessen habe, war der Oberbergrath Johann Friedrich Krigar, geboren am 21. November 1774 als Sohn eines Hochofen- und Formmeisters in Kreuzburgerhütte, Landkreis Oppeln. Mit viel Fleiß und außerordentlicher Begabung war er zum preußischen Hütteninspector aufgestiegen und 1804 vom Minister Graf Reden als Gründer und Leiter der Königlichen Eisengießerei vor dem Oranienburger Thor nach Berlin gerufen worden. 1814 war er auf Staatskosten in geheimer Mission nach England gereist, wo er in Leeds die vier Lokomotiven der *Middleton Colliery* genau studierte hatte, die zwischen 1812 und 1814 von John Blenkinsop gebaut worden waren. Nach diesem Vorbild hatte er die erste Lokomotive auf dem europäischen Festland gebaut, die im Juni 1816 auf einer Rundbahn im Hof der Gießerei ihre Kreise gezogen hatte. Wer vier Silbergroschen zahlte, durfte mitfahren. Diese Lokomotive war für die Königshütte in Oberschlesien bestimmt, konnte aber dort nicht eingesetzt werden, weil die Spurweite der Lokomotive zu klein war und sich die Zylinder als zu schwach erwiesen.

Die Haushälterin nutzte ein paar Tage später einen Besuch bei ihrer Schwester, die in der Nähe des Oranienburger Thores wohnte, um bei Borsig vorzusprechen und ihm die Leviten zu lesen. »Es hätte ihn ja mal einer von den Herren fragen können, wie das damals so war!«

Borsig nickte. »Sie haben ja recht, gute Frau. Ich komme mal vorbei.«

Im Augenblick hatte er anderes zu tun, denn gerade kam der Königliche Ober-Wegebau-Inspector Neuhaus aus Stargard in Pommern den Weg herauf, um mit ihm über eine Grundstückskorrektur zu verhandeln. Er war mit der Projektierung der Berlin-Stettiner Eisenbahn beauftragt, zu deren Bau 1836 von interessierten Berliner Kaufleuten eine spezielle Gesellschaft gegründet worden war, die BStE.

»Mein lieber Herr Borsig«, begann Neuhaus, »ich verrate Ihnen kein Geheimnis, wenn ich Ihnen sage, dass eine Eisenbahn da halten muss, wo die Menschen wohnen, will sie nicht mit leeren Wagen fahren. Also müssen wir den Bahnhof für die Stettiner Strecke dicht vor der Stadtmauer errichten. Ich möchte ihn zwischen dem Hamburger und dem Oranienburger Thor haben – was aber voraussetzt, dass die Thorstraße verbreitert wird.«

Borsig nickte. »Ich verstehe. Da Sie die Stadtmauer, welche die Thorstraße nach Süden hin begrenzt, nicht abreißen können, bleibt Ihnen nur die nördliche Seite, wo sich auch mein Grundstück befindet.«

»Genau. Davon möchte Ihnen die BStE gern etwas abkaufen. Aber nicht nur das, wir brauchen auch den hinteren Teil Ihres Grundstückes, also das Stück, das an zwei Gärtnereien und an das Anwesen von Dr. Mayer grenzt.«

Borsig zuckte zusammen, denn ihm war klar, dass er jeden Quadratmeter selbst brauchte, wenn er mit dem Bau von Lokomotiven wirklich beginnen wollte. Er blieb aber freundlich und sagte Neuhaus, er würde sich die Sache durch den Kopf gehen lassen.

»Was tun?«, fragte er Wöhlert, als der Ober-Wegebau-Inspector wieder gegangen war und er sein Problem geschildert hatte.

Wöhlert überlegte einen Augenblick. »Es wäre doch herrlich, wenn unsere Lokomotiven über ein spezielles Anschlussgleis aus der Werkstatt gleich auf den Stettiner Bahnhof dampfen könnten!«

»Wenn wir noch genügend Platz haben, sie bei uns zu bauen«, wandte Borsig ein.

»Trotzdem – du musst dafür sorgen, dass dir die BStE gewogen bleibt und zu unserer treuen Kundin wird!«

»Ganz meiner Meinung. Selbst wenn wir uns noch einen zweiten Standort suchen müssen.«

So setzte sich Borsig am 27. Januar 1840 an seinen Zeichentisch und ließ Neuhaus Folgendes wissen:

Das Grundstück, welches ich abtreten kann, ist mit A-B-C-D-E-F bezeichnet, der Ankauf der anstoßenden Grundstücke des Gärtners Bouché und Gärtners Christian dürfte ebenfalls keine Schwierigkeiten haben, und ebenso leicht würden die übrigen Grundstücke bis zur Invalidenstraße zu haben sein, da solche bloßes Ackerland sind, wo den Besitzern der Verkauf eines Stückes Land willkommen sein dürfte. Zur Erweiterung der Thorstraße trete ich längs meinem Grundstück so viel ab, dass die Thorstraße eine Breite von 50 Fuß erhalten kann. Sobald das Unternehmen mehr vorschreitet und es noch Ihre Absicht ist, den Bahnhof der Stadt-Mauer zu nähern, so ersuche ich ganz ergebenst, mir seiner Zeit das Nähere gfl. mitzuteilen, damit ich bei dem Unternehmen behülflich sein kann.

Hochachtungsvoll A. Borsig.

Ein paar Tage später, als sie in der Fabrik beide entbehrlich waren, machte sich Borsig gemeinsam mit Wöhlert auf zu Johann Friedrich Krigar. Der Oberbergrath empfing sie mit ein paar netten Worten, ohne dass seine Freude überschwenglich gewesen wäre. Seine Haushälterin hatte ihm den Besuch bei Borsig gebeichtet, und er hatte sie dafür gehörig ausgeschimpft. »Der Lokomotivbau ist für mich keine Sehnsucht, an der ich wie an einer Zuckerstange ein Leben lang lutschen werde«, hatte er zu ihr gesagt, und das wiederholte er nun, als er mit Borsig und Wöhlert bei einer Tasse Kaffee und einem Stück Kuchen in seiner guten Stube saß.

»Aber er ist nun mal der Erste in allen deutschen Landen gewesen, der eine Lokomotive gebaut hat!«, rief die Haushälterin, die gerade ins Zimmer gekommen war, um Kaffee nachzuschenken.

Krigar lachte. »Ein Denkmal werde ich dafür nicht bekommen, schließlich ist die Sache im Jahre 1816 gründlich misslungen. Vor allem, weil meine Lokomotive von der Spur her nicht auf die Gleise gepasst hat, die in Oberschlesien schon lagen. Dann hat es in der Königlichen Eisengießerei einer unserer Ingenieure noch einmal versucht. Wie hieß er noch mal?« Krigar musste einige Sekunden überlegen. »Althans, ja, L. C. Althans hieß er. Zehnzöllige Zylinder hatte seine Maschine, aber in Geislingen hat sie sich wie ein bockiges Pferd benommen, und man hat sie verschrotten müssen. Die Herren Beuth und Egells sind dabei gewesen. Im Jahre 1822 muss das gewesen sein. Aus der Traum!«

»Wo könnten wir in Preußen jetzt stehen, wenn die Dinge damals ins Laufen gekommen wären!«, sagte Wöhlert. »Jetzt schreiben wir schon das Jahr 1840 und haben nicht mehr vorzuweisen als die 26 Kilometer Eisenbahn zwischen Berlin und Potsdam.«

Borsig schwieg. Sicherlich, er hatte gewusst, dass er nicht der Erste in Deutschland sein würde, der Lokomotiven baute, es aber irgendwie immer verdrängt. Der Gedanke schmerzte ihn: Da hatte die Frau, die er heiß und innig liebte, vor ihm bereits andere Männer gehabt und nicht auf ihn warten können …

»Kennen Sie eigentlich den Dr. Kufahl?«, fragte Krigar.

Borsig und Wöhlert nickten. »Ja, natürlich.« Sie wussten, dass Georg Leopold Ludwig Kufahl, Doktor der Naturwissenschaften und Privatdozent an der Friedrich-Wilhelms-Universität, an der Elisabethstraße, Ecke Kleine Frankfurter Straße eine Maschinenbau-Anstalt betrieb.

»Kufahl ist dabei, eine eigene Lokomotive zu bauen, zweiachsig, nach dem Vorbild des amerikanischen Typus *Grasshopper*, mit Stehkessel also, Bauart Bn2.«

Borsig und Wöhlert bedankten sich nach einer Stunde bei Krigar für die Gastfreundschaft und die Auskünfte und machten sich auf den Heimweg in die Thorstraße. Sie schwiegen lange.

»Es ist schon traurig, dass andere das Rad vor uns erfunden

haben«, sagte Borsig schließlich. »Was bleibt uns da? Eigentlich nichts – und doch wieder eine ganze Menge: nämlich, das vorhandene Rad zu verbessern.«

Wöhlert stimmte ihm bei. »Es ist wie mit den Waffen. Von der ersten Belagerungsmaschine der alten Römer, diesem Riesenkatapult, bis zu den heutigen Kanonen war es auch ein weiter Weg.«

Borsig lachte. »Ein herrlicher Vergleich – obwohl mir, wie du weißt, alles Militärische zuwider ist. Bauen wir also eine Dampflokomotive, die schneller ist als eine Kanonenkugel!«

Vorerst tat Borsig allerdings nichts anderes, als englische und amerikanische Lokomotiven zu reparieren. Im Jahre 1839 verfügte die Berlin-Potsdamer Bahn über dreizehn Lokomotiven, von denen fünf von Stephenson und zwei von Norris kamen. Die Maschinen waren jedoch sehr reparaturanfällig, und die ausländischen Firmen hatten kein Wartungspersonal mitgeschickt, so dass die Eisenbahngesellschaft gezwungen war, die Maschinen bei Borsig überholen zu lassen. Mal rumpelte es im Triebwerk der *Prussia*, mal war der Kessel der *America* undicht geworden. So holperten und rasselten immer wieder Pferdegespanne die lange Friedrichstraße hinunter, vom Potsdamer Bahnhof her in Richtung Oranienburger Thor, um die schwere Fracht auf niedrigen Wagen in die Werkstatt zu schleppen. Acht bis zehn schwere Rosse waren dafür nötig, und das Kopfsteinpflaster machte ihnen heftig zu schaffen. Immer wieder mussten die Fuhrleute mit der Peitsche knallen.

Borsig sah vom Stehpult auf, legte die Feder zur Seite und lauschte. Das Rasseln, Rattern und Holpern kam näher. Er kannte die Hufschläge der Kaltblüter. Eine der amerikanischen Maschinen war wieder einmal schadhaft geworden.

»Flöringer!«, rief Borsig durch die halbgeöffnete Tür seines Comptoirs in die Werkstatt hinaus. »Flöringer, sie kommt!«

Der Ingenieur, der für die Wartung der ausländischen Maschinen zuständig war, eilte nach draußen, um die Fracht in Empfang zu nehmen. Kaum hatte man die *Prussia* mit Hilfe eines Krans vom Pferdefuhrwerk gehoben und auf den festgestampften Boden gesetzt, machten sich Anton Flöringer und seine Schlosser ans Werk, um die Maschine mit Schraubenschlüsseln, Hämmern und Meißeln in ihre Einzelteile zu zerlegen. Erst drehten sie die großen Muttern vorn an den Dampfzylindern auf, dann schraubten sie das lange, dünne Gestänge des Triebwerks auseinander und legten die Teile, die aus Stahl und Messing waren, sorgfältig nebeneinander auf Bretter und hölzerne Böcke. Flöringer untersuchte nicht nur jedes Stück mit Akribie, sondern beugte sich auch tief in das Feuerloch der Maschine und kroch zwischen den Rädern hindurch unter den Kessel.

Borsig kam erst in die Halle, als Flöringer und seine Leute Feierabend gemacht hatten. Die Stille war so ungewohnt, dass sie etwas Heiliges hatte. Dies mochte auch mit dem goldenen Abendlicht zusammenhängen, das durch die hohen Bogenfenster in die Halle fiel. Wie ein seltsames Geschöpf von einem anderen Stern stand die *Prussia* da. Gleich einem Rüssel ragte der blecherne Schornstein zur Decke empor. Die Beschläge aus Messing und die Armaturen blitzten in den letzten Sonnenstrahlen. Borsig ging, die Hände auf dem Rücken verschränkt, langsam um die Maschine herum und prüfte alles mit kritischem Blick.

Friedrich Wöhlert trat auf ihn zu. »Ich kann mir denken, was dich bewegt ...«

»Die Berliner nehmen die Lokomotiven aus England und den Vereinigten Staaten wie von Gott gesandte Geschenke entgegen. Dass wir in Deutschland keine eigenen Lokomotiven bauen können, kommt ihnen so selbstverständlich vor wie die Tatsache, dass jeden Morgen die Sonne aufgeht. Es muss aber endlich mal einer kommen, der ihnen zeigt, dass auch wir solche Lokomotiven bauen können!«

Wöhlert lächelte. »Und dieser eine soll August Borsig sein?«

»Du sagst es, Friedrich!«

Wöhlert zeigte auf die ausgebauten Teile der Norris-Maschine. »Die sind aber patentgeschützt.«

Borsig reagierte auf diesen Einwand mit einer gewissen Verärgerung. »Na und? Dann erfinde ich eben etwas Neues! Den Feuerrost kann man anders bauen, die Treibachse kann man ändern, eine weitere Laufachse kann man hinzufügen, um den Lauf der Maschine zu verbessern.«

Wöhlert kam ihm mit weiteren Bedenken. »Und die Kosten! Ich schätze mal, dass es zwischen 10 000 und 12 000 Thaler kostet, eine solche Lokomotive zu bauen – und du hast keine Aufträge dafür.«

Am nächsten Tag musste Borsig erfahren, dass nicht nur Wöhlert, sondern auch die wichtigsten Männer um ihn herum voller Bedenken waren, so der Ingenieur Flöringer, der Werkmeister und alte Breslauer Freund Friedrich Hermes sowie der Formermeister Anschütz. »Das packen wir nicht!« So ihre einhellige Meinung.

Das machte Borsig wütend. Er rief sie herbei und donnerte los wie Savonarola auf dem Marktplatz in Florenz. Das Feuer, das in ihm brannte, brach sich Bahn. »Ich will, dass wir unsere eigene Lokomotive bauen! Bis Mitte nächsten Jahres soll sie fertig sein. Wir können und wir werden es schaffen! Und wenn wir manche Nacht hier schuften, bis uns meine Frau am Morgen die Schrippen bringt.«

Kapitel elf
1841–1842

»Neue Lose, neues Glück«, sagten die Berliner. Ob das allerdings auch auf neue Könige zutraf? Am 7. Juni 1840 war Friedrich Wilhelm III. gestorben, und am 15. Oktober 1840 hatte man Friedrich Wilhelm IV. gehuldigt. Der dritte Friedrich Wilhelm war im Volke durchaus beliebt gewesen, und vom vierten erhoffte man sich einiges – im Café Stehely vor allem, dass nun Schluss sei mit der Demagogenverfolgung und der Zensur. Und anfangs sah es auch gut aus, denn der verhasste Justizminister von Kamptz erhielt seine Entlassungsurkunde, und Friedrich Wilhelm IV. gewährte den aus Göttingen verjagten Brüdern Jacob und Wilhelm Grimm Asyl in Preußen und verschaffte ihnen an der Akademie der Wissenschaften eine neue Wirkungsstätte. Doch diejenigen, die den neuen König besser kannten, trauten dem Tauwetter nicht, hatte er doch 1832 nach dem Hambacher Fest getobt, dass man das »Tier der Revolution« mit allen Mitteln bändigen müsse. Sie wussten auch, dass es in seinem Umkreis viele gab, denen alles Liberale und Demokratische ein Greuel war.

Wie auch immer, unterschrieb irgendein Berliner ein Dokument mit Vor- und Nachnamen, hieß es fortan: »Ick hab mein Friedrich Wilhelm drunta jesetzt.« Und auch August Borsig ließ sich von allem Politischen nicht irritieren, sondern konzentrierte sich mit aller Kraft und allen Sinnen auf den Bau der ersten eigenen Lokomotive. Die Sache war so komplex, dass er zum Zeichnen der Details hochspezialisierte Leute einstellte. Einer dieser jungen Männer hat von seiner Arbeit Folgendes berichtet:

Am 1. Oktober 1840 trat ich bei Herrn Borsig ein und bin bis jetzt mit Zeichnen beschäftigt gewesen, ich arbeite von des Morgens bis abends 7 Uhr.
In der Anstalt werden ungefähr 300 Menschen beschäftigt. Es befinden sich darin zwei Betriebsmaschinen, eine Wattsche von 12 Pferden und eine Hochdruckmaschine von 10 Pferden; erstere betreibt die Drehbänke und Hobelmaschinen, das Bohrwerk und ein Zylindergebläse, aus einem doppelt wirkenden Zylinder bestehend, für die Gießerei, in der sich zwei Kupolöfen und ein Flammofen befinden. Es werden durchschnittlich täglich 150 bis 200 Zentner Eisen gegossen. (…)
Die zweite Maschine betreibt zwei Ventilatoren, wovon der eine 800, der andere 1200 Umdrehungen in der Minute macht. (…)
Eine der vorzüglichsten und sinnreichsten Einrichtungen ist die nach Herrn Borsigs eigener Idee ausgeführte Bohrmaschine. Die Einrichtung befriedigt alle Forderungen, die man an ein vollkommenes Bohrwerk stellen kann.

August Borsig war ein Besessener und arbeitete Tag und Nacht. Doch er wäre nie ans Ziel gelangt, hätte er nicht über fähige und zuverlässige Mitarbeiter verfügt. Da waren Friedrich Wöhlert, sein Freund Friedrich Hermes aus Breslau, der sich nun Oberwerkführer nennen durfte, der Ingenieur Anton Flöringer, ein Freund edler Weine, der Formermeister Rudolf Anschütz, den jeder produzierte Ausschuss fast in den Selbstmord trieb, und – für den kaufmännischen Bereich – der Prokurist und Hauptkassierer Adolf Carl, Liebling der resoluten Obstfrauen am Oranienburger Thor, denen er jeden Tag große Mengen ihrer Ware abkaufte.

Endlich war der Tag gekommen! Die erste Lokomotive stand nahezu fertig in der Halle an der Thorstraße, und die erste Probefahrt konnte ins Auge gefasst werden. Diese wollte man nicht auf der ausgelasteten Berlin-Potsdamer Bahn unternehmen, sondern auf den Gleisen der Anhaltischen Eisenbahn, deren erste Teilstrecke erst Anfang Juli 1841 in Betrieb genommen werden sollte. Von Berlin bis Großbeeren hatte man freie Fahrt. Am Freitag, dem 18. Juni 1841, hievte man die Lokomotive auf einen niedrigen Wagen, und dann schleppten sie zwanzig Pferde vom Oranienburger Thor zum Ausgangspunkt der Anhaltischen Bahn, deren bereits fertiggestellter Bahnhof an der Schöneberger Straße gelegen war. An der Lokomotive gab es noch einige Arbeiten zu erledigen, und so wurde es Sonntag, ehe die erste Probefahrt beginnen konnte.

Borsig, der Werkmeister Müller und zwei Schlosser füllten den Führerstand bis auf den letzten Quadratmeter. Ein eisernes Gitter hinderte sie daran, ins Gleisbett zu fallen. Noch schlief die Stadt, doch Borsig schien es, als würden alle Glocken läuten. Läuten zum Sieg – zu *seinem* Sieg! Für einen Augenblick musste er die Augen schließen, denn seine Leute sollten nicht sehen, dass sie feucht geworden waren. *Freude, schöner Götterfunken!* Es war wohl der glücklichste Augenblick seines Lebens, als er die ersten Auspuffschläge hörte und sich seine Lokomotive langsam und feierlich in Bewegung setzte. Er musste an den Lehrer Mistek aus Breslau denken, der ihnen beigebracht hatte, dass das Ganze mehr war als die Summe seiner Teile. In der Werkstatt hatten Hunderte von Teilen aus Eisen, Stahl und Messing gelegen, totes Material, und daraus war gleichsam etwas Lebendiges geworden: ein Geschöpf, das sich bewegte, das arbeitete, das seinem Willen gehorchte – und er fand es nicht überraschend, dass die Leute vom Dampfross sprachen.

Dampfschwaden quollen aus dem Schornstein, der hoch über ihre Köpfe ragte, und der Wind zerrte an ihren Gewändern, als sie über die Felder rollten, zwischen dem Stadtberg im Dorfe Schöneberg und dem Kreuzberg hindurch. Ihre Lokomotive fauchte und puffte, dass man Angst haben musste – aber sie funktionierte vortrefflich. In regelmäßigem Takt stieß der Dampf den Kolben in den Maschinenzylindern hin und her, und die langen, schlanken Stangen des Triebwerks übertrugen die Kraft sicher auf die Räder. Borsig und seine Männer hörten auf jedes noch so kleine Geräusch und waren zufrieden.

»Müller, noch eine Schaufel Kohlen!«, rief Borsig. »Auf der langen geraden Strecke können wir noch ein paar Meilen schneller werden.«

Alles glückte an diesem Sonntag, und die *Vossische Zeitung* vom 22. Juni 1841 konnte in einem kurzen Artikel wie folgt von der Probefahrt der ersten Borsig-Maschine berichten:

Berlin, den 21sten Juni. Gestern ist auf der Berlin-Anhaltischen Eisenbahn eine erste Probefahrt von einer Meile mit einer vaterländischen Lokomotive, in den Werkstätten des Hrn. Borsig gebaut, gemacht worden. Die Maschine kam am Freitag Mittag auf dem Bahnhofe an, und war Sonntag früh schon so weit zusammengesetzt, dass der Versuch derselben Morgens 6 Uhr statt fand. Sie giebt hinsichtlich der Arbeit den englischen nicht nur nichts nach, sondern ist mit noch größerer Genauigkeit und Eleganz gearbeitet. Alle mit ihr vorgenommenen Proben hinsichtlich der Schnelligkeit und der Dampfentwicklung hat sie vollkommen bestanden. Sie hat 8 Räder, die Cylinder haben 10½ Zoll Durchmesser, die Treibräder 4½ Fuß. Eine wesentliche Verbesserung der Maschine ist, dass der Dampf in den Cylindern expandiren kann, und daher weit weniger Wasser und Brennmaterial gebraucht wird, wie bei andern Dampfwagen. So wäre denn nun der Beweis geliefert, dass wir die Lokomotiven nicht über Meer zu holen haben, und eine Fabrik unserer Vaterstadt hat sich den Ruhm erworben, uns in dieser Beziehung völlig zu emancipiren.

Für Ferdinand Fluschnik war der 21. Juni ein schwarzer Tag, denn er brauchte nicht erst die *Vossische Zeitung* zu lesen, um zu wissen, dass die patriotisch gestimmten Preußen nun mit Sicherheit eher eine Lokomotive von Borsig als eine von Norris kaufen würden – und er war der Generalvertreter der Maschinen aus Philadelphia. Zwar hatten die preußischen Eisenbahngesellschaften bisher den Großteil ihrer Maschinen in England gekauft, aber für Norris war immer etwas übrig geblieben. So hatte man für die Bahn zwischen Berlin und Potsdam zwei Norris-Maschinen gekauft – und ihm damit für einige Zeit den Lebensunterhalt gesichert. Nun aber schickte sich dieser Borsig an, ihm seinen Anteil am großen Kuchen wegzunehmen. Fluschnik war klar, dass er sich etwas einfallen lassen musste, wenn er überleben wollte – aber was? Die nächsten Bahnstrecken, die im Berliner Raum entstehen sollten, waren die nach Stettin und nach Frankfurt an der Oder.

»Ich lebe in der Hauptsache vom Verkauf der Norris-Maschinen«, sagte er zu Susanna, die sich neben ihm räkelte. »Besser gesagt, wir beide …«

Fluschnik hatte nie daran gedacht zu heiraten, denn Ehe, Hausstand und Kinder waren ein Greuel für ihn, andererseits aber war er ein Mann in den besten Jahren mit beträchtlichen sexuellen Bedürfnissen. Wenn es ihn denn überkam, hätte er sich in eines der Bordelle an der Königsmauer schleichen können. Doch wenn er die Frauen, die sich dort anboten, sah und roch, packte ihn der Ekel. Ein Mann seines Standes hielt sich eine Mätresse. So wie es bei den französischen Königen Brauch gewesen war. In diesem Jahr war er auf Susanna gekommen, die alle Künste der Liebe beherrschte.

Susanna war als junges Mädchen an den Fürsten eines der vielen Kleinstaaten im Raume Sachsen-Thüringen geraten und nach dessen Tod an seinen Sohn weitergereicht worden. Als der ihrer überdrüssig geworden war, hatte sie sein Land verlassen und in Berlin Zuflucht gesucht. Doch bald hatte sich ihre »Laufbahn« bis hierher herumgesprochen, und sie war von der Berliner Gesellschaft geächtet worden. Das hatte sie mit der Zeit so zermürbt, dass sie auf Höhe des Unterbaums in die Spree gesprungen war, um ihrem Leben ein Ende zu setzen – doch sie war gerettet worden. Von einem Mann, der, über große Geschäfte nachdenkend, im Mondschein am Ufer spazieren gegangen war: Ferdinand Fluschnik. Seitdem war sie ihm eng verbunden, was aber nicht ausschloss, dass sie auch anderen Männern ihre Gunst gewährte. Ihn störte es nicht.

Fluschnik liebte es, im Bett über seine Geschäfte zu reden. »Sie werden in Kürze vier weitere Strecken in Betrieb nehmen. Noch in diesem Jahr die Berlin-Anhaltische und die Berlin-Stettiner Eisenbahn, im nächsten Jahr die Berlin-Frankfurter Eisenbahn und danach wohl die Niederschlesisch-Märkische Eisenbahn.

Und die große Frage ist nun: Wie schaffe ich es, dass man dort Lokomotiven von Norris kauft, also bei mir in Auftrag gibt?«

Susanna überlegte einen Augenblick. »Wer bestellt denn diese Maschinen?«

Fluschnik verstand diese Frage nicht so recht. »Na, wer wohl? Irgendwelche Männer an der Spitze der einzelnen Gesellschaften.«

Sie tippte ihm mit dem Zeigefinger auf die Nasenspitze. »Na, siehste!«

»Das verstehe ich nicht …«

»Was ist denn daran so schwer zu verstehen! Du gibst mir eine Liste dieser Männer – und ich versuche mein Bestes. Mir fällt es leicht, Glut zu entfachen, und will mich einer unbedingt besitzen, dann bestellt er seine Lokomotiven nicht in Manchester oder bei Borsig, sondern bei Norris.« Sie war ihm vieles schuldig. Aber diese Art von Einsatz war nicht einmal ein Opfer für sie.

Fluschnik umarmte sie und machte sich in den nächsten Tagen daran, ihr eine Liste der Männer zusammenzustellen, die in den einzelnen Bahngesellschaften großen Einfluss hatten. Nach einigen Recherchen konnte er sie eine Woche später Susanna überreichen.

Friedrich Neuhaus, geb. 1797 in der Nähe von Herford, Baumeister, leitet seit 1840 als Oberingenieur die Berlin-Stettiner Eisenbahn.
Christian Zimpel, geboren (Datum unbekannt) in einer Kleinstadt in Pommern, war General-Ingenieur der nordamerikanischen Eisenbahnen, soll bei der Berlin-Frankfurter Bahn eingetreten sein und maßgeblich an ihrem Bau mitwirken.
Waldemar von Schwanow, geb. 1795 in Schlesien, besitzt dort große Ländereien. Vertrauter des Kronprinzen, bewohnt ein Palais in der Wilhelmstraße. Hält einen erheblichen Teil der Aktien der Berlin-Anhaltischen Bahn.
Adolph Friedrich Riedel, geb. 1809 in Biendorf, Archivar, Historiker und Politiker. Hofrat. Soll Directoriumsmitglied der Niederschlesisch-Märkischen Eisenbahn werden.

Die Anhaltische Eisenbahn, die Berlin mit Dessau, Halle und Leipzig verbinden sollte, wurde in mehreren Etappen fertiggestellt. Über die Eröffnung der Teilstrecke Berlin–Jüterbog berichtet die *Vossische Zeitung* vom 3. Juli 1841 wie folgt:

Berlin, den 2ten Juli. Zur Nachmittagsfahrt am gestrigen Eröffnungstage der Anhaltischen Eisenbahn hatte sich das Wetter günstiger gemacht als am Morgen; und wäre die positive Eröffnung frühzeitiger durch die öffentlichen Blätter bekannt geworden, als erst durch die Blätter von gleichem Datum, so hätten sich auch wahrscheinlich noch zur Nachmittags-Vergnügungsfahrt eine größere Anzahl Spazierfahrer aus Berlin eingefunden. Freilich konnte man nicht erwarten, dass Berliner noch um 5 Uhr Nachmittags bis Luckenwalde oder Jüterbog mitfahren würden, um dort zu übernachten und am nächsten Morgen zurückzukehren.
Dies Interesse der Neuheit haben die Eisenbahnen nicht mehr, um dafür die Freuden und Leiden eines Nachtquartiers in einem kleinen Orte zu bestehen. Aber man konnte noch bis Trebbin, um, nach einem viertelstündigen Aufenthalte dort, mit dem zweiten Zuge aus Jüterbog um 7 wieder in Berlin zu sein. Mehrere haben diese erste Vergnügungsfahrt mitgemacht, und, unbeschadet der sehr späten öffentlichen Bekanntmachung, würden wohl noch mehr sich eingefunden haben, wenn nicht durch die mehrfachen früheren Privat-Probe- und Lustfahrten der Direction (von denen aber die Actionaire nicht unterrichtet wurden, obwohl deshalb in der letzten Generalversammlung Wünsche laut wurden und Anträge gemacht sind) die erste Wißbegier einer nicht unbedeutenden Zahl unserer Mitbewohner, die bei dergleichen Gelegenheiten nicht fehlen mögen, schon befriedigt gewesen wäre. Wie die technischen Einrichtungen dieser Bahn durchaus solide und lobenswerth sind, so war auch bei dieser Fahrt des ersten Tages keine Unordnung und Unsicherheit, die so leicht bei der Neuheit zu entschuldigen wäre, bemerkbar. In der bestimmten Zeit, ja eher früher, wurden die Stationen erreicht. Nur sprach sich unter den Vergnügungsreisenden sehr laut und einstimmig der Wunsch

aus, dass die Preise erniedrigt werden möchten. Wenn man bis Potsdam für 7½ Sgr. fahren kann (und dies dünkt schon Viele zu hoch), wer würde dann 12 Sgr. bis Trebbin zahlen. Man bemerkte, dass Großbeeren (wenn dort ein Halteplatz eingerichtet wird), leicht ein Vergnügungsort werden dürfte, der, seiner anmuthigen Lage und historischen Erinnerungen wegen, viele anderen überflügeln möchte; nur müsse man die Preise bedeutend ermäßigen.

Für Borsig sollte Berlin–Jüterbog die Schicksalsstrecke werden. Hier hatte seine erste eigene Lokomotive, die *Borsig*, ihre Jungfernfahrt bestanden, hier sollte es auch – so war es in den preußischen Ministerien beschlossen worden – eine Wettbewerbsfahrt zwischen einer Maschine aus Preußen und einer aus England geben. Der Kampf Stephenson gegen Borsig stand auf dem Programm. Ausgetragen werden sollte er am 24. Juli 1841, einem Sonnabend, und zwar am frühen Morgen.

Es war ein herrlicher Sommertag, der da heraufzog, als sich Borsig und drei seiner Männer auf den Weg vom Oranienburger Thor zum Anhalter Bahnhof machten, alle im grauen Festtagsrock. Es waren Friedrich Wöhlert, sein Freund und Werkstättenleiter, Anton Flöringer, der Leiter seines Konstruktionsbüros, und Georg Müller, einer seiner Meister und der eigentliche Maschinenführer. Hallen und Werkstätten lagen noch still, als ihre Schritte durch die Friedrichstraße hallten. Bis zur Kochstraße gingen sie immer geradeaus, bogen dann rechts ab, um zur Wilhelm- und zur Anhaltischen Straße zu gelangen. Eine fiebrige Spannung erfüllte sie. Natürlich gab es nur ein Thema: die Wettfahrt.

»Was vor einer Woche bis Großbeeren geklappt hat, klappt heute auch bis Jüterbog«, sagte Borsig. »Müller, an Geschwindigkeit können wir auf der langen geraden Strecke sicher noch einiges mehr herausholen, oder?«

»Sicher, Herr Borsig!«

»Wir sollten die Maschine nicht überfordern«, warnte Flöringer. »Eine Minute langsamer zu sein als die Konkurrenz wäre keine Schande – aber unterwegs mit defektem Zylinder liegenzubleiben, das wäre eine.«

»Ich will den Sieg!«, rief Borsig. »Nur der Sieg ist es, der à la longue zählt.«

»So ist es«, stimmte Wöhlert ihm bei. »Ich habe gestern die Engländer sagen hören: *The winner takes it all, the looser has to fall.*«

Sie erreichten den Anhalter Bahnhof und traten in das nagelneue Empfangsgebäude. Es roch noch stark nach Farbe und frischem Verputz.

»Kaum zu glauben«, sagte Borsig. »Nicht ganz drei Jahre ist es her, dass die Potsdamer Bahn in Betrieb gegangen ist. Hier, nur ein paar hundert Schritte entfernt, ist eine neue Eisenbahnanlage aus dem Boden gewachsen. Und so wird es weitergehen, sternförmig nach allen Seiten hin. Und alle Gesellschaften werden Lokomotiven brauchen …«

Sein Blick ging zur eigenen Maschine hinüber, die auf dem Kehrgleis stand und am Kessel ein Messingschild mit seinem Namen trug. Nicht weit von ihr entfernt stand sein alter Freund Wilhelm Järschersky und hob die geballten Fäuste, um ihm damit anzuzeigen, wie sehr er ihm die Daumen drückte.

August Crelle, der die Wettbewerbsfahrt zu leiten und zu überwachen hatte, kam heran, nahm den grauen Zylinderhut ab und reichte Borsig die Hand. »Es wird kein leichter Kampf werden, aber hoffentlich ein interessanter. Die meisten Leute setzen auf Stephenson, denn der ist von Rainhill her das Siegen gewohnt.«

Borsig lächelte. »Da war meine Maschine noch nicht mit im Rennen.«

Jetzt betrat eine Gruppe von Männern die Bahnhofshalle, die anhand des Schnittes ihrer Fräcke und Beinkleider unschwer als Engländer zu erkennen waren. Offensichtlich waren es englische Maschinisten und Maschinenführer, die mit den fünfzehn Stephenson-Lokomotiven, welche die Anhaltische Bahn gekauft hatte, von der Insel herübergekommen waren. Wortfetzen klangen herüber, die diese Vermutung zur Gewissheit machten: *»… race of steam horses …« – »… very good start …« – »… german monster …«* Spöttisch musterten sie die Maschine von Borsig.

Der ging mit seinen Leuten zur *Borsig* hinüber, wo einer seiner

Arbeiter bereits am Werke gewesen war, denn in der Feuerbüchse schwelte die Glut, und aus dem Kessel kam ein leises Zischen. Müller schwang sich auf den umgitterten Führerstand und legte ein paar Schaufeln Kohle nach. Borsig prüfte Dampfdruck und Wasserstand.

Ein Stückchen weiter waren auch die Engländer dabei, ihre Maschine startklar zu machen.

Die Herren vom Wettbewerbscomité disputierten inzwischen lautstark darüber, welche Lokomotive zuerst ins Rennen gehen sollte.

»Ich dachte, beide fahren nebeneinander her!«, rief einer.

Crelle rang die Hände. »Wir haben aber nur eine eingleisige Strecke!«

»Warum hat mir das denn keiner vorher gesagt?«

»Das weiß man doch!«, kam es von verschiedenen Seiten.

Einer der Engländer, der genügend Deutsch verstand, um dem Streitgespräch folgen zu können, kam herbei, machte eine knappe Verbeugung und sagte, man wolle dem deutschen Dampfwagen höflicherweise den Vortritt lassen.

Das brachte einen von Borsigs Anhängern in Rage. »Kommt nicht in Frage! Wenn der Zweite die Zeit des Ersten kennt, kann er doch seine Geschwindigkeit danach einrichten und alles aus seiner Maschine herausholen, wenn es sein muss – oder aber langsamer werden und vermeiden, dass ein Teil versagt.«

»Das mag ja alles stimmen«, merkte Crelle an. »Aber wie soll der, der als Letzter an den Start geht, wissen, mit welcher Zeit der andere in Jüterbog angekommen ist? Ich stehe doch mit der Uhr in der Hand auf der ersten Maschine, und mein Stellvertreter mit seiner Uhr auf der zweiten Maschine. In Jüterbog vergleichen wir dann die Zeiten und stellen fest, wer Sieger ist.«

Einer der Herren lachte. »Wenn der erste Maschinist, der in Jüterbog ankommt, nun aber eine Brieftaube ablässt – mit einem Zettel im Schnabel, auf der die Zeit vermerkt ist?«

Crelle hatte wenig Verständnis für Scherze dieser Art. »Dann losen wir es eben aus!«

Das geschah dann auch, und in Crelles Zylinder kamen zwei

zusammengeknüllte Zettel mit den Namen *Stephenson* und *Borsig*. Crelle griff mit geschlossenen Augen hinein, nahm einen der Zettel wieder heraus, faltete ihn auseinander und las vor, was auf ihm geschrieben stand: »*Borsig*.«

Damit war die Sache entschieden. Crelle kletterte auf den Führerstand der *Borsig* und zog bedächtig seine Uhr aus der Westentasche. »Können wir losfahren?«

Borsig überprüfte seine Maschine noch einmal mit einem schnellen Blick. Aus dem Sicherheitsventil über dem Dampfdom kräuselten sich mit leisem Zischen kleine Wölkchen. Im Kessel war genügend Druck. »Alles fertig, Herr Baurath!«, rief Borsig ruhig und bestimmt zum Führerstand hinauf.

Crelle hob seine linke Hand, die in einem feinen grauen Handschuh steckte, und wies mit großer Geste in Richtung der Bahnhofsausfahrt.

»Losfahren, Müller!« Borsig nickte dem Meister ermunternd zu. »Los, ab!«

Doch nichts geschah, obwohl der Meister ebenso schnell wie behutsam den Hebel bewegt hatte, der dem Dampf den Weg zu den Zylindern freigab. Müller erstarrte. Nur ein explosionsartiges Zischen war zu vernehmen. Die *Borsig* rührte sich nicht.

Die Engländer konnten ihr höhnisches Gelächter nicht ganz unterdrücken.

»Sie können fahren, Herr Borsig!«, rief Crelle in der Meinung, dass man seine Winkbewegung nicht recht verstanden habe.

Borsig war das Herz stehengeblieben. Jedenfalls hatte er das Gefühl. Er rieb sich die linke Brustseite, um der Stiche, die dort zu spüren waren, Herr zu werden. Angstschweiß war ihm auf die Stirn getreten, und in diesem Augenblick hatte er die Stimme der Wahrsagerin aus Breslau wieder im Ohr: »Du bist ein Liebling der Götter, hoch sollst du steigen – aber mit einem Schlag kann alles aus sein.«

Er schrie nach oben, dass Müller endlich handeln solle. »Fahren Sie doch los, Müller!«

Doch abermals blieben die Bemühungen des Meisters erfolglos. Alles schien verloren.

Ludwig Rellstab, geboren am 13. April 1799 in Berlin, konnte vielerlei Begabungen vorweisen. Er kam aus einer musikalischen Familie und hatte ursprünglich auch Komponist werden wollen, sich dann aber mehr der Dichtkunst und der Schriftstellerei zugewandt. In seiner Militärzeit hatte er es bis zum Offizier gebracht, nebenbei eine Buchhandlung betrieben, die wöchentliche Zeitschrift *Iris* gegründet und sich als Musikkritiker der *Vossischen Zeitung* einen guten Ruf erworben. Durch seine Attacken auf Giacomo Meyerbeer und den italienischen Komponisten Gaspare Spontini war er eine stadtbekannte Persönlichkeit geworden. Für eine Satire auf Spontini war er zu sechs Wochen Haft verurteilt worden, und der Spott über den englischen Gesandten in seinem Henriette-Sontag-Roman *Henriette oder die schöne Sängerin* hatte ihm gar zwölf Wochen Festungshaft auf der Spandauer Zitadelle eingebracht. Mit vielen Größen hatte er in persönlichem Kontakt gestanden, so Jean Paul, Carl Maria von Weber, Ludwig Tieck, Johann Wolfgang von Goethe, E.T.A. Hoffmann und Ludwig van Beethoven, dessen Sonate No. 14 durch ihn zu ihrem Namen *Mondscheinsonate* gekommen war.

Mit Ludwig Rellstab nun saß Wilhelm Järschersky im Café Stehely, um ihn für die liberale und demokratische Sache zu gewinnen. Bevor sie aber auf die Politik zu sprechen kamen, diskutierten sie die Wettbewerbsfahrt Borsig gegen Stephenson, denn Rellstab war ein großer Freund des neuen Verkehrsmittels und hatte für die *Vossische Zeitung* von der Eröffnung der Berlin-Potsdamer Eisenbahn berichtet. Järschersky war ebenfalls interessiert, denn er zählte sich noch immer zu den engsten Freunden August Borsigs, obwohl sie sich in letzter Zeit ein wenig aus den Augen verloren hatten – was vor allem daran lag, dass der Fabrikherr gänzlich in seiner Arbeit aufging.

»Ich habe auf dem Bahnhof in Jüterbog gestanden und gezittert«, sagte Rellstab. »Stellen Sie sich vor: Erst zwanzig Minuten nach Borsigs Maschine ist der englische Dampfwagen eingetroffen, und da er am Anhalter Bahnhof bereits zehn Minuten später abgelassen worden ist, bedeutete dies, dass Borsig zehn Minuten schneller gewesen ist.«

Järschersky lachte. »Aber nur, weil ich am Anhalter Bahnhof gestanden habe und seine Maschine durch kräftiges Pusten zum Laufen gebracht habe. Nein, im Ernst, einer der Mechaniker hatte es wohl zu gut gemeint und eine Schraube im Gestänge zu stark angezogen, so dass sich die *Borsig* anfangs nicht von der Stelle gerührt hat.«

»Welch ein Sieg!«, rief Rellstab.

»Der sollte uns ein Glas Champagner wert sein!«, sagte Järschersky – wobei er davon ausging, dass Rellstab bezahlte …

»Du kannst stolz sein auf deinen Vater!«, rief der Deutschlehrer der früheren Cauer'schen Schule, die sich vor kurzem in »Pädagogium zu Charlottenburg bei Berlin« umbenannt hatte. Albert Borsig war seit sechs Jahren hier zu Hause, wochentags auch im Internatsbetrieb. War er wirklich stolz auf seinen Vater? Sicherlich. Aber dass sein Vater ihn von vornherein darauf festgelegt hatte, einmal seine Fabrik zu übernehmen, machte ihm Angst, denn es war eine gewaltige Aufgabe, und er fühlte sich der anderen Möglichkeiten beraubt, die es im Leben noch gab. General der Artillerie konnte er nicht werden, ebenso wenig ein großer Arzt an der Charité, ein kühner Seefahrer zwischen Hamburg und Haiti oder ein berühmter Naturforscher wie Alexander von Humboldt.

Sein Banknachbar Friedrich Wilhelm von Schwanow, ein Neffe des Freundes seines Vaters, konnte das nicht ganz verstehen. »Ich soll nach dem Abitur die Juristerei studieren und anschließend in den Staatsdienst eintreten. Da bin ich dann ein ganz kleines Licht, Referendar oder Landrath in einem kleinen Nest in Ostpreußen. Du aber bist stolzer Fabrikherr!«

Albert Borsig winkte ab. »Sie werden alle sagen, dass ich mich nur ins gemachte Nest gesetzt habe.«

»Es steht dir doch frei, eure Fabrik immer weiter zu vergrößern, ein ganzes Imperium zu schaffen. Ihr werdet bald Lokomotiv-Könige sein, nach dem großen Sieg gegen die Engländer.«

Kam Albert am Wochenende und in den Ferien nach Hause, wurde er zwar von der Mutter liebevoll verwöhnt, vom Vater ich heftig gefordert, immer mit denselben Sprüchen: »Ich was geworden, weil ich meinem Vater in jeder freien Minolfen habe und so ins Zimmermannshandwerk hinein-en bin. Das ist der einzig richtige Weg für einen jungen n: etwas von der Pike auf lernen.«

So nahm ihn sein Vater in die Formerei mit und zeigte ihm, wie alles funktionierte, und der Oberingenieur Anton Flöringer brachte ihm die Grundbegriffe des Maschinenbaus bei und lehrte ihn an Schraubstock und Drehbank alles, was ein guter Mechaniker können musste.

»Und später werden wir dir auch die kaufmännischen Grundkenntnisse beibringen, Albert. Am besten ist wohl, du gehst nach deiner Militärzeit auch zum Königlichen Gewerbe-Institut.«

Was sollte er darauf erwidern? Es hatte alles eine innere Logik, gegen die ein Zwölfjähriger nicht ankommen konnte.

Berlin, den 10ten September. Die Eröffnung der Berlin-Anhaltischen Eisenbahn hat diesen Morgen stattgehabt. War gleich dieselbe nicht mit veranstalteten Feierlichkeiten verbunden, so bildete das Ereigniß doch an sich selbst eine freudige Feierlichkeit, die durch das schönste mildeste Herbstwetter begünstigt wurde. Merkwürdig war es zu sehn, wie Leben und Verkehr erweckend es bis in die innern Theile der Stadt wirkte; denn schon inmitten derselben sah man gefüllte und bepackte Droschken zu ungewöhnlich früher Stunde dem Anhaltischen Thor zu eilen, und in der Nähe desselben waren die Straßen von einem Verkehrsgeräusch erfüllt, dass sie den lebhaftesten der Stadt gleich stellte. Auf dem Bahnhof selbst aber sah man erst, wie ungemein der Andrang war. Große Packwagen kamen an; alle Thüren des Billetverkaufs und der Packet-Bureaus waren belagert. Der Knoten scheinbarer Verwirrung löste sich jedoch bald, und um 7¼ Uhr hatten die Reisenden die sämmtlichen Wagen des ersten Zuges (denn der große Andrang hatte zwei nöthig gemacht) eingenommen. Unter den Abreisenden befanden sich auch Ihre Königl. Hoh. die Frau Prinzessin Karl von Preußen. Das Directionspersonal machte diese erste Fahrt bis Cöthen mit. Fünf Minuten nach halb acht setzte sich der erste Zug, durch die Locomotive der »Courier« befördert, in Bewegung. Er bestand aus acht Wagen der drei Classen, drei Packwagen und drei Reise-Equipagen. Der zweite Zug, von der vaterländischen Locomotive »Borsig«, unter Aufsicht des Erbauers selbst geführt, folgte dem ersten nach einer Viertelstunde. Er bestand aus fünf Passagier-, drei Packwagen und zwei Reise-Equipagen. Eine große Menge von Zuschauern hatten sich eingefunden, um Zeuge dieser ersten Akte der vollständigen Thätigkeit der neuen Bahn zu sein, welche nunmehr drei so bedeutende Städte, wie Berlin, Leipzig und Magdeburg, der anziehenden Zwischenpunkte nicht zu gedenken, in eine Nachbarschaft von wenigen Stunden gebracht hat. – Der Zug, der aus Cöthen diesen Morgen abgegangen war, traf diesen Mittag um ¾ auf zwei Uhr mit bekränzter Lokomotive hier ein. Die Ankunft hatte sich um eine Stunde verzögert, wie wir hören, weil die Cooks nicht von geeigneter Qualität und die Schienen durch starken Thau sehr schlüpfrig waren. Der Abgang des Mittagszuges von hier wurde dadurch eben so lange aufgehalten und eben so die Ankunft des um Mittag aus Cöthen abgegangenen Zuges, welcher den hiesigen bei Zahna abwarten musste. Gewiß werden ähnliche Verzögerungen für die Zukunft vermieden werden, da sie, wegen des Anschlusses an die Magdeburger Bahn, für die Reisenden äußerst unangenehm werden könnten. Es sind heute in 4 Zügen hin und zurück über 1000 Personen befördert.

So lautete der Bericht der *Vossischen Zeitung* vom 11. September 1841, und August Borsig konnte halbwegs zufrieden sein, mehr jedoch auch nicht, denn die Berlin-Anhaltische Eisenbahn hatte sich elf Lokomotiven von Stephenson liefern lassen – aber nur eine von ihm, seine erste, die *Borsig*.

»Elf zu eins«, sagte er zu Friedrich Wöhlert, »das ist noch kein gutes Verhältnis.«

»Aber es wird sich bald zu unseren Gunsten ändern. Die nächsten beiden Maschinen sind ja schon in der Planung. Die *Berlin* soll im Juni nächsten Jahres geliefert werden, die andere zwei Monate später. Dann steht es schon elf zu drei.«

»Das ist mir immer noch viel zu wenig!«, rief Borsig.

»Für mehr Lokomotiven reichen aber unsere Hallen und Werkstätten nicht mehr aus«, gab Wöhlert zu bedenken.

»Dann müssen wir uns eben vergrößern und überall da anbauen, wo es irgend möglich ist. Ich will, dass unsere Gebäude äußerlich etwas hermachen, da sollen echte Künstler ans Werk!«

»Auf Karl Friedrich Schinkel ist leider nicht mehr zurückzugreifen«, bemerkte Wöhlert mit leichter Ironie, aber auch voller Mitleid bezüglich des großen Architekten und Baumeisters, denn am Vortag, am 9. Oktober 1841, war er nach einjährigem Siechtum in seiner Dienstwohnung in der Berliner Bauakademie gestorben.

Seit den späten 1830er Jahren war Schinkel gesundheitlich stark geschwächt gewesen. Als er im Frühjahr 1840 mit der Eisenbahn nach Potsdam gefahren war, hatte ihn eine Lähmung der rechten Hand befallen. Als er dann im Juli in Bad Gastein zur Kur weilte, hatte er mit Erschrecken feststellen müssen, dass sein Geruchssinn immer schlechter wurde und am Ende ganz erloschen war. Nach dem Tod des Königs hatte er die Krönungsfeierlichkeiten für Friedrich Wilhelm IV. versäumt, was dieser als Kränkung aufgefasst hatte. Wieder in Berlin, hatte Schinkel im September 1840 mehrere Schlaganfälle mit einer Halbseitenlähmung rechts sowie einer Seh- und Sprachstörung erlitten.

Am 12. Oktober 1841 wurde er auf dem Friedhof der Dorotheenstädtischen und der Friedrichswerderschen Gemeinde beigesetzt.

»Schlaganfälle …«, murmelte Borsig, als er an Schinkels Grab trat, um seine drei Hände Sand auf den Sarg zu werfen. »Mit einem Schlag ist alles aus.«

Ließ ihn dieses Ereignis für einige Tage mit düsteren Gedanken durch seine Werkstätten gehen, so endete das Jahr 1841 für August Borsig doch mit innerem Jubel, denn der König verlieh ihm für seine Siegesfahrt von Jüterbog den Rothen Adler-Orden III. Klasse. Er fühlte sich bestätigt: Er hatte alles im Leben richtig gemacht – er war ein Liebling der Götter.

Konrad Schäschke hatte sich bei Aufräumarbeiten in der Gold- und Silbermanufactur ein Stück verrosteten Drahtes in die linke Hand gejagt, und daraus hatte sich eine schwere Blutvergiftung entwickelt. Borsig war sofort in die Charité geeilt, als ihm Karoline Schäschke davon berichtet hatte.

»Ihrem Freund geht es nicht besonders gut«, erklärte ihm der Oberarzt. »Sein Fieber steigt, und wir befürchten eine lebensbedrohliche Störung der Vitalfunktionen und ein Versagen eines oder mehrerer Organe.«

Borsig schloss die Augen. »Ich bitte um eine ehrliche Antwort, Herr Doktor. Wie viele Ihrer Patienten sterben an einer solch schweren Vergiftung?«

»Wollen Sie wirklich eine ehrliche Antwort, Herr Borsig?«

»Ich bitte darum.«

»Die Hälfte und mehr …«

Borsig, gewiss kein Mensch, der nahe am Wasser gebaut war, musste sich die Tränen aus den Augen wischen.

Der Arzt legte ihm die Hand auf die Schulter. »Vom Exitus ist noch lange nicht die Rede, ich bitte, unsere medizinische Kunst nicht zu unterschätzen!«

Als August Borsig dann am Bett des Freundes saß, versuchte er, ihn aufzuheitern. »Mensch, Konrad, im nächsten Jahr gehen die Eisenbahnen nach Eberswalde und Frankfurt an der Oder in Betrieb, und ich habe dir schon einen Freifahrschein für die 1. Klasse gesichert.«

Schäschke lächelte. »Wenn mir jemand in den Waggon hilft, dann gern.«

»Wieso soll dir jemand helfen?«

»Weil Einarmige schwer einsteigen können.« Schäschke hatte die behandelnden Ärzte flüstern hören, dass man ihm den linken Arm amputieren müsse, wenn gar nichts anderes mehr helfen würde. Er flüchtete sich in Galgenhumor. »Zum Glück ist es nur der linke, und ich bin ja Rechtshänder.«

»Warum denn immer mit dem Schlimmsten rechnen!«, rief Borsig. »Ich will dich mit beiden Armen bei der Hochzeit sehen!«

»Bei welcher Hochzeit?«, fragte Schäschke.

»Na, bei der von meinem Albert mit deiner Tochter.«

Schäschke lächelte. »Reden wir nicht von einer Verbindung unserer beiden Dynastien … Ein Drama reicht mir!«

Just in diesem Moment trat Auguste ins Krankenzimmer. Ihr Mann und ihre Schwägerin folgten ihr. Borsigs Blutdruck schnellte nach oben, und er taumelte so sehr, dass er sich am Bettpfosten festhalten musste. Deutlich stand ihm vor Augen, wie Schinkel nach seinem Schlaganfall elend zugrunde gegangen war. Nur das Wissen, sich im Krankenhaus zu befinden, wo schnelle Hilfe sicher war, ließ ihn nicht in Panik verfallen. Aber auch Auguste war zur Statue erstarrt.

Karoline Schäschke rettete die Situation, indem sie Borsig Augustes Ehemann vorstellte. »Julius Wucke … Er arbeitet bei Ihnen in der Gießerei.«

»Angenehm …« Borsig reichte erst Auguste, dann Wucke die Hand und kam sich dabei vor wie eine Marionette, die an Strippen hing und vom großen Puppenspieler im Himmel bedient wurde.

Louise Borsig war in einer gottesfürchtigen Familie aufgewachsen und hatte bis zu ihrer Heirat in Räumen gelebt, die dem Klerus gehörten, deshalb war es nicht verwunderlich, dass sie regelmäßig betete. So auch an diesem Tage, dem 23. Juni 1842, als sie den Anfang des 103. Psalms leise aufsagte: »*Lobe den Herrn, meine Seele, und was in mir ist, seinen heiligen Namen! Lobe den Herrn, meine Seele, und vergiss nicht, was er dir Gutes getan hat: der dir alle deine Sünde vergibt und heilet alle deine Gebrechen, der dein Leben vom Verderben erlöst, der dich krönet mit Gnade und Barmherzigkeit, der deinen Mund fröhlich macht. Lobe den Herrn, meine Seele! Amen.*«

Sie hatte es gut getroffen im Leben und hätte keinen besseren Mann finden können als ihren Johann Friedrich August. Sein Aufstieg war auch ihr Aufstieg, denn er besprach alles, was die Fabrik anging, ausführlich mit ihr, und sie sorgte dafür, dass er zu Hause ein Refugium fand, in dem er sich von all den Strapazen erholen konnte. Mehr noch, immer, wenn wegen dringender

Aufträge auch des Nachts gearbeitet werden musste, eilte sie mit belegten Schrippen und warmen Getränken in die Werkstätten, damit die erschöpften Männer zu neuen Kräften kamen. Für sie war die Fabrik ihrer beide Kind, so wie Albert. Natürlich hatte ihr Mann auch seine Schwächen. Seine Abneigung gegen alles Theoretische hätte nicht ganz so stark ausfallen müssen, und ebenso hätte sie sich ihn auch ein wenig religiöser gewünscht. Da war er ihr zu sehr nüchterner Preuße. Was ihr auch nicht ganz so gefiel, war sein Sinn für alles Pompöse, woran sicherlich dieser von Schwanow die Hauptschuld trug. Von den englischen Industriellen der ersten Stunde hatte sie gehört, dass es bei denen verpönt war, Reichtum und Luxus offen zur Schau zu stellen, doch Borsig wollte das preußische »Mehr sein als scheinen!« nicht zu seinem Wahlspruch machen. Dieser Zug an ihm würde sich vielleicht noch verstärken, wenn seine Fabrik erst höhere Gewinne abwarf als im Augenblick. Auf der anderen Seite war er wiederum voll von preußischem Pflichtbewusstsein. Er gehorchte keinem Machthaber, er gehorchte der Pflicht. Wobei er sich selbst am strengsten in die Pflicht nahm, aber auch von allen anderen die volle Hingabe an ihre Arbeit einforderte. Als seine Pflicht vor Gott, vor dem König und vor dem Volk sah er es, Preußens Industrialisierung voranzutreiben und damit den allgemeinen Wohlstand zu heben.

Auch dafür liebte Louise ihn, und so richtete sie seinen Geburtstagstisch auch ganz besonders liebevoll her. In der Mitte der Geburtstagstorte prangte eine große *38*, die sie selbst aus Marzipan geformt hatte. Alberts Idee war es gewesen, die Torte ringsum mit kleinen Lokomotiven zu schmücken, die er aus buntem Papier gebastelt hatte.

Seinen größten Geburtstagswunsch aber hatte ihr Mann ihr gestern Abend, als sie zu Bett gingen, ins Ohr geflüstert. Und da sie ihm den gern erfüllt hatte, war er am Morgen seines Geburtstags reichlich erschöpft.

»Viel Glück im neuen Lebensjahr! Vor allem Gesundheit und viele gebaute und verkaufte Lokomotiven!«, sagte Louise fröhlich.

Ein zweites Kind wäre mir am liebsten, dachte Borsig, während er seine Frau küsste und umarmte. Vielleicht hatte es in dieser Nacht geklappt, aber er glaubte nicht so recht daran – offenbar waren sie schon zu alt dafür.

Er besah sich seine Geschenke. Neben einer Kiste französischen Rotweins fand er Zeichnungen Schinkels, ein Geschenk seiner Frau, über das er sich besonders freute. Im Kopf hatte er den Bau einer großartigen Villa, und für die konnte es keine anderen Vorlagen geben als die Arbeiten Schinkels.

Zum Diner am Geburtstagsabend kamen die Freunde Wilhelm Järschersky, Waldemar von Schwanow, die beiden Friedriche, Hermes und Wöhlert und auch Konrad Schäschke, der wieder genesen war und seinen linken Arm doch nicht verloren hatte. Und worüber redete man zwischen den einzelnen Gängen? Natürlich über die nächsten Eisenbahnstrecken, die ihrer Eröffnung entgegensahen. In neun Wochen, am 1. August 1842, sollte das erste Teilstück der Berlin-Stettiner Eisenbahn zwischen Berlin und Eberswalde in Betrieb gehen.

»Sie haben zwei Maschinen von Norris, zwei von Sharp, Roberts & Co. in Manchester und zwei von mir bestellt«, gab Borsig bekannt.

Man beklatschte diese Nachricht, Borsig aber sagte, dass die Bahn nach Frankfurt an der Oder für ihn viel interessanter sein würde, denn man plante deren Verlängerung bis nach Breslau. »Dann reicht ein Wochenende aus, um einmal alle meine Verwandten in Breslau und Nieder-Pontwitz zu besuchen. Bei der vielen Arbeit in den letzten Jahren haben wir uns ja kaum noch gesehen.«

Borsig bereitete das vor, was langsam immer dringlicher wurde, denn der Raumnot ließ sich kaum mehr Herr werden: die Erweiterung seiner Fabrik. Im Jahre 1841 hatten auf deutschem Boden auch J. A. Maffei in München und die Maschinenbau Gesellschaft Karlsruhe mit dem Bau von Lokomotiven begonnen, aber seine Maschinenbau-Anstalt schickte sich an, die führende Rolle einzunehmen. Zudem schwebte ihm vor, ein eigenes Eisenwerk zu errichten, weil beim Lokomotivbau viele qualitativ hochwertige Einzelteile wie bestimmte Bleche, Schmiedestücke und Stabeisen für teures Geld aus England bezogen werden mussten. Erweiterungsbauten waren also unabdingbar – die aber ließen sich auf dem vorhandenen Gelände an der Chaussee- und Thorstraße nicht mehr realisieren. Ergo mussten neue Grundstücke erworben werden, und da ging sein Blick Richtung Alt-Moabit. Der Hofkleidermacher Freytag war auch diesmal bereit, ihm ein Darlehen von 20 000 Thalern zu gewähren.

Das war also eingefädelt, und so konnte sich August Borsig für den Rest des Jahres einer ganz anderen Aufgabe zuwenden: der Instandsetzung der Wasserkünste im Park von Sanssouci. Daran arbeitete er seit Ende 1839. Zu diesem Auftrag war er durch Ludwig Persius gekommen, der sich an ihre erste Begegnung am Schloss Charlottenhof erinnert hatte.

»Seit unserem ersten Treffen habe ich Sie nie aus den Augen verloren, Herr Borsig«, sagte er, als er den Weg zum Oranienburger Thor gefunden und im Comptoir des Fabrikherrn Platz genommen hatte. »Und darum sehen der Kronprinz und ich Sie als unsere letzte Rettung an.«

»Ich danke für die Blumen, Herr Persius.« Borsig deutete eine kleine Verbeugung an. Es tat ihm wohl, wenn man ihm so schmeichelte, und das gab er auch ganz ehrlich zu. »Ich bin gespannt …«

»Da muss ich weit ausholen, wenn ich darf.«

Borsig nickte. »Aber gern.«

»Begonnen mit dem Bau der Anlage von Schloss Sanssouci wurde schon 1748. Friedrich der Große hat sich persönlich mit den Fragen der Wasserkünste befasst und wollte, dass 62 Brunnen in Form von Muscheln, Nymphen und wasserspeienden Tieren durch die Stille der Gärten rauschten. Direkt vor dem Schloss sollte es zwei riesige Springbrunnen geben. Wie aber konnte man das Wasser so unter Druck setzen, dass es in die Höhe schoss? Der Schlosshofkastellan hatte eine geniale Idee: Auf einem Hügel in der Nähe der Gärten, dem heutigen Ruinenberg, wollte er ein steinernes Sammelbecken anlegen und die einzelnen Fontänen dann durch versteckte Rohrleitungen speisen. Aber wie bekam man das Wasser in so großer Menge auf den Berg? Baumann hatte gehört, dass man in Holland Wasser mit Windmühlen auf Berge hinaufbefördert hatte, und so holte er einen Holländer namens Heintze nach Potsdam, der zum Königlichen Fontainier ernannt wurde. Heintze indes misstraute der Kraft der Windmühle und setzte auf eine Dampfmaschine, die das Wasser auf den Ruinenberg hinaufpumpen sollte. Er starb jedoch alsbald, und der Alte Fritz holte den Rotgießer George aus Kassel nach Sanssouci. Der schaffte es dann auch, das Sammelbecken auf dem Berg oben mit Wasser zu füllen, doch dies dauerte acht Monate. Acht Monate! Und am Karfreitag 1752 geschah dann das Wunder: Die Fontäne schoss siebzehn Meter hoch in die Lüfte. Eine Dreiviertelstunde währte es, dann war das Wasser aufgebraucht – für weitere acht Monate. Der König holte neue Leute, das Problem zu lösen, dann kam der Siebenjährige Krieg, und er hatte kein Geld mehr. Die Sache geriet in Vergessenheit … Bis mich nun unser Kronprinz bei einem Spaziergang auf diese Wasserkünste angesprochen hat. Er will, dass die Brunnen von Sanssouci endlich sprudeln. Ich habe ihm gesagt, dass wir in Berlin hervorragende Maschinenbauer haben, die mit der Dampfkraft fertig werden können und es auch verstehen, Rohre aus Eisen zu gießen. Ich habe nun ein paar Skizzen vom Gelände in Sanssouci angefertigt, die ich Ihnen gern zeigen möchte …«

Lange saßen die beiden über den Skizzen und besprachen das Projekt. Für Borsig war das eine herrliche Sache: eine große Dampfmaschine mit Kesseln, eine Reihe von Pumpen, lange Rohrleitungen … Begeistert sagte er zu, hatte aber auch seine Bedenken. »Ich brauche ein Kesselhaus für meine Dampfmaschine und einen hohen Schornstein, was doch Sanssouci gehörig verschandeln würde.«

Persius nickte und überlegte einen Augenblick. »Da haben Sie recht. Nun gut, dann baue ich Ihnen für Ihren Schornstein einen Minarett-Turm und für das Kesselhaus einen maurischen Tempel.«

August Borsig setzte sich beim Schein der Rübenöllampe an

den Zeichentisch, kaum dass Persius gegangen war. Als alle Entwürfe fertig waren, zeigte sich Friedrich Wilhelm IV. begeistert von allem und bewilligte Borsig für die Dampfmaschine mit ihren Kesseln 12 000 Thaler, dazu 11 156 Thaler für das Pumpwerk und 2000 Thaler für die Nebenteile und die Aufstellung.

Es gab Schwierigkeiten beim Verlegen der Röhren, und Borsig überschritt den gesetzten Termin um drei Wochen, doch am 23. Oktober 1842 war alles bereit. Persius gab das Zeichen, und unter den Blicken des Königs stieg die erste Fontäne 36 Meter hoch. Kurze Zeit später erhielt Borsig vom Fabriken-Commissionsrath Brix ein Schreiben, in dem es unter anderem hieß:

Was nun schließlich die technische Ausführung betrifft, so dürfte es überflüssig sein, darüber noch weiteres zu sagen. Die Sanssoucier Maschinenanlage macht der Werkstatt, aus welcher sie hervorgegangen ist, die größte Ehre; sie hat wahrscheinlich nicht ihresgleichen. Jedenfalls steht sie als ein mechanisches Werk da, welches ganz geeignet ist, von vaterländischer Intelligenz und Kunstfertigkeit ein rühmliches Zeugnis abzulegen.

»Das ist mehr wert als ein Orden«, sagte Louise Borsig zu ihrem Mann.

Borsigs Freude darüber wurde aber etwas getrübt, als Friedrich Wöhlert in sein Comptoir trat und um ein Gespräch unter vier Augen bat.

»Um et kurz zu machen …« Wöhlert, schon fast vier Jahrzehnte an der Spree, hatte sich das Berlinern angewöhnt. »Ick hab ma dir als Vorbild genommen … Die Königliche Seehandlung gibt mir det Jeld. Ick will ma selbständig machen.«

Borsig schluckte. Er hatte es kommen sehen, aber so wie Egells ihn selbst hatte gehen lassen, musste er Wöhlert ziehen lassen und dazu gute Miene machen. Er durfte sich nicht über einen neuen Konkurrenten beschweren, den er auf dem hart umkämpften Markt nun hatte, sondern musste betonen, wie stolz er auf ihn als seinen Schüler sei, und ihm alles Gute wünschen. Das tat er dann auch, und sie verabschiedeten sich mit einer herzlichen Umarmung.

Kapitel zwölf
1843

Waldemar von Schwanow war kein preußischer Casanova, aber ein Mann, von dem man sagte, er sei kein Kostverächter und ließe nichts anbrennen. Hofdamen, Töchter ehrbarer Kaufleute und Handwerker, Marktweiber, Köchinnen und Waschfrauen – das Spektrum seiner Liebschaften war groß, und Standesunterschiede kannte er keine. Hauptsache, die Damen waren von einem gewissen Liebreiz und einer Körperfülle, wie sie auch Rubens geschätzt hatte. Was die Ars amandi betraf, konnte er sich durchaus als ihr Experte sehen, doch was ihm Susanna in der letzten Nacht an Wonnen beschert hatte, war auch für ihn neu gewesen. Sein Majordomus hatte sie als Waschfrau eingestellt, und er war ihr auf dem Dachboden begegnet, wo er nach seinem Fernrohr sehen wollte. In der Astronomie hatte er eine neue Leidenschaft entdeckt, nachdem er Johann Gottfried Galle von der Berliner Sternwarte getroffen hatte. Susanna war gerade dabei gewesen, neben dem Fernrohr Wäsche aufzuhängen, und hatte sich dabei derart lasziv nach der Leine gestreckt, dass er nicht anders gekonnt hatte, als sofort an das Eine zu denken. Ihr Dialog war von denkwürdiger Kürze gewesen.

»Sie haben aber ein wunderschönes Rohr, Herr von Schwanow.«

»Du kennst dich wohl mit Rohren aus?«

»Das will ich wohl meinen.«

Von dieser Szene bis zum ersten Beischlaf hatte es nur wenige Minuten gedauert, denn unter seinem Fernrohr stand ein stabiler Stuhl …

An diesem Morgen nun glaubte Susanna, ihn so weit zu haben, dass er ihr keine Bitte mehr abschlagen konnte.

»Du hast doch gesagt, du würdest alles für mich tun, wenn ich weiterhin …«

»Aber ja, mein Schätzchen.«

»Ich habe da eine Bitte … Ein Freund meines Vaters lebt davon, dass er in Deutschland Lokomotiven von Norris verkauft. Könntest du bei der Berlin-Anhaltischen Eisenbahn zusehen, dass sie ihm welche abnehmen?«

Von Schwanow lachte. »Das würde ich gerne tun, nur leider habe ich mich letzte Woche mit dem Directorium völlig überworfen und alle meine Anteile abgestoßen.«

August Borsig war nun gänzlich angekommen in den höheren Kreisen, und es schmückte jede Gesellschaft, ihn in ihrer Mitte zu wissen. Er genoss diese Einladungen, weil sie ihm bewiesen, dass er es endlich geschafft hatte. Am ersten schönen Sonnabend im Juni hatte Christian Peter Wilhelm Beuth einige illustre Gäste zu sich eingeladen.

»Den kenn ick«, sagte der Kutscher der Droschke, die sich Borsig bestellt hat. »Inne Klosterstraße also.«

»Nein, hinaus ins Dorf Nieder-Schönhausen, da hat er sein *Cottage*.«

»Wat hatta da?«

»Sein Landhaus im englischen Stil.«

Beuth lebte hier in den Sommertagen wie ein Landadliger, fuhr am frühen Morgen, wenn der Tau noch auf den Feldern lag, hinein nach Berlin und kehrte in der Abenddämmerung wieder in die ländliche Idylle und Einsamkeit zurück. Zwei eigene Füchse zogen seinen Landauer.

Am späten Nachmittag hatten sich maßgebende Männer des Geistes, der Kunst, der Industrie und des Staates am riesigen runden Tisch auf der Gartenterrasse vor dem Landhaus versammelt. Beuth war unverheiratet geblieben, und seine Schwester Elisabeth, ein ältliches Fräulein, spielte die Gastgeberin und trug zuallererst Weinflaschen und Gläser herbei. Elf Gäste hatten sich heute eingefunden, wobei die Innung der Bildhauer und Kunstmaler die absolute Mehrheit bildete.

Als Letzter erschien der Kunstmaler, Zeichner, Illustrator und Karikaturist Theodor Hosemann. Er wurde mit großem Hallo begrüßt, denn man wusste bereits, dass er sich an eine Karikatur des Hausherrn gemacht hatte. Und richtig, er hatte eine große Mappe unter dem Arm, als er aus seiner Kutsche sprang. Die schon am Tisch saßen – alles gestandene Männer –, wurden von einer kindlichen Neugierde gepackt und sprangen auf, um ihn zu umringen, als er die Mappe ablegte und öffnete.

»Ganz hervorragend!«, rief der Kunstkritiker Professor Wilhelm Johann Karl Zahn. »Das ist unser Beuth, wie er leibt und lebt.«

Die farbige Zeichnung zeigte ihren Gastgeber im altväterlichen Rock, wie er im Lehnstuhl auf seiner Nieder-Schönhausener Terrasse saß, den Kopf im Halbschlummer zur Seite geneigt. Riesige Aktenstapel türmten sich neben ihm auf. Sie trugen Aufschriften wie *Gewerbeabteilung, Technische Deputation* und *Eisenbahn*. Im Hintergrund dampfte ein Eisenbahnzug über die Felder, wobei sein Qualm die ganze Gegend verschmutzte, vorn aber schauten zwei Pferde lieb um die Ecke.

»Ja, ja, die verteufelte Eisenbahn!«, rief Adolph von Pommer-Esche. »Unsere Pferde sind doch die besseren Geschöpfe.«

Alle Anwesenden wussten, dass sich Beuth, sosehr er ansonsten dem Fortschritt zugetan war, mit dem neuen Verkehrsmittel noch nicht so recht angefreundet hatte.

Man wollte Hosemanns Bild mit einem Geschenk Schinkels vergleichen, dem *Pegasus*. Beuth holte das Bild und lehnte es gegen eine Weinflasche. Es zeigte den Geheimen Oberfinanzrath auf einem geflügelten Ross sitzend, wie er eine Kette von Seifenblasen in die Luft entschweben ließ. Unter den Pferdehufen tat sich Beuths Traumlandschaft auf: Eine riesige Fabrikstadt war da zu sehen, ein Wald von rauchenden Schloten, eine Landschaft, die von breiten Kanälen zerschnitten wurde.

Das Betrachten des Bildes wurde zu einer Gedenkminute für Karl Friedrich Schinkel, und dennoch gab die Mehrheit der Anwesenden der Hosemann'schen Karikatur den Vorzug. Man fragte ihn, ob er es in die Reihe *Berlin wie es ist – und trinkt* aufnehmen wolle, die er gemeinsam mit Adolf Glaßbrenner herausgab.

»Bitte nicht«, meinten die einen, es schmälere Beuths Ansehen.

»Bitte doch!«, riefen die anderen, es mache ihn noch volkstümlicher.

»Sie haben doch schon eine Stadt nach ihm benannt«, sagte der Bildhauer August Kiss, der aus Oberschlesien kam. »Beuthen.«

Die Stimmung war bestens, und der General Karl Wilhelm von Willisen musste einmal so lachen, dass er eine Menge Wein verschüttete.

»Besser, er verschüttet Rotwein, als dass er Blut vergießt«, sagte Borsig.

Als Elisabeth eine neue Tischdecke brachte, wurde sie von Hosemann gebeten, doch auf die alte Decke gut Acht zu geben.

Erstaunt sah sie ihn an. »Warum denn das?«

»Na, weil doch bekannt ist, dass unser lieber Rauch alles Stoffliche mitnimmt, um daraus Mäntel für seine Enkelkinder zu schneidern.«

Christian Daniel Rauch musste zugeben, dass Hosemann recht hatte. »Nun, wenn ich den Auftrag für eine Statue erhalten habe, fertige ich zuerst Skizzen und dann Gipsmodelle an, später ein Hilfsmodell in halber Größe. Diese Modelle werden nackt geformt, um anatomische Fehler zu vermeiden, und ich hänge ihnen dann Stoffbahnen zur Ausrichtung des Faltenwurfes um. Die dann wegzuwerfen wäre doch schade, und meine Enkelkinder haben ihre Freude daran.«

Beuth tadelte diese Sparsamkeit. »Für die Gewerbe und die Händler wäre es besser, Sie würden neue Stoffe kaufen.«

Friedrich Drake, Rauchs Schüler, sah die Sache anders. »Wer von den Leinewebern und den Stoffhändlern lässt sich denn von ihm in Bronze gießen? Keiner – also brauchen wir auf sie auch keine Rücksicht zu nehmen.«

Rauch hatte seinen alten Weggefährten Christian Friedrich Tieck mitgebracht, um ihn etwas aufzumuntern. Sie hatten sich in Rom kennengelernt und dort gemeinsam eine Werkstatt unterhalten, auch den Sarg für Königin Luise hatten sie geschaffen. In letzter Zeit war der Freund allerdings träge und arbeitsscheu geworden und machte Schulden über Schulden. Rauch stieß ihn an. »Herr Tieck, nicht abtreten!«

Friedrich Wöhlert, der mit Borsig und Egells zusammen als dritter Vertreter des Feuerlandes eingeladen worden war, horchte auf. »Ah, meine Frau hat gerade Ihre Novelle *Des Lebens Überfluß* gelesen.«

»Bedaure, die habe nicht ich geschrieben, sondern mein Bruder Ludwig.«

Beuth war nun bestrebt, auch Wilhelm Johann Karl Zahn ins Gespräch einzubeziehen. »Da wir gerade bei Büchern sind, mein lieber Professor: Ich habe für mein Gewerbe-Institut kürzlich ein Exemplar Ihres Prachtwerkes angekauft. *Die schönsten Ornamente und merkwürdigsten Gemälde aus Pompeji, Herculanum und Stabiae* sollen unsere Zöglinge anregen.«

Zahn war dadurch berühmt geworden, dass es ihm gelungen war, die antiken Malereien von Pompeji, Herculanum und Stabiae möglichst getreu zu kopieren. Kein Geringerer als Goethe hatte ihn deswegen außerordentlich geschätzt, aber auch Friedrich Wilhelm IV., die preußischen Minister Wittgenstein und Altenstein, beide Humboldts, Schinkel, Rauch und Tieck bewunderten und förderten ihn.

Die stille Elisabeth servierte ihnen nun das einfache, ländliche Abendbrot.

»Als Ausgleich für unser notgedrungen frugales Mahl darf ich Ihnen die prächtige Speisekarte herumreichen, die unser Freund Hosemann zum 1842er Jahresessen des Vereins zur Beförderung des Gewerbefleißes entworfen hat.« Und Beuth zählte die darauf angegebenen Speisen auf: »*Suppe en Tortue, Suppe à la Reine, Kalbskeule à la Béchamel, Teltower Rübchen mit Marons und Jauer-Wurst, farcierte Pute mit Champignon, Gänseleber-Pastete, Baumkuchen, Dessert.*«

Borsig saß neben dem Bildhauer August Kiss, einer Entdeckung Rauchs. Sie hatten zwei Gemeinsamkeiten: Kiss arbeitete als

Ziselierlehrer an Beuths Gewerbe-Institut, und er kam ebenfalls aus Oberschlesien.

»Aber ich komme nicht wie Sie, Herr Borsig, aus dem schönen Breslau, sondern aus dem weniger schönen Paprotzau. Mein Vater war dort Hütteninspector, und in seiner Eisenhütte habe auch ich gelernt. Später hat mich mein Bruder in die Königliche Eisengießerei Gleiwitz geholt. Wenn es endlich eine Eisenbahn nach Breslau gibt, werde ich wieder öfter in meiner alten Heimat sein.«

»Ich bin ein großer Befürworter und Förderer aller Eisenbahnen!«, rief General Karl Wilhelm von Willisen, ein alter Haudegen, der 1806 bei Auerstedt dabei gewesen war und anschließend im Schill'schen Freikorps gegen Napoleon gekämpft hatte. Nach den Befreiungskriegen hatte er eine glänzende militärische Karriere gemacht, an der Allgemeinen Kriegsschule zu Berlin unterrichtet und sich einen Ruf als großer Stratege erworben, war dann aber in Ungnade gefallen und strafversetzt worden, als er sich für die Unabhängigkeit Polens und für mehr Demokratie in Preußen eingesetzt hatte. Im letzten Jahr war er aber begnadigt und zum Kommandeur der 11. Landwehrbrigade ernannt worden. »Das Heer braucht Eisenbahnen!«

Adolph von Pommer-Esche winkte ab. »Ich weiß, *mon Général*, ich weiß! Aber Ihre Soldaten bauen ja keine, das müssen Ingenieure und Arbeiter tun, die der Staat und die Gemeinden bezahlen müssen.«

Adolph von Pommer-Esche kam aus Stralsund und war genauso alt wie Borsig. Er hatte Rechts- und Kameralwissenschaften studiert, war als Auskultator in den preußischen Justizdienst eingetreten und Stufe für Stufe nach oben gekommen. 1835 war er zum Geheimen Regierungsrath der Verwaltung für Handel, Fabrikation und Bauwesen mit Sitz in Berlin ernannt worden und ein Jahr später als Geheimer Finanzrath ins Finanzministerium gewechselt. Seit 1836 gehörte er der Eisenbahncommission und seit 1842 dem preußischen Staatsrath an.

Er wandte sich an Borsig. »Wie viele Lokomotiven sind eigentlich schon bei Ihnen gebaut worden?«

Borsig musste nicht lange nachdenken. »1841 war es eine, 1842 waren es immerhin schon acht, und in diesem Jahr rechnen wir mit etwa zehn Maschinen.«

»Das ist viel – und doch wenig«, brummte von Pommer-Esche, »gemessen am Volumen der Angelsachsen.«

»Drei Maschinen werden von mir geliefert«, sagte Egells. »Die Namen haben wir schon: *Preuße, Hermann* und *Windsbraut*. 1846 werden sie ins Rollen kommen.«

»In drei Jahren werde ich mit meiner ersten eigenen Maschine auch so weit sein«, fügte Wöhlert hinzu.

Von Pommer-Esche zählte alles zusammen. »Das sind vierzehn Maschinen. Diese Zahl wird dem Herrn Norris, wenn er morgen zu mir kommt, sicherlich nicht das Fürchten lehren …«

William Norris, geboren 1802, hatte 1832 gemeinsam mit dem Ingenieur Colonel Stephen H. Long in Philadelphia ein Unternehmen zur Produktion von Dampflokomotiven gegründet. Ihre erste Maschine war die *Black Hawk*, und bald konnten sie mehrere ihrer Lokomotiven an die Boston and Providence Railroad und die Philadelphia and Columbia Railroad verkaufen. Der große Aufschwung kam, als sein Bruder Septimus in die Firma eintrat und neue technische Ideen einbrachte. Ihre *George Washington*, eine 4-2-0-Lokomotive, war die erste Maschine, der es gelang, einen Berg hinaufzufahren, und mit der *Lafayette*, die sie für die Baltimore and Ohio Railroad bauten, schufen sie das Erfolgsmodell überhaupt, die *Sixwheeler*. Seit Dampfschiffe den Atlantik überquerten, war es kein großes Problem mehr, die Maschinen auch nach Europa zu bringen und den dortigen Markt zu erobern. In den Jahren 1842 bis 1844 sollte allein die Berlin-Frankfurter Eisenbahn fünfzehn mit Holz beheizbare Norris-Maschinen zum Stückpreis von 12 000 Thalern kaufen, vier Leistungsklassen standen zur Auswahl. Man ließ sich dort von den Erfahrungen des Oberingenieurs Zimpel leiten.

So weit, so gut, nun aber war die Kunde nach Philadelphia gedrungen, dass es in Berlin Lokomotivbauer gab, die seine Vorherrschaft bedrohten und seine Absatzmärkte gefährdeten – Grund genug für William Norris, nach Berlin zu kommen und die Sache in Ordnung zu bringen. Mitte Juni war er in Berlin eingetroffen und hatte, wie schon einige Male zuvor, im Hotel de Russie Quartier genommen. Aus Briefen seines Agenten Ferdinand Fluschnik wie aus seinem Gespräch mit dem Beamten Adolph von Pommer-Esche wusste er, dass August Borsig als der größte Konkurrent anzusehen war, und er beschloss, das Problem auf amerikanische Art zu lösen: »Ich mache ihn kaputt!«

Fluschnik, den er zu sich ins Hotel bestellt hatte, war skeptisch: »Wie denn?«

»Ich schreibe an die Königliche Seehandlungs-Societät, dass sie mir ihre Maschinenbau-Anstalt für zehn Jahre verpachtet, mit Vorkaufsrecht, damit ich da selbst Lokomotiven bauen kann.«

»Eine phantastische Idee!«, rief Fluschnik.

Doch die Seehandlung ließ ihm mitteilen, dass man nicht gesonnen wäre, die Maschinen-Anstalt zu verpachten, und es bedauern müsse, ihm auch ansonsten nicht behilflich sein zu können.

Norris war wütend und ließ diese Wut an Fluschnik aus. »Dann lassen *Sie* sich mal was einfallen, sonst trete ich Ihnen in den Hintern!«

Borsig wusste, dass William Norris in Berlin war und im wahrsten Sinne des Wortes Dampf machte. Ihm war klar, dass er den Amerikaner – aber auch die Engländer – nur schlagen konnte, wenn er bessere Maschinen baute als sie. Sein Oberingenieur und Chefkonstrukteur Anton Flöringer sah das genauso. »Mit der Siegesfahrt von Jüterbog haben wir zwar eine Schlacht gewonnen, Herr Borsig, aber noch lange nicht den Krieg.«

Borsig verzog das Gesicht. Er mochte diese militärische Ausdrucksweise nicht. »In der Sache mögen Sie zwar recht haben, aber … Nun gut, lassen Sie uns darüber nachdenken, was wir unbedingt besser machen müssen.«

Borsig war zwar von der Norris-Konstruktion ausgegangen, die eine rückwärtig liegende, große Treibachse sowie zwei vordere Drehgestell-Laufachsen besaß, in der Zahl der Räder ausgedrückt 4-2-0, hatte sich aber für eine größere Leistung entschieden und deswegen den Kessel verlängert, dessen Gewicht von einem vorderen Drehgestell mit zwei Laufachsen und hinten von einer dritten Laufachse aufgenommen wurde. Für die Praktiker ergab das also die Typen 4-2-2 oder 2A1, wenn man die Achsen als Maßstab nahm. Die Maschine, die seinen Namen trug, war von dieser Bauart, während die *Beuth* eine 1A1-Maschine war. Von diesem Typ lieferte man insgesamt 71 Maschinen aus. Doch es kamen Klagen von den Bahngesellschaften, dass die Lokomotiven zu schwach seien und bei längeren Zügen nur bei guter Witterung eine Maschine ausreiche, ansonsten wäre mindestens eine Vorspannmaschine vonnöten. Bei Güterzügen war das Problem noch schwerwiegender. Die große Frage war also, wie man die Leistung der Borsig'schen Maschinen steigern konnte.

»Erst einmal sollten wir auf Koks umstellen«, sagte Flöringer. »Dann sollten wir dafür sorgen, dass wir das Reibungsgewicht erhöhen, und uns deshalb an den Crampton-Maschinen orientieren. Schließlich sollten wir uns von den ungekuppelten Maschinen abwenden und zu Modellen mit zwei- oder mit mehrfach gekuppelten Achsen übergehen, wie sie Sharp Brothers & Co. bald liefern können.«

Borsigs Gesicht verfinsterte sich. »Was Sie vorschlagen, müssen wir wohl in Angriff nehmen, aber ich komme mir vor wie ein Schüler, der immer nur von anderen abschreibt.«

Sie waren bei ihrem Gespräch am Arbeitsplatz eines jungen Ingenieurs vorbeigekommen, der ihre Worte zum Teil mitverfolgt hatte. Sein Name war Hermann Gruson, und Borsig hatte ihn zu sich genommen, weil er mit dessen Vater flüchtig bekannt war. Der junge Mann erhob sich nun, machte eine leichte Verbeugung und fragte, ob er seine Meinung zu diesem Thema äußern dürfe.

Borsig nickte. »Nur zu.«

»Sie haben doch schon etwas sehr Originelles hervorgebracht, Herr Borsig«, sagte er und hielt dem Fabrikherrn eine Patentschrift vom 14. Januar 1841 hin. »Das ist der Gedanke des überhitzten Dampfes.«

Flöringer winkte ab, und auch Borsig sagte, dass das im Augenblick nicht relevant sei – vielmehr solle man sich einer modernen Konstruktion des Stehkessels zuwenden.

Hier nicht anzusetzen war eine der wenigen Fehlentscheidungen Borsigs, denn hätte er schon jetzt eine Heißdampflokomotive auf den Markt gebracht, wäre er auf Jahrzehnte hinaus an der Spitze aller Lokomotivfabrikanten der Welt gewesen. War der Weitblick ansonsten seine Stärke, als Techniker und Geschäftsmann – hier versagte er.

Der junge Ingenieur wollte noch nicht aufgeben und versuchte, ihn mit einer komplizierten mathematischen Formel zu überzeugen.

»Die Formel taugt nichts, sie ist über zwei Zeilen zu lang«, sagte Borsig aber nur und ließ seiner Abneigung gegen alles Theoretische wieder einmal freien Lauf. »Konzentrieren wir uns erst einmal auf die Eröffnungsfahrt bei der Berlin-Stettiner Eisenbahn!«

Ferdinand Fluschnik lief wie im Fieber durch die Stadt, getrieben von der Angst, mit der Anstellung bei William Norris auch den letzten Halt im Leben zu verlieren. Zuletzt hatte er alle Hoffnung auf Susanna gesetzt, und die hatte ja die Nuss Waldemar von Schwanow auch geknackt – auch wenn der sich leider als die berühmte taube Nuss erwiesen hatte. Und wieder hallte es in ihm: Was nun? Wirre Gedanken schossen ihm durch den Kopf: Die Borsig'sche Maschinenbau-Anstalt in Brand stecken! Aber was gab es da schon an Brennbarem? Alles mit Kanonenkugeln plattmachen! Aber woher sollte er Kanonen nehmen und in Stellung bringen? In die Kantine eindringen und Essen und Trinken vergiften, damit Borsig niemanden mehr hatte, der für ihn arbeitete! Aber seines Wissens gab es bei Borsig noch keine Kantine mit gemeinsamem Essen, sondern jeder brachte sich etwas von zu Hause mit.

Er war mit der Droschke zum Oranienburger Thor gefahren und lief in der Chaussee- und der Thorstraße an den Außenmauern der Borsig'schen Fabrik entlang. Die Festung Borsig schien uneinnehmbar zu sein. Da hatte er die zündende Idee: Ein Attentat! Er musste Borsig erschießen. Leider war er ein schlechter Schütze. Und sollte die Tat wirklich gelingen, er aber gefasst werden, dann machten sie ihn einen Kopf kürzer, und er hatte von Norris' Belohnung auch nichts mehr. Außerdem war zu vermuten, dass andere die Borsig'sche Fabrik übernahmen, Wöhlert wahrscheinlich.

Er spähte durch ein Loch in der Mauer zum Konstruktionsbüro und zur Verwaltung hinüber. Vielleicht war Norris schon zufrieden, wenn er ihm mitteilen konnte, was sie bei Borsig planten und für welche Bahngesellschaft man welche Lokomotiven bauen wollte. Um das herauszubekommen, konnte er zwei Wege einschlagen: sich selbst bei Borsig einschleichen oder sich einen Spion suchen und bezahlen. Die erste Möglichkeit schied wohl aus, denn die Gefahr war groß, dass ihn einer erkannte. Also blieb ihm nur, sich jemanden zu suchen, der für ihn wichtige Informationen besorgte. Wer machte so etwas? Er brauchte nicht lange zu überlegen: Jemand, der Geld brauchte und August Borsig gern geschadet hätte. Wo fand man solche Leute? Sicherlich in den Destillen ringsum, in denen sich die Arbeiter nach Feierabend von ihren Strapazen erholten.

Seit langer Zeit saßen August Borsig und Wilhelm Järschersky wieder einmal im Café Kranzler beisammen, und wie immer, wenn sich alte Freunde eine Weile nicht gesehen hatten, begann ihr Gespräch mit der Frage, was der andere denn jetzt gerade mache.

Järschersky musste einen Augenblick nach einer Antwort suchen. »Eigentlich mache ich zurzeit nichts. Seit meine Mutter tot ist, habe ich so viel Geld, dass ich nichts mehr machen muss, außer …«, er senkte die Stimme, »… außer auf die Revolution zu warten.«

Borsig überhörte dies und wich auf ein anderes Thema aus. »Und was ist aus deinem Roman geworden?«

»*Der zersprungene Pulverturm*? Der ist zwar gedruckt worden, aber keiner nimmt ihn so richtig zur Kenntnis.«

»Und einen neuen willst du nicht schreiben?«

Järschersky lachte. »Doch. Aber das Ereignis, das seinen Kern ausmachen soll, hat noch gar nicht stattgefunden.«

Borsig geriet beim Raten, was das wohl sein möge, auf die völlig falsche Spur. »Deine Hochzeit?«

»Nein, die …«, wieder flüsterte er nur, »… Revolution.«

»Mich kümmert es nicht, ob eine kommt oder nicht«, sagte Borsig. »Dampfmaschinen und Lokomotiven wird man auch nach einer Revolution brauchen.«

»Du hast ja mächtig zu tun, August, was man so hört und liest …«

»Ja, Arbeit über Arbeit.«

Järschersky sah das eher kritisch. »Das ist ja ein richtiges Laster.«

Borsig reagierte etwas sauer. »Besser als das Laster des Müßiggangs!«

So ging es noch eine halbe Stunde lang, und sie merkten bald, dass sie sich eigentlich nichts mehr zu sagen hatten, doch einfach aufstehen und adieu sagen mochten sie auch nicht, denn es war nun zwanzig Jahre her, da Borsig nach Berlin gekommen und in der Münzstraße Quartier genommen hatte. Und seither hatten sie vieles gemeinsam erlebt. Das verband sie für immer.

»Ich muss wieder in die Fabrik«, sagte Borsig schließlich.

»Und ich zu Bettina.«

Borsig horchte auf. »Eine neue Flamme?«

»Nein, ein Fixstern am Himmel: Bettina von Arnim. Sie wohnt ja gleich hier nebenan, Unter den Linden 21.«

Als er dort eintraf, hatte sich schon eine ansehnliche Schar in ihrem Salon versammelt – in der Mehrzahl Dichter und Studenten –, und die Hausherrin war gerade dabei, ihre neueste Publikation vorzustellen, der sie den ungewöhnlichen Titel *Dies Buch gehört dem König* gegeben hatte. Mit einem Schweizer Studenten war sie durch die Elendsquartiere an der Gartenstraße gezogen und hatte aufgeschrieben, was sie bewegte. Davon las sie jetzt einiges vor:

Vor dem Hamburger Thor, dem sogenannten Vogtland, hat sich eine förmliche Armenkolonie gebildet …

Der Vater webet zu Bett und Hemden und Hosen und Jacke das Zeug und wirkt Strümpfe, doch er hat selber kein Hemd. Barfuß

geht er und in Lumpen gehüllt! Die Kinder gehen nackt, sie wärmen sich einer am andern auf dem Lager von Stroh und zittern vor Frost …
Seid ihr denn verhärtet, dass ihr den Fluch der Armut an eurer glattpolierten Bildung so kaltblütig abgleiten lasset!

»Ich fürchte, der König wird dieses Buch nicht lesen«, sagte Wilhelm Järschersky zu Theodor Hosemann, der neben ihm Platz genommen hatte.

»Dabei ist sie in Wahrheit gar keine Revolutionärin«, merkte Hosemann an, »keine Aufrührerin. Sie will ja nichts anderes, als aus Friedrich Wilhelm IV. einen liberalen Volkskönig zu machen.«

»Das kann nur gelingen, wenn wir alle auf die Barrikaden gehen.«

Die Lokomotive explodierte mit einem fürchterlichen Knall und wurde zu einem Feuerball, der so mächtig wurde, dass er es bald mit der Sonne aufnehmen konnte. Auch die ersten Wagen des Zuges fingen Feuer, während die anderen von der Brücke stürzten und sofort im Fluss versanken. Ihn riss es mit in die Tiefe, doch er konnte sich, als sie auf dem Grund angekommen waren, aus der aufgesprungenen Tür retten, um im tiefen Wasser nach oben und an die Luft zu streben. Aber etwas hielt ihn fest, hatte seine Beine fest umklammert. Ein Nix, ein Hakenmann. Er wollte um Hilfe schreien, doch brachte nur ein schreckliches Gurgeln heraus.

Seine Frau riss an seiner Schulter. »Aufwachen!«

Ludwig Rellstab fuhr hoch. Wieder hatte ihn einer dieser Alpträume gepackt, wie sie ihn regelmäßig überfielen, seit er zur Eröffnung der Berlin-Stettiner Eisenbahn eingeladen worden war, um in der *Vossischen Zeitung* darüber zu berichten.

»Wieder das Eisenbahnunglück?«, fragte seine Frau.

»Ja, ich habe so ein komisches Gefühl dabei …«

»Ach, was soll da schon passieren!«

»Da kann eine ganze Menge passieren …«

Angetrieben von seinen diffusen Ängsten, hatte er in den Archiven geblättert und alles zusammengetragen, was es bisher in der jungen Geschichte der Eisenbahn an größeren Unfällen gegeben hatte:

15. September 1830: Newton-le-Willows (England) – Der Politiker William Huskisson wird das erste Todesopfer der Eisenbahn, als ihn am Eröffnungstag der Liverpool and Manchester Railway die Rocket überfährt und tödlich verletzt.
17. Juni 1831: Charleston (South Carolina, USA) – Nachdem ein Sicherheitsventil durch ein Besatzungsmitglied versehentlich festgezogen worden ist, zerstört eine Kesselexplosion die Lokomotive Best Friend of Charleston und tötet die gesamte Besatzung.
11. November 1833: Hightstown (New Jersey, USA) – Bei einer Geschwindigkeit von 25 Meilen pro Stunde wird das Achslager eines Wagens überhitzt, und es kommt zu einem Achsbruch, in dessen Folge dieser Wagen umstürzt. Zwei Reisende werden getötet, fünfzehn verletzt. In diesem Zug der Camden & Amboy Railroad ist auch der Unternehmer und Börsenspekulant Cornelius Vanderbilt unterwegs. Er bricht sich zwei Rippen, erleidet eine Lungenverletzung und benötigt einen Monat, um sich von den Verletzungen wieder zu erholen. Unverletzt in dem Wagen vor ihm bleibt der frühere US-Präsident John Quincy Adams, der schon am nächsten Tag in die Bundeshauptstadt weiterreist.
24. Dezember 1841: Sonning (England) – Ein gemischter Güter- und Personenzug von London nach Bristol entgleist in einem Einschnitt nahe Sonning, nachdem in der Nacht zuvor anhaltende Regenfälle einen Erdrutsch ausgelöst haben und das Streckengleis Richtung Bristol verschüttet worden ist. Acht Reisende sterben, achtzehn werden schwer verletzt. Die Unfallopfer sind Bauarbeiter, die am Bau des Londoner Parlaments mitwirken. Der Zug fährt bei Dunkelheit in das Hindernis. Die zwei offenen Wagen der 3. Klasse werden von den Güterwagen in die Lokomotive geschoben.
8. Mai 1842: Versailles (Frankreich) – Ein Personenzug von Versailles nach Paris entgleist nach einem Achsbruch an der Vorspannmaschine. Fünfzig Menschen verbrennen, unzählige werden

verletzt. Die vordere Achse der dreiachsigen Norris-Lokomotive war an beiden Enden gebrochen. Die Lok fährt noch ein Stück weiter und entgleist erst, als die Räder an die Innenschienen eines Bahnübergangs stoßen. Daraufhin kippt die zweite Lok um, die hölzernen Wagen des Zuges fahren auf und werden von den glühenden Kohlen aus der Feuerbüchse in Brand gesetzt. Die Abteiltüren sind aus Sicherheitsgründen abgeschlossen worden, so dass sich viele Reisende nicht mehr rechtzeitig retten können.

Das Wissen um diese Unfälle war es, das Ludwig Rellstab am 15. August 1843 fast davon abgebracht hätte, an der großen Eröffnungsfahrt teilzunehmen. Dazu kam etwas, das seine Bedenken noch verstärkte: Eine der Lokomotiven, die man bei der Berlin-Stettiner Eisenbahngesellschaft in den Vereinigten Staaten bestellt hatte, war nach einem Schiffsunglück im Atlantik versunken. Welch böses Omen! Seine Frau musste ihn förmlich aus der Wohnung stoßen. »Ludwig, sei kein Feigling! Außerdem ist heute Dienstag, und das heißt, dass du zum Dienst musst, zum Dienst an den Lesern der *Vossischen*.«

So zog er los, wenn auch mit solch schleppenden Schritten, dass ihm seine Frau vom Fenster her nachrief, es sei kein Gang zum Schafott, sondern zu einem freudigen Ereignis.

Der Stettiner Bahnhof war aus den verschiedensten Gründen doch nicht an der Thorstraße und auf Teilen des Borsig'schen Geländes angelegt worden, sondern weiter nördlich inmitten der Felder an der Invalidenstraße. Obwohl etwas abgelegen, hatten sich trotz des Werktags viele Schaulustige eingefunden, und das Ganze erinnerte Rellstab an ein fröhliches Volksfest. Es war ein Sommermorgen, wie er im Bilderbuche stand, und die Sonne brannte schon gehörig auf die Berlinerinnen und Berliner hinunter, die sich auf den Feldwegen und Hügeln nahe der Bahn aufgestellt hatten. Rellstab fragte sich, ob sie wohl der Eisenbahn wegen gekommen seien oder um ihren König zu sehen. Wahrscheinlich hatte sie beides angetrieben. Vor dem Bahnhof wehten zahllose Fahnen, und wenn das Schwarz und Weiß der Preußen auch nicht viel hergab, so sorgten das Blau, das Rot und das Gold der vielen Uniformierten, die sich auf dem Bahnsteig und um die Wagen herum bewegten, für die nötige Farbenpracht. *Wie buntbemalte Bleisoldaten wirken sie,* notierte sich Rellstab. Auch anderes hielt er fest: *Sechs Maschinen stehen im neuen Maschinenschuppen: zwei aus Amerika, zwei aus England, zwei von Borsig. Aber den Zug mit dem König soll die von Borsig ziehen, das hat der Baurath Neuhaus so verfügt.*

Rellstab besaß die nötige Legitimation, um in die Nähe des Königs zu gelangen, und staunte auch heute wieder, wie wenig dieser Mann doch eigentlich dem entsprach, was man sich unter einem König vorstellte. Zu weich waren seine Gesichtszüge, und zu liebenswürdig, zu verträumt schaute er in die weite Welt hinaus, und zu vergeistigt wirkte er mit seiner ungewöhnlich hohen Stirn. Wie eine Figur von Novalis kam er Rellstab vor, auf der Suche nach der Blauen Blume. Aber wie der Herrscher einer europäischen Großmacht, wie Preußen sie nach den Napoleonischen Kriegen wieder war? Friedrich Wilhelm I., der Soldatenkönig, hätte sich halb totgelacht über diesen König und ihn zu einem Hofnarren à la Gundling gemacht. Selbst Friedrich der Große, in seiner Jugend selbst ein Schöngeist, hätte wohl den Kopf geschüttelt. Mein Gott, dachte Rellstab, wie wird dieser Mann reagieren, wenn es mal hart auf hart kommen sollte? Versagen wird er! Doch er konzentrierte sich auf das Geschehen – schließlich musste er berichten, welche Prinzen, Minister, hohe Beamte und bedeutende Männer der Wissenschaft und Kunst sich um den König scharten. Sogar Alexander von Humboldt war gekommen.

Rellstab ging zur Lokomotive, auf dessen Führerstand Baurath Neuhaus neben dem Maschinenführer zu sehen war, beide im Gespräch mit August Borsig, der unten auf dem Kiesbett stand. Rellstab trat hinzu, um den Fabrikherrn zu begrüßen. »Nun, Herr Borsig, aufgeregt?«

»Ein wenig schon – aber was soll schon passieren? Meine Maschine hat alle Probefahrten glänzend bestanden.« Borsig sah auf seine Taschenuhr. »Es ist gleich so weit, ich muss in meinen Wagen.«

Rellstab tat das Gleiche, denn bis zur Abfahrt des Eröffnungszuges konnte es nicht mehr lange dauern. Die Musikanten, die auf einem offenen Wagen Platz genommen hatten, griffen schon zu ihren Posaunen, Trompeten und Klarinetten. Friedrich Wilhelm IV. stieg, nach allen Seiten grüßend, in den Hofwagen, um den sich golddurchwirkte Laubkränze zogen, und alle Begleiter – ob sie nun Uniform trugen oder nicht – begaben sich auf die Plätze, die man ihnen zugewiesen hatte. Der König gab das Zeichen, Neuhaus ließ seine Lokomotive lang anhaltend pfeifen, die Musik setzte schmetternd ein.

Rellstab konnte sich gerade noch auf das Trittbrett schwingen und einsteigen, dann ging es los, durch die Felder hindurch in einer weiten Rechtskurve Pankow entgegen.

Der Zug wurde schneller und schneller, verlor jedoch plötzlich an Fahrt und blieb schließlich gänzlich stehen.

»Ist hier eine Station?«, fragte man sich in Rellstabs Coupé.

»Nein, Pankow ist noch nicht erreicht.«

Rellstab beugte sich aus dem Fenster und sah, wie der Baurath Neuhaus von der Lokomotive sprang und zum Hofwagen lief.

»Majestät!«, rief er, etwas außer Atem und mit leicht zitternder Stimme. »Majestät, ein unbedeutender Zwischenfall. Wir werden aber die Geduld Seiner Majestät nur wenige Minuten in Anspruch nehmen müssen.«

»Eine Störung? Schon vor Pankow?« Die blauen Augen des Königs sahen fragend auf Neuhaus hinab.

»Keine Störung, Majestät! Ein unbedeutender Vorfall, eine technische Verzögerung sozusagen.«

Das war dem König zu unbestimmt. »Ich interessiere mich durchaus für die neue Technik. Was ist denn nun wirklich passiert? Sprechen Sie!«

Neuhaus holte noch einmal tief Luft, dann begann er, Bericht zu erstatten: »Bald nach der Abfahrt aus dem Bahnhof haben die Pumpen, die den Lokomotivkessel ständig mit neuem Wasser speisen sollen, eine nach der anderen versagt. Da die Maschine nicht weiterlaufen darf, wenn es nicht gelingt, dem Kessel Wasser zuzuführen, habe ich halten lassen. Wir haben die Lokomotive vom Zug abgekoppelt und lassen sie auf dem Gleis davor ein paar

Mal hin- und herfahren, in der Hoffnung, die streikenden Pumpen in wenigen Minuten wieder in Gang zu bringen.«

»Sehr interessant«, bemerkte der König. »Aber für den Reisenden ein wenig unbequem. Von wem ist denn die schadhafte Maschine?«

»Von Borsig in Berlin«, antwortete Neuhaus.

Hinter dem König erklang die sonore Stimme eines seiner Minister. »Von Borsig? Da kann man auch nichts Besseres erwarten …«

Rellstab sah nun, wie Borsig selbst zur Maschine lief, um zu retten, was zu retten war. Das musste er aus der Nähe beobachten! Es gelang ihm auch, seine Abteiltür zu öffnen. Er sprang auf das Kiesbett hinunter und lief nach vorn. Dort sah er den Oberingenieur Flöringer mit Borsig stehen und diskutieren.

»Verdammt! Hier, Herr Borsig, sehen Sie!«, rief Flöringer. »Sehen Sie!« Seine Hand wies auf eine der Kesselpumpen. »Diese Schraubenmutter hier, die ist lose! So dreht bei uns keiner eine Schraube fest, das muss jemand anderes gewesen sein!«

Borsig war bleich geworden. »Meinen Sie wirklich, dass …«

»Ja!« Flöringer öffnete den Deckel der Speisepumpe und fasste hinein. »Hier!« Er förderte eine Schraubenmutter und mehrere dicke Hobelspäne zutage.

»Sabotage also!«, rief Borsig. »Ein Verbrechen nennt man so etwas!«

Neuhaus kam heran und war ebenso entsetzt wie Borsig und Flöringer. Die Männer machten sich daran, die Pumpen zu reinigen und wieder betriebsfähig zu machen.

Borsig eilte zum Hofwagen, die Schraubenmutter und die Hobelspäne in der Hand, um den König von diesem Sabotageakt in Kenntnis zu setzen.

»Die Pumpen arbeiten nun wieder, gleich wird der Kessel mit frischem Wasser gefüllt sein, und wir werden die Fahrt nach Stettin fortsetzen können. Ich bitte um Verständnis und Verzeihung, Majestät.«

»Ach was, lieber Borsig, Sie sind doch schuldlos an allem. Es werden fremdländische Maschinisten gewesen sein, die …«

»Wenn unser Criminal-Commissarius sie erwischt, dann werden die gleich einen Kopf kürzer gemacht!«, rief einer seiner Minister. »Dies hätte uns allen das Leben kosten können.«

»Meine Herren«, rief Friedrich Wilhelm IV., »durch eine Schraubenmutter und ein paar Hobelspäne ist eine deutsche Lokomotive nicht aufzuhalten! Also, Borsig, geben Sie das Zeichen zur Weiterfahrt!«

Rellstab freute sich dreifach. Zum Ersten, weil er nun eine wunderbare Geschichte für seine Zeitung hatte, zum Zweiten, weil ihn seine Vorahnungen von einer drohenden Katastrophe nicht getrogen hatten – zum Dritten aber war er froh, dass er noch am Leben war.

Kapitel dreizehn
1844–1846

Waldemar von Schwanow saß beim König im Berliner Schloss und zitierte aus dem *Spottlied Blutgericht*, das er sich im Café Stehely besorgt hatte. Es war von den schlesischen Webern gesungen worden, als sie sich erhoben hatten.

Hier Herren Zwanziger die Henker sind
Die Diener ihre Schergen …
Ihr Schurken all, ihr Satansbrut
Ihr höllischen Dämone
Ihr freßt den Armen Hab und Gut
Und Fluch wird Euch zum Lohne
Ihr seyd die Quelle aller Noth, die hier den Armen drücket
Ihr seyd's, die ihm das trockene Brot noch vor dem Mund wegrücket …
Von Euch wird für ein Lumpengeld die Ware hingeschmissen
Was Euch dann zum Gewinne fehlt, wird Armen abgerissen …

Sie sprachen lange über den schlesischen Weberaufstand. Vom 4. bis zum 5. Juni hatte es im südöstlichen Zipfel Preußens, im Eulengebirge, erhebliche Unruhen gegeben. Verarmte, halb verhungerte und von den Gutsherren trotz aller Reformen weiterhin ausgebeutete und unterdrückte Weber hatten das Anwesen der Fabrikanten Gebrüder Zwanziger gestürmt und verwüstet. Eine königliche Kabinettsorder hatte den Kriminalsenat des Oberlandesgerichts Breslau angewiesen, *mit allem Fleiß die Aufwiegler zu entdecken und zur Bestrafung zu ziehen*. Das Militär hatte eingegriffen, und die Situation war außer Kontrolle geraten. Elf Menschen – darunter eine Frau – waren erschossen, zwei Dutzend andere verletzt worden. Das hatte die Stimmung weiter angeheizt, und es war zu Plünderungen gekommen. Nach dem Eintreffen von Verstärkungen war der Aufstand am 6. Juni niedergeschlagen worden. Zahlreiche Weber waren verhaftet und zu Peitschenhieben, Zuchthaus und Festungshaft verurteilt worden.

»Alles sehr unschön«, sagte Friedrich Wilhelm IV. »Aber die Zerstörungen waren ja nur gegen bestimmte Fabrikanten und Verleger gerichtet und nicht gegen mich und die Obrigkeit im Allgemeinen.«

»Aber es sind deine Untertanen«, wandte von Schwanow ein, »deine Landeskinder, für die du Sorge tragen musst.«

»Das tue ich, indem ich dafür gesorgt habe, dass die Ordnung wiederhergestellt worden ist.«

»Ordnung ist nicht alles.«

Der König hatte Tränen in den Augen. »Wenn du wüsstest, wie mich all das Elend bedrückt! Hier in meinem Berlin gibt es an die zehntausend Menschen, die von staatlichen Almosen leben, und auch die Weber in Schlesien dauern mich, aber was soll ich machen gegen die Fabrikanten und Händler?«

»Zusehen, dass in deinem Land Platz geschaffen wird für den Dritten und den Vierten Stand«, sagte von Schwanow.

»Nein und abermals nein!«, rief der König. »Es bleibt hier alles so, wie ich es von meinen Vätern übernommen habe. Aber als Christ will ich meinen Teil dazu beitragen, damit es besser wird.«

Dann spendete er aus seiner Privatschatulle eine stattliche Summe zur Behebung von Notfällen und ließ durch die Königliche Seehandlung – das Geld- und Handelsinstitut des preußischen Staates – in Schlesien Spinnereien errichten, in denen Arbeiter Lohn und Brot fanden und in denen es gerechter zuging.

Am 24. Juni 1844 wurde August Borsig vierzig Jahre alt. Sein runder Geburtstag fiel auf einen Montag, und das war kein Tag zum Feiern. Sollte er überhaupt feiern? Einerseits konnte er stolz und glücklich sein über das, was er in den vergangenen vier Jahrzehnten alles geschaffen und erreicht hatte, andererseits war er todtraurig darüber, dass er nun weit mehr als die Hälfte seines Lebens hinter sich hatte, denn die Ärzte prophezeiten ihm kein langes Leben. Dazu sei er zu wohlbeleibt, arbeite zu viel und beanspruche sein Herz zu sehr. Stolzer Fabrikherr war er, Träger des Rothen Adler-Ordens und an der Spitze des preußischen Bürgertums angekommen, aber wie seine Mutter immer gesagt hatte: »Glück und Glas – wie leicht bricht das.« Wie sich die schlesischen Weber erhoben hatten, so konnten sich auch seine Arbeiter eines Tages erheben, obwohl sie gut verdienten, nicht zu hungern brauchten und sich als etwas Besseres fühlen konnten. Aber es rumorte überall in Deutschland, das hörte er immer wieder. Irgendwie sehnte er sich danach, dass die Welt so bald wie möglich ihren Endzustand erreichte und sich von Stund an nichts mehr änderte. Vierzig Jahre … Vielleicht war der Tod gar nicht einmal so fern, und schmerzlich war die Erkenntnis, dass der den bedeutenden Fabrikherrn und Lokomotivbauer genauso ereilen würde, wie er den kleinen Zimmermannsgesellen ereilt hätte – da half keine Größe. Er hatte sich das immer eingeredet, aber es war natürlich Unsinn. Sonst würden ja auch Alexander der Große, Caesar und Goethe noch leben. Aber in gewissem Sinne waren sie ja unsterblich. Ob auch er das schaffte, indem er Lokomotiven baute und riesige Fabriken errichtete, die ganze Heerscharen von Arbeitern Lohn und Brot gaben und ihren Frauen und Kindern das Überleben sicherten?

Er dachte an die drei runden Geburtstage zurück, die er schon hinter sich gebracht hatte.

1814 war er noch zur Schule gegangen, und Mistek hatte ihn nach vorn gerufen, um ihm zu gratulieren und dem Rest der Klasse zu befehlen, ihm ein Ständchen darzubringen. Was man gesungen hatte, wusste er nicht mehr, er konnte sich nur daran erinnern, dass er es genossen hatte, im Mittelpunkt zu stehen.

1824 hatte er Beuths Gewerbe-Institut besucht und sich gelangweilt, war dann aber mit der Postkutsche nach Breslau gefahren, um seinen zwanzigsten Geburtstag im Kreise seiner Familie zu feiern. Die Gesichter hatte er alle noch vor Augen, auch die Stimmen im Ohr. Er zählte sie durch. O Gott, wie viele inzwischen schon gestorben waren!

1834 hatte er bei Egells gearbeitet, aber sich bereits mit dem Gedanken getragen, eine eigene Maschinenbau-Anstalt zu gründen. Verheiratet gewesen war er auch schon, und Albert hatte ihm zum Geburtstag ein schönes Bild gemalt.

Dies und anderes ging ihm durch den Kopf, als er am 24. Juni morgens um sechs Uhr im Bett lag, zu wach, um noch zu schlafen, zu müde, um aufzustehen. Dann war er doch noch einmal eingedöst – und ein fürchterlicher Lärm ließ ihn hochfahren. Nein, kein Lärm, es war Blasmusik. Schon wieder eine Eröffnungsfahrt? Nein, ein Geburtstagsständchen!

»Herzlichen Glückwunsch!«, rief seine Frau und umarmte ihn von der anderen Seiten des Bettes aus. »Wachse, blühe und gedeihe! Viel Glück und Erfolg im neuen Lebensjahrzehnt und vor allem Gesundheit.«

Er bedankte sich und sprang dann aus dem Bett, um sich seine Hausjacke überzuziehen und sich am Fenster zu zeigen. Unten auf der Chausseestraße standen neben der Kapelle die engsten Freunde: Friedrich Hermes, Konrad Schäschke und Wilhelm Järschersky. Sie sangen noch ein Ständchen, dann winkte er sie nach oben. Der Hausdiener musste zum Bäcker eilen, frische Schrippen zu holen, und die Köchin und Louise bereiteten schnell das Frühstück vor. Es wurde urgemütlich, bis ein Schrei ertönte. Schäschke hatte ihn ausgestoßen.

»Was ist denn, Konrad?«

Er hatte sich an einem Steinchen, das in der Schrippe eingebacken war, einen Backenzahn ausgebissen.

»Sabotage!«, rief Järschersky. »Das wird derselbe Attentäter sein, der euch Schraubenmuttern und Hobelspäne in die Speisepumpen getan hat.«

»Aber wie konnte der denn wissen, in welche Schrippe August beißen wird?«, fragte Friedrich Hermes.

Borsig lachte. »Vielleicht sind überall Steine drin! Also vorsichtig essen!«

»Darf ich dir deine nächste Schrippe vorkauen, lieber Konrad?«, fragte Järschersky.

»Ja, bitte.« Schäschke war nicht zum Lachen zumute, aber tapfer ertrug er, der den Schaden hatte, den Spott der anderen.

Auch Borsig hatte das Gesicht verzogen, denn noch immer – obwohl der Zwischenfall auf der Stettiner Bahn nun schon fast ein Jahr her war – hatten sie den Saboteur nicht ausfindig machen können, sosehr sie und der Königliche Criminal-Commissarius sich auch bemüht hatten.

»Ich bin mir auch nicht ganz sicher, ob dieser Sabotageakt wirklich deiner Lokomotive gegolten hat«, sagte Järschersky in Richtung des Geburtstagskindes. »Vielleicht war es auch ein Attentat auf den König, vielleicht sollte der ganze Zug umkippen und in Flammen aufgehen.«

»Ein Attentat auf unseren König ist doch undenkbar!«, rief Louise Borsig.

»Undenkbar ist nichts«, sagte Järschersky. »Wir haben gerade an der Universität darüber gesprochen, dass viele Herrscher umgebracht worden sind. Denken wir nur an Julius Caesar! Und in Frankreich hat es einige Könige getroffen, ich erinnere mich an Heinrich III., der 1589 von einem Dominikaner erstochen worden ist. Oder Königin Victoria von England, die vor vier Jahren ein Kellner und vor zwei Jahren ein Zimmermann haben umbringen wollen. Also gerade auf die Zimmerleute in seiner Umgebung sollte man achten, Herr Borsig!«

»Ich und ein Königsmörder?«, rief das Geburtstagskind. »Wie kommst du darauf?«

Järschersky lachte. »Damit du im nächsten Lebensjahrzehnt selbst König werden kannst! Deutschlands Lokomotiv-König!«

»Darauf stoßen wir alle an!«, rief Konrad Schäschke.

Waldemar von Schwanow war der Meinung, ein gewisser Hang zum Küchenpersonal sei ihm angeboren und wäre nicht zu bekämpfen, und so hatte er die Nacht vom 25. auf den 26. Juli bei einem Dienstmädchen in der Spandauer Straße verbracht, dessen Herrschaft gerade auf Reisen war. Erst kurz vor acht Uhr hatte er sich von ihr losreißen können und beschlossen, den Weg zu seinem Palais zu Fuß zurückzulegen, um sich am sommerlichen Morgen zu erfreuen und neue Kraft zu schöpfen. Als er das Schloss im Blickfeld hatte, überlegte er, ob er Friedrich Wilhelm einen kurzen Besuch abstatten sollte, um ihn mit einem Gedicht eines gewissen Heinrich Heine zu erfreuen, das ihm ein Freund aus Paris geschickt hatte, wo es am 10. Juli im *Vorwärts* abgedruckt worden war. Die Wochenzeitung war in Preußen verboten und erschien seit kurzem in Frankreich. Das Gedicht war mit *Die armen Weber* überschrieben. Er konnte es inzwischen in Teilen auswendig:

Im düstern Auge keine Thräne
Sie sitzen am Webstuhl und fletschen die Zähne …
Ein Fluch dem Gotte, dem blinden, dem tauben,
Zu dem wir gebetet in kindlichem Glauben …
Ein Fluch dem König, dem König der Reichen,
Den unser Elend nicht konnte erreichen,
Der uns den letzten Groschen erpreßt,
Und uns wie Hunde erschießen lässt!

Von Schwanow war klar, dass der König seine Politik entscheidend verändern musste, wenn er sein Preußen wirklich zu einem modernen Staat machen wollte. Da reichten keine neuen Eisenbahnstrecken.

Er war noch etwa hundert Schritte vom Schlossportal entfernt, da hörte er von dorther Schüsse. Schreie folgten. Sein Herzschlag setzte aus, denn in diesem Augenblick erinnerte er sich daran, dass der König und seine Gemahlin an diesem Morgen eine Reise nach Erdmannsdorf in Schlesien antreten wollten. Mein Gott, sollte man auf die beiden geschossen haben? Er rannte los, wurde aber bald von der neugierigen Menge und einer Schar herbeieilender Gendarmen aufgehalten.

»Det war 'n Attentat!«, hörte er die Leute rufen. »Uff den König is jeschossen word'n!«

Als von Schwanow sich nach vorn gekämpft hatte, sah er gerade noch, wie man den Attentäter festnahm. König und Königin standen neben ihrer Kutsche und schienen unverletzt.

Von Gendarmen umgeben, drehte sich Friedrich Wilhelm IV. zum Volk und rief: »Kinder, ick habe nischt von dem Schuss abjekriegt!«

Alles schrie: »Es lebe der König!«

Im Verlaufe der nächsten Stunde erfuhr von Schwanow, dass es sich bei dem Attentäter um den ehemaligen Bürgermeister von Storkow handelte, einen studierten Juristen mit Namen Ludwig Tschech. In Storkow gescheitert und aus dem Amt gejagt, sollte er sich mit zahlreichen Eingaben und Gesuchen um seine Wiedereinstellung in der preußischen Bürokratie bemüht haben – allerdings vergeblich. Nachdem er ebenso erfolglos auch an Mitglieder der Königsfamilie und zuletzt an den König selbst appelliert hatte, fasste er schließlich den Entschluss, den König zu töten und dadurch ein öffentliches Zeichen zu setzen.

War wohl je ein Mensch so frech
Wie der Bürgermeister Tschech?
Denn er traf um knapp ein Haar
Unser teures Königspaar.
Kaum die Uhr stand auf halb acht,
War noch niemand da
Der Schäbiges dacht.
Kam der Mann ganz ungeniert
Durchs Portal hereinspaziert.
's Königspaar tritt grad heraus,
Sehen beide noch ganz
Wie Versoffene aus.
Tschech zieht sein Pistol hervor,
Schießt dem König fast ins Ohr.
Ihm ging's durch'n Mantel, / ihr ging's durch'n Hut …
Hatte je ein Mensch so 'n Pech
Wie der Bürgermeister Tschech?
Dass er diesen dicken Mann
Auf zwei Schritt nicht treffen kann!

Wenn August Borsig unbemerkt durch seine Werkhallen ging, hörte er, wie seine Leute dieses Spottlied sangen. Es erfüllte ihn mit Angst, denn er fühlte instinktiv, dass er Teil der alten Ordnung war und um sein Leben wie seinen Besitz fürchten musste, sollte es eine neue Ordnung geben – eine ohne König an der Spitze des Staates. Gab es eine Revolution in Deutschland, wurden nicht nur die Herrscherhäuser hinweggefegt, sondern auch die Männer, die mit den Fürsten eng verbunden waren und deren Macht gestärkt hatten, die Fabrikherren dadurch, dass sie hohe Steuern zahlten und mit ihrem Schaffen einem Land zum Aufstieg verhalfen. So hatte er mit Bangen den schlesischen Weberaufstand und das Attentat auf den König verfolgt und dachte des Öfteren daran, was seine Frau immer wieder ausrief: »Gott, wo soll das bloß mal enden?«

Zuerst einmal nahm alles noch seinen gewohnten Lauf, und man konzentrierte sich auf die erste Allgemeine Ausstellung deutscher Gewerbeerzeugnisse, die von August bis Oktober 1844 in den Räumen des Zeughauses stattfand. Der König hatte es für dieses große industrielle Schauspiel zur Verfügung gestellt. *Welche Wandlung!*, schrieb die *Illustrirte Zeitung* zum Anlass der Eröffnung. *Die Kanonen wichen dem Pflug und die Pulverwagen den Dampfwagen. Preußen will nicht allein siegen mehr durch die Gewalt der Waffen, es erkennt an, welche unwiderstehliche Riesenkraft in den still wirkenden Mächten der Industrie liegt, und verbindet sich inniger mit ihnen … Wer den Frieden will, darf den Krieg nicht scheuen, und es gibt blutige Kriege im Frieden und heiße Schlachten, welche die Industrie zu schlagen hat.* Die Besucher spürten zum ersten Mal die neue politische Macht, die das Bürgertum mit der Industrialisierung gewann. Über dreitausend Aussteller waren mit ihren Industrie- und Handwerkswaren vertreten und ließen die Exposition zu einem großen Erfolg werden. Die Palette der Ausstellungsstücke reichte von Dresch- und Sägemaschinen sowie chemischen Apparaten, Seiden- und Stoffwaren, Musikinstrumenten bis hin zur Dampflokomotive. Zu sehen war die 24. Maschine, die man an der Thorstraße gebaut hatte. Borsig hatte ihr den Namen *Beuth* gegeben, um den Mann zu ehren, der ihn entscheidend gefördert hatte. Sie gewann auch den ersten Preis, und im amtlichen Ausstellungsbericht wurde Borsig noch einmal ausführlich gewürdigt: *Aus seinen Werkstätten sind binnen weniger Jahre eine Folge von Lokomotiven hervorgegangen, deren jede die nächstvorgehende durch neuangebrachte Verbesserungen übertraf und somit ein unausgesetztes Streben kundgab, den Lokomotivbau bis zu demjenigen Grade der Vollkommenheit zu erheben, den die von ihm zur Ausstellung gegebene Maschine auf eine so erfreuliche Weise wahrnehmen ließ.*

Ein wenig Ärger gab es mit Friedrich Wöhlert, der mit seiner Devise »Mach ick« auch mit dem Bau von Lokomotiven begonnen hatte und versuchte, Borsig den Ruhm streitig zu machen. Er erklärte sogar in einer Zeitung, dass dessen Lokomotive sein geistiges Eigentum sei, was von Borsig aber energisch bestritten wurde.

Ein nächster Höhepunkt des Jahres 1844 war die Eröffnung des ersten Teilabschnitts der Niederschlesisch-Märkischen Eisenbahn am 19. Oktober. Es ging bereits von Liegnitz nach Breslau, und in zwei Jahren wollte man die Verbindung Berlin–Breslau vollendet haben.

Borsig fuhr nicht nach Schlesien, um an den Feierlichkeiten teilzunehmen, gratulierte aber dem Director Adolph F. J. Riedel.

Jenny Lind war am 6. Oktober 1820 in Stockholm als Johanna Maria Lind auf die Welt gekommen und in ärmlichen Verhältnissen aufgewachsen. Früh hatte man ihre Begabung erkannt und sie schon im Alter von neun Jahren in das Konservatorium Stockholm aufgenommen. Am 7. März 1838 debütierte sie in der Rolle der Agathe in Webers *Freischütz*. Nicht nur durch ihre brillante Stimme fiel sie auf, sondern auch durch ihre Schönheit. 1843 verliebte sich der Dichter Hans Christian Anders in sie, ohne aber Gehör zu finden. In seiner Geschichte *Die Nachtigall* setzte er ihr früh ein Denkmal, was dazu führte, dass man sie bald als »die schwedische Nachtigall« bezeichnete. Fredrika Bremer schrieb über sie: *Jenny ist mit dem Trollhätta, mit dem Niagara und allen frischen, unmittelbaren Naturmächten verwandt, und die Wir-*

kung, welche sie hervorbringt, ist ungefähr dieselbe, wie die Wirkung dieser Naturmächte. Mit zwanzig Jahren war Jenny Lind in Stockholm zur Hofsängerin ernannt worden, und nun sollte sie am 15. Dezember 1844 zum ersten Mal außerhalb Schwedens auftreten, und zwar in der Berliner Oper Unter den Linden, die nach der Brandkatastrophe im Jahr davor gerade wiedereröffnet worden war. Der preußische Generalmusikdirector Giacomo Meyerbeer hatte Jenny Lind in die preußische Hauptstadt geholt. Sie wurde sogleich an den Hof von Friedrich Wilhelm IV. eingeladen, der ihr zu Füßen gelegen haben und von ihrer Stimme sehr angetan gewesen sein soll.

Waldemar von Schwanow hielt es für seine Freundespflicht, August Borsig und seiner Frau zwei der begehrten Billets für den ersten Auftritt der Lind zu besorgen. Mit einem Boten schickte er sie in die Chausseestraße.

»Wunderbar!« Louise strahlte. »Ist das nicht herrlich?«

»Für mich ist das genauso herrlich wie ein Besuch beim Zahnarzt«, brummte Borsig. Ins Theater ging er gerne, weil er da lernen konnte, wie man sich richtig in Szene setzte, und wenn jemand Geige oder Klavier spielte, war es für ihn auch noch erträglich. Aber das exaltierte Singen von alternden Schreckschrauben ging ihm gehörig auf die Nerven, und Opern mochte er nun am allerwenigsten. Es erschien ihm absurd und idiotisch, wenn sich Menschen etwas sagen wollten und dies singend taten. Wie albern wäre es gewesen, wenn er auf seinen Oberingenieur zugegangen wäre und ihn angesungen hätte: »Flöringer, ganz ohne jede Übertreibung, / wir brauchen zwischen Rad und Schiene noch mehr Reibung«! Und sein Oberingenieur hätte voller Entsetzen mit einer Arie geantwortet: »O Herr Borsig, wo denken Sie hin! / Raubt uns das vermehrte Gewicht der Maschine doch jeden Gewinn.« Oper war Unfug für ihn, und er hätte sich am 15. Dezember am liebsten mit einer Influenza ins Bett gelegt, aber diese Feigheit wollte er sich nicht gestatten. Außerdem hatte er begriffen, dass man bei einem solchen Ereignis dabei sein musste, wollte man im Lande etwas gelten. Und das wollte er.

Also saß er mit seiner Frau pünktlich auf den beiden Plätzen, die von Schwanow für sie reserviert hatte, nicht weit von der Loge des Königshauses entfernt. Louise hatte sich schon Tage vorher kundig gemacht, um was es in Bellinis *Norma* ging. »Norma ist eine Priesterin …«

Borsig staunte. »Was, eine Frau als Priester?«

»Ja, im alten Gallien. Das ist von den Römern besetzt, und die gallischen Krieger erwarten von ihren Priestern einen Hinweis darauf, dass die Göttin Irminsul mit dem Kampf gegen die Römer einverstanden ist. Die Priesterin Norma – das ist die Jenny Lind – schneidet die Mistel an der heiligen Eiche, um zu sehen, ob die Zeit gekommen ist. Nein, ist sie nicht. Norma leidet immens, weil sie ihr Gelübde gebrochen hat und seit langem heimlich die Geliebte des Römers Pollione ist, mit dem sie bereits zwei Kinder hat. Pollione aber hat sich längst in eine andere, die Novizin Adalgisa, verliebt und will mit dieser fliehen. Es kommt zu einem Aufeinandertreffen von Norma, Adalgisa und Pollione, in dem die Beziehungen offenbart werden, und Norma schwört ihm Rache. Das ist der erste Akt.«

»Der hört sich ja nicht schlecht an«, sagte Borsig.

Den zweiten Akt konnte ihm Louise nicht mehr erklären, denn gerade war der König erschienen, winkte huldvoll aus seiner Loge und wurde bejubelt. Dann hob der Dirigent, der mit seinem Orchester irgendwo im Graben saß, den Taktstock zur Ouvertüre. Die ließ Schlimmes erahnen. Als sich dann der Vorhang öffnete, war ein alter Mann zu sehen, der furchtbar auf die Römer schimpfte. Das erinnerte Borsig daran, wie sie in Breslau auf Napoleon und die Franzosen geschimpft hatten. Endlich erschien auch Jenny Lind, und Borsig hätte gern ein erotisches Kribbeln verspürt, doch es war nur eine erhebliche Abneigung gegen dieses Weibsbild. Bald fing sie an zu singen – natürlich auf Italienisch, was ihn noch zusätzlich ärgerte:

Sediziose voci, voci di guerra
Avvi chi alzarsi attenta
Presso all'ara del Dio?
V'ha chi presumem

Dettar responsi alla veggente Norma,
E di Roma affrettar il fato arcano?
Ei non dipende, no, non dipende
Da potere umano.

»Gott, der König sollte verfügen, dass auf unseren Bühnen nur deutsch gesungen wird«, brummte Borsig.

»Italienisch ist doch eine herrliche Sprache!«, fand Louise.

»Was nützt mir das, wenn ich sie nicht verstehe?«

»Dann lerne sie doch!«, gab seine Frau flüsternd zurück.

»Ich habe schon genug damit zu tun, richtig Englisch zu lernen.« So bald wie möglich wollte er mit seinen engsten Mitarbeitern nach England reisen, um zu sehen, was es dort im Maschinen- und Lokomotivbau an Neuigkeiten gab. »Mit den Augen darf man stehlen«, hatte seine Großmutter aus Nieder-Pontwitz immer gesagt.

Nach zweieinhalb Stunden war alles überstanden, Norma endete auf dem Scheiterhaufen, und der Knobelsdorff'sche Bau erlebte Beifallsstürme sondergleichen. Auch Borsig klatschte sich die Hände wund, denn nur zu gähnen wäre doch zu peinlich gewesen.

Auf dem Flur, als sie sich ins Foyer begeben wollten, um sich ihre Garderobe abzuholen, trafen sie auf den König. Der ließ es sich nicht nehmen, Borsig die Hand zu schütteln und zu fragen, wann denn seine hundertste Lokomotive fertig sei.

So war es letztendlich für Borsig doch noch ein sehr gelungener Abend.

Julius Wucke stand nun schon seit fast acht Jahren auf Borsigs Lohnliste und hatte es dank seines Fleißes und seiner Begabung schnell zum Vorarbeiter gebracht. Nicht genug damit, Anton Flöringer spielte hin und wieder mit dem Gedanken, ihn auch auf Beuths Gewerbe-Institut zu schicken. Doch kam die Sprache darauf, hatte Wucke immer abgewunken, er sei doch mit seinen 36 Jahren eigentlich zu alt dafür, noch einmal die Schulbank zu drücken. Seinen politischen Freunden gegenüber stellte er die

Sache etwas anders dar: Er sei nun einmal Proletarier und müsse seine Arbeitskraft notgedrungen an einen Fabrikherrn verkaufen, um sich und seine Familie zu ernähren, aber darüber hinaus wolle er sich nicht zum Lakaien der Bourgeoisie machen lassen. Diesem Borsig näher zu sein als unbedingt nötig widere ihn an, und sein Hass auf diesen Ausbeuter wüchse von Tag zu Tag.

Beim König hatte Borsig einen Stein im Brett, und das Volk sah ihn als fortschrittlichen Menschen. Wer bei ihm arbeitete – so war die allgemeine Meinung –, der hatte ein gutes Los gezogen, und seine Maschinenbauer fühlten sich durch die Bank als etwas Besonderes, als Elite der Arbeiterklasse.

Wucke, der die herrschende Ordnung radikal ablehnte und ein kluger Kopf war, sah das anders. Das Arbeitsleben war von unvorstellbarer Härte, und manchmal sagte er, jeder Sklave im alten Rom hätte es besser gehabt als ein Fabrikarbeiter in Berlin. Ein Arbeitstag von sechzehn Stunden war die Regel, und häufig kam Nachtarbeit hinzu. Vorbild für das Arbeitsleben war das Militär, und so wurden auch Unpünktlichkeit und kleinste Verstöße gegen sonstige Normen hart geahndet, und schnell saß man auf der Straße. Sofort entlassen wurde auch jeder, der sich in einer der aufkommenden Arbeiterorganisationen blicken ließ.

»Aber Borsig ist doch zu euch Arbeitern wie ein Vater!«, rief Auguste, wenn ihr Mann den Fabrikherrn harsch kritisierte.

»Ja, aber seine Kinder haben ihm bedingungslos zu gehorchen. Er regiert sein Reich mit eiserner Hand, unser König ist dagegen ein weichherziger Mann.«

»Ach was, Julius, lies doch einmal, was hier in der Zeitung steht! ›Vater Borsig‹ nennen sie ihn.« Und sie hielt ihm den Artikel hin, den sie ausgerissen hatte:

Seinen Arbeitern ist er ein strenger, aber gerechter und bei unverschuldeten Leiden höchst gütiger Brotherr, Hilfskassen jeder Art legen dafür Zeugnis ab und schildern ihn als weisen, berechnenden, fürsorglichen Verwalter eigenen und fremden Eigenthums. Wir haben außerdem Gelegenheit gehabt, zu entdecken, dass er und seine edle Gattin nicht damit zufrieden sind, in ihrem un-

mittelbaren Wirkungskreis Übel zu verhindern und Elend zu mildern. Moabit ist überwiegend von einer armen Fabrikbevölkerung bewohnt, die nur zum geringen Theil in Borsigs Fabriken beschäftigt ist. Im Gegenteil repräsentieren seine Arbeiter bei höherem Wochenlohn in einem anstrengenderen oder seltenere Geschicklichkeit beanspruchten Geschäft schon eine wohlhabende Spezies des Arbeiterstandes. Das Ehepaar Borsig vernachlässigt diese zahlreichen, ihm fernstehenden Leute niemals.

Auguste Wucke fügte dem noch hinzu, dass Borsig viel Geld für invalide Arbeiter, trauernde Witwen, Waisen und unverschuldet in Not gekommene Menschen ausgäbe. »Wie viele Tränen trocknet er, wie viel stillen Kummer verscheucht er, wie oft ist er der einzige Retter? In einer anderen Zeitung stand einmal: *Ein Band der Liebe umschlingt ihn und seine Arbeiter.*«

»Nun ist aber gut!«, rief Wucke und schlug mit der Faust auf den Tisch. »Sicherlich gibt er Geld aus, aber das ist *unser* Geld, das er da ausgibt, das haben wir verdient! Unsere Arbeit ist viel mehr wert als das, was er uns an Löhnen zahlt, und mit dem, was er durch uns gewinnt, lebt er in Saus und Braus und baut sein Imperium immer weiter aus. Und seine mildtätigen Gaben entspringen nicht seiner christlichen Gesinnung, sondern sind reine Berechnung: damit wir gesund bleiben und er uns weiterhin ausbeuten kann, damit es keine Aufstände gibt und wir ihm nicht seine Maschinen zertrümmern. Das ist die Wahrheit!«

Auguste wollte sie nicht gelten lassen, und Wucke zweifelte daran, dass sie August Borsig wirklich noch immer so hasste wie damals, als sie sich kennengelernt hatten. Er hatte nicht viel danach gefragt, warum sie seine Frau geworden war, ihm war es nur darum gegangen, eine neue Mutter für seine drei Kinder zu finden. Liebe war es bei Auguste ganz sicher nicht gewesen, und beim Vollzug der ehelichen Pflichten lag sie wie ein Brett unter ihm. Auch ein gemeinsames Kind hatten sie nicht bekommen, wahrscheinlich verhinderte sie es mit irgendwelchen Kunststücken, die sie von einer Engelmacherin haben musste. Wie auch immer, sie lebten einträglich zusammen, und ihm war auch egal, ob sie Borsig noch immer liebte oder sie hasste, weil der damals nicht sie, sondern seine Louise zur Frau genommen hatte.

Morgen für Morgen lief Wucke also von der Brunnenstraße, wo sie im Jahre 1845 wohnten, zum Oranienburger Thor. Wie jeder Arbeiter hatte er beim Pförtner eine Marke mit seiner Personalnummer abzugeben, um seine Pünktlichkeit nachzuweisen. Dann wurde bis zum Mittagessen geschuftet. Anfangs hatten ihm noch Karoline und dann Auguste das Essen in geeigneten Behältern an den Arbeitsplatz gebracht, wenn es gerade gar geworden war, nun aber gab es einen zentralen Speisesaal, in denen alle Arbeiter zu gehen hatten. Es war genauestens festgelegt, wer wann wem das Essen in die Kantine bringen durfte.

Obwohl Wuckes Kondition noch glänzend genannt werden musste, kam er abends völlig ausgelaugt nach Hause in die Brunnenstraße. Dort, in der Nähe des Rosenthaler Thores, hatte er für seine Mutter und seine unverheiratete Schwester einen kleinen Kurzwarenladen eingerichtet, der beide glücklich machte. Sie wohnten in dessen hinterem Raum, während er, Auguste und die drei Kinder aus seiner ersten Ehe im ersten Stockwerk zu Hause waren. Sein Vater lag schon lange auf dem Friedhof, sein Bruder Johannes war als Pferdepfleger zu den Husaren gegangen und lebte ebenfalls in gesicherten Verhältnissen.

Verglichen mit früher ging es den Wuckes allesamt fast blendend, was darauf zurückzuführen war, dass Julius Wucke vor zwei Jahren zu einigem Geld gekommen war. Mindestens 500 Thaler seien es gewesen, hieß es, die ihm ein amerikanischer Geschäftsmann als Belohnung habe zukommen lassen, nachdem er dessen verlorengegangenen Geldbeutel gefunden hatte. Weder seine Mutter noch Auguste wollten das recht glauben, denn sie wussten von seinen krummen Touren, doch er zeigte ihnen das Dankesschreiben eines Mr. Jonathan Smith aus Chicago, an dessen Echtheit nicht zu zweifeln war.

Das Werk an der Chaussee-, Ecke Thorstraße platzte aus allen Nähten, denn Borsig reihte Halle an Halle, Werkstatt an Werkstatt, Schornstein an Schornstein, und so weit war er dann auch

Baumeister, dass nicht alles nur nüchtern und zweckmäßig sein sollte, sondern auch künstlerisch ansprechend. Und so beauftragte er den Hofbaumeister Heinrich Strack und die Bildhauer Albert Wolff und Gustav Bläser – beide Schüler Rauchs –, ihm Entwürfe für zwei Wassertürme vorzulegen. Türme mit einem achteckigen Querschnitt wurden es, geschmückt mit Bogennischen und mit einem stumpfkegeligen, harmonisch aufgesetzten Dach.

»Sehr schön«, sagte Borsig, als er die Blätter betrachtete. »Aber etwas fehlt mir da …« Und er setzte in den Turm vorn an der Straße bedächtig Kreise ein.

»Was ist das, bitte?«, fragte Wolff.

»Uhren«, antwortete Borsig. »Meine Arbeiter sollen wissen, ob sie pünktlich sind.« Dann betrachtete er die anderen Skizzenblätter. Wolff schlug einen Löwen vor, der im Sprung begriffen war und aus seinem Rachen das heiße Kühlwasser der Dampfmaschine in ein Becken speien sollte. Bläsers Blatt zeigte die überlebensgroße Statue eines Schmiedes im Arbeitsgewand, mit Schurzfell.

»Ich schlage vor, die Figur in die Turmnische zu stellen«, erläuterte Bläser.

»Nur ein Schmied?«, fragte Friedrich Hermes, der zur Beratung hinzugezogen worden war. »Das ist der Platz für eine Königsfigur!«

Borsig wandte sich um, sah ihn tadelnd an und sagte mit einigem Pathos: »Hier passt kein König hin! Hier ist der Schmied der König!«

Als dieser Ausspruch später im Werk die Runde machte, lästerte einer: »Soll sich Borsig doch selber in die Nische stellen, der fühlt sich doch als König.«

Die Bildhauer zogen wieder ab, und wie in jedem Herbst trat auch im Jahre 1845 der Formermeister Rudolf Anschütz, dem zusätzlich der Ankauf des Roheisens anvertraut worden war, in das Comptoir, zog ehrerbietig seine Schirmmütze vom Kopf, holte eine kleine schwarze Kladde aus der Brusttasche seines blauen Hemdes und hielt sie weit von sich, um lesen zu können, was er sich da notiert hatte. Der Schreiber zückte seinen Kopierstift.

»Krause, diesmal brauchen wir … Bestellen Sie also …« Langsam zählte er alles auf, in der Menge wie in der Qualität, was sie in der nächsten Zeit aus England und Schottland an Roheisen für den Guss der Dampfzylinder wie für Teile der Treibstangen, der Räder und der Kessel benötigten.

August Borsig, der, von Bureauschränken verdeckt, am Fenster stand, stöhnte auf. »Anschütz, das ist eigentlich eine Schande, dass wir das alles woanders einkaufen müssen – noch dazu im Ausland.«

»Eine Schande nicht gerade, aber ein teurer Spaß«, brummte Anschütz.

Borsig kam auf den Formermeister zu. »Glauben Sie auch, dass einzig und allein die Engländer in ihren Puddelöfen Eisen von höchster Qualität herstellen können? Ist das nicht nur ein Mythos?«

Anschütz sah Borsig an und schmunzelte. »Man müsste mal den Versuch machen, ob wir so 'n Eisen nicht auch selber zusammenkochen können …«

»Ein eigenes Eisenwerk …« Borsigs Blick ging nach Westen, wo es hinter der Pulver-Wiese genügend Bauland gab. »Moabit …« Da hatte er schon vor einiger Zeit kleinere Grundstücke erworben, darunter die Heiliggeistwiese, für eine Fabrikanlage reichte das jedoch noch lange nicht.

In den nächsten Tagen und Wochen unternahm er des Öfteren Spaziergänge nach Moabit, einige Male gemeinsam mit seinem Sohn, der nun das Friedrich-Werdersche Gymnasium besuchte und in knapp zwei Jahren sein Abitur machen würde. Sie gingen zumeist am nördlichen Ufer der Spree entlang und blickten auf den Fluss hinaus, wo plumpe Kähne langsam ihre Bahn zogen.

»Was weißt du denn von Moabit?«

Albert musste nicht lange überlegen. »Moabit, eine Viertelmeile westlich von Berlin gelegen, war ursprünglich eine von französischen Gärtnern angelegte Kolonie. Sie nannten den Ort wegen des sandigen, unfruchtbaren Bodens *la terre moab* oder *la terre maudite*, verfluchtes Land, woraus später der Name Moabit entstand. Wegen der vielen kleinen, von der dienenden Klasse besuchten Gastwirtschaften wird der Ort vom Volke als ›das Berliner Köchinnen-Vergnügen‹ bezeichnet.«

»Sehr gut, Herr Borsig junior! Aber insoweit bin ich doch schon echter Berliner, dass ich sage möchte: Moabit kommt von Moorgebiet.«

Albert blieb sachlich. »Hugenotten hat es hier wirklich gegeben. Ein gewisser Menardié hat einen Weinberg angelegt und ein Gasthaus betrieben. Friedrich Wilhelm I. hat Hugenotten angesiedelt, und die sollten Maulbeerbäume für die Seidenraupenzucht anpflanzen, was aber an den schlechten Böden scheiterte. Darum dann auch die Nutzung für eine Pulverfabrik, die Ulanen-Kaserne und den riesigen Exerzierplatz. Da würde dein Eisenwerk gut hinpassen!«

Borsig war kein großer Freund von Ironie und warf einen etwas unfreundlichen Blick zu seinem Sohn hinüber. »Was heißt hier *dein* Eisenwerk? Es ist *unser* Eisenwerk, denn du wirst es sein, der es einmal erben und so richtig nutzen wird.«

»Ein jeder König braucht seinen Kronprinzen.«

Sie schritten durch öde, sandige Grundstücke und prüften viele Standorte. Als es langsam Winter wurde, hatte Borsig das passende Stück Land gefunden und mit dicken Strichen auf einem Messtischblatt markiert. Es reichte vom Spreeufer bis zur Straße, die später Alt-Moabit heißen sollte. Zu verhandeln war mit mehreren Grundbesitzern, vor allem aber mit Christian Wilhelm Griebenow. Als alles unter Dach und Fach war, beantragte Borsig am 12. Februar 1846 beim Königlichen Rentamt Mühlenhof die Erlaubnis zum Bau eines Eisen-, Hammer- und Walzwerkes in Moabit. Am 5. Juni 1846 kam aus Potsdam die Zustimmung.

Aber auch im alten Werk gab es viel zu tun. Die neuen Bahnlinien verlangten nicht nur nach Lokomotiven, sondern – bei den vielen Bächen, Flüssen und Kanälen ringsum – auch nach eisernen Brücken, auf deren Bau man sich bei Borsig schnell spezialisiert hatte. Allein für die Berlin-Potsdam-Magdeburger Bahn wurden bis zum Jahre 1846 Eisenkonstruktionen für Brücken im Werte von 163 325 Reichthalern geliefert. Die Havelbrücke bei Potsdam war die erste Gitterkonstruktion in Europa.

Und am 26. September 1846 verließ die hundertste Lokomotive das Werk an der Chausseestraße. August Borsig gab ein Fest für seine Belegschaft und einige auserwählte Gäste, dankte allen und wurde bejubelt. Anton Flöringer hatte die Ehre, ein Gedicht vorzutragen, das mehrere Borsigianer geschrieben hatten. Die ersten beiden Strophen lauteten:

Trotz dem, dass uns're Zeit so reich an Festen
Von froher und auch sinnig ernster Art,
So ist doch keiner wohl von uns'ren Gästen,
Die heute sich so fröhlich hier gepaart,
Der je ein Zeuge solchen Fests ist gewesen,
Wie uns das Gegenwärtige vereint;
Was einzig so in seinem inneren Wesen
Dasteht und wohl nur selten noch erscheint.

Mit Überzeugung wag ich's auszusprechen,
Nie sah noch solch ein Fest das Vaterland.
Denn wie's gelang, die neue Bahn zu brechen
Der Industrie mit kunstgeübter Hand;
Wie, was je kühn der Menschengeist erdachte,
Was Völker näher jetzt an Völker rückt,
Ins Leben trat und neues Leben brachte –
In diesem Feste ist es ausgedrückt.

»Dann machen wa mal feste weiter«, sagte Friedrich Hermes, der inzwischen auch das Berlinern gelernt hatte, und umarmte Borsig.

»Zur fünfhundertsten Maschine wird es eine Feier geben, die noch viel strahlender ist!«, rief Borsig. »Bis dahin uns allen viel Glück und Gottes Segen!«

Kapitel vierzehn
1847

Kaum jemand außerhalb Schlesiens wusste, dass es nicht nur im Süden Deutschlands einen Schwarzwald gab, sondern einen weiteren, nämlich den 2070 Morgen großen Forst bei Beuthen, der reich an Bodenschätzen war. An verschiedenen Stellen wurden Steinkohle, Eisensteine und Ton gefördert. Elf Kohlegruben zählte man hier und fünf Hüttenwerke, darunter die Friedenshütte. Östlich und südlich grenzte der Beuthener Schwarzwald an die Besitzungen des Grafen Henckel von Donnersmarck auf Siemianowitz, westlich an das Majorat Ruda und nördlich an Orzegow, Chropaczow und Schwientochlowitz.

Bei Karl Godulla auf dem Rittergut Schomberg-Orzegow war August Borsig im März 1847 zu Gast. Sie standen in lockerem Kontakt, seit sie sich 1828 im Schwanow'schen Palais zum ersten Mal begegnet waren.

»Nun ist mein Traum wahr geworden, einmal mit der Eisenbahn von Berlin nach Breslau zu fahren«, sagte Borsig. Am 1. September war die Strecke in voller Länge eröffnet worden. »Die Wagen sind immer noch mehr oder weniger die alten Postkutschen, aber Schienen sind nun einmal ebener und glatter als Landstraßen und Lokomotiven etwas kräftiger und schneller als Pferde.«

Godulla lachte. »Besonders, wenn sie von Ihnen sind!« Dann wurde er nachdenklicher. »Aber ist so eine Reise in die eigene Vergangenheit nicht immer etwas, das einen sehr elegisch werden lässt?«

Borsig seufzte. »Ja, leider. Der Besuch bei den Verwandten besteht nun hauptsächlich aus Friedhofsbesuchen. Die Großeltern, die Eltern, eine meiner Schwestern, die Lehrherren … Aber ich bin ja auch der Geschäfte wegen hier und will nachher gleich weiter zu Moritz Friedländer.«

»Ach ja, Schlesien und seine Juden. Ihr Beitrag zu unserer Wirtschaft ist immens, und insbesondere im Textilgewerbe tun sie sich hervor, wie die Familie Reichenbach im Kreis Waldenburg, Salomon Kauffmann oder Samuel Fränkel. Dann auch Moritz Friedländer … Leo Lustig fällt mir noch ein, Eisengroßhandel.«

»Den kenne ich natürlich auch, bei dem schönen Namen …«

»Und wenn die Leute aus Breslau oder Glogau etwas werden wollen, dann ziehen sie nach Berlin«, sagte Godulla. »Ich nenne nur die Namen August Borsig, Gustav Kuczynski und Carl Heymann.«

»Kenne ich, kenne ich!«, rief Borsig. Kuczynski war ein Bankier, mit dem er schon verhandelt hatte, und Heymann ein Verleger.

Nachdem er fast zwei Stunden bei Godulla verbracht hatte, setzte sich Borsig wieder in die gemietete Kutsche und ließ sich durch den Schwarzwald zur Friedenshütte fahren. Das Eisenhüttenwerk Friedenshütte war im Jahre 1840 von Moritz Friedländer und Simon Loewy aus Beuthen und David Loewenfeld aus Breslau erbaut worden. Es bestand aus einem Hochofen nebst Gichtturm, einer Gießhütte mit Möllergebäude, einer kräftigen Niederdruck-Gebläsemaschine und einer Kesselanlage. An Werkstätten gab es eine Schmiede und eine Tischlerei und an Gebäuden das Comptoir, ein Beamtenhaus und zwei Unterkünfte für die Arbeiter. Das hierzu erforderliche Terrain in einer Größe von 22 Morgen war von der Stadtkommune Beuthen in Erbpacht erworben worden.

Als Borsig aus der Kutsche gestiegen war und nach dem richtigen Eingang suchte, kam ihm eine Frau seines Alters entgegen, die ihn an etwas sehr Fernes und ebenso Süßes wie Bitteres erinnerte …

»Gott, die Marie Kiesewetter!« Er wurde rot, als die Frau so tat, als hätte sie ihn nie gesehen. »Pardon, verwechsle ich Sie?«

»Mein Name ist Reymann, ich bin die Gattin vom Oberingenieur Richard Reymann.«

»Aber …« Borsig war so verwirrt, wie es ein Mann seines Alters und Standes nie hätte sein dürfen. »Aber ihr Vorname ist doch Marie, und sie kommen aus Breslau?«

Sie brach jetzt in lautes Lachen aus. »Ja, ich bin es! Deine ehemalige Marie!« Und sie fand nichts dabei, ihn zu umarmen und auf die Wange zu küssen.

»Du scheinst glücklich zu sein …«, sagte er vorsichtig.

»Mir bleibt ja nichts anderes übrig, nachdem ich dich nicht bekommen habe – und deinen Freund Wilhelm Järschersky auch nicht. Da bin ich wieder zurück nach Schlesien und hier mitten im Schwarzwald gelandet. Mit einem herzensguten Mann und drei wunderbaren Kindern.«

»Meinen Glückwunsch!«, rief Borsig. »Ich habe es nur zu einem Kind gebracht.«

»Aber zu viel Ruhm und Geld. Das hättest du an meiner Seite nicht geschafft. Ich hätte alles verdiente Geld sogleich ausgegeben, und vor allem hätte ich dich nicht Tag und Nacht arbeiten lassen.«

Jetzt lächelte auch Borsig. »Es ist also gut, dass nichts aus uns geworden ist.« Er sagte es aber auch mit einer gewissen Wehmut, denn er fühlte ganz genau, dass ihm auch etwas entgangen war – nämlich Lust und Leidenschaft. Aber gut, ein Preis war für alles zu zahlen, und an Maries Seite wäre er wohl immer Meister bei Egells geblieben und nie sein eigener Herr geworden, der stolze Fabrikherr August Borsig.

Er umarmte Marie noch kurz, dann eilte er zu Moritz Friedländer, der inzwischen aus seinem Comptoir getreten war, ihn zu begrüßen.

Es wurde ein sehr anregendes Gespräch, und als sie dann beim Mittagessen zusammensaßen, kam noch ein Neffe hinzu, Emanuel Friedländer, der sich auf den Kohlenhandel spezialisiert hatte und angab, bald einmal nach Berlin reisen zu wollen, um sich nach den dortigen Chancen umzusehen.

»Wenn Sie wirklich nach Berlin kommen sollten, dann besuchen Sie mich doch bitte in meiner Fabrik an der Chausseestraße«, sagte Borsig.

»Aber gern.« Emanuel Friedländer hob sein Glas. »Herzlichen Dank für die Einladung!«

Schon drei Wochen später war es so weit: Emanuel Friedländer kam nach Berlin und hinterließ einen denkwürdigen Bericht über seinen Besuch bei August Borsig.

Morgens legte ich mit meinem Bruder Hermann den Weg von der Köpenicker Straße 27 bis zur Borsig'schen Maschinenfabrik vor dem Oranienburger Thore per pedes zurück. Der Weg ist ewig lang, man geht wohl 1½ Stunde, aber ebenso belohnend. Diese Fabrik ist das großartigste Institut Deutschlands, vielleicht auch Europas, und sehr sehenswert. Beim Eintritt in den Hof sieht man zuerst einen großen Turm, worin eine Nische eingemauert ist, in welcher ein Schmied in Bronce gegossen steht. Borsig wurde aufgefordert, die Statue unseres Königs dorthin zu stellen, er soll aber gesagt haben: »Hier paßt kein König her, hier ist der Schmied der König!« Jedes Anerbieten des Staates schlägt er aus, er kennt nur die Liebe zu seinen Arbeitern und lebt nur für diese Liebe. Ebenso opfern sich seine Leute für ihn auf; sie haben ihm bei der Beendigung der hundertsten Lokomotive ein großes Fest gegeben, und er soll geäußert haben, dass ihm ein solches lieber wäre als alle Einladungen bei den höchsten Herrschaften.
Ich begann nun meine Wanderung in der Fabrik selbst. Zuerst sieht man ungefähr 15 Schornsteine, welche teilweise den Rauch aus der Schmiede ableiten, teilweise auch zu den drei kolossalen Dampfmaschinen gehören, welche das ganze Werk in Bewegung setzen. Der Hofraum mit den vielen Gebäuden und Schornsteinen scheint eine kleine Stadt zu bilden. Das erste Gebäude ist die Schmiede, eine große Halle, deren Ende man kaum ersieht. Hier arbeiten etwa 300 Schmiede an 750 Feuern. Es sieht aber so sauber aus, als wenn Frauenarbeit hier gemacht würde. Eine Dampfmaschine setzt das Räderwerk in Bewegung, so dass noch viele hundert Hände, die sonst das Feilen, Bohren usw. besorgen

müssten, unnötig werden. Von hier kommt man in eine ebensolche Halle, wo eben so viele Schlosser arbeiten: dieselbe Ordnung, dieselbe Reinlichkeit; von dort in ein großes Gebäude, dessen Dach von Glas, dessen Gebälk von Eisen ist. Letzteres ist ein Kunstwerk und das erste, welches Berlin aufzuweisen hat. Diese eisernen Gebälke nehmen einen sehr geringen Raum ein, sind fester als die von Holz und befördern den raschen Bau. In diesem ungeheueren Raum stehen etwa 15 Lokomotiven, fertig zum Abnehmen; dies ist ein großartiger Anblick.

Wenn man überhaupt die Fabrik durchwandert und die Masse kleiner und großer Gegenstände betrachtet, welche zu dem Bau einer einzelnen Lokomotive gehören, so staunt man doch ein wenig, diese Maschinen mit einem Male fertig zu sehen. Von da kommt man in die Schuppen der vorrätigen Wasserkästen, in die Polierfabrik, zu den Blecharbeitern, zu den Kupferschmieden, zu den Kasten-Niederlagen, zu den Vorräten an Brettern, Eisen, Schrauben, Messing, Kupfer, alles großartig sortiert, dass trotz der großen Consumption nie etwas fehlen wird, und endlich die kolossale Eisengießerei, welche wiederum Hunderte von Menschen beschäftigt und die schönste ist, welche ich bis jetzt gesehen habe. Ein Kran, der von zwei Leuten regiert wird, bringt die Massen glühenden Erzes an die Modelle, schüttet die Eisenmasse hinein, und in einigen Minuten sieht man die größten Räder transportieren. Es scheint unglaublich, in wenigen Minuten so viel zu schaffen. Tage lang müßte man in dieser Fabrik sein, um alles sehen zu können.

Als wir unseren flüchtigen Besuch in der Fabrik beendet hatten, wurde zu Mittag geläutet. 1200 Menschen, die während des Tages enorm fleißig sind, weil sie nicht auf Tagelohn, sondern auf Accord arbeiten, fast alle in Blusen, verließen die Fabrik. Borsig stand mit meinem Bruder an der Tür, da kamen die Leute vorbei; jeder einzelne grüßte ihn mit einem Gesicht, auf welchem sich Liebe und Ehrfurcht zeigten. Mein Bruder stellte mich Borsig vor, und ich hatte noch das Vergnügen, einige Zeit mit diesem weltberühmten Mann zu sprechen, der auch in meinen Augen mehr gilt als mancher König und Kaiser. Borsig ist ein großer starker Mann mit of-

fenem Gesicht, der jedem keck ins Antlitz schaut, und seine Augen sprechen fast mehr als sein Mund. Er war noch vor 15 Jahren ein einfacher Geselle ohne Vermögen, beaufsichtigt alles in seiner Fabrik selbst, gibt alles selbst an und ist ungemein tätig.

Als Julius Wucke am 19. April 1847, das war ein Montag, frühmorgens zur Arbeit eilte, fand er den Markt am Oranienburger Thor in hellem Aufruhr. Nachdem eine der Frauen den Anfang gemacht und mit einem scharfen Messer einen der Kartoffelsäcke aufgeschlitzt hatte, waren nun mehrere dabei, einen Höker zu verprügeln und seine gesamten Kartoffel- und Gemüsevorräte auf dem Boden zu verteilen. Er hatte für eine Metze Kartoffeln – das waren dreieinhalb Kilo – sechs Silbergroschen verlangt, und das konnten die einfachen Leute nicht mehr bezahlen.

»Wir ham doch nüscht andret mehr zu essen als wie Kartoffeln!«, hatten einige gerufen. »Und wenn wa keene Kartoffeln mehr ham, verhungan wa.«

»Na und? Wat Besseret kann et doch nich jeb'n!«, hatte der Händler gehöhnt. »Denn stinkt et hier nich mehr so nach arme Leute.«

Da hatten einige die Nerven verloren. In der Zeitung hieß es später: *Mit dieser Tat war aber auch der Anstoß gegeben zu weiterer Aktion. Wie eine Sturmflut durchzog der Weiberhaufe, verstärkt durch Gassenjungen, Lehrburschen und arme Frauen, die sich rasch aus der Rosenthaler Vorstadt, dem sogenannten Vogtlande einfanden, zu mehreren Tausend angewachsen, die Straßen Berlins, von einem Wochenmarkt zum anderen eilend, um überall das gleiche Schauspiel aufzuführen.*

Wucke schloss sich spontan diesem Zuge an, hoffend, dass sich das, was später als Kartoffelrevolution in die Geschichte eingehen sollte, zu einer richtigen Revolution auswachsen würde. Und da wollte er, ja, da *musste* er mit dabei sein! Und zwar als einer der Anführer.

»Los, zu den Bäckern! Die bescheißen uns doch auch dauernd. Kein Fünfgroschenbrot hat das richtige Gewicht. Wir wiegen alle nach!«

Hatte das Brot das richtige Gewicht, drückte man dem Mann die Hand und schrieb draußen an den Laden, dass dieser Bäcker ehrlich sei. Bei erheblichem Untergewicht aber wurde die Ware konfisziert, und leistete der Betroffene Widerstand, wurde er fürchterlich verbläut und sein Laden verwüstet.

Wucke gefiel das alles. So hatte er sich den Beginn einer Revolution immer vorgestellt. Und die Herrschenden zeigten Wirkung, waren wie gelähmt. Am nächsten Tag hatten die Geschäfte, die Theater und ab elf Uhr auch die Schulen geschlossen. Vielleicht hätten die Liberalen und die Arbeiter eine Chance gehabt, die herrschende Ordnung zu ändern, aber sie waren überhaupt nicht organisiert, hatten keine Anführer mit Charisma und auch kein zündendes Programm. So verging die Zeit, bis am vierten Tag Regierung, Polizei und Militär ihre Lähmung überwunden hatten und zurückschlugen. Das Militär griff ein, die gesamte Berliner Garnison – die Artillerie ausgenommen – wurde aufgeboten, um die Ruhe wiederherzustellen. Patrouillen des Füsilier-Bataillons Kaiser Franz, Gardekürassiere und die Kavallerie unter der Führung des Offiziers von Möllendorf zogen durch die Straßen. Die ganze Königstadt wurde abgesperrt, auf den Wochenmärkten wurde alle zwanzig Schritt ein Soldat postiert. Gelegentlich wurden die Säbel gezogen und mit der flachen Klinge in die Menge geschlagen. An die dreihundert Berliner, unter ihnen siebzehn Frauen, wurden verhaftet.

Julius Wucke war nicht unter ihnen. Sosehr er sich zum Anführer kleiner Gruppen aufgeschwungen hatte, so klug war er gewesen, nicht als Schreihals aufzufallen. Bei Borsig gab es keinen Ärger, denn in den Vereinigungen, in denen er ein und aus ging, gab es einen Arzt, der ihm eine schwere Darminfektion bescheinigte.

Wucke verehrte in dieser Zeit von allen Denkern insbesondere Max Stirner, eigentlich Kaspar Schmidt, geboren am 25. Oktober in Bayreuth, der 1826 zum Studium nach Berlin gekommen war und ab 1839 als Lehrer an der Mädchenschule von Madame Gropius gearbeitet hatte. Nach der Veröffentlichung seines Hauptwerkes *Der Einzige und sein Eigentum* war er aber als politisch untragbar entlassen worden und als Anarchist auf die schwarzen Listen der politischen Polizei und der Justiz geraten. Um sich und seine zweite Frau durchs Leben zu bringen, hatte er in den Kellerräumen eines Hauses in der Bernburger Straße eine Milchhandlung eröffnet. Doch das Geschäft lief schlecht, und der Justizminister von Savigny lästerte: »Stirners sauer gewordene Milch fließt in den Rinnstein, wohin auch seine verbrecherische Schrift gehört.«

Seit 1841 verkehrte Stirner bei den »Freien«, einem Debattierzirkel oppositioneller, das heißt liberaler und sozialistischer Akademiker und Publizisten, dem unter anderem Bruno und Edgar Bauer und Karl Friedrich Köppen angehörten. Letzterer war 1833 nach Studium und Militärdienst Lehrer an der Dorotheenstädtischen Realschule geworden, die eines von Konrad Schäschkes Kindern besuchte.

Über seinen Schwager hatte Wucke Köppen kennengelernt, und der hatte schnell gemerkt, welche Talente in dem Borsigianer steckten, und ihn ein paar Mal zu Treffen der »Freien« mitgenommen.

Nun fehlten Wucke die Voraussetzungen, Stirners Lehre auch nur ansatzweise zu verstehen. Einiges hatte er dennoch begriffen und auf sein Panier geschrieben, etwa Sätze wie *Ich muss mich empören, um emporzukommen* oder *Meine Sache ist – einzig, wie Ich einzig bin. Mir geht nichts über Mich. Jedes schöpferische Wesen über Mir, sei es Gott, sei es der Mensch, schwächt das Gefühl meiner Einzigkeit.*

Max Stirner wohnte in der Hirschelstraße 14, und als ihn Wucke an diesem Abend aufsuchte, fand er in seiner kleinen Stube einige Männer vor, unter ihnen den besagten Köppen. Mit ihm kam ein Neuer, der sich vorstellte als »Wilhelm Järschersky, ewiger Student und Schriftsteller«.

Die Runde jubelte, als Köppen erzählte, er habe gehört, dass Wilhelm Stieber wohl Abschied nehmen müsse, weil ihm ein Disziplinarverfahren wegen Misshandlung von Untersuchungshäftlingen, Fälschung von Beweisstücken und anderen Delikten drohe. Stieber war maßgebend an der Verfolgung politischer

Oppositioneller beteiligt und einer der meistgehassten Männer Preußens.

Danach wurde über die Ereignisse der Kartoffelrevolution diskutiert. Die einen fanden diese Entladung des Volkszorns positiv, die anderen eher ernüchternd.

»Ich habe nichts von irgendwelchen Parolen gegen den König oder die Monarchie vernommen«, berichtete einer der Männer.

»Und auch gegen die allmächtigen Fabrikherren ist es nicht gegangen«, fügte Wucke hinzu, »sondern nur gegen die kleinen Bäcker und Händler. Die Fabrikherren aber haben wir aufs Korn zu nehmen, wenn es zu einer richtigen Revolution kommen soll. Die Borsigs, die Egells und die Wöhlerts!«

Während ihr Mann dies ausrief, saß Auguste Wucke zu Hause und schrieb in ihr geheimes Tagebuch, wie sie August Borsig erlebt hatte, als sie ihn bei der *Norma*-Premiere in der Linden-Oper vor Betreten des Hauses heimlich beobachtet hatte:

Nicht die Kleidung war es, welche auffiel – schlicht und einfach war dieselbe –, sondern die Figur! Das war ein anderer Mann als alle anderen, welche das Foyer belebten: eines Hauptes länger denn alles Volk stand eine Mannesgestalt da, von athletischem, urkräftigem Körperbau; die breiten Schultern trugen einen bedeutenden Kopf mit scharf markierten, nach einem großen Maßstabe angelegten Gesichtszügen. Unter mächtigen dunklen Brauen strahlte ein kleines, aber klares und bestimmtes Auge, das mit einem Male die Dinge in ihrem notwendigen Verhältnisse erschaut, dabei aber umspielt wird von dem milden Glanze wahrer herzinniger Teilnahme. Die breite, scharf gezeichnete Stirn wurde von vollem dunklem Haar naturwüchsig umschattet. Die ganze Gestalt hatte etwas Imponierendes, etwas Außergewöhnliches. Sie wurde umschwebt von jenem Nimbus, welcher, unbewusst seiner Umgebung, die Majestät des Genius ankündigt. Jeder kannte diesen Mann, jeder grüßte ihn in Hochachtung, und jeden Gruß erwiderte er mit wohlwollender Freundlichkeit, die seinem mächtigen Gesichte einen fesselnden Reiz verlieh.

August Borsig saß mit seiner kleinen Familie am Frühstückstisch und genoss den Sonntagmorgen. Das Mädchen brachte die gekochten Eier herein, auf die alle schon gewartet hatten. »Der gnädige Herr kriegt det harte Ei, die gnädige Frau und der Herr Sohn die beeden weichen.«

»Danke, Bertha.«

Seine Frau und sein Sohn schlugen sofort mit dem Löffel auf die Spitze ihrer Eier und polkten die zertrümmerte Schale ab, um das Innere auslöffeln zu können, Borsig aber köpfte sein Ei mit dem Messer, er zerteilte es mit einem wohlgezielten Schlag knapp über der Kante des Eierbechers. Die obere Hälfte stellte er dann auf seinen Teller. »Dies zum Gedenken an meine Jugend.«

»Wie?«, fragte sein Sohn. »Wolltet ihr alle Scharfrichter werden und habt so das Köpfen geübt?«

»Albert«, rief Louise Borsig, »solche Grausamkeiten nicht zum Frühstück! Wie soll mir da die Blutwurst schmecken?«

Borsig wies auf seine aufrecht stehende Eihälfte und strich mit dem Zeigefinger zärtlich über die braune Schale. »Ist das nicht eine herrliche Konstruktion der Natur? Welch schöne, welch stabile Kuppel! So war ein Ei mein Vorbild, als sie mir 1823 an der Breslauer Kunst- und Bauhandwerksschule die silberne Medaille für die Zeichnung einer Kuppel von 130 Fuß verliehen haben. Nicht zuletzt wegen meiner schönen Kuppel haben sie mich nach Berlin zu Beuth geschickt.«

»Man könnte dich glattweg als einen Kuppler bezeichnen«, sagte Albert mit einem Grinsen.

Borsig lachte. »Das höre ich nicht zum ersten Mal. Da ist was dran, denn wir überlegen ja schon lange, wie wir mehrfach gekuppelte Lokomotiven bauen können. Aber auch die richtigen Kuppeln lassen mich nicht los, und bei der Nicolaikirche in Potsdam geht es immerhin um einen Auftrag von über 13 000 Thalern. Aber das ist eine lange Geschichte …«

»Erzähl doch mal!«

Die alte Nicolaikirche war 1795 vollständig ausgebrannt, und ein Jahr später hatte man die Ruine abgetragen. Friedrich Wilhelm II. wollte sie wiederaufbauen lassen, aber sein Tod wie der seiner Architekten Gilly und Boumann, aber auch der verlorene Krieg gegen Napoleon ließen die Pläne in Vergessenheit geraten. Erst ab 1820 besserte sich die wirtschaftliche Lage Preußens wieder, und Friedrich Wilhelm III. gab dem Drängen der Gemeinde nach und beauftragte 1826 Schinkel mit der Planung für eine neue Kirche. Schinkel hatte das Panthéon in Paris und die Londoner St. Paul's Cathedral im Sinn und korrigierte Gillys Entwurf, indem er eine mächtige Kuppel auf dessen Flachbau setzte. Der Kronprinz, der sich selbst schon als Architekt versucht hatte, fand die Kuppelvariante herrlich, sein Vater, Friedrich Wilhelm III., aber favorisierte eine turmlose Basilika mit einem flachen Satteldach. Sein Wort war Befehl, und so wurde 1830 mit dem Bau begonnen. Ludwig Persius übernahm die Leitung. Am 17. September fand dann die Einweihung statt.

»So weit, so gut«, sagte Borsig, »aber Friedrich Wilhelm IV. fand die Kirche scheußlich und befahl mit einer Kabinettsorder vom 1. Mai 1843, den ursprünglichen Plan Schinkels zu verwirklichen und St. Nicolai zu einer Kirche mit einer gewaltigen Kuppel auszustatten. Da Schinkel zwei Jahre zuvor verstorben war, wurde Persius mit der obersten Bauleitung betraut, vor Ort sollte der Baumeister Gustav Emil Prüfer die Arbeiten überwachen. Da kommt nun Persius, den ich ja von früher her gut kenne, zu mir …« Er hatte die Szene noch genau vor Augen.

»Mein lieber Borsig«, begann Persius, »ich will es einmal volkstümlich ausdrücken: Schinkel, der König, Prüfer und ich, wir sind da mit unseren Plänen sozusagen auf dem Holzwege.«

Borsig lächelte. »Ich ahne, was Sie damit andeuten wollen, lieber Persius. Schinkel ist von einer reinen Holzkonstruktion ausgegangen, und Sie haben nun nachgerechnet und festgestellt, dass der vorhandene Baukörper in seiner Belastbarkeit stark überfordert ist, denn hölzerne Balken – wem sage ich das! – sind von gewaltigem Gewicht. Nimmt man aber statt Holz Eisen für die Kuppel, so wird das Gewicht der Konstruktion um mindestens ein Fünftel geringer sein.«

Persius nickte. »Sie sagen es!«

Borsig hatte nun auf Anforderung zwei Entwürfe mit Kostenanschlag eingereicht, im Dezember 1846 den Vertragsentwurf zur Lieferung von Eisenteilen für die Kuppel erhalten und sich an die Arbeit gemacht. Nachdem Persius am 12. Juli 1845 in Potsdam gestorben war, hatte er es mit Friedrich August Stüler, dem Architekten des Königs, zu tun, einem Schüler Schinkels. Das erleichterte die Zusammenarbeit, denn beide waren daran interessiert, ein Bauwerk Schinkels zu vollenden.

Noch bevor der Umbau der Nicolaikirche abgeschlossen war, kam der nächste Auftrag des Königs: der Bau der Kuppel des Schlosses in Berlin. Drei Zeichnungen fertigte Borsig an – mit Eifer, denn sein Herzblut hing nun einmal an den Kuppeln, und Stüler und Schadow fanden sie großartig. Sie schätzten Borsig als Fachmann so sehr, dass sie fast ehrfürchtig um kleine Korrekturen baten. Borsig erhielt den Auftrag. Sein Kostenvoranschlag belief sich auf 16661 Thaler, und bis zum Jahre 1851 sollte alles vollendet sein.

Als Wilhelm Järschersky von diesen Plänen erfuhr, lästerte er: »Jetzt wissen wir auch, was wir bei seinem Erbbegräbnis zu beachten haben: Oben auf dem Mausoleum soll keine Lokomotive stehen, da soll sich eine gewaltige Kuppel erheben!«

Wilhelm Järschersky kam vom Großen Stern her und ritt jetzt über die Schöneberger Wiesen, um auf der Moabiter Brücke wieder ans nördliche Ufer der Spree und zur Königlichen Thierarzneischule zu gelangen, wo er in den Stallungen des Thierarztes Ludwig Urban sein Pferd stehen hatte. Er ritt jetzt öfter durch den Thiergarten und die angrenzenden Areale. Er meinte, das würde sich für einen Dandy, Müßiggänger und Taugenichts gehören, außerdem wollte er einen Roman über den großen preußischen Reitergeneral Friedrich Wilhelm von Seydlitz schreiben, und er war überzeugt, dieses Werk könne nur authentisch werden, wenn er die Reitkunst wenigstens ansatzweise beherrschte. Sein Debütroman *Der zersprungene Pulverturm* war von der Kritik verrissen und vom Publikum nicht gekauft worden, aber es steckte eine gewisse Sucht zum Schreiben in ihm, und mit dem Mann, der für Friedrich den Großen wichtige Schlachten gewonnen hatte, gelang ihm sicherlich der große Durchbruch. Aber beim großen Spiel des Lebens hatte er ja noch eine weitere Trumpfkarte im Ärmel: die politische Karriere. Kam es zu einer Revolution in Deutschland und zur Machtübernahme des Bürgertums, dann wählte man ihn zweifelsohne in die Nationalversammlung, denn er hatte bei vielen liberalen und demokratischen Aktionen mitgemacht und sich als einer der führenden Köpfe profiliert. »Lasst uns nach dem Vorbild der United States of America die Vereinigten Staaten von Deutschland schaffen, eine Demokratie!«, hatte er immer wieder gefordert. Dass er von Wilhelm Stieber und dessen Bütteln bei der politischen Polizei ständig attackiert worden war, hatte ihn stadtbekannt werden lassen. Er war sich sicher, dass sein eigentliches Leben noch gar nicht angefangen hatte.

Rechts hinter der Moabiter Brücke, zur Pulver-Wiese hin, baute sein alter Freund August Borsig eine neue Fabrik, und diesmal hatte er Glück, er traf ihn bei einem Inspectionsrundgang.

»Ah, hoch zu Ross!«, rief Borsig.

Järschersky lachte. »Wer kein Dampfross sein Eigen nennt, muss sich halt mit einem aus Fleisch und Blut begnügen.« Er sprang aus dem Sattel, und sie begrüßten sich mit alter Herzlichkeit.

»Du bist nicht im Hörsaal oder am Schreibtisch?«, fragte Borsig.

»Nein, ich muss vernünftig reiten lernen, damit ich mich besser in meinen Helden hineinversetzen kann.« Er erklärte Borsig sein Romanprojekt. »Eigentlich hätte ich gerne etwas über George Washington geschrieben, aber das traut sich ja keiner zu drucken.«

Borsig verzog das Gesicht. »Da läuft doch einer herum und verkündet, Eigentum sei Diebstahl. Kennst du den auch?«

»Ja, das ist der Franzose Pierre-Joseph Proudhon. Aber keine Angst, der hat bei uns keine Anhänger. Dir wird keiner dein Eigentum wegnehmen.« Järschersky wies auf das neuentstehende Werk. »Auch deine Kolonie hier nicht.«

»Wer nicht wächst und alles selbst produziert, hat auf Dauer keine Chance«, erklärte Borsig.

»Dann will ich dich nicht weiter stören«, sagte Järschersky und schwang sich wieder in den Sattel. »Frohes Schaffen noch!«

Vorbei an der Ulanen-Caserne und am Bahnhof der Berlin-Hamburger Eisenbahngesellschaft, der am 15. Dezember 1846 in Betrieb genommen worden war, kam er zur Invalidenstraße, um am Neuen Thor rechts abzubiegen und über den Louisen-Platz zur Thierarzneischule zu reiten. Dort fand er nach einiger Suche Ludwig Urban, mit dem er immer ein wenig plauderte, nachdem er sein Pferd den Knechten übergeben hatte.

Ludwig Urban war am 2. Oktober 1806 in Silkerode als Sohn eines Schmiedes zur Welt gekommen, hatte nach seiner Militärzeit als Fahnenschmied bei dem Kavallerie-Regiment gedient und war von diesem 1829 als Militäreleve an die Königliche Thierarzneischule abkommandiert worden. Zehn Jahre später hatte er den Militärdienst quittiert und eine eigene Praxis eröffnet, aber an der Thierarzneischule weiterhin als Zivilschüler studiert, um seine Ausbildung zum Thierarzt I. Klasse zu Ende zu bringen.

Järschersky kannte ihn von einer progressiven religiösen Vereinigung her, den »Lichtfreunden«, aber auch von seinem Versuch, einen Verein zu gründen, der die »unsägliche Zerklüftung zwischen Regierung und Volk« aufheben sollte: *Mein König, so Du willst, darf sich Dein Volk nicht spalten …* In letzter Zeit war ihm Ludwig Urban als sogenannter Kellerhalsredner aufgefallen, als einer der Männer, die in die schmalen Eingänge zu Kellerlokalen traten und dort politische Reden hielten.

»Na, wann schlagen wir denn endlich los?«, fragte ihn ironisch Järschersky.

Ludwig Urban tat so, als würde er ihn nicht verstehen. »Sie meinen, wann Ihr Pferd wieder beschlagen werden muss?«

»Nein, ich denke eher an ein Gedicht von Theodor Körner: *Das Volk steht auf, der Sturm bricht los. / Wer legt noch die Hände feig in den Schoß? / Und schlägt unser Stündlein im Schlachtenrot, / Willkommen dann, sel'ger Soldatentod! / Du verkriechst dich in seidene Decken, / Winselnd vor der Vernichtung Schrecken. / Stirbst als ein ehrlos erbärmlicher Wicht. / Ein deutsches Mädel beweint dich nicht.*«

Der Thierarzt sah sich vorsichtig um, denn Wilhelm Stiebers Spitzel steckten in diesen Tagen überall. »Woanders hat es ja schon ganz schön rumort.«

Das bezog sich auf den Aufstand der polnischen Bevölkerung im preußischen Großherzogtum Posen, wo Ludwik Mierosławski als Rädelsführer verhaftet und 1847 in Berlin im sogenannten Polenprozess zum Tode verurteilt, später aber zu lebenslanger Gefängnishaft begnadigt worden war.

»Und bei uns?«, fragte Järschersky.

»Da wird es losgehen, wenn es mit der Ökonomie weiter bergab geht und die Arbeiter massenweise entlassen werden.«

»Komisch.« Järschersky wollte das mit der Krise nicht recht glauben. »Ich bin eben bei Borsig vorbeigeritten, und der expandiert weiterhin.«

»Warten wir's ab, spätestens Mitte nächsten Jahres geht es los hier in Deutschland!«, rief Ludwig Urban.

»Hoffen wir's.«

Immer wenn sich August Borsig an seine Kindheit in Breslau erinnerte, stand ihm das Bild vor Augen, wie er mit seinem Freund Walter Rawitsch an einer Glaserei vorbeigekommen war und dort im Schaufenster ein Gemälde bewundert hatte: *Bougainville vor Tahiti*. Vor einem Südsee-Atoll hatte ein Schoner unter üppigen Palmen geankert. »Palmen!«, hatte er ausgerufen. »Ich liebe Palmen über alles!«

Nun sprach er mit Heinrich Strack, mit dem er schon seit längerem in Verbindung stand, über seinen Traum.

Heinrich Strack, am 6. Juli 1805 in Bückeburg zur Welt gekommen, hatte seit 1824 an der Berliner Bauakadamie bei Schinkel und Stüler studiert und war seit 1842 Hofbaurath.

Borsig erzählte Strack vom Breslauer Gemälde. »Die Palmen haben mich seitdem nicht mehr losgelassen, und Sie wissen ja, dass ich Mitglied des Vereins zur Beförderung des Gartenbaues bin. In meiner Faktorwohnung bei Egells hatte ich auch einmal ein bescheidenes Stückchen Garten. Aber jetzt habe ich die finanziellen Mittel dazu, jeden Tag unter Palmen zu wandeln.«

Strack zog die Augenbrauen hoch. »Pardon, aber wir sind hier in Berlin und nicht in Locarno.«

»Auch in Berlin kann man sein Locarno haben – oder sein Tahiti … wenn auch nur unter Glas. In Moabit, dicht neben meiner neuen Fabrik, möchte ich einen riesigen Garten haben, und darin soll es Treib- und Gewächshäuser geben, darunter ein Palmenhaus. Und wenn ich dann am Abend aus meinen Fabriken komme, will ich all den Lärm und die Feuersglut hinter mir lassen und meine Blumen und meine Palmen genießen.«

»Und wo wollen Sie wohnen?«, fragte Strack.

»Natürlich inmitten meines Paradieses. Bauen Sie mir da eine Villa hin, lieber Strack! Römischer Landhausstil, denn Sie müssen wissen, dass ich den Kaiser Nero verehre. Noch so eine Kindheitserinnerung aus Breslau.«

»Sie sind zu beneiden, lieber Borsig.«

»Und noch etwas: Ich möchte, dass jemand meine Fabriken, so wie sie heute im Feuerland und bald auch in Moabit zu sehen sind, auf Gemälden festhält. Kennen Sie da einen, der künstlerisch bedeutender ist, als nur Dutzendware zu liefern?«

Strack überlegte einen Augenblick. »Nehmen Sie doch Karl Eduard Biermann. Der kommt aus Berlin, hat Dekorations- und Landschaftsmalerei studiert, ist Professor an der Bauakademie, wo er Landschaftsmalerei unterrichtet, und ist gerade im Neuen Museum an der Ausmalung des Ägyptischen Hofes und des Griechischen Saales beteiligt. Der kann das bestimmt, in Aquarell wie in Farbe.«

Kapitel fünfzehn
1848

»Wenn das neue Eisenwerk in Moabit im nächsten Jahr in Betrieb genommen wird, werden wir wesentlich mehr Eisen produzieren, als wir selbst verbrauchen können«, sagte der Prokurist und Hauptkassierer Adolf Carl, als man am ersten Arbeitstag des neuen Jahres zusammensaß, um neue Pläne zu schmieden und anstehende Entscheidungen zu fällen.

August Borsig nickte. »Richtig, und darum habe ich mir auch schon überlegt, wo in Zukunft Unmengen von Eisen gebraucht werden: beim Brückenbau! Wenn immer neue Eisenbahnstrecken immer breitere Flüsse überqueren. Darum werde ich mich dieser Tage auch mit Herrn von Unruh treffen, um mit ihm über dieses Thema zu reden.«

Hans Victor von Unruh war am 28. März 1806 in Tilsit geboren worden, hatte im ostpreußischen Königsberg das Gymnasium besucht, Geodät gelernt und anschließend an der Berliner Bauakademie studiert, um 1828 das Examen bei Schinkel abzulegen. Danach war er in Breslau, wo er auch seine erste Ehe einging, als Wasserbauinspector tätig. 1839 nahm er eine Ernennung zum Regierungs- und Baurath in Gumbinnen an, 1843 wurde seiner Bitte um Versetzung nach Potsdam stattgegeben. 1844 ließ sich Unruh vom Staatsdienst beurlauben, um die Leitung des Eisenbahnstreckenbaus Magdeburg–Potsdam zu übernehmen. Nach Beendigung dieses Baus wurde er Mitglied des Directoriums der Magdeburg-Wittenberger Eisenbahn.

»Da rennen Sie bei mir offene Türen ein«, sagte von Unruh, als ihm Borsig gegenübersaß und von seinen Überlegungen berichtet hatte. »Man kann zwar gewaltige Brücken aus Stein bauen wie die alten Römer oder aus einem Gitterwerk von hölzernen Balken, wie sie das in den Vereinigten Staaten tun, aber das ist zu teuer, zu mühsam, nicht stark belastbar und auch nicht von langer Haltbarkeit. Da hilft nur das Eisen. Für die Hamburger Bahn brauchen wir eine riesige Elbbrücke, die den Strom bei Wittenberge überspannen soll. Viertausend Fuß muss sie lang sein. Das Flussbett ist sandig und ein unsicherer Baugrund, und auch wegen der Schifffahrt können wir die steinernen Pfeiler nicht zu dicht nebeneinandersetzen. Da werden von Pfeiler zu Pfeiler Spannweiten anfallen, die für Bogenbrücken aus Gusseisen viel zu groß sind.«

Borsig musste ihm recht geben. »In der Tat, Gusseisen ist zwar eine wunderbare Erfindung, es ist aber weder besonders elastisch noch zugfest und kann nicht auf Biegung beansprucht werden. Wir brauchen also Schmiedeeisen. Das hat einen wesentlich niedrigeren Kohlenstoffanteil als das Gusseisen und ist deswegen weniger hart, ungemein elastisch und kann auf Zug beansprucht werden. Sie können also auf uns bauen, Herr von Unruh!«

»In der Theorie ist das alles sehr einleuchtend, Herr Borsig – aber die Praxis? Ich hätte mir eine schmiedeeiserne Brücke gern einmal in natura angesehen, aber wir haben in Deutschland noch keine.«

»Und in England und Frankreich?«, fragte Borsig.

»Da sind sie schon ein Stückchen weiter als wir«, antwortete von Unruh. »Stephenson soll mit Feuereifer an der sogenannten Britannia Bridge in Bangor arbeiten.«

Borsig lachte. »Dann lassen Sie uns doch hinfahren! Die Kosten wird der Verein zur Beförderung des Gewerbefleißes schon tragen.«

»Kein schlechter Gedanke …«

So sollten sich an einem Januarmorgen fünf Männer vor dem Potsdamer Bahnhof treffen, um nach Frankreich und England zu reisen.

Neben Borsig und Hans Victor von Unruh waren es der Kaufmann Wilhelm Ullmann, der im internationalen Holzhandel engagiert war, der Baumeister und Kommunalpolitiker Johann Christoph Bendler und ein junger Mann, der später mit seiner eigenen Fabrik einer der größten Lokomotivbauer Deutschlands werden sollte: Louis Victor Robert Schwartzkopff. Er war am 5. Juni 1825 in Magdeburg auf die Welt gekommen, hatte dort zwischen 1831 und 1842 ein Gymnasium und die dortige Gewerbeschule besucht, in Mathematik von keinem Geringeren als Werner Siemens unterrichtet. Danach hatte er das Beuth'sche Gewerbe-Institut in Berlin besucht, war 1845 zu Borsig gekommen und dort schnell Maschinenmeister geworden.

Borsig und Schwartzkopff hatten gemeinsam eine Droschke genommen und gingen, als sie ausgestiegen waren, auf die drei anderen Herren zu, die sich schon vor dem Empfangsgebäude eingefunden hatten. Alle waren sie in dicke Mäntel gehüllt, und der Wind blies so kräftig, dass sie ihre Hüte festhalten mussten. Schnee lag in der Luft.

»Wie wird das mit unserem Englisch werden, Herr Borsig?«, fragte Schwartzkopff. »An unser Französisch wage ich gar nicht zu denken.«

Borsig lächelte. »Wilhelm Ullmann spricht Französisch mit *dernière perfection*, Englisch mindestens ebenso gut.«

Die Herren begrüßten sich und machten sich – sofern das noch not tat – miteinander bekannt. Die Stimmung war gelöst.

»Ich steige nur in den Zug, wenn er von einer Borsig-Lokomotive gezogen wird«, scherzte Bendler.

Borsig warf einen Blick in Richtung Spitze des Zuges. »Er wird.« Das war ein gutes Omen.

Sie stiegen in die Wagen, die noch immer mehr Postkutsche als Eisenbahn waren, und versuchten, es sich so bequem wie möglich zu machen. Potsdam, Magdeburg, Köln, Brüssel, Paris – so sah der erste Teil ihrer Reiseroute aus.

In Brüssel fühlten sie, das etwas in der Luft lag. Bekannte von Ullmann, die aus Paris kamen, berichteten ihnen, dass dort das Feuer der Revolution schon glimmen würde und es jederzeit losgehen könne. Sie überlegten einen Augenblick, sagten sich dann

»Bangemachen gilt nicht« und setzten ihre Reise fort. Sie diskutierten lange über politische Dinge und schlossen sich dann mehrheitlich der Meinung von Unruhs an, der zu den gemäßigten Liberalen gerechnet wurde und für ein Staatsmodell englischer Prägung plädierte. Keiner dachte daran, den König zum Teufel zu jagen.

Borsig sah Paris zum ersten Mal und fand es alles in allem zwei Nummern größer als Berlin – mindestens. Alle staunten, dass an einem Donnerstag, der kein Feier- und kein Festtag war, so viele Menschen auf den Straßen waren.

Ullmann klärte sie auf. »Der junge französische Kaufmann schuftet, unterstützt von seiner Frau, jahraus, jahrein mit beinahe dem einzigen Ziel, eine gewisse Summe an Staatsrente zu erwerben. Diese Summe braucht gar nicht allzu groß zu sein. Wenn sie für ein kleines Rentnerleben genügt, wird das Geschäft verkauft, und nun beginnt für die Franzosen erst das richtige Leben. Zuweilen sind diese Menschen kaum über dreißig Jahre alt. Und sehen Sie nun, wie sie glücklich flanieren! Die Boulevards sind noch um Mitternacht belebter als in Berlin die Straße Unter den Linden am Mittag.«

Borsig drängte darauf, Werkstätten zu sehen, große Hallen mit interessanten Eisenkonstruktionen, Brücken, Eisenbahnbauten und Lokomotiven.

»Dann auf zum Gare d'Orléans!«, sagte Ullmann.

»Nur, wenn wir auch die Jungfrau zu sehen kriegen!«, rief Bendler.

In der Nähe des Boulevard Bastille am Jardin des Plantes standen sie dann vor einer hohen, sich breit spannenden Halle, deren Eisenkonstruktion Borsig ein »Alle Achtung!« ausrufen ließ. Sie schritten auf den Eingang des Bahnhofs zu, um die Empfangshalle von innen in Augenschein zu nehmen. Aber der Concierge, ein Pförtner in Uniform mit goldenen Borten, verwehrte ihnen, die Hand an die Mütze legend, den Zutritt. Es sei ihm verboten, jemanden in den Bahnhof zu lassen, wenn kein Zug abfahren würde, und der nächste nach Orléans ginge erst in zwei Stunden. Nur der *Chef de gare* könne vielleicht die Erlaubnis erteilen. Ullmann setzte nun seine gesamten französischen Sprachkenntnisse ein, und so wurden sie zum *Sous-Ingenieur* der Eisenbahn geführt, der achselzuckend bedauerte, eine so wichtige Entscheidung wie die Besichtigung des Bahnhofs durch Ausländer nicht selbst treffen zu können, dazu sei nur der *Directeur général* befugt.

»Dann führen Sie uns bitte zu ihm!«

»Das ist leider nicht möglich, denn der Herr befindet sich noch im Neujahrsurlaub.«

Da verlor von Unruh Geduld und Nerven und rief laut in den Raum: »Geben Sie es auf, Ullmann! Wir gehen! Diese Kerle können uns alle mal …« Und es folgte das Götz-von-Berlichingen-Zitat.

Da sprang einer der subalternen Beamten auf, der Elsässer war und alles verstanden hatte, um seinem Vorgesetzten zu empfehlen, die Herren aus Preußen auf die Straße zu setzen. Man konnte sich dieser Aktion nur durch die schnelle Flucht entziehen.

Das war alles nicht nach Borsigs Geschmack, und seine Laune besserte sich erst, als sie in einem Café in der Nähe der Champs Elysées ein Gespräch mit Victor Baltard hatten, dem designierten Stadtarchitekten von Paris. Er erzählte ihnen, dass er zehn riesige Pavillons aus Eisen und Glas bauen wolle, die als Markthallen genutzt werden sollten.

Das machte Borsig Mut. Ansonsten aber war Paris, was das Technische betraf, eine ziemliche Enttäuschung.

»Es bleibt uns ja noch England«, tröstete ihn von Unruh.

Doch zuerst gab es für August Borsig ein Wiedersehen mit seinem Bruder Gottlieb Wilhelm, der 1835 nach Paris ausgewandert war und dort – auch er war von Hause aus Zimmermann – eine Fabrik im Bereich der Holzverarbeitung gegründet hatte. Er wohnte mit seiner vierköpfigen Familie in der Nähe der Pont de la Concorde.

Wilhelm Borsig lachte. »Von Nieder-Pontwitz zur Pont de la Concorde – das ist mein Lebensweg.«

August Borsig nickte. »Brücken haben nun mal etwas Verbindendes, und ich bin ja eigentlich nur der Brücken wegen unterwegs.«

Die nächste Stunde verbrachten sie mit dem ebenso schönen wie melancholischen Spielchen »Weißt du noch?«.

»Weißt du noch, wie Vater immer vom Dorf Starsiedel erzählt hat, als die Brigade Klüx die Franzosen angegriffen hat?«

»Und in seinem Schrank hing noch seine Kürassier-Uniform.«

»Weißt du noch, als wir am Neumarkt durch die Bierlokale gezogen sind?«

»Ja, da waren der Gabeljürge und die Schwarze Krähe, und ein Kretscham hieß Zum weißen Hause. Schweidnitzer Schöps gab es vom Fass und Gottesberger Pils.«

»Weißt du noch, was die Großmutter in Nieder-Pontwitz für ein wunderschönes Schlesisches Himmelreich gekocht hat?«

»Ja, mit den Semmelklößen der österreichischen, dem Rauchfleisch der böhmischen, dem Gewürz der schlesischen und dem Dörrobst der preußischen Vergangenheit, wie Meister Ihle das immer genannt hat.«

»Weißt du noch, wie das Lied vom Schlesischen Himmelreich ging?«

»Aber natürlich!«

Und dann sangen sie beide:

Wenn ber warn ei a Himml kumma,
Hoot de Plag a End genumma.
Ei dam Himmel is a Laaba,
Nischt wie lauter Kucha, Baaba.
Do aß ber lauter gaale Suppe
Aus dam gruußa Uuwatuppe.
Lauter Broota warn ber assa,
Und 's Geld mit Virteln massa.
Laaberwirschte, Zwiebelfische
Hon mer täglich uff'm Tische.

Wilhelms Frau, die Französin war, und die Kinder verstanden ganz gut deutsch, aber hier mussten sie passen und hatten nur wenige Worte verstanden, »Suppe« und »Sauerkraut« zum Beispiel. Jeder berichtete noch die wichtigsten Details aus seinem Leben, dann hieß es Abschied nehmen, und die beiden Brüder mussten sich zur Seite drehen, damit die anderen nicht bemerkten, wie feucht ihre Augen geworden waren.

Die französische Nordbahn brachte die Berliner an einem milden Wintertag über Rouen nach Le Havre. An allen Brücken lagen Dampfschiffe und stießen Rauchfahnen in den Himmel.

»Wenn man bedenkt, dass es nur dreißig Jahre her ist, als zum ersten Mal ein Schiff ohne Segel über den Atlantik gefahren ist …«, sagte Borsig. »Welch Wandel von der Pferdekutsche zur Eisenbahn, vom Segel- zum Dampfschiff! Es ist schon eine aufregende Zeit, in der wir leben. Wir können uns glücklich schätzen, in unserem kurzen Leben ausgerechnet diese Epoche der Weltgeschichte erwischt zu haben.«

Sie gingen an Bord des englischen Marinedampfers *Express*, und der trug sie im kalten Winternebel hinüber nach Southhampton, von wo es weiterging nach London. Hatte Paris unter blauem Winterhimmel gelegen, so schien es über London gar keinen Himmel zu geben. Der Nebel reichte bis auf die Dächer hinunter. Auch hier waren die Straßen voller Menschen, aber die tänzelten nicht gleichsam heiter dahin wie in Paris, sie hetzten geradezu von einem Ort zum anderen und unterhielten sich dabei ernsthaft über wichtige Geschäfte. Ullmann, der in Paris oft das Wort *amusement* gebraucht hatte, sprach jetzt nur noch von *business*. Man schritt über Brücken, die sich über die Themse spannten, besichtigte Bahnhofshallen und andere Bauten, und Borsig prüfte mit kundigem Blick das Gewirr der eisernen Träger und Stäbe. Schwartzkopff stieg sogar verstohlen einen Bahndamm hinauf, um sich die Schienenstühle und die Befestigungen der Schienen anzuschauen.

Nach London kamen alle Städte, die in Bezug auf die moderne Technik einen Namen hatten: Birmingham, Sheffield, Leeds und Newcastle. Dann ging es hinauf nach Schottland, und die Reisegeschwindigkeit wurde immer geringer, denn bald gab es keine Eisenbahnen mehr, und sie mussten mit Pferdefuhrwerken vorliebnehmen und holprige Straßen ertragen. Auch Glasgow, Manchester und Liverpool standen auf ihrem Programm. Borsig fand alles in England gigantisch und überwältigend, murmelte aber doch einige Male, dass er es anders und besser gemacht hätte. Die Engländer waren im Allgemeinen Techniker mit ungemein praktischem Sinn, die von grauer Theorie sehr wenig hielten, was er sympathisch fand. Sie zeigten den Deutschen auch bereitwillig ihre Werke, Hallen und Bahnhöfe, vielleicht auch, weil sie denen nicht zutrauten, das Gesehene nachzumachen. Borsig konnte diese Überheblichkeit nur recht sein.

Beim Abendessen im Hotel sprach die Berliner Delegation alles noch einmal durch, und oft legte Borsig Messer und Gabel beiseite, suchte sich ein Stück Papier und skizzierte mit dünnen Bleistiftstrichen eine englische Konstruktion, die sie an diesem Tage gesehen hatten, um dann mit kräftigen Linien seine Verbesserungen hinzuzufügen. »Sehr schön, meine Herren, was die Engländer hier gezaubert haben, aber so ließe sich das noch besser arrangieren – und billiger wäre es auch.«

»Ihr Borsig ist wirklich ein praktisches Genie«, flüsterte von Unruh Schwartzkopff zu. »Der schlägt alle Engländer!«

Wenn Ullmann an den letzten Reisetagen beim Frühstück aus den englischen Morgenzeitungen vorlas, wurden die Gesichter der Berliner immer besorgter, denn in Frankreich wurde es zunehmend unruhiger um den Bürgerkönig Louis Philippe und die Nationalgarden. Die Regierung war gegen jede Reform, und das Volk wurde immer ungeduldiger.

»Es wäre schön, wenn wir wieder in der Heimat wären, bevor die verheerende Flamme des Aufruhrs über Europa rast«, sagte Bendler.

Auch die anderen drängte es, vorzeitig nach Berlin zurückzukehren. Im belgischen Mechelen erfuhren sie dann, dass in Frankreich die Februarrevolution ausgebrochen war. In den Straßen rund um den Nordbahnhof gäbe es blutige Straßenkämpfe.

»Und der Clou ist, dass Louis Philippe in einer Mietdroschke aus den Tuilerien geflohen ist und, an der Küste angekommen, mit einem Fischerboot zu einem Dampfer übergesetzt ist – unserem *Express*.« Ullmann lachte. »Wären wir einen Monat später gereist, hätten wir Grüße an unseren König mitnehmen können.«

»Wie meinen Sie das?«, fragte Bendler nicht ohne Schärfe.

»Pour le roi de Prusse!«, rief Ullmann, und Bendler hielt das für eine patriotische Bekundung, während der Kaufmann damit nur meinte, dass alles umsonst sei und dass eine Revolution in Frankreich die Verhältnisse in Deutschland auch nicht grundlegend ändern würde.

Kapitel sechzehn
1848

In den Staaten des Deutschen Bundes hatte es nach der Hungerkrise von 1846/47 und der Wirtschaftskrise vom Herbst 1847 schon lange geschwelt, und im März 1848 schwappte nun eine Welle der Revolution auch über Deutschland hinweg. Versammlungsfreiheit wurde gefordert, Presse- und Redefreiheit, politische Gleichberechtigung aller Bürger ohne Rücksicht auf Besitz und eine bewaffnete Bürgerwehr. In Berlin versammelten sich am 13. März über zehntausend Menschen In den Zelten, und als die Menge am Brandenburger Thor in die Stadt strömte und zum Schloss ziehen wollte, wurde sie auf Befehl des Polizeipräsidenten von Kavallerie-Einheiten angegriffen. Auch am nächsten Tag kam es zu heftigen Zusammenstößen von Volk und Militär. Nachdem kurz nach neun Uhr abends Soldaten den Ausgang der Brüderstraße zum Schlossplatz hin versperrt hatten, ritten starke Kavallerie-Einheiten von der anderen Seite in die Menge hinein und schlugen mit scharfen Säbeln blind um sich. Es gab Schwerverletzte und Tote. Auch am 15. und am 16. März drängten sich die Menschenmassen auf dem Schloss- und dem Opernplatz. Der Polizeipräsident von Minutoli ließ eine Warnung veröffentlichen:

Sobald bei einem Auflauf von Seiten des kommandierenden Offiziers die Aufforderung an die Versammlungen ergangen, auseinander zu gehen, oder dieser Zuruf durch dreimaligen Trommelschlag erfolgt ist, verfallen Diejenigen, welcher dieser Aufforderung nicht augenblicklich Folge leisten, schon deshalb in eine Freiheitsstrafe bis zu sechsmonatiger Gefängnis- oder Strafarbeit nach § 8 der Verordnung vom 30. Dez. 1798 bzw. § 5 der Verordnung vom 17. Aug. 1835.

Davon ließen sich die Bürger nicht mehr abschrecken. Am 17. März war die Stimmung äußerst angespannt, und von Minutoli sagte: »Das Geräusch eines fallenden Apfels, das für einen Schuss gelten könnte, entzündet heute die Gemüter.« Und so kam es dann auch: In einem Infanteriezug, der von der Ecke der Breiten Straße in Richtung Brücke marschierte, entluden sich durch Zufall zwei Gewehre, und der Kommandierende glaubte, es wäre Feuer befohlen, und schoss. Die Bürger griffen zu den Waffen, es gab kleine Gefechte, die ersten Barrikaden wurden errichtet.

Für Wilhelm Järschersky war die Zeit endlich angebrochen, die ihn nach oben tragen sollte. Jetzt musste er handeln! Ließ er diese Tage der Revolution verstreichen, verurteilten ihn die Götter zur ewigen Bedeutungslosigkeit. Als er in den Nachmittagsstunden des 18. März sein Pferd von der Thierarzneischule abholen wollte, fand er dort einige Studenten versammelt, die heftig diskutierten.

»Wir können nur siegen, wenn wir die Arbeiter mobilisieren!«, rief einer der Studenten. »Darum auf zu Borsig, Egells und den anderen Fabriken im Feuerland!«

»Die Arbeiter bei Borsig haben doch ihr Auskommen«, wandte ein anderer ein.

»Sie werden genauso ausgebeutet wie alle anderen, nur nicht ganz so schlimm.«

Ein Dritter erkannte ihn. »He, Järschersky, komm und mach mit!«

Hic Rhodos, hic salta! Er war mit August Borsig befreundet … gewesen. Das zählte viel, aber noch mehr zählte, dass er wohl vom Schicksal auserwählt war mitzuhelfen, ein anderes, ein besseres Deutschland zu schaffen. So schwang er sich in den Nachmittagsstunden des 18. März auf sein Pferd und sprengte an der Spitze der versammelten Studenten zum Oranienburger Thor hinaus. Sein Alter machte ihn zum natürlichen Anführer, und er wusste, wie Borsigs Arbeiter zu packen waren, die unschlüssig vor ihren Werkstätten standen.

»Es geht um alles!«, schrie er ihnen zu, und alle konnten es hören, da er hoch oben im Sattel saß. »Eure Brüder kämpfen auf dem Schlossplatz gegen das Militär und für eine bessere Welt. Sie brauchen euch, euch alle!«

Da erschien August Borsig auf der Szene, erfasste die Situation mit einem raschen Blick und sprang auf den Sockel der Statue des Schmiedes, um von dort aus seine Leute mit harten Worten zur Räson zu bringen. »Gießer, Schmiede, Schlosser, Mechaniker! Eine Handvoll Hetzer hat euch aus eurer stillen und fleißigen Arbeit gerissen und mit Versprechungen und Drohungen aufgereizt. Ich warne euch! Ich warne vor allem die Rädelsführer! Jeder vernünftige Wunsch findet bei mir ein williges Ohr. Aber versucht nicht, mit Gewalt, mit Zwang und Terror hier zu herrschen! Treibt es nicht zu bunt! Hier gilt nur *ein* Wille, und das ist meiner! Und wollt ihr durchaus den Frieden brechen, dann werdet ihr in mir einen Mann finden, der mit kaltem Blut auch dem Dolche entgegengeht!«

Es gab keinen Jubel, es gab auch keine Bekundungen des Hasses, die Sache stand noch unentschieden. Jetzt ging es für Järschersky um alles. Er richtete sich hoch im Sattel auf und steigerte sich zu einer rhetorischen Brillanz, die ihn selbst überraschte.

»Nein, mein lieber August, in Berlin gilt nicht dein Wille, in Berlin gilt der Wille des Volkes! Und du solltest dich nicht zu weit aus dem Fenster lehnen, denn du bist mitschuldig an dieser Revolution, weil du 1400 von deinen 2000 Arbeitern auf die Straße gesetzt und dem Elend preisgegeben hast. Und die kämpfen jetzt gegen die Soldaten des Königs und für ein Leben, das man Leben nennen kann und das kein tierisches Dahinvegetieren mehr ist. Arbeiter, ihr seid diesem Fabrikherrn nichts schuldig, aber euren Brüdern, die bereit sind, auch für euer Glück in den Tod zu gehen! Krieg den Palästen, Krieg den Männern, die euch ausbeuten und aussaugen! Eigentum ist Diebstahl, also legt den Dieben, die euch bestehlen, endlich das Handwerk! Blockiert die Kasernen ringsum und baut Barrikaden, damit die Soldaten nicht ausrücken können! Verhindert, dass man Kanonen von der Garde-Artillerie-Kaserne abtransportiert! Schmiedet Waffen, schmiedet Lanzen in euren Werkstätten, damit das Volk den Soldaten des Königs Paroli bieten kann! Nur so wird sich euer Los zum Günstigen wenden.«

Das zündete, und die Arbeiter machten sich ans Werk, am Oranienburger Thor und in der Oranienburger Straße Barrikaden zu errichten. Aus der Garde-Artillerie-Kaserne stürmten Soldaten heran, um dies zu verhindern, aber ein dichter Steinhagel zwang sie zum Rückzug. Doch mit einem Haubitzenschuss übten sie furchtbare Revanche.

Eine Cartouche mit 40–50 sechslöthigen eisernen Kugeln wurde auf eine Entfernung von 25 Schritt in die dichte Menschenmasse, welche sich in einer engen Thürhalle des Thores zusammengedrängt befand, abgefeuert. Fünf Männer stürzten todt nieder, das Wehgeschreih der fürchterlich Verstümmelten und Verwundeten und mehr noch das Wuth- und Rachegeschrei der Nichtgetroffenen war fürchterlich! In wildester Flucht stürzten Männer, Frauen und Kinder fort, die Todten und Schwerverwundeten blieben auf dem Platze liegen, die Artilleristen zogen die Haubitze nach der Kaserne zurück, ohne sich um die Schlachtopfer zu kümmern.

Da die Kaserne zu stark gesichert war, richtete sich die Wut des Volkes gegen die benachbarten Wagenhäuser. Große Vorräte an Lafetten, Rädern, Riemen, Pulverkästen und anderen Geschützteilen wurden in Brand gesteckt. Fast tausend Maschinenbauer, neben denen von Borsig auch welche von Egells und Wöhlert, folgten den Studenten um Järschersky und zogen durch das Oranienburger Thor stadteinwärts.

Die Arbeiter ergriffen das erste beste Stück Eisen als Waffe; mancher Bursche schleppte so schwere Stücke mit sich, wie er weder zum Werfen noch zum Schlagen gebrauchen konnte, andere wieder zu leichte. Einen Burschen sahen wir unter großem Wuthgeschrei eine Feile erheben, als ob es ein Dolch sei, die Besonnensten hatten sich mit Hämmern versehen.

August Borsig war erschüttert. Seine Arbeiter hatten ihn verraten, obwohl er ihnen immer wie ein Vater gewesen war, Wilhelm Järschersky hatte ihn verraten, obwohl ihre Freundschaft auf die Ewigkeit angelegt war. Sollte alles in Scherben fallen, das Königreich Preußen wie auch sein Reich im Feuerland? »Glück und Glas – wie leicht bricht das …« Er hatte die Stimme seiner Großmutter aus Nieder-Pontwitz ebenso im Ohr wie die der Wahrsagerin neben St. Elisabeth in Breslau: »Du bist ein Liebling der Götter, hoch sollst du steigen – aber mit einem Schlag kann alles aus sein.« War es jetzt so weit, war im März 1848 plötzlich alles aus?

Wilhelm von Schwanow war am frühen Vormittag des 18. März ins Berliner Schloss geeilt, um in der Nähe des Königs zu sein. Zum einen, um Friedrich Wilhelm IV. zu beraten und in eine liberale und demokratische Richtung zu drängen, und zum anderen, weil er leidenschaftlicher Schlachtenbummler war. Schon über den Kronprinzen hatte er immer leicht spöttisch geurteilt, dass er so weich sei und so zögerlich wie Hamlet, und nun schwankte der König zwischen Hartbleiben und Nachgeben.

»Du solltest das Gouvernement anweisen, sämtlichen Truppen, die in diesen Tagen gegen die Tumultanten tätig gewesen sind, deine volle Anerkennung für deren musterhafte Haltung, Ausdauer und Disziplin auszusprechen!«, rief sein Bruder Prinz Wilhelm, der die harte Linie vertrat.

»Pardon, Majestät«, wandte von Bodelschwingh, einer der Minister, ein, »Sie sollten besser durch einiges Entgegenkommen bedrohliche Entwicklungen verhindern.«

»Ganz meiner Meinung!«, rief General Ernst von Pfuel, der schon 69 Jahre alt war und noch aus der preußischen Reformzeit stammte. Doch da ihm unwohl war, musste er sich aus dem Gespräch zurückziehen.

Kaum hatte er den Raum verlassen, stand Prinz Wilhelm neben seinem Bruder. »Fritz, übergehe den Pfuel und schicke ihn in die Wüste! Der ist zu lasch und wird dir deinen Thron nie und nimmer retten. Ersetze ihn auf der Stelle durch Prittwitz!« General Karl Ludwig von Prittwitz, 1790 geboren, war sein Intimus und ihm eben erst im Kommando des Gardekorps nachgefolgt.

Der König stieß einen tiefen Seufzer aus, denn er mochte Pfuel, ließ aber Prittwitz holen und übertrug ihm, als man ihm später meldete, Pfuel sei in seinem Haus blockiert, dessen Amt.

Die Diskussion ging weiter, und als die Fraktion der Nachgiebigen immer stärker wurde, rief Prinz Wilhelm aus, man möge sich bitte an die Erfahrung von Ludwig XVI. erinnern: »Revolutionäre, denen man den kleinen Finger reicht, wollen bald die ganze Hand.«

»Man unterschätze die revolutionäre Welle nicht!«, erklärte von Schwanow. »Sie ist von erheblicher Durchschlagskraft, weil sich hier der politisch orientierte Liberalismus der Bürger mit dem sozial motivierten Unwillen der Arbeiter vermengt.«

Der Generalleutnant von Prittwitz fauchte ihn an: »Jetzt helfen uns keine klugen Analysen mehr, jetzt helfen uns nur noch unsere Säbel und Gewehre!«

»Es gibt keine andere Lösung, als den Vereinigten Landtag einzuberufen, am besten gleich auf Anfang April«, beharrte von Schwanow. »Fritz, du musst den Leuten eine Verfassung für Preußen sowie eine nationale und liberale Umgestaltung der deutschen Bundesverfassung in Aussicht stellen!«

»Das geht mir *contre cœur*!«, rief der König.

»Sei's drum! Wenn Heinrich IV. ›*Paris vaut bien une messe!*‹ – für Sie, Prittwitz: Paris ist eine Messe wert! – ausgerufen hat, dann solltest du ausrufen: ›Mein Thron ist mir eine Verfassung wert!‹ Und die Zensur solltest du auch aufheben lassen, wenn du das Café Stehely nicht ständig gegen dich haben willst.«

Friedrich Wilhelm IV. schloss sich letztendlich dieser Meinung an. »Aber nur, weil ich hoffe, dass mir das Volk für diese Zugeständnisse von Herzen dankbar sein wird und mir, wie bei meiner Thronbesteigung, in froher Erwartung huldigen wird.«

Julius Wucke hatte beim Aufbau kleinerer Barrikaden geholfen und mehrere Scharmützel mit Soldaten des I. Garde-Regiments wie Berliner Schutzmännern unbeschadet überstanden und wartete nun in den Mittagsstunden des 18. März auf dem Schlossplatz auf eine Reaktion des Königs. Alles war voll von Menschen. Gerüchte machten die Runde. Der Magistrat hatte eine Deputation zum König geschickt, und die sollte erfolgreich verhandelt haben, was die Einberufung des Vereinigten Landtages und die Pressefreiheit betraf. Das schien zu stimmen, denn mehrere Deputierte, die gerade aus dem Schloss gekommen waren, fielen sich um den Hals. Überall wurde gejubelt. Mehrmals erschien der König auf dem Balkon, Vivat-Rufe ertönten.

»Hurra, hurra! Friedrich Wilhelm lebe hoch!«

Wucke und einige andere fanden, dass das alles nicht ausreichen würde, und forderten, der König möge den Abzug allen Militärs befehlen. Als nichts geschah, begannen viele, auf die Soldaten zu schimpfen, die das Portal besetzt hielten, um das Eindringen der Massen ins Schloss zu verhindern.

Nun trat der Minister von Boldeschwingh auf den Balkon und bat um ruhiges Auseinandergehen, worin die Menschen dem König ihre Liebe zu erkennen geben mögen, da dieser sonst nicht arbeiten könne.

Gelächter brandete auf, und das Militär wurde immer heftiger beschimpft. Man hatte es satt, Freiwild für hauende, stechende und schießende Soldaten zu sein. Auf der anderen Seite schäumten die militärischen Chargen vor Wut über die widersetzlichen Untertanen. Graf Arnim und der Polizeipräsident von Minutoli kamen herunter, um das Volk zum Auseinandergehen zu bewegen. Doch vergeblich.

Der König verließ verärgert den Balkon und rief in Richtung seiner Getreuen: »Schafft mir Ruhe, schafft mir die Leute weg!« Dann befahl er dem Generalleutnant von Prittwitz, er möge mit den Dragonern und der Infanterie den Platz säubern – ohne Gewalt und mit eingestecktem Säbel. Der Prinz von Preußen fügte noch hinzu: »Nur tüchtig, blindlings und schonungslos! Attacke!«

So jedenfalls wurde es später kolportiert, und auch Wucke vernahm diese Version. Wilhelm bestritt jedenfalls, selbst den Befehl zum Eingreifen gegeben zu haben. Was Wucke mit eigenen Augen sah und am eigenen Leibe erlebte, war dies: »Militär weg! Militär weg!«, schrien die Leute. Erst jetzt merkten sie, dass die ganze Umgebung des Schlosses von Infanterie umstellt war. Dazu kam die Kavallerie herangesprengt. Panik brach aus, als auf beiden Seiten des Platzes Schüsse fielen. An der Schlossfreiheit, so schien es Wucke, hatten Demonstranten geschossen – warum auch immer. Die anderen Schüsse waren von einem Infanteriezug an der Ecke Breite Straße gekommen. Hier hatten sich zwei Gewehre durch Zufall entladen, und der Mann an der Spitze hatte geglaubt, es sei Feuer befohlen worden, und in ein Fenster geschossen.

Rufe wie »Verrat!« und »Rache!« wurden laut.

Die Kavallerie sparte nicht mit Säbelhieben. Die Verletzten sanken zu Boden, die anderen suchten, in die Nebenstraßen zu fliehen. Wucke schaffte es, in die Königstraße zu entkommen, und lief Richtung Alexanderplatz. Hinter ihm riefen einige, auf dem Schlossplatz würden sich Hunderte in ihrem Blute wälzen. Wucke sah eine rote Fahne auf der Erde liegen, hob sie auf, trug sie zur Barrikade an der Poststraße und suchte dann Zuflucht hinter der Verschanzung. Es wurde erbittert gekämpft, die Kugeln pfiffen nach allen Seiten. Die Bürger feuerten von der Barrikade und ihren Fenstern aus auf die anrückenden Soldaten, die erwiderten das Feuer. Neben Wucke hatten zwei andere Männer Deckung gesucht: der Tierarzt Ludwig Urban, den er von einigen Reden her kannte, und ein Referendarius.

»Ich weiß, dass mir mein Bruder im Regiment Alexander als Leutnant gegenübersteht«, sagte der Referendarius. »So weit ist es gekommen, dass der Brudermord heilige Pflicht wird.«

Ein Dragoner trieb sein Pferd auf ihre Barrikade zu, um diese mit der Kraft des Tieres zu sprengen. Doch das Pferd blieb in einem Schrank hängen und brach sich das Genick. Sein Körper steckte in dem Möbelstück wie in einem Sarg, die Beine erstarrten in der Luft.

Ludwig Urban nutzte diesen Augenblick. »Los, weiter zur Jüdenstraße! Die Stellung hier können wir nicht länger halten.«

Aber auch dort musste der Wall aus umgestürzten Pferdewagen und allerlei Gerümpel, das man aus den Häusern geschleppt hatte, bald aufgegeben werden. In heftigen Gefechten fielen die zwölf Barrikaden in der Königstraße eine nach der anderen. Viel Blut wurde vergossen, zehn Tote schleppte man in die angrenzenden Häuser. Ludwig Urban, Wucke und ein Dutzend andere Männer liefen um ihr Leben, schafften es aber bis zum Alexanderplatz, an dessen nördlicher Seite die Barrikade so stark war, dass man den Truppen trotzen konnte.

Sie war fester als irgendeine andere. Ein paar umgeworfene Wagen hatten auch hier den Anfang zum Bau gemacht. Da aber die Barrikade selbst schwerem Geschütz widerstehen sollte und Zeit genug zum Bau gewesen war, hatten die Bürger sie mit allen nur zu Gebote stehenden Mitteln befestigt. Die Granitplatten des Trottoirs und Eisenplatten aus einer nahe gelegenen Eisenhandlung waren verwendet worden, um einen festen Schutz gegen die Geschützkugeln zu gewähren; man hatte Schanzkörbe herbeigeschleppt und mit Sand alle Zwischenräume ausgefüllt. Eine dreifarbige schwarz-roth-goldene Fahne wehte auf ihr.
Aus dem nahen Schützenhause hatte man zwei Messing-Böller herbeigeschleppt. Ein paar Bürger, die früher Artilleristen gewesen waren, zeigten sich bereit, sie zu bedienen.

»Bloß Kugeln zum Verschießen haben wir nicht!«, musste Wucke feststellen.

»Wartet mal, ich hab da eine Idee!«, rief Wilhelm Järschersky, der sich neben Wucke postiert hatte. Sie kannten sich von mehreren politischen Versammlungen her, und Wucke hatte auch miterlebt, wie Järschersky auf die Borsig-Arbeiter eingeredet hatte.

Järschersky lief nacheinander in die nahe liegenden Läden und sammelte die kleinen Murmeln ein, derer sich die Knaben zum Spielen bedienten. Zwei Wäschekörbe voll Murmeln schleppte er heran. Die stopften sie in alte Strümpfe, die oben zugebunden wurden, und schon hatten sie ihre Kartätschenladungen. Murmeltiere nannte man daraufhin Järschersky und seine Truppe.

Bald ergab sich eine zweite Schwierigkeit. »Gott, wir haben ja gar keine Lunte!«

Auch da wusste Järschersky Rat. »Wer ein mit Pulver gefülltes Terzerol hat, der schießt es in das Zündloch ab.«

Das klappte, und das Gefecht begann. Auf beiden Seiten dröhnten die Böller, peitschten die Gewehrsalven. Unterstützt wurden die Männer auf und hinter der Barrikade von Schützen, die in sämtlichen Stockwerken der angrenzenden Eckhäuser in den Fenstern standen und freies Schussfeld hatten.

Järschersky hatte das Kommando an den Böllern übernommen. »Feuer!«, schrie er, und wieder warfen seine Murmelkartätschen zwei Soldaten nieder.

Da geschah es. Die Männer der Schützengilde in den Fenstern wurden zunehmend zur Zielscheibe angreifender Infanteristen, und einer wurde genau in der Sekunde in den rechten Oberarm getroffen, in der er selbst abdrücken wollte. So wurde der Lauf seines Gewehres verrissen, und seine Kugel fuhr Järschersky in den Hinterkopf. Er verblutete in den Armen Wuckes.

Das Schloss befand sich im Ausnahmezustand. Die Nachrichten, die von den Kämpfen auf den Berliner Straßen und Plätzen eingingen, zeigten an, dass sich das Militär noch immer nicht durchgesetzt hatte. Zwar standen den 14 000 Soldaten nur etwa 5000 Bürger gegenüber – in der Hauptsache Arbeiter, kleine Meister und Handwerksgesellen, aber auch Studenten –, doch die ermüdeten Kämpfer auf der Seite der Revolutionäre konnten sich in den Häusern neben und hinter den Barrikaden zur Ruhe betten und etwas essen und trinken, während sich die schlechtverpflegten Soldaten höchstens unter ihrem Mantel auf das Pflaster legen konnten. Ihre Disziplin ließ spürbar nach.

Am Vormittag des 19. März war noch alles ruhig geblieben, es herrschte eine Art Waffenstillstand. Schließlich war es ein Sonntag.

»Der Hass und die tiefe Verbitterung auf beiden Seiten, auf der unserer Soldaten und der unserer Bürger, potenzieren sich mit jeder Stunde«, sagte von Schwanow.

»Mein Vermittlungsangebot liegt doch längst vor!«, jammerte Friedrich Wilhelm IV. und brachte es den Anwesenden noch einmal in Erinnerung:

Gestern habe ich bereits ausgesprochen, dass ich in meinem ganzen Herzen vergeben und vergessen habe. Damit aber kein Zweifel darüber bleibe, dass ich mein ganzes Volk mit diesem Vergeben umfaße, und weil ich die neu anbrechende, große Zukunft unseres Vaterlandes nicht durch schmerzliche Rückblicke getrübt wissen will, verkünde ich hiermit: Vergebung all denen, die wegen politischer oder durch die Presse verübter Vergehen und Verbrechen angeklagt oder verurteilt worden sind.

»Mensch, Fritz!«, rief von Schwanow. »Nicht du musst deinem Volk vergeben, sondern dein Volk muss dir vergeben – vergeben dafür, dass du deine Soldaten auf sie schießen lässt!«

»Das ist ja ungeheuerlich!«, schrie der Kronprinz.

»Nein, Wilhelm, das ist die Wahrheit, und wenn ihr den Hohenzollernthron retten wollt, dann müsst ihr das Militär abziehen und euren Frieden mit den Bürgern schließen. Übrigens wartet draußen Ludwig Rellstab, um zu vermitteln.«

»Der soll sich zum Teufel scheren!«, schrie der Kronprinz.

»Fritz!« Von Schwanows Stimme wurde immer eindringlicher. »Du musst deinen Truppen den Befehl zur Räumung der Stadt erteilen!«

Einer Bürgerdeputation war es gelungen, zum König vorzudringen. Sie kam mit der Bitte, die Truppen zurückzuziehen und die Bürger zu bewaffnen. »Dann ist die Ordnung sofort wiederhergestellt!«

Erneut wurde im Beraterkreis von Friedrich Wilhelm IV. Kriegsrat gehalten. Man schwankte zwischen Erneuerung des Kampfes, ruhigem Abwarten und Abmarsch aller Truppen. Schließlich wurde den Deputierten beschieden, dass da, wo von den Bürgern eine Barrikade abgetragen werden würde, vis-à-vis derselben die Truppen den Rückzug anträten. Damit schien man zunächst zufrieden zu sein. Als der König kurz das Beratungszimmer, das Zimmer der Königin, verlassen hatte, erschien eine weitere Bürgerdeputation und überbrachte die Nachricht, dass die Bürger jenseits der Königsbrücke drei Barrikaden abreißen würden. Der Teil des Stabes, der auf Aussöhnung setzte, brach in Jubel aus und verfiel in eine Art Siegestaumel, besonders der Minister Bodelschwingh.

Ernst Albert Karl Wilhelm Ludwig von Bodelschwingh, geboren am 26. November 1794 auf Gut Haus Velmede bei Unna, war als Innenminister der ranghöchste Beamte Preußens und liberaler, als er es wohl hätte sein dürfen. Jedenfalls nutzte er das Tohuwabohu im Schloss und die Gunst der Stunde.

»Da die Barrikaden verschwinden, so befehlen Seine Majestät, dass die Truppen von allen Plätzen und Straßen zurückgezogen werden sollen!«, rief er mit hochrotem Kopf und donnernder Stimme.

Prinz Wilhelm war entsetzt. »Doch nicht auch vom Schlossplatz! Nur hier ist doch Raum genug, dass sich die Truppen zum Abzug aufstellen können.«

Von Schwanow lachte leise. »Hast du etwa Angst, Wilhelm?«

Bodelschwingh machte heftige Handbewegungen in Richtung der Bürger, aber auch der anwesenden Militärs, so als wolle er einen Hühnerhaufen aufscheuchen. »Nun los, meine Herren, laufen und reiten Sie, um die Befehle zu überbringen! Die Truppen sollen mit klingendem Spiel abziehen!«

Bodelschwingh selbst verschwand mit den Männern, die seine Anordnungen entgegengenommen hatten.

Prinz Wilhelm war verzweifelt. »Das ist ja wie in Frankreich beim Sturz von Louis Philipp!«

»Nicht nur wie in Paris«, fügte einer hinzu. »In Bayern hat Ludwig I. abgedankt.«

Wilhelm stürzte nach unten, um die Soldaten zum Bleiben zu bewegen, und er schien damit auch Erfolg zu haben.

Kaum aber war er zurück im Zimmer der Königin, hörte man, wie unten die Trommeln geschlagen wurden und zugleich das Jauchzen des Volkes. Das I. Garde-Regiment marschierte durch das Schlossportal in Richtung seiner Kaserne.

Prinz Wilhelm fragte den Kriegsminister, ob der das befohlen habe.

»Im Gegenteil, ich habe befohlen, dass die Truppen um das Schloss biwakieren sollen.«

Einer, der gerade ins Zimmer gekommen war, wusste Genaueres. »Graf Arnim soll es befohlen haben, erklärend, halbe Maßregeln taugten nichts, also müssten die Truppen in die Kasernen abrücken.«

Der Kriegsminister warf seinen Hut auf den Tisch und meinte, dass alles habe er nicht zu verantworten.

»Nun ist alles verloren!«, rief der Prinz von Preußen.

»Unsinn«, sagte von Schwanow und stieß den König in Richtung Balkon, denn unten auf dem Schlossplatz jubelte das Volk und schrie Hurra.

Friedrich Wilhelm IV. aber weigerte sich. »Ich will nicht!«

»Wir müssen aber!«

Nun sah es auch der König ein und trat mit seinem Stab auf den Balkon. Die Berliner antworteten mit einem vielfachen Hurra. Der König winkte, dann zog man sich wieder zurück. Bald darauf kamen Schreie von unten: »Gefangene los! Gefangene los!«

Der König trat wieder auf den Balkon und rief nach unten: »Sie werden kommen, denn sie sind frei; sehet sie euch an, ob sie euch gefallen.«

Dies löste bei den Leuten große Wut aus, denn auf Tischplatten wurden drei blutbefleckte Leichen herbeigetragen, die mit Lorbeerblättern bedeckt waren. Der König musste kommen, sein Haupt entblößen und sich die Leichen ansehen. Gleichzeitig gab es Hasstiraden gegen Wilhelm, den man für schuldig hielt, das Blutbad der letzten Tage kommandiert zu haben.

Ein älterer Onkel aus dem Hause Hohenzollern jammerte: »Es ist mir zumute wie nach der Schlacht von Auerstädt. Zum zweiten Mal den Fall der Monarchie zu erleben, hätte ich nicht erwartet.«

Das Volk fokussierte seine Aggressionen und seinen Hass auf den Kronprinzen, und jemand meldete, gegen sieben Uhr abends würde eine Deputation im Schloss erscheinen, um vom König zu verlangen, dem Kronprinzen das Sukzessionsrecht zu entziehen. Das Volk könne den Gedanken nicht ertragen, dass der Kartätschenprinz möglicherweise Friedrich Wilhelm IV. auf den Thron nachfolgen könne.

Friedrich Wilhelm IV. schaffte es nicht, seinem jüngeren Bruder ins Gesicht zu sehen, er starrte auf den Boden, während er an ihn appellierte: »Wilhelm, die Frage ist, ob wir – bei der Erregung der Menge und dem beständigen Andrängen der Menschen gegen die Truppen – nicht riskieren, dass sie bei einem Refus deinerseits hier eindringen und … Wenn du das Schloss so schnell wie möglich verlässt und wir Zeit gewinnen, dann …«

»Wenn es dich rettet, so will ich resignieren«, sagte Wilhelm.

Von Schwanow kam mit einem Zivilpaletot und einer Mütze angelaufen, damit der Kronprinz sich verkleiden konnte.

»Du wirst unter dem Namen deines Adjutanten nach London reisen, also als August Friedrich Oelrichs. Zuerst aber musst du dich auf der Pfaueninsel verstecken. Auguste wartet schon unten in einem Mietwagen auf dich. Ich spiele den Kutscher. Auf geht's!«

Es war halb wie eine militärische Kolonne, und ohne zu wissen, was sie vorhatte, rangierte ich mich ein und ließ mich mit fortreißen. Es ging über den Alexanderplatz weg auf das Königstädtische Theater zu, das alsbald wie im Sturm genommen wurde. Man brach aber nicht von der Front, sondern von der Seite her ein und besetzte hier, während einige, die Bescheid wußten, bis in die Garderoben und Requisitenkammern vordrangen, einen Vorraum.

So sollte fünfzig Jahre später der Apotheker Theodor Fontane in seiner autobiographischen Schrift *Von Zwanzig bis Dreißig* beschreiben, wie er 1848 zum Revolutionär geworden war.

Nicht anders war es Konrad Schäschke ergangen, der beim Heranrücken der besagten Kolonne vor ebendiesem Theater gestanden hatte, um den Aushang mit dem Spielplan zu studieren. Mitgerissen von den anderen und neben Fontane, den er flüchtig kannte, war er in das Innere des Theaterbaus gelangt.

Mittlerweile hatten die weiter in den Innenraum Eingedrungenen all das *gefunden, wonach sie suchten, und in derselben Weise, wie sich beim Hausbau die Steinträger die Steine zuwerfen, wurde nun von hinten her alles zu uns herübergereicht: Degen, Speere, Partisanen und vor allem kleine Gewehre, wohl mehrere Dutzend*, berichtete Fontane später. *Ich war unter den ersten, denen eines dieser Gewehre zufiel.*

Auch Schäschke hatte eines der besagten Gewehre bekommen und war im allgemeinen Durcheinander hinter der Barrikade vor dem Cöllnischen Rathaus, an der Ecke Breite und Gertraudenstraße, gelandet. Dort hatte man, angeführt vom Maschinenbauer Karl Siegrist, bis zum Einbruch der Dunkelheit den Soldaten des Königs standhalten können. Gegen neun Uhr abends bliesen diese aber noch einmal zur Attacke.

Ein Steinhagel und Flintenschüsse, welche nicht nur von der Barrikade, sondern auch aus den Fenstern und von den Dächern der Häuser kamen, empfingen die Angreifer, die dann zurückwichen. Viermal noch wiederholten diese den Angriff, während das Gewehrfeuer der Bürger immer schwächer wurde, weil von ihren Schußwaffen bald, bis auf sechs Büchsen, die den besten Schützen blieben, keine einzige mehr brauchbar war. Nachdem jedoch der vierte Sturm abgeschlagen worden war, zog sich die Infanterie ganz zurück, und es begann ein starkes Kartätschen- und Granatfeuer.

Um Mitternacht hatte das Militär die Barrikade sturmreif geschossen und ihre Verteidiger, sofern sie nicht gefallen waren, festgenommen. Konrad Schäschke, der unverletzt geblieben war, teilte das Schicksal von rund siebenhundert Bürgern. Aneinandergekettet und Misshandlungen ausgesetzt, wurden sie zur Festung Spandau gebracht und dort inhaftiert.

»Man kann uns doch nicht alle einen Kopf kürzer machen«, sagte ein Maschinenbauer, der neben ihm auf dem harten Boden lag. »Wer soll denn sonst für Borsig Lokomotiven bauen, wenn nicht wir?«

Am 20. März war um sieben Uhr morgens Waffenruhe eingetreten. Die königliche Proklamation *An meine lieben Berliner* wurde verteilt und an den Straßenecken angeschlagen. Da lasen dann die Bürger unter anderem:

Noch war der Jubel, mit dem unzählige treue Herzen Mich begrüßt hatten, nicht verhallt, so mischte ein Haufe Ruhestörer aufrührerische und freche Forderungen ein und vergrößerte sich in dem Maaße, als die Wohlgesinnten sich entfernten. Da ihr ungestümes Vordringen bis in's Portal des Schlosses mit Recht arge Absichten befürchten ließ und Beleidigungen wider Meine tapfern und getreuen Soldaten ausgestoßen wurden; musste der Platz durch Cavallerie im Schritt und mit eingesteckter Waffe gesäubert werden und zwei Gewehre der Infanterie entluden sich von selbst, Gottlob! ohne irgend Jemand zu treffen. Eine Rotte von Bösewichtern, meist aus Fremden bestehend, die sich seit einer Woche, obgleich aufgesucht, doch zu verbergen gewußt hatten, haben diesen Umstand im Sinne ihrer argen Pläne, durch augenscheinliche Lüge verdreht und die erhitzten Gemüther von Vielen Meiner treuen und lieben Berliner mit Rache-Gedanken, um vermeintlich vergossenes Blut! erfüllt, und sind so die gräulichen Urheber von Blutvergießen geworden. Meine Truppen, Eure Brüder und Landsleute, haben erst dann von der Waffe Gebrauch gemacht, als sie durch viele Schüsse aus der Königsstraße dazu gezwungen wurden. Das siegreiche Vordringen der Truppen war die nothwendige Folge davon.

An Euch, Einwohner Meiner geliebten Vaterstadt ist es jetzt, größerem Unheil vorzubeugen. Erkennt, Euer König und treuester Freund beschwört Euch darum, bei Allem, was Euch heilig ist, den unseeligen Irrthum! kehrt zum Frieden zurück, räumt die Barrikaden, die noch stehen, hinweg, und entsendet an Mich Männer, voll des ächten alten Berliner Geistes mit Worten, wie sie sich Eurem König gegenüber geziemen, und Ich gebe Euch Mein Königliches Wort, dass alle Straßen und Plätze sogleich von den Truppen geräumt werden sollen und die militairische Besatzung nur auf die nothwendigen Gebäude, des Schlosses, des Zeughauses und weniger anderer, und auch da nur auf kurze Zeit beschränkt werden wird. Hört die väterliche Stimme Euers Königs, Bewohner Meines treuen und schönen Berlins, und vergesset das Geschehene, wie ich es vergessen will und werde in Meinem Herzen, um der großen Zukunft Willen, die unter dem Friedens-Segen Gottes für Preußen und durch Preußen für Deutschland anbrechen wird. Eure liebreiche Königin und wahrhaft treue Mutter und Freundin, die sehr leidend darnieder liegt, vereint ihre innigen, thränenreichen Bitten mit den Meinigen.

Nachdem sie diese Proklamation gelesen hatten, schossen die Bürger wieder auf die Soldaten, ohne dass diese das Feuer so richtig erwiderten.

»Der König soll die Leichen sehen!«

Im Verlaufe des Vormittags wurden Rufe dieses Inhalts immer lauter. Gegen zehn Uhr fuhr man sechs Leichen aus der Breiten Straße auf einem Bauernwagen zum Schloss. Ihr Anblick war entsetzlich. Einer steckte die Kugel mitten in der Brust, einer anderen war die Stirn gespalten. Die Namen der Toten wurden aufgerufen, begleitet von kurzen Kommentaren: »Vater von fünf minderjährigen Kindern, ohne Gnade niedergeschlagen, als er sich schon ergeben hatte.«

Alles hatte den Kopf entblößt, nur der König oben auf seinem Balkon hatte seine Mütze aufbehalten.

»Die Mütze herab!«, gebot das Volk.

Und der König gehorchte.

In diesem Augenblick erreichte August Borsig den Schlossplatz, begleitet von Friedrich Hermes. Er hatte es zu Hause nicht mehr ausgehalten und aus nächster Nähe miterleben wollen, wie sich die Dinge entwickelten. Gerade war Ludwig Urban dabei, dem König Bedingungen zu stellen.

»Majestät, vier Uhr nachmittags setzen wir Ihnen als Termin, bis zu welchem die allgemeine Amnestie und die allgemeine Bürgerbewaffnung ultimativ dekretiert sein müssen!«

Das Volk jubelte. Der König erwiderte nichts. Der Leichenzug ging weiter. Die Toten waren aufgebahrt auf Leitern und ausgehängten Türen. Frauen und Mädchen hatten sie mit Efeu, Lorbeer und anderem Laub bekränzt. Stumm reihten die Männer auf dem Schlosshof Bahre an Bahre. Die Umstehenden schluchzten. Ein Mann schrie auf: »Nein, das darf nicht sein!«

Das war August Borsig, nachdem er Wilhelm Järschersky unter den Toten entdeckt hatte. Friedrich Hermes musste ihn stützen. Das schadet dir gar nichts, das hast du für deinen Verrat!, war ihm im ersten Augenblick des Erschreckens durch den Kopf gegangen, er schämte sich aber sogleich für diesen Gedanken und trauerte um den Freund. Järschersky hatte er viel zu verdanken, ohne ihn wäre er in der fremden Stadt niemals so gut angewachsen und zu dem geworden, der er war: mehr als mancher König und Kaiser. Und Borsig tat das, was er nie zuvor in seinem Leben getan hatte. Er schloss die feucht gewordenen Augen, wischte die Tränen vom Gesicht, faltete die Hände und betete leise: »Herr, sei seiner Seele gnädig!« Dann verließ er die Szene und ging nach Hause, um sich dort einzuschließen und wieder zu sich zu kommen.

Am frühen Morgen des 21. März ging er dann mit Friedrich Hermes und Anton Flöringer durch die stillen Werkhallen, um den entstandenen Schaden einzuschätzen. Glücklicherweise war er nicht allzu groß.

»Gott sei Dank haben sie uns nicht alles angesteckt oder in die Luft gesprengt«, sagte Friedrich Hermes.

»So dumm, die Henne zu schlachten, die ihnen goldene Eier legt, waren sie dann doch nicht«, merkte Borsig an.

»Goldene Eier ist vielleicht ein bisschen übertrieben«, murmelte Flöringer. »Aber immerhin waren sie keine Hungerleider, sondern konnten ganz gut leben von unseren Löhnen, die weitaus höher sind als bei der Konkurrenz.«

»Dennoch haben sie ganz schnell ein paar randalierenden Studenten ihr Ohr geliehen und August, der für sie wie ein gütiger Vater war, verraten«, sagte Friedrich Hermes.

»Gütig und streng«, brummte Flöringer.

»Vier unserer Maschinenbauer, so hört man, haben es mit dem Leben bezahlt.«

Borsig fragte sich, wie es nun weitergehen sollte. Natürlich musste er auf Ruhe und Ordnung und die Dominanz des Bürgertums setzen, mit oder ohne Monarchie, wenn er seine Fabrik weiterhin mit Erfolg betreiben wollte. Aber ohne willige Arbeiter ging nichts, er und seine Ingenieure allein konnten es nicht richten. Das hieß, dass er es allen drei Seiten recht machen musste: dem König und seinen Militärs, den Bürgern, die mit dieser Revolution sicher zu einer politischen Größe werden würden, und den Arbeitern.

»Was gibt es Neues?«, fragte Borsig den gerade zur Tür hereinkommenden Louis Schwartzkopff.

»Hier, eine Bekanntmachung, die überall angeklebt ist. Ich habe eine abgerissen …«

Se. Majestät der König haben auf den Wunsch der Einwohner Berlins die Bürgerbewaffnung zu genehmigen geruht, und ist darüber von den dazu ernannten Unterzeichneten einstweilen folgende provisorische Bestimmung getroffen:
§ 1. Es wird eine Bürgerbewaffnung organisiert.
§ 2. Daran nehmen die Bürger und Schutzverwandten Teil.
§ 3. Die Kosten der Bewaffnung trägt der Staat.
§ 4. Die Schützengilde wird auf der Stelle einberufen und außerdem eine angemessene Zahl von Bürgern sogleich armiert.
Berlin, den 19. März 1848.
Von Minutoli. Hollbein. Blaue. Haak. Dr. Wöninger. Devaranne. Krug.

Borsig begriff sofort, dass das seine große Chance war, die Märzrevolution nicht nur leiblich und als Fabrikherr zu überstehen, sondern auch noch als Sieger aus ihr hervorzugehen. Er musste sich nur mit dem großen Namen, den er hatte, an die Spitze der Bürgerwehr setzen und mit seinen Maschinenbauern als eine Art Prätorianergarde für Ruhe und Ordnung sorgen.

Und sein Coup gelang: Schnell wurde er zum Major des 17. Bürgerwehrbataillons ernannt und schaffte es, aus seinen langsam an ihren Arbeitsplatz zurückkehrenden Maschinenbauern, denen er auf Ehrenwort die Verbesserung ihrer Lage versprach, vier Kompanien zu bilden, die unter seinem Kommando standen und zu den diszipliniertesten Truppen der Bürgerwehr gehören sollten.

Am 22. März, einem Mittwoch, nahm Berlin Abschied von seinen Märzgefallenen, wie man sie bald nennen sollte. Zur Zeit der Beerdigungsfeier waren 187 Tote vor der Neuen Kirche am Gensdarmen-Markt aufgebahrt worden. Um zwölf Uhr sollte die Trauerfeier beginnen. Ab halb zwölf schritten Männer in schwarzen Gehröcken und mit schwarzen Zylindern auf dem Kopf langsam durch einen Mittelgang zwischen den Särgen die Treppe hinauf und betraten die Kirche, neben sich ihre Frauen, die schwarze Mantillen aus glänzender Seide und schwarze Spitzenhauben trugen. Nach der Trauerfeier, die zwei Stunden dauerte, läuteten die Glocken, und ein Posaunenchor blies *Jesus, meine Zuversicht*.

Dann setzte sich der Trauerzug in Bewegung. Dreitausend Männer, Handwerker, Studenten und Mitglieder der Bürgerwehr, bildeten eine Kette, die ihm den Weg frei machte. An der Spitze liefen ein Musikcorps und ein Chor mit vierhundert Sängern. Es folgten unter anderem die Schützengilde, der Trauermarschall Assessor Wache, Mitglieder des Beerdigungs-Comités, Familienvereine, etliche Honorationen und Ludwig Urban mit seinen Barrikadenkämpfern. Die Särge waren mit den Fahnen der Gewerke geschmückt, denen die Toten angehört hatten. Eine ganze Meile lang war der Zug, der sich durch die Stadt in Richtung Schloss bewegte. Tausende schwarz gekleideter Menschen säumten die Straßen, von den meisten Häusern wehten schwarze Trauerfahnen.

Hinter den Särgen schritten die Gewerke mit ihren Zeichen und Fahnen, die Professoren der Universität in ihrer Amtstracht, unter ihnen auch der greise Alexander von Humboldt, die Studenten in Waffen mit dem Reichsbanner und der deutschen Fahne, der Handwerkerverein, Vertreter der Staatsministerien und des Magistrats, darunter Dr. Rudolf Virchow, Künstler, Lehrer mit ihren Schülern und der Marschblock der Berliner Fabriken. Die Maschinenbauer wurden angeführt von August Borsig, der die meisten Männer um Kopfeslänge überragte. Viele seiner Leute, alle in ihren blauen Arbeitsblusen, trugen einen Arm in einer Binde oder einen Kopfverband. Der Schlossplatz wurde zweimal umrundet.

Auf dem Balkon standen ein Adjutant mit einer Trauerfahne, ihm gegenüber ein Bürgeroffizier mit einer schwarz-roth-gelben Fahne und noch zwei bis drei schwarze Herren, die nicht zu erkennen waren. Sooft nur ein neuer Zug Särge vorbeikam, trat der König barhaupt heraus und blieb stehen, bis die Särge vorüber waren. Sein Kopf leuchtete von Ferne wie ein weißer Flecken. Es mag wohl der fürchterlichste Tag seines Lebens gewesen sein.

Durch das Landsberger Thor ging es hinaus zur gemeinsamen Gruft auf dem Friedrichshain. Gegen fünf Uhr abends war das Ziel erreicht.

Vor vier langen offenen Gräberreihen hielt der Prediger Sydow die Gedächtnisrede, sprach der Bischof Neander den Segen. Es folgte eine aufrüttelnde Ansprache des Assessors Jung, der den neugegründeten Club der Demokraten vertrat: »Wenn ihr vereint auf den Barrikaden sterben konntet, so werdet ihr vereint auch leben können. Wenn der Reiche ohne Misstrauen mit dem Mann im zerrissenen Rock die Gefahr des Kampfes teilen konnte, wie sollte er ihn zurückstoßen können von irgendeiner Institution, irgendeinem Rechte, welches der Kampf errungen hat. Tragt sie ab, die Barrikaden eures Herzens!«

Aus vierhundert Sängerkehlen erklangen Trauerweisen und Choräle. Freiheitsgedichte wurden gesprochen. Man neigte die Fahnen zu Ehren der Toten, Gewehrsalven hallten durch den Friedrichshain.

»Ausgerechnet«, murmelte Borsig, dem deutlich vor Augen stand, wie eine Kugel das Leben seines Freundes Wilhelm Järschersky beendet hatte.

Obwohl er nie gedient hatte und ihm alles Militärische fremd war, fand sich Borsig am 24. März um sieben Uhr morgens auf dem Invalidenkirchhof ein, um mit einer Abteilung seiner Maschinenbauer an der Beerdigung von fünfzehn gefallenen Soldaten teilzunehmen. Auch Egells und Wöhlert hatten sich eingefunden.

»Ich bin hier, weil es der Anstand gebietet und der Versöhnung dient«, sagte Borsig zu Ludwig Urban. »Aber nur fünfzehn Soldaten soll es erwischt haben?«

»Die Mehrzahl der toten Soldaten ist in der Nacht heimlich auf einem Schiff weggeschafft worden«, erklärte ihm Ludwig Urban. »An die dreihundert sollen es gewesen sein.«

Der Garnisonsprediger Ziehe und General von Natzmer hielten die Reden. Dazwischen hörte man Hurra-Geschrei und Rufe wie »Das Militär zurück in die Stadt!«.

Borsig ging bedrückt nach Hause. Was er sich vor allem wünschte, war, dass er in Ruhe seine Maschinen und seine Lokomotiven bauen und verkaufen konnte.

Karoline Schäschke hatte eine prächtige Buttercremetorte vom Konditor geholt und Auguste Wucke besonders starken Bohnenkaffee gekocht, denn es galt, das Überleben ihrer beiden Männer zu feiern. Schäschke war aus der Festung Spandau entlassen worden, zwar etwas abgemagert und so blass, dass seine Frau ausgerufen hatte, er sähe käsig aus, aber ansonsten unversehrt. Wucke hatte bei den Barrikadenkämpfen nur einen Streifschuss an der linken Wange davongetragen, machte aber einen viel gesünderen Eindruck als sonst, da der Dienst in der Bürgerwehr längst nicht so anstrengend war wie die Arbeit in der Fabrik.

Schäschke sah seinen Schwager an. »Na, bist du nun zufrieden, dass wir endlich eine Revolution in Deutschland hatten?«

»Was für eine Revolution?«, fragte Wucke. »Es bleibt doch alles beim Alten. Wir Arbeiter haben auf den Barrikaden gekämpft und die Soldaten aus der Stadt gejagt, aber die Macht haben jetzt nicht die Arbeiter, sondern die wohlhabenden Bürger mit ihren Bezirksbataillonen. Mit allen möglichen Tricks haben sie uns die Waffen abgenommen. Der König sitzt noch auf dem Thron und kann weitermachen, jetzt hat er die Geldaristokratie auf seiner Seite. Wie ich gehört habe, soll der Bankier Ludolf Camphausen aus Köln preußischer Ministerpräsident werden und der Textil- und Eisenbahnunternehmer David Hansemann Finanzminister. Die werden die Ernte in ihre Scheuer einfahren.«

»Und warum lassen sich deine Maschinenbauer das alles gefallen?«, fragte Schäschke.

»Weil sie uns eingeschläfert haben. Ein bisschen besser wird es uns gehen, und sie haben uns dahin gebracht, an der Chausseestraße zu rufen: ›Wir sind keine Proletarier, wir sind Maschinenbauer!‹ Und mir wie vielen anderen haben sie die Pistole auf die Brust gesetzt: ›Entweder du machst mit bei der Bürgerwehr – oder du kannst dir woanders Arbeit suchen!‹ Ich wette, dass viele von uns auswandern werden, nicht nur aus Preußen, sondern aus allen deutschen Ländern.«

»Ich setze darauf, dass uns eine Nationalversammlung zu neuen Ufern führen wird«, erklärte Schäschke.

Wucke winkte ab. »Wenn es den Königen und den Fürsten zu demokratisch und zu liberal wird und wenn es ein einiges deutsches Reich geben soll, dann lassen sie mit ihren Soldaten alles zusammenschießen.«

»Nicht, wenn sie Friedrich Wilhelm IV. zum Deutschen Kaiser krönen!«, rief Schäschke.

Die Eigentümer der Berliner Maschinenfabriken – Borsig, Wöhlert, Egells, Sigl, Webers, Rüdiger und Hummel – setzten sich unter der Führung Borsigs zusammen und berieten eine Reihe von Maßnahmen, die es ihren Arbeitern gestatten sollten, ihr Gesicht zu wahren, sich als Sieger ihrer Revolution zu feiern und in die Fabriken zurückzukehren. Man rief ihre Führer an den Verhandlungstisch und fragte sie nach ihren Wünschen. Die Arbeitszeit wurde um eine auf zwölf Stunden herabgesetzt, von sechs Uhr früh bis sechs Uhr abends sollte es nun gehen. Der Mindestwochenlohn sollte vier Thaler betragen. Außerdem sollten die Leistungen aus der Kranken- und Unterstützungskasse verbessert werden und die Arbeiter bei Entlassung durch ihre Deputierten mitreden können. Die Maschinenbauer vor dem Oranienburger Thor waren zufrieden und feierten das Verhandlungsergebnis an einem ihnen gewährten freien Nachmittag in den Moabiter Lokalen.

Borsig hatte schnell begriffen – da war Wucke nicht allein –, dass eine neue Zeit angebrochen war und die Elite des Bürgertums ansetzte, peu à peu die Machtpositionen des Adels einzunehmen. Für ihn hieß das, dass er sich politisch betätigen musste, wenn er die Dinge in eine Richtung lenken wollte, die ihn vor Schaden bewahrte oder – besser noch – ihm Vorteile brachte. Also wurde er Mitglied des Konstitutionellen Clubs, dem unter anderen der Arzt Dr. Moritz Löwinson und der Schriftsteller Ernst Kossak angehörten. Bei ihrem ersten Treffen am 27. März kamen sie auch auf Wilhelm Järschersky zu sprechen, und Borsig hörte seufzend, dass Kossak, den man als Schöpfer des Berliner Feuilletons bezeichnen sollte, eine hohe Meinung von den Arbeiten seines verstorbenen Freundes hatte.

»Er hatte das Zeug zu einem der ganz Großen. Wenn es ihm nur gelungen wäre, die Herrschaft über sich selbst zu erringen!«, sagte Kossak.

Man hatte viel zu bereden, denn die Rückkehr der ersten Regimenter in die Stadt war beschlossene Sache. Am 30. März war es so weit. Am Potsdamer Thor hatten sich zweitausend Mann der Bürgerwehr in Abteilungen zu je zwanzig Mann aufgestellt, Borsig mit seinen Maschinenbauern unter ihnen, um Spalier für das vom Botanischen Garten her anrückende farbenprächtige 24. Infanterie-Regiment zu bilden. Man schloss sich den Soldaten an, um gemeinsam in die Hauptstadt einzurücken. An der Spitze des Zuges ritt der Polizeipräsident von Minutoli. Einige Soldaten schritten Arm in Arm mit Zivilisten. Julius Wucke trug die rote Fahne der Arbeiter. Mit Musik und Hochrufen ging es in die Innenstadt.

Borsig, der sich auf einem Pferderücken nicht sonderlich wohl fühlte, ritt neben Ludwig Urban, einem *der größten Helden der Barrikadennacht,* wie eine Zeitung geschrieben hatte. Er war glücklich darüber, dass sich die Dinge so entwickelt hatten und Preußen schnell zum Frieden zurückgefunden hatte. Ihm war aber auch klargeworden, dass er seine Fabrik nur zur Blüte führen konnte, wenn es in der Gesellschaft, wenn es in Preußen und ganz Deutschland friedlich und geordnet zuging, und so ließ er sich auch als Wahlmann zur Wahl der Abgeordneten für die Deutsche Nationalversammlung aufstellen. Die Nummer 138 bekam er zugeteilt.

Am 14. Juni wurde es noch einmal ernst. Ludwig Urban wurde gedrängt, zum Zeughaus zu kommen und eine Rede zu halten. Er fand dort eine große Menschentraube vor.

»Wir wollen unsere Waffen! Das Militär soll aus dem Zeughaus raus!«, schrie man.

Ludwig Urban arbeitete sich durch die Menge bis zum Finanzministerium, wo es eine Rampe gab, auf der er weithin sicht- und hörbar sein würde. Er postierte sich neben den dort aufgestellten drei Kanonen und begann zu reden. »Das Volk verlangt, das Militär solle aus dem Zeughause, weil es ohne Waffen hereinkomme und stets mit Waffen wieder fortgehe. Wäre dies begründet, so müsse man darauf dringen, dass das Zeughaus von Bürgern besetzt wird. Diejenigen, die etwas Sicheres hierüber wissen, mögen daher hervortreten.«

Wer diese Aufforderung ignorierte, war der Polizeipräsident von Minutoli, der inkognito gekommen war, in Zivil und den Hut tief ins Gesicht gezogen. Vor trat dagegen ein Mann, der sich als Julius Korn vorstellte und als ausgezeichneter Agitator erwies. Es gäbe das Recht auf Volksbewaffnung, und man sollte dieses Recht jetzt einfordern. »Das Bitten hilft nichts, ich habe lange genug gebeten und bin dessen satt. Um aber Gewalt zu gebrauchen, ist die Menge viel zu schwach. Es bleibt nichts anderes übrig, als von dem Kommandierenden der Bürgerwehr auf seine Ehre zu verlangen, dass er sofort das Zeughaus besetzt und das Militär entfernt.«

Doch die Bürgerwehr zögerte.

Dem Studenten Oskar von Feenburg gelang es indessen, ins Zeughaus einzudringen. Schüsse fielen. Gerüchte liefen um, die

Bürgerwehr oder das Militär, vielleicht auch beide, hätten auf das Volk geschossen – sogar mit Kartätschen. Das Zeughaus solle gestürmt werden.

In der Wohnung von August Borsig hatten sich die Männer der Bürgerwehr versammelt, alle in Uniform. Die Stille der Sommernacht war unheimlich, als der Hausherr eintrat.

»Meine Herren«, sagte Borsig mit ernstem Gesicht, »wir werden uns für den Alarm bereithalten. Die Nachrichten, die aus der Stadt kommen, lauten nicht zum Besten. Es wogt und gärt. Alles ist in Aufregung. Man misstraut und beobachtet sich gegenseitig. Ich glaube sehr, man wird uns heute noch rufen.«

Erneut packte ihn die Angst, dass die Revolution wie eine Sintflut über das Land kommen und alles zerstören würde, was er sich aufgebaut hatte. Wieder hieß es: Mit einem Schlag kann alles aus sein.

Das Warten zerrte an den Nerven. Um neun Uhr abends war sein Bataillon, das 17., einsatzbereit. Als noch immer keine Befehle kamen, schickte Borsig eine Schützenpatrouille in die Stadt. Um elf Uhr kamen die Leute zurück und meldeten, dass um das Zeughaus herum die Unruhen voll im Gange seien und dass die Volksmenge sich anschicke, das Waffenarsenal zu stürmen und zu plündern.

Jemand aus seinem Bataillon, der den Abend in der Stadt zugebracht hatte, kam angelaufen. »Eine Kompanie der Bürgerwehr, die im Kastanienwäldchen stand, hat auf einen Arbeitertrupp gefeuert. Mehrere Menschen liegen tot oder verwundet auf den Steinfliesen um das Zeughaus. Der Sturm bricht los!«

»Wir marschieren!«, befahl Borsig, sich als Ungedienter in seiner Rolle als Major noch immer fremd. Es schien ihm, als würde er in einem Schauspiel, an dem das ganze Volk beteiligt war, nur eine Rolle spielen, etwa so wie bei den Festspielen von Oberammergau. In dieser Sicht wurde er noch bestärkt, als Louise, ansonsten allem Theatralischen abhold, aus dem Haus gelaufen kam und ihn umarmte. »Ich habe Angst um dich! Pass gut auf dich auf!«

Kapitel siebzehn
1848–1849

Im Sommer 1848 genossen die Berliner die großen und die kleinen Freiheiten, die ihnen die Revolution beschert hatte. Auf der Straße durfte geraucht werden, Presse- und Versammlungsfreiheit ließen ein lebhaftes öffentliches Leben zu. Die Stadt wurde mit Flugblättern, Maueranschlägen und Plakaten überschwemmt. Dutzende von politischen Clubs, Comités und Congressen entstanden, am 18. Mai hatte das erste gesamtdeutsche Parlament in der Frankfurter Paulskirche getagt, am 20. Mai war die Preußische Nationalversammlung in der Berliner Singakademie zusammengetreten. Die liberal-demokratischen Tendenzen hatten für Augenblicke die Oberhand genommen, aber die reaktionäre Staatsmacht wartete nur darauf, die Uhr wieder zurückzudrehen.

Viele Berliner waren skeptisch, und August Borsig fürchtete ein erneutes Aufflammen des Bürgerkrieges, wenn am 12. Juli die Prozesse um den Sturm auf das Zeughaus begannen. Den hatte er glücklich überstanden, denn als sein Bataillon an Ort und Stelle angekommen war, hatte alles schon sein Ende gehabt.

»Wenn sie Leute wie Urban, Löwinson, Korn und Feenburg zu langjähriger Festungshaft verurteilen, wird alles von vorne losgehen«, befürchtete Borsig.

»Ach Vater!« Sein Sohn hatte den *Kladderadatsch* von Ende Juni 1848 mitgebracht, und dort war man, wie ein Gedicht von zwölf Strophen zum Ausdruck brachte, nicht sehr optimistisch, was die Folgen der Berliner Revolution betraf, maß man sie an der französischen von 1789. Einige der Verse las er nun vor:

Herr Nachbar! Nicht gleich eingepackt,
Nicht gleich davongezogen,
Es legen sich, o glaubt es mir,
Des Aufruhrs wilde Wogen!

Herr Urban ist kein Robespierre,
Nur höchstens Pferdepein'ger …

Und Ruh' und Ordnung kehrt zurück,
Gebt Achtung, Alles macht sich
Bald wieder, denn Berlin ist nicht
Paris von neunzig und achtzig.

Borsig war einigermaßen beruhigt, wenn er auch seinen Arbeitern grundsätzlich misstraute, seit sie sich seinem Willen entzogen hatten und auf die Barrikaden gegangen waren.

»Ich verstehe das nicht«, sagte er zu seinem Sohn. »Ich gebe ihnen Lohn und Brot, ohne mich und meine Maschinenbau-Anstalt, die ich aus dem Nichts geschaffen habe, wären sie Hungerleider und müssten ins Armenhaus – und trotzdem sind einige unter ihnen, die mich hassen.«

»Wie sie jeden Fabrikherren hassen«, fügte Albert hinzu, der gerade dabei war, das Abitur zu machen. »Das liegt in der Natur einiger, die können sich nicht ein- und unterordnen, die sind gegen alle, die über ihnen stehen und eine gegebene Ordnung verteidigen.«

»Sie neiden mir alles, was ich habe, und hassen mich, weil sie selbst kein Borsig sind.«

Louise Borsig lächelte. »Damit musst du leben, August. Die Welt ist so, wie sie ist. Und wir müssen zusehen, dass wir die Not derer lindern, die das größte Interesse am Umsturz haben. Aus christlicher Nächstenliebe wie aus unserem Selbsterhaltungstrieb heraus.«

Sie war Mitglied des Berliner Frauenvereins »Zur Abhilfe der Not unter den kleinen Fabrikanten und Handwerkern« geworden und unterzeichnete Aufrufe zum Sammeln von Spenden.

August Borsig war auf der Hut, und so platzte er in eine Versammlung murrender Arbeiter hinein und zögerte nicht, Flagge zu zeigen. Er wiederholte das, was er schon einmal verkündet hatte: »Jeder vernünftige Wunsch findet bei mir ein williges Ohr. Aber versuchen Sie nicht, mit Gewalt, mit Zwang und Terror hier zu herrschen! Hier gilt ein Wille – und das ist der meine!«

Wenig später konnte man überall eine *Erklärung des Herrn Borsig in Arbeiterangelegenheiten* lesen:

Die Arbeiter meiner Fabrik werden längst die Überzeugung gewonnen haben, dass ich mich fortwährend damit beschäftige, Übelstände und Unordnungen zu beseitigen und dagegen jede mögliche Verbesserung einzuführen, welche nicht allein das Wohl der Arbeiter fördert, sondern auch das Fortbestehen der Anstalt sichert.

Seine sozialen Fürsorgeleistungen waren so fortschrittlich, dass er ihretwegen von den anderen Fabrikbesitzern angefeindet wurde. »Noch eine Front mehr«, brummte er, ließ sich aber nicht davon abbringen, mit seiner Kranken-, Sterbe- und Sparkasse Gutes für seine Arbeiter zu tun. Das meinte er jedenfalls.

Julius Wucke sah es anders. »Von jedem Lohnthaler, den er uns auszahlt, behält er einen Silbergroschen für seine Sparkasse ein – und hat damit zusätzliches Kapital zur Verfügung, auch wenn er uns fünf Prozent Zinsen zahlt.«

Sogar eine Badeanstalt für seine Arbeiter ließ Borsig bauen, gespeist mit dem warmen Wasser aus der Fabrik. So glaubte er, alles getan zu haben, um die Gemüter zu beruhigen. Umso entsetzter war er, als er Ende September mit dem Ruf »Im Zeichensaal brennt es!« aus dem Schlaf gerissen wurde. Er warf sich einen weiten Mantel über den Schlafrock und eilte zum Verwaltungstrakt. Der Schaden hielt sich in Grenzen, nur ein paar unwichtige Blätter waren ein Raub der Flammen geworden. Was ihn jedoch erschütterte, waren die Worte des Brandmeisters: »Det war keene vajessene Pfeife und keene Zijarre, die det Feua ausjelöst hat, Herr Borsig, det war Brandstiftung, det war reine Sabotage.«

Julius Wucke, der es aufgrund seiner Intelligenz und seiner handwerklichen Fähigkeiten in der Borsig'schen Maschinenbau-Anstalt zu einigem Ansehen gebracht hatte, wurde am 16. Oktober auf das Köpenicker Feld geschickt, um dort vor den Toren der Stadt zwischen den Arbeitern und der Bürgerwehr zu vermitteln. Um beim Kanalbau den Grundwasserspiegel zu senken, hatte man bei Borsig eine Dampfmaschine geordert, und die war zerstört worden, weil die Arbeiter fürchteten, durch sie eines Tages ohne Lohn und Brot dazustehen. Als die Bürgerwehr gegen die aufmüpfigen Arbeiter vorgegangen war, hatten sie eine Barrikade errichtet und sich dahinter verschanzt.

Wucke wandte sich zuerst an die Leute der Bürgerwehr. »Ihr seid keine Soldaten, die das Volk unterdrücken sollen, ihr seid dazu da, dieses Volk zu schützen«, begann er.

»Wer Eigentum zerstört, der gehört ins Gefängnis!«, rief der Major, der das Bataillon der Bürgerwehr befehligte.

Von der Barrikade kam lauter Protest.

»Wer das zerstört, was ihn zerstört, ist moralisch im Recht«, entgegnete Wucke. »Die Stadt Berlin muss den Männern hier Garantien dafür geben, dass sie ihre Arbeit behalten – auch wenn noch so viele Dampfmaschinen im Einsatz sind.«

Das wurde von der Barrikade mit Zustimmung bedacht.

»Gehen Sie jetzt zum Bürgermeister, und kommen Sie mit den gemeinten Garantien zurück!«, sagte Wucke zum Major der Bürgerwehr. »Dann sichere ich Ihnen zu, dass die Barrikade wieder verschwinden wird und die Arbeiter unsere schnell reparierte Dampfmaschine nicht wieder attackieren werden.«

»Das kommt nicht in Frage!«, rief der Major der Bürgerwehr. »Wir sind hier nicht in Paris, wir beugen uns nicht dem Diktat der Straße! Kommt hinter den Barrikaden hervor, sonst eröffnen wir das Feuer!«

»Das ist doch Irrsinn!«, schrie Wucke. »Das werden Sie nicht!«

Doch ein Kolbenhieb ließ ihn zu Boden sinken, und dann wurde die Barrikade gestürmt. Elf Arbeiter wurden erschossen, auf Seiten der Bürgerwehr wurde der Verlust eines Mannes gemeldet.

Die Särge aller zwölf Toten wurden vor der Hofoper Unter den Linden – als Geste der Versöhnung – nebeneinander aufgestellt. Der Hauptredner bei der Beisetzungsfeier, der Schriftsteller August Braß, rief Bürger und Arbeiter auf, sich nicht durch die Intrigen der Reaktion entzweien zu lassen.

Wucke, der nur leicht am Kopf verletzt war, wurde vom Magistrat wegen seiner Tapferkeit gelobt und erhielt von Borsig drei Tage Urlaub und eine Anerkennung von zehn Thalern.

Auguste Wucke kniete vor dem Altar der Georgenkirche und bat den Herrn um Vergebung dafür, dass sie im Stillen gehofft hatte, ihr Mann würde zu den Märzgefallenen gehören. Sie litt unsäglich unter der Ehe mit ihm, jeder Tag war ein neues Märtyrium für sie. Es war wie eine unbekannte Krankheit. Er schlug sie nicht, er gab ihr genügend Geld für die Einkäufe, er kam nie betrunken nach Hause, und dennoch war er ihr so zuwider, dass sie unablässig von einem Leben ohne ihn träumte. Sie hatte gehofft, dass die Liebe mit der Ehe kommen würde, aber sie war nicht gekommen. Im Gegenteil, der Hass war gekommen. Für seine Kinder wollte sie schon sorgen, und wenn er verschwunden war, konnte sie mit der Unterstützung ihres Bruders rechnen, und über kurz oder lang würde sie genügend erben, um allein mit den dreien durchs Leben zu kommen. Die neue Kraft kam aus ihrer Begegnung mit Louise Aston.

Fromme Seelen, fromme Herzen,
Himmelssehnend, lebenssatt;
Euch ist rings ein Thal der Schmerzen,
Eine finst're Schädelstatt!
Mag in schreckenden Gesichten
Bang vor mir das Schicksal steh'n;
Nie soll mich der Schmerz vernichten,
Nie zerknirscht und reuig seh'n!
Freiem Leben, freiem Lieben,
Bin ich immer treu geblieben!

Das war die erste Strophe aus Louise Astons Gedicht *Lebensmotto*. Auguste zitierte es im Selbstgespräch, als sie aus der Georgenkirche kam, um zum Salon der Aston zu eilen. Louise Aston war am 26. November 1814 als Louise Hoche zur Welt gekommen und mit siebzehn zur Ehe mit dem 23 Jahre älteren englischen Fabrikanten Samuel Aston gezwungen worden. Sie schrieb Gedichte und Romane, führte ein extravagantes Leben und provozierte die biedermeierliche Gesellschaft nach Kräften. So trug sie Männerkleidung und rauchte auf offener Straße. Aus Berlin ausgewiesen, kehrte sie 1848 mit ihrem zweiten Mann an die Spree zurück, wo sie einige Nummern der Zeitschrift *Der Freischärler* herausgab und den »Club emanzipierter Frauen« gründete.

Auguste hatte sich sehr auf den Abend bei der Aston gefreut und war dementsprechend enttäuscht, dass die Zusammenkunft ausfallen musste, weil Louises Mann als radikaler Demokrat verhaftet worden war und sie nun unterwegs war, ihre Kontakte zu nutzen und ihm zu helfen. So machte sich Auguste wieder auf den Heimweg. Der Kinder wegen musste sie sich nicht beeilen, denn die schliefen von Sonnabend auf Sonntag bei ihrer Tante Karoline. Und Wucke musste sie nicht fürchten, der hatte in einen seiner politischen Clubs gehen wollen.

Doch als sie an ihrem Haus in der Brunnenstraße angekommen war, sah sie unten im Parterre Licht brennen. Einbrecher!, schoss es ihr durch den Kopf, und sie schlich sich an das Fenster, um ins Innere ihrer guten Stube zu spähen. Da hörte sie Stimmen. Das war doch Wucke! Sie stellte sich auf die Zehenspitzen. Richtig, da saß er mit diesem Fluschnik am Tisch und redete. Weil sie beide kräftig rauchten, hatten sie das Fenster ein wenig geöffnet. Sie konnte jedes Wort verstehen.

Fluschnik: Ich bin unzufrieden mit Ihnen, Wucke.

Wucke: Wieso denn das? Ich habe vor fünf Jahren dafür gesorgt, dass Borsigs Lokomotive bei der Eröffnung der Berlin-Stettiner Eisenbahn auf freier Strecke stehengeblieben ist …

Fluschnik: Ja, aber der Zug ist nicht umgestürzt.

Wucke: Das wäre ja auch zu viel verlangt gewesen … Ich habe

Sie seither ständig über das unterrichtet, was bei Borsig entwickelt wird, und ich habe das Feuer im Zeichensaal gelegt!

Fluschnik: Aber da ist kaum etwas verbrannt, was wichtig gewesen wäre. Nein, Wucke, wenn es wieder Geld geben soll, müssen Sie sich Borsig ganz direkt vornehmen!

Auguste hatte genug hört. Sie schlich sich davon und lief zu August Borsig, um ihm zu berichten, was sie eben gehört hatte. So konnte sie ihm ihre Liebe beweisen und zugleich dafür sorgen, dass sie von Julius Wucke erlöst wurde.

»Fritz, nimm dir ein Beispiel an Borsig, und mach dir die Bewegung zunutze, indem du dich an ihre Spitze setzt!« Waldemar von Schwanow redete mit Feuereifer auf den König ein. »Wenn dir die Paulskirche das anbieten sollte, wie das Gerücht umgeht, dann nimm die deutsche Kaiserkrone in Empfang und setze sie dir aufs Haupt!«

»Das kommt nicht in Frage!«, rief Friedrich Wilhelm IV. »Nicht ohne das Einverständnis der Fürsten und Freien Städte Deutschlands. Ich bin mir zu gut dazu. Diese Krone ist ein Diadem, geschmiedet aus Dreck und den Letten der Revolution, des Treubruchs und des Hochverrats. Sie verdient nur Ekel und Abscheu. Eine Schweinekrone ist es!«

Von Schwanow war entsetzt über diese schroffe Ablehnung, und sein Entsetzen verstärkte sich noch, als jetzt der Mann eintrat, der die nach Meinung des Königs zu weichen Minister Camphausen, Auerswald und Pfuel ersetzen und zur Gegenrevolution ausholen sollte: der General Friedrich Wilhelm Graf von Brandenburg, geboren am 24. Januar 1792 in Berlin und nichtehelicher Sohn Friedrich Wilhelms II. aus dessen morganatischer Ehe mit der Gräfin Sophie von Dönhoff. Er galt als ein Altpreuße von echtem Schrot und Korn und hatte immer durchblicken lassen, dass er nicht zögern würde, das Revolutionsgewächs mit der Wurzel auszureißen.

»Die Ausübung der Souveränität im Lande steht allein Seiner Majestät zu und nicht der zur Vereinbarung der Verfassung nach Berlin berufenen Versammlung oder vollends der Versammlung in Frankfurt«, erklärte er. »Und ich finde es ganz vorzüglich, was du da planst, den Wrangel zu rufen, dass er Berlin besetzt und alle 282 Abgeordneten zum Teufel jagt. Die nächsten Schritte liegen auf der Hand: Verfügung des Belagerungszustandes mit Vereinsverbot, Versammlungsverbot, Verbot von Zeitungen und Auflösung der Bürgerwehr.«

Friedrich Freiherr von Wrangel, geboren am 13. April 1784 in Stettin, stammte aus einer alten schwedisch-pommerschen Offiziersfamilie. Er war bereits 1796, als Zwölfjähriger, in die preußische Armee eingetreten, Offizier bei den Dragonern geworden und hatte in den Napoleonischen Kriegen und in den Befreiungskriegen gekämpft, wo er sich erstmals als draufgängerischer Truppenführer auszeichnen konnte. Sein Leben lang war er streng konservativ und königstreu eingestellt gewesen und hatte 1837 in Münster Unruhen niedergeschlagen. Er war 1839 Kommandierender General des I. und 1842 des II. Armeekorps geworden, die in Königsberg und Stettin stationiert waren. 1848 hatte man ihn zum Oberbefehlshaber in den Marken ernannt.

Am 10. November war es so weit: Wrangel wurde gegen das revolutionäre Berlin in Marsch gesetzt und zog mit 15000 Soldaten in Schlachtordnung durch das Brandenburger Thor, das die Stadtgrenze Berlins nach Westen hin war. Vom Pariser Platz ging es die Straße Unter den Linden hinunter. Hoch aufgerichtet saß er auf seinem Pferd und musterte, als sie den Gensdarmen-Markt erreicht hatten, die Bürgerwehr, die mit Gewehr und Bajonett angetreten war, die Preußische Nationalversammlung zu schützen, die im Schauspielhaus tagte. Man hatte gedroht, seine Frau umzubringen, falls er es wagen sollte, in Berlin einzumarschieren.

»Ob se ihr wohl uffjehangen haben?«, fragte er seinen Adjutanten, ohne ein Schmunzeln unterdrücken zu können. Dann wurde er ernst und brüllte über den Platz: »Ich erinnere an meinen Befehl!« Er meinte damit seine Order, nicht ohne besonderen Befehl zu schießen. Seine Grenadiere rissen daraufhin ihre Gewehre von den Schultern und setzten sie vor sich zu Pyramiden zusammen. Als dies geschehen war, hievte sich Wrangel aus dem Sattel, winkte einen Armeegendarmen heran und hieß ihn, ihm aus dem nächstbesten Haus einen Stuhl zu holen. Auf den setzte er sich dann und sah, scheinbar gut gelaunt, zum Schauspielhaus hinüber. Das machte Eindruck beim Volk, und immer mehr Berliner sammelten sich um Wrangel. Witze wurden über ihn gerissen, es gab aggressive Zurufe. Das alles schien ihn nicht zu kümmern.

Einige Minuten vergingen, dann bahnte sich eine Deputation Berliner Bürger einen Weg durch die Menge, angeführt vom Bürgerwehrkommandeur Rimpler. Als er bei Wrangel angekommen war, blieb er vor dessen Stuhl stehen und erwartete, dass der General sich wenigstens erheben würde. Doch der dachte gar nicht daran.

»Herr General«, erklärte Rimpler schließlich, »die Nationalversammlung, die im Schauspielhaus tagt, hat sich für permanent erklärt. Sie wird nur der rohen Gewalt weichen. Die Bürgerwehr steht bereit, die Vertreter des Volkes mit ihrem Blut zu schützen!«

Nun erhob sich Wrangel, zog seine Uhr aus der Hosentasche und hielt sie Rimpler hin. »Meine Herren, binnen einer Viertelstunde hat die Nationalversammlung das Schauspielhaus verlassen und diesen Platz geräumt. Widrigenfalls wird diesem Gebot mit aller Macht Folge verschafft!«

Damit ließ er sich wieder auf seinen Stuhl nieder, um erneut seelenruhig in Richtung Schauspielhaus zu blicken. Die Deputation verschwand gesenkten Hauptes in der Menge, und es sollten keine zehn Minuten vergehen, bis die Mitglieder der Nationalversammlung einzeln und zu zweit die Freitreppe herunterkamen und zur Taubenstraße hin abzogen. Die Männer der Bürgerwehr folgten ihnen, erst zögernd, dann mit schnellen Schritten.

Wrangel schwang sich wieder in den Sattel, gab mit schmetternder Stimme den Befehl zum Einmarsch ins Schloss und setzte sich an die Spitze seiner Truppen. Er hatte sich entschlossen, dort mit seinem Stab Quartier zu beziehen. Unter dem Schlosstor trat ihm der Bürgerwehrmajor August Borsig entgegen, der hier als Kommandant amtierte und mit seinen Leuten das Schloss besetzt hielt.

»Wenn Sie das bitte zur Kenntnis nehmen würden, Herr von

Wrangel!« Borsig reichte dem General ein Schriftstück empor, einen Protest gegen den Einzug der Truppen, gefolgt von der Erklärung, dass er mit seinen Wehrmännern nur der Gewalt weichen würde.

Wrangel strich sich über seinen Schnurrbart und lächelte. »Die Gewalt ist da, Herr Major! Sie können ruhig abziehen!«

Borsig kochte vor Wut, und alles in ihm drängte danach, diesen frechen Mistkerl vom Pferd zu reißen und fürchterlich zu verprügeln. Und dann seinen Leuten den Befehl zu geben, sich auf die Soldaten zu stürzen und sie aus Berlin hinauszujagen. Tu es!, schrie es in ihm. Das ist der Augenblick, wo du zu historischer Größe aufsteigen kannst! Die Leute werden dich zum Bürgerkönig machen, wenn du Wrangel und die Hohenzollern in die Knie zwingst.

Doch er zögerte, denn seine Aktion hätte vielen hundert Menschen das Leben gekostet, und scheiterte sie, hängten sie ihn auf.

Wie versteinert stand er da, und ehe er zu einem Entschluss gekommen war, hatten seine Leute schon kapituliert. Sie bildeten eine Gasse, durch die Wrangel in den Schlosshof reiten konnte.

Wrangel löste die Volksversammlung auf und verhängte das Kriegsrecht über Berlin. Die Würfel waren gefallen, die Revolution war endgültig gescheitert.

Auch im Kleinen hatten die Dinge ihren Lauf genommen, und es war gekommen, wie es hatte kommen müssen. August Borsig war, nachdem Auguste ihm vom Gespräch zwischen ihrem Mann und Ferdinand Fluschnik berichtet hatte, zum Criminal-Commissarius Werpel gelaufen und hatte ihn um die Einleitung entsprechender Maßnahmen gebeten. Bei dem Gewicht Borsigs hatte man nicht gezögert, die Privaträume der beiden Beschuldigten durchsuchen zu lassen, und dabei war so viel belastendes Material entdeckt worden, dass es allemal für eine Anklage wegen Transportgefährdung und Brandstiftung reichte. Der Staatsanwalt dachte sogar an die Höchststrafe, weil Wucke und Fluschnik bei beiden Verbrechen den Tod Unschuldiger billigend in Kauf genommen hätten.

Fluschnik und Wucke hatten es aber verstanden, sich der Festnahme zu entziehen und aus Berlin zu fliehen. Es wurde zwar fieberhaft nach ihnen gefahndet, nachdem sich auch von Schwanow in die Sache eingeschaltet und auf größtmöglichen Eifer bei ihrer Verfolgung gedrängt hatte, aber sie hatten es mit viel Geld, Intelligenz und Kaltblütigkeit geschafft, sich bis an die Westgrenze Preußens durchzuschlagen. Verkleidet waren sie als Zimmermänner, die auf der Walz waren. Mal hatten sie die Eisenbahn benutzt, mal die Post, dann wieder waren sie viele Kilometer durch dichte Wälder gelaufen.

Nun steckten sie in einer kleinen Herberge in Vaalserquartier, einer kleinen Gemeinde am Rande Aachens, und überlegten, welche der nahen Grenzen sie überschreiten sollten, lieber die zu Belgien oder die zu den Niederlanden. Davon, dass beide wegen der Unruhen in Europa scharf kontrolliert wurden, war auszugehen, und in jedem Grenzposten hing ganz sicher der Aufruf, nach ihnen Ausschau zu halten und sie auf der Stelle zu verhaften.

»Nach Holland wäre mir lieber«, sagte Fluschnik, der sich kundig gemacht hatte. »Und bis Vaals ist es ja auch nur einen Steinwurf. Aber da kommen wir gleich in eine Stadt, und weiter nördlich haben wir offenes Gelände, während es nach Belgien hin dichte Wälder gibt, gleich bei Reinartzkehl beginnen sie.«

Wucke war sich auch nicht schlüssig. »Französisch und holländisch sprechen wir beide nicht …«

Fluschnik winkte ab. »Mein Englisch ist so gut, dass wir uns als Engländer ausgeben können, die auf dem Weg zurück in ihre Heimat sind.«

Wucke lachte. »Gut, wenn ich den Mund halte oder den Taubstummen spiele. Aber das klärt noch nicht die Frage: Belgien oder die Niederlande?«

Fluschnik stöhnte. »Verflucht sei der, der uns verpfiffen hat!« Sie wussten es noch immer nicht, und auf Auguste tippte keiner, eher dachten sie an Friedrich Hermes oder Anton Flöringer, dass also die Borsig-Männer etwas gewittert hatten.

»Würfeln wir, wo wir es wagen sollten?«, fragte Wucke.

»Gut.« Fluschnik hatte als leidenschaftlicher Spieler immer ein paar Würfel zur Hand. »Eins, zwei, drei heißt Holland; vier, fünf, sechs heißt Belgien.«

Der Würfel fiel auf die Fünf, und sie beschlossen, sich nach dem Mittagessen auf den Weg nach Reinartzkehl zu machen, um rechtzeitig vor Einbruch der Dunkelheit das ausgedehnte Waldgebiet zu erreichen, durch das die preußisch-belgische Grenze verlief. Waren sie zu früh im Grenzgebiet, konnten sie leicht von möglichen Wachtposten entdeckt werden, trafen sie zu spät dort ein, war die Gefahr zu groß sich zu verlaufen.

Als Wucke die Rechnung bezahlte, bemerkte er, dass der Wirt Fluschnik aufmerksam musterte, vielleicht eine Spur zu aufmerksam. Es stimmte, dass der Handelsvertreter von der Figur her kaum ein Zimmerer sein konnte, viel zu schmal und schlaff erschien er, aber sie hatten in Berlin in der Eile keine andere Verkleidung auftreiben können.

»Wohin wollt ihr?«, fragte der Wirt, ein triefäugiger Mann Mitte sechzig.

Wucke schaltete schnell. »Nach Norden zu, nach Heerlen und Sittard.«

»Dann Gottes Segen auf allen Wegen.«

Sie verließen die Herberge in die angegebene Richtung, machten aber sofort kehrt, als sie vom Alten nicht mehr gesehen werden konnten, bogen in eine Querstraße ab und wandten sich dann gen Süden. Nach einer Viertelstunde erblickten sie links von sich die Häuser von Reinartzkehl im aufsteigenden Nebel und dahinter die dunkel aufragende Wand des Waldgebietes, das sich weit nach Belgien hinein erstreckte.

Sie glaubten schon, ihr Spiel gewonnen zu haben, da sprengten querfeldein zwei uniformierte Reiter auf sie zu.

»Halt! Eure Pässe!«, schrie einer der beiden.

»Stehenbleiben – oder wir knallen euch ab!«, donnerte der zweite der Reiter, minderte seine Geschwindigkeit und riss sein Gewehr von der Schulter.

Wucke und Fluschnik hatten keine andere Wahl, als weiterzulaufen. Bis zu den ersten Bäumen, bis zum Unterholz, das sie geborgen hätte, waren es keine zwanzig Schritte mehr. Es musste gewagt werden.

Da fiel der erste Schuss. Die Kugel ging dicht über ihre Köpfe hinweg. Mit Absicht wohl.

»Weiter!«, keuchte Fluschnik. »Weiter!«

Doch Wucke blieb stehen und riss beide Hände hoch. Nicht um sich seinem Schicksal zu ergeben, sondern um auf eine spätere Chance des Entkommens zu setzen.

Fluschnik aber rannte weiter, und sein Rücken bot ein Ziel, das ein guter Schütze nicht verfehlen konnte. Nun fiel der zweite Schuss. Fluschnik schrie auf und stürzte neben Wucke der Länge nach auf den Acker.

Im Frühjahr 1849 hatte überall in Deutschland die Reaktion gesiegt. Als Friedrich Wilhelm IV. seine Wahl zum Deutschen Kaiser durch die Nationalversammlung in der Paulskirche tatsächlich abgelehnt hatte, war der Versuch, einen parlamentarisch-monarchischen Verfassungsstaat zu schaffen, ebenso gescheitert wie der Versuch einer nationalen Einigung.

August Borsig war von gemischten Gefühlen erfüllt. Einerseits freute es ihn, dass Preußen nicht in die Anarchie abgeglitten und es in Berlin keine Tage der Kommune gegeben hatte wie von März bis Mai 1798 in Paris, andererseits war ihm noch sehr gewärtig, wie ihn dieser Einfaltspinsel von General, dieser Wrangel gedemütigt hatte. Statt als Held hatte er, Borsig, die Szene als Popanz verlassen.

Gegen den König hatte er nichts, aber eine Staatsform wie in England erschien ihm schon deswegen vorteilhafter zu sein, weil dort Industrie und Handel viel besser gediehen als in Preußen und dem übrigen Deutschland. Nach mehreren Kriegen im 17. und 18. Jahrhundert gegen Frankreich und die Niederlande hatte sich England als führende Kolonialmacht in Amerika und Indien etabliert. Die Abspaltung der amerikanischen Kolonien nach dem Unabhängigkeitskrieg hatte zwar den Verlust der bevölkerungsreichsten Territorien bedeutet, doch Großbritannien hatte sich bald Afrika, Asien und Ozeanien zugewandt und dort große Gebiete unter seine Kontrolle gebracht. Welch riesige Absatzmärkte!, dachte Borsig. Und wie lächerlich war dagegen der Versuch Brandenburg-Preußens gewesen, in Afrika Fuß zu fassen. Schon 1717 hatte man die Kolonie Groß Friedrichsburg in Westafrika wieder aufgeben müssen. Nach dem Ende der Napoleonischen Kriege 1815 war Großbritannien zur dominanten Weltmacht geworden, während in Deutschland über 35 Staaten und freie Städte alle Kraft daransetzten, ihr eigenes kleines Süppchen zu kochen und dem anderen möglichst oft in dessen Suppe zu spucken.

August Borsig litt unter dieser Kleinstaaterei, vor allem weil sie die Expansion seines Unternehmens stark behinderte. Was blieb ihm da, als abzuwarten und vorerst einmal im Kleinen fortzuschreiten und persönliche Dinge zu regeln?

Erschüttert hatte ihn, was von Fluschnik und Wucke ausgegangen war. Nun, das war abzuhaken, nachdem Ferdinand Fluschnik südlich von Aachen bei einem Fluchtversuch erschossen worden war und man von Julius Wucke nichts mehr gehört und gesehen hatte. Er war in den Wald entkommen, doch weder im Königreich Belgien noch irgendwo anders auf der Welt jemals wieder gesehen worden.

Auguste hatte Borsig mit Wuckes drei Kindern zu Marie nach Friedenshütte geschickt. Dort im Schwarzwald bei Beuthen sollten sich ihre angespannten Nerven wieder erholen und die Kinder eine vorzügliche Schul- und Ausbildung erhalten. Der Name des Ortes sollte ein gutes Omen sein. Er hatte ihr eine ansehnliche Leibrente ausgesetzt, winkte aber ab, wenn man ihn wegen seiner Güte lobte: »Ich bin ihr zu großem Dank verpflichtet, was einschließt, dass ich ihr ersetze, was sie um meinetwegen verloren hat. Abgesehen davon ist es für sie und ihr Seelenheil das Beste, wenn sie weit weg von Berlin und dem Hause Borsig ist.«

Ansonsten stand das Jahr 1849 ganz im Zeichen der Inbetriebnahme des Eisenwerkes in Moabit, das nach Plänen des Borsig'schen Hausarchitekten Heinrich Strack errichtet worden war. Einen ausführlichen Bericht darüber finden wir bei Kurt Pierson:

Zu jener Zeit führte von der Straße Alt-Moabit eine breite Einfahrt zum Eisenwerk, flankiert von einigen Wohnhäusern für die Beamten, auf ein aus Backsteinen errichtetes Portal zu, dessen Pfosten von zwei überlebensgroßen Statuen, Schmieden von markiger Gestalt, geziert waren. Durch das Portal gelangte man in einen weiträumigen Hof. Die Gebäude zur Rechten enthielten die Büros für die technische und die kaufmännische Verwaltung, während in dem Seitengebäude zur Linken die Schlosserei und Tischlerei untergebracht waren. In der Mitte des Hofes war ein großes Wasserbassin zum Abkühlen des Eisens eingelassen. Dahinter erhob sich ein langgestrecktes, von einem Tonnendach gekröntes Gebäude, eine riesige Werkhalle, die ihr Tageslicht von oben her erhielt und durch ihre Dachkonstruktion mit ihren mächtigen Trägern und eisernen Bindern eine technische Besonderheit darstellte. In dieser Halle waren zahlreiche Feuerstätten untergebracht: Puddelöfen, Schweißöfen, Schmiedefeuer sprühten ihren Funkenregen in bunten Verschlingungen. Durch diesen riesigen Raum fuhren unablässig kleine, von Arbeitern in raschem Lauf gelenkte zweirädrige Karren, bepackt mit rotglühenden Eisenblöcken, zu den Walzen; glühende runde Klötze wurden zu Eisenbändern, unförmige Blöcke zu Blechen und Knüppeln.

Hinter der Walzenstraße ragte eine unförmige Dampfmaschine aus dem Halbdunkel der Halle; dahinter, mehr oder weniger von einander entfernt, ließen eine Anzahl Eisenhämmer den Boden erzittern. Sieben dieser Hämmer wiesen ein Bärgewicht von je zwanzig Zentnern auf, fünf von ihnen hatten ein solches von je sechzig Zentnern, ein Hammer von hundert und einer von zweihundert Zentnern. Fünfzehn Dampfmaschinen mit insgesamt 600 PS trieben die Maschinen an.

An diese Halle grenzte links ein großer Raum, in dem die verschiedensten Walzen gelagert wurden, auf der anderen Seite befanden sich die Vorratsräume. An dieses Hammer- und Walzwerk schloss sich, nur durch einen Hof getrennt, das Gußstahlwerk, in dem das aus den oberschlesischen Hüttenbetrieben kommende Rohmaterial eingeschmolzen wurde.

Diese Werksanlagen waren in erster Linie dafür bestimmt,

zahlreiche Halbfertigfabrikate für die Lokomotivfabrik in der Chausseestraße herzustellen: alle Sorten von Stahl und Façoneisen, Bleche, schmiedeeiserne Wellen bis zu einem Gewicht von hundert Zentnern, Lokomotiv- und Tenderachsen sowie solche für den Waggonbau in Feinkorneisen und Gußstahl, dazu Radbandagen in einer Jahresmenge von zweihundertfünfzigtausend Zentnern.

Ein mächtiger Schornstein am Ufer der Spree wurde zum Wahrzeichen der neuen Fabrikanlage. Strack hatte ihn zugleich als Turm gebaut, eine vieleckige, reichverzierte Säule mit einem Umgang. Mit seiner Rauchfahne sah man ihn noch vom Kreuzberg aus.

»Und wo werden wir in Zukunft wohnen?«, hatte Louise gefragt, als das alles geplant worden war.

»Natürlich direkt neben der Fabrik«, hatte Borsig geantwortet.

»Kein Landsitz draußen vor den Thoren?«

»Nein.«

Da war August Borsig ganz bestimmt gewesen, und so hatte man unter der Leitung von Joseph Peter Lenné neben dem Eisenwerk viele Wagenladungen und ganze Schiffe voller fruchtbarer Erde angefahren und auf den kargen Sand geschüttet. Bäume und Büsche wurden gepflanzt, und Borsigs Wohnhaus wurde in diesen Park gesetzt, eine Villa im römischen Landhausstil. Und mehr noch geschah …

»Lieber Lenné«, hatte Borsig zum großen Gartenkünstler Preußens gesagt, »ich habe da seit Kindheitstagen einen großen Traum …« Und dann hatte er von dem Palmenbild berichtet, das er im Schaufenster einer Breslauer Glaserei entdeckt hatte: *Bougainville vor Tahiti.* »Palmen! Ich liebe Palmen über alles! Bauen Sie mir auf meinem Moabiter Gelände ein Treib- und Gewächshaus, bauen Sie mir mein Palmenhaus!«

Lenné nickte. »Gern. Mit Palmen, seltenen Rosen, Orchideen, mit Goldfischen im erwärmten Wasser, mit Springbrunnen und kleinen Wasserfällen.«

»Und holen Sie mir aus Südamerika eine Victoria regia!«, bat Borsig.

»Das kostet aber einiges.«

»Das macht nichts, ich finanziere eine Forschungsreise.«

Als alles fertig war, kam Alexander von Humboldt – mit Borsig seit langem freundschaftlich verbunden – zu Besuch und geriet beim Gang durch Garten und Palmenhaus derart ins Schwärmen, dass er dem König einen Brief schrieb, den man als übermütig bezeichnen konnte:

In der Schüchternheit meiner Waldnatur vom Orinoko habe ich gestern im Schlosse und in der Oper mich Eurer Majestät nicht zu nähern gewagt und trage deshalb jetzt schriftlich die alleruntertänigste Bitte vor: Ob ihre Majestät, unsere herrliche Königin, nicht mit der Kaiserin von Charlottenburg aus in einer Spazierfahrt das so zierliche Treibhaus und die Anlagen von Borsig in Moabit, wo jetzt eine Wohltätigkeits-Veranstaltung der Frauen ist, besuchen wollten? Der vortreffliche Besitzer verdiente wohl dieses Glück …

Der König kam dieser Bitte nach und war derart begeistert von allem, dass er ausrief: »So wie Sie, mein lieber Borsig, möchte ich auch mal wohnen!«

Friedrich Wilhelm IV. kam in der Folge öfter nach Moabit, manchmal auch unangemeldet. Bei einem dieser Besuche stürzte der Gärtnerbursche ins Haus und rief, vor Aufregung stotternd und atemlos, dass Seine Majestät im Park lustwandeln würde.

Louise Borsig sah den völlig fassungslosen jungen Mann misstrauisch an und glaubte, er würde phantasieren.

»Herrje, ist Er wohl schon wieder angetrunken?«

»Ich habe bei Seiner Majestät nichts dergleichen bemerkt«, erwiderte der Gärtnerbursche.

Kapitel achtzehn
1850–1852

Am 12. Oktober 1847 hatte sich Werner Siemens, im Hauptberuf noch Offizier, von seinem Vetter Johann Georg Siemens, einem wohlhabenden Justizrath, das notwendige Startkapital geliehen und mit dem Mechaniker Johann Georg Halske in der Schöneberger Straße eine Telegraphenbau-Anstalt gegründet. 1848 hatte das junge Unternehmen einen politisch wichtigen Auftrag erhalten: den Bau einer Telegraphenleitung von Berlin nach Frankfurt am Main, denn dort tagte die Deutsche Nationalversammlung. Anfang 1849 war die Leitung betriebsbereit.

»So wusste Friedrich Wilhelm IV. schon eine Stunde nach der Abstimmung, dass die Nationalversammlung ihm die Kaiserwürde antragen wollte«, erzählte Siemens lachend von dieser denkwürdigen Episode. »Eine Woche, bevor die Kaiserdeputation in Berlin angekommen ist.«

»Angenommen hat er die Kaiserkrone dennoch nicht«, sagte Borsig. »Was ich jammerschade finde.«

»Ich nicht minder«, bekannte Siemens. »Ich hätte mir danach wesentlich mehr Aufträge zum Bau von Telegraphenverbindungen versprochen.«

»Und ich mir den von Lokomotiven, wenn wir eine einheitliche Eisenbahn eines deutschen Kaiserreichs gehabt hätten.«

»Was nicht ist, kann ja noch werden.«

Borsig und Siemens waren durch ihre Mitgliedschaft im Verein zur Beförderung des Gewerbefleißes ganz automatisch in Kontakt miteinander getreten. Zwar hatte Borsig keine Ahnung davon, dass es einmal elektrische Lokomotiven geben würde, aber er fühlte instinktiv, dass Siemens, der zwölf Jahre jünger war als er, das Zeug hatte, ein Industrie-Imperium aufzubauen, das es mit seinem eigenen aufnehmen konnte.

Zehn Jahre waren vergangen, seit Borsig seine erste Lokomotive für die Berlin-Anhalter Eisenbahn gebaut und sich gegen die englische Konkurrenz durchgesetzt hatte. Jetzt lagen ihm Anton Flöringer, Friedrich Hermes und andere Mitarbeiter in den Ohren, dass der Platz am Stammsitz Chaussee-, Ecke Thorstraße nicht mehr ausreiche.

Borsig hatte noch das Gespräch mit Siemens im Kopf und nickte. »Wer sich nicht vergrößert, der wird auf Dauer kleiner.«

»Die Seehandlung will ihr Grundstück hier in Moabit verkaufen, Kirchstraße No. 6«, sagte Friedrich Hermes.

Borsig lächelte. »Ich weiß, aber da ist noch ein gewisser Hermann Gruson, der mir die Beute wegschnappen will.«

»Was, *unser* Gruson?«, fragte Flöringer.

»Ja, genau der.«

Hermann August Jacques Gruson war am 13. März 1821 als Nachkomme einer hugenottischen Einwandererfamilie und Sohn des Premierleutnants Louis Abraham Gruson in der Magdeburger Zitadelle auf die Welt gekommen. Nach Schule, Militärdienst und einem naturwissenschaftlichen Studium in Berlin hatte er von 1840 bis 1845 bei Borsig, der mit seinem Vater befreundet war, als Volontär und Ingenieur gearbeitet. Anschließend hatte Borsig ihm eine Stelle bei der Berlin-Hamburger Eisenbahn vermittelt.

Borsig fürchtete sich ein wenig vor den Verhandlungen mit der Seehandlung, denn als Fabrikherr hatte er stets über die staatliche Einmischung in die freie Wirtschaft gewettert. Die Aktiengesellschaft, deren Mehrheitsanteil sich der König selbst vorbehielt, war 1772 unter dem Titel *Société de Commerce maritime* von Friedrich II. gegründet worden und hatte als Privileg das Monopol auf die Salzeinfuhr und Vorrechte beim Handel mit Wachs und Holz erhalten. Anfang des 19. Jahrhunderts war die Seehandlung ins Bankgeschäft eingestiegen, vergab zinsgünstige Kredite an Unternehmer und beteiligte sich an Manufacturen. 1820 hatte

Christian Rother die Leitung übernommen, ein verrückter Kerl, wie die Berliner sagten. Er hatte Musterfabriken finanziert, die Modernisierung im Müller- und Weberhandwerk gefördert und sich um den Ausbau der Verkehrswege gekümmert. 1838 hatte sich die Seehandlung auch eine Maschinenbau-Anstalt und eine Eisengießerei in Moabit zugelegt. Das Grundstück war an der Spree gelegen, und so entstand auch eine Werft, auf der eiserne Schiffe mit Schaufelrädern und hohen Schornsteinen gebaut wurden. In der Wirtschaftskrise 1847/48 hatte die Seehandlung Scharen unbeschäftigter Arbeiter entlassen müssen, und nun hing ihr das Moabiter Werk wie ein Klotz am Bein und verschlechterte die Bilanz. Das wollte man nicht länger hinnehmen und suchte einen solventen Käufer. Borsig sollte es recht sein, denn schon lange liebäugelte er mit einer Übernahme von Werk und Grundstück.

»Herr Gruson ist ein tatkräftiger junger Mann«, erklärte ihm der Verhandlungsführer der Seehandlung.

»Ich weiß«, erwiderte Borsig, »schließlich ist bei mir in die Schule gegangen.«

»Und er hat das Herz auf dem rechten Fleck. Im November 1847 hat er einen Jungen vor dem Ertrinken gerettet.«

»Sehr wacker, sehr anständig, ich wünsche ihm auch alles Gute«, erklärte Borsig. »Aber wo soll er so viel Geld hernehmen?« Von 150 000 Thalern war die Rede gewesen.

»Sein Onkel wird ihm etwas leihen«, kam es von Seiten der Seehandlung. Gemeint war Johann Philipp Gruson, auch »Grüson« ausgesprochen, Professor für Mathematik im Kadettenkorps, an der Bauakademie und der Friedrich-Wilhelms-Universität.

Borsig lächelte. »Mathematiker können sicher gut rechnen, aber Geld vermehren können sie nicht. Auch wird er Ihnen nicht genügend Sicherheit bieten können. Bei mir wären es meine Forderungen an die Berlin-Magdeburger Eisenbahngesellschaft – und das sind immerhin 93 000 Thaler.«

Das überzeugte die Bankiers, und für 140 000 Thaler bekam Borsig das Moabiter Werk der Seehandlung – und hatte auf einen Schlag dreihundert Arbeiter mehr zur Verfügung: Former und Gießer, Kessel- und Kupferschmiede, Dreher, Schmiede, Tischler,

Schlosser, Schiffbauer und ungelernte Helfer. Am 1. November 1850 wurde der Kaufvertrag unterzeichnet.

Als man dieses Ereignis feierte, nutzte Borsig die Gelegenheit, seinen Sohn zum Compagnon zu machen.

Trotz der Krise von 1837 war die Wirtschaft der Vereinigten Staaten von Amerika weiter gewachsen. Die Infrastruktur wurde weiter ausgebaut, die Industrialisierung schritt voran. Die größten Projekte waren der Bau einer Nationalstraße von Washington über den Cumberland Gap nach Columbus (Ohio) und Vandalia (Illinois), des Illinois-Michigan- und des Eriekanals und der ersten Eisenbahnstrecken. Wegen der Sklaverei gab es heftige Auseinandersetzungen. Der schon teilweise industrialisierte Norden war nicht mehr auf Sklavenarbeit angewiesen, zumal hier scharenweise Einwanderer ins Land strömten, wohl aber der Süden mit seiner arbeitsintensiven Landwirtschaft. Die Zahl der Bundesstaaten vergrößerte sich weiter mit den Beitritten der Staaten Arkansas (1836), Michigan (1837) und Texas (1845). Kurz nach dem Beitritt von Texas ergaben sich Anlässe für Grenzkonflikte mit Mexiko, aus denen sich der mexikanisch-amerikanische Krieg von 1846 bis 1848 entwickelte. Der Konflikt zwischen dem industriellen Norden und dem von der Landwirtschaft abhängigen Süden verschärfte sich. 1848 begann der Goldrausch in Kalifornien, der Hunderttausende neue Siedler an die Westküste zog. Kalifornien wurde 1850 als 31. Staat in die Union aufgenommen.

Der Maschinenbau befand sich 1850 etwa auf dem Leistungsstandard des deutschen, und so hatte James Waggly schnell Arbeit als Ingenieur gefunden, als er in Pittsburgh angekommen war. Die Stadt gefiel ihm. Franzosen hatten 1754 im Krieg gegen die Engländer das Fort Duquesne gegründet, und die Briten hatten es nach ihrem Sieg zu Ehren ihres damaligen Premierministers William Pitt in Pittsburgh umbenannt. In der Region gab es reiche Steinkohlevorkommen, und Eisenerz konnte auf dem Ohio herangeschafft werden, so dass sich in Pittsburgh schnell eine blühende Stahlindustrie entwickelte und in ihrem Gefolge der Maschinenbau. Viele Deutsche waren seit Beginn des 19. Jahrhunderts nach Pittsburgh gekommen, Rheinländer, Schwaben und einige aus Hessen-Darmstadt.

Waggly gefiel es in Pittsburgh. Bedingt durch die tief eingeschnittenen Flusstäler des Allegheny und des Monongahela Rivers wie auch des Ohio, gab es verschiedene isolierte Stadtteile auf höher gelegenen Plateaus, die durch Standseilbahnen mit dem Stadtzentrum und der darunter am Ufer angesiedelten Eisen- und Stahlindustrie verbunden waren und vornehmlich von Stahlwerkern und Kokerei-Arbeitern benutzt wurden. Als Waggly bei einer seiner Fahrten einer jungen Dame versehentlich auf das auf der Erde schleifende Ende ihres Kleides trat, so dass sie fast gestürzt wäre, verfluchte sie ihn auf Deutsch und nannte ihn einen hirnlosen Deppen, in der Annahme, er könne sie nicht verstehen.

Doch Waggly lachte nur. »Mensch, mit diesem Mundwerk könnten Sie es auf dem Molkenmarkt in Berlin mit jeder Hökerin aufnehmen!«

Sie wurde rot und stammelte Entschuldigungen. Es war nicht zu überhören, dass sie in Köln am Rhein aufgewachsen war.

»Ich habe mich bei Ihnen zu entschuldigen!«, rief Waggly. »Aber Sie haben auch etwas gutzumachen, und darum dürfen Sie nicht nein sagen, wenn ich Sie am Sonntag zu einem kleinen Ausflug einlade.«

Sie hieß Anna, und es brauchte keine vier Wochen, bis sie so ineinander verliebt waren, dass er zu ihren Eltern lief.

»Herr Simrock, ich möchte hiermit um die Hand Ihrer Tochter anhalten!«

»Ich freue mich, Mister Waggly!«

Längst hatte der Anna gestanden, dass er in Wahrheit Julius Wucke hieß und geborener Berliner war, die ganze Wahrheit aber erzählte er ihr erst in der Hochzeitsnacht.

»Hinter Aachen hat es dann Fluschnik erwischt. Mir aber ist es gelungen, in den angrenzenden Wald zu entkommen und die belgische Küste zu erreichen, wo ich bald an Bord eines Schiffes gehen konnte, ohne dass mich jemand aufgehalten hätte.«

Anna überlegte. »Und warum gehst du nicht zu William Norris und lässt dir Geld geben?«

»Wofür?«

»Dass du für ihn den Kopf hingehalten hast. Auch wenn ihr die Verbrechen begangen habt, er ist der Anstifter gewesen!«

»Das war doch Fluschnik!«, rief Wucke.

»Und? Wenn du das hier in die Zeitungen bringst, in die deutschsprachigen wie die amerikanischen, ist sein guter Ruf dahin. Und dass er den behält, wird er sich was kosten lassen.«

Wucke gefiel der Gedanke nicht so recht. Er hatte sich vorgenommen, in der Neuen Welt ein neues Leben zu beginnen. »Eher wird er mich umbringen, als dass er sich erpressen lässt.«

»Zahlen wird er, darauf gehe ich jede Wette ein!«

Ruhm war August Borsig genügend zuteilgeworden, und er hatte sich am Anfang seines Lebens immer vorgestellt, wie herrlich es sein müsste, sich in einem solchen Ruhm zu sonnen. Herrlich war es auch, aber … Je älter er wurde, desto klarer wurde ihm, dass ein geträumter Traum allemal süßer und intensiver war als ein erfüllter Traum. Jetzt stand er ganz oben auf der lichten Höh', da wo er immer hin gewollt hatte – höher ging es nicht mehr. Seine Körperkraft hatte von Jahr zu Jahr abgenommen, und selbst freudige Ereignisse lösten ein Gefühl der Langweile bei ihm aus. Alles wiederholte sich nur noch. Man brauchte ihm nicht mehr zu sagen, dass man seine Lokomotiven ebenso bewunderte wie seine Eisenkonstruktionen, waren es nun Bahnhofshallen, Kuppeln oder Brücken – er wusste es ja.

Worum er sich im Jahre 1851 am meisten kümmerte, war die Kuppel des Berliner Schlosses. Jahrelang war daran gebaut worden, Stüler und Schadow hatten etwas an seinen Entwürfen zu kritisieren gehabt, dann war die sogenannte Märzrevolution dazwischengekommen. Im Kostenvoranschlag waren 16661 Thaler ausgewiesen, und viel teurer wollte er nicht werden.

Endlich war, wie die königliche Verwaltung ihn wissen ließ, alles »zur höchsten Zufriedenheit Seiner Majestät des Königs« fertiggestellt, und am 30. Mai 1851 erhielt August Borsig die Ernennung zum Commerzienrath:

Wir, Friedrich Wilhelm, von Gottes Gnaden König von Preußen, tun kund und zu wissen, dass Wir allergnädigst gewährt haben, den Maschinen-Fabrik-Besitzer Carl August Borsig den Charakter als Commerzien-Rath zu verleihen. Es ist dies in dem Vertrauen geschehen, dass der nunmehrige Commerzien-Rath Borsig Uns und Unserem Königlichen Hause in unverbrüchlicher Treue ergeben sein werde. Urkundlich ist dieses Patent von Uns Allerhöchstselbst vollzogen und mit dem Staats-Siegel versehen worden.
Gegeben Berlin, den 30. Mai 1851. Friedrich Wilhelm R.

Louis Schwartzkopff, inzwischen 27 Jahre alt, stand mit seinem Vater, einem wohlhabenden Onkel und dem Gießereimeister Theodor Nitsche vor dem Grundstück Chausseestraße 20, das im Süden durch die Invalidenstraße und im Osten durch die Berlin-Stettiner Eisenbahn begrenzt wurde. Bebaut war es mit einem kleinen Wohnhaus und einem hölzernen Schuppen. Louis Schwartzkopff wollte es gern kaufen, um sich eine eigene Fabrik aufzubauen.

»Da passen ein paar Werkzeugmaschinen und Feilbänke hinein«, sagte Louis Schwartzkopff.

Sein Vater schüttelte den Kopf. »So kann man doch einem August Borsig keine Konkurrenz machen!«, rief er.

»Und du willst wirklich eines Tages Lokomotiven bauen?«, fragte der Onkel, der das nötige Startkapital liefern sollte.

»Ja! Ich bin besessen von der Idee, Lokomotiven zu bauen. Ich habe Lokomotiven montiert, ich habe Dutzende von Probefahrten mit neuen Lokomotiven unternommen, ich war selbst ein halbes Jahr lang Lokomotivführer. Ich verstehe etwas davon!«

»Aber andere sind schon lange vor dir da«, wandte sein Vater ein.

»Und? Der Kuchen ist groß genug für alle. Und wenn ich der letzte der Lokomotivbauer vom Oranienburger Thor sein sollte, ich will dabei sein!«, beharrte Louis Schwartzkopff.

Jetzt meldete sich auch Nitsche zu Wort, ein erfahrener Gießereimeister der Königlichen Eisengießerei Berlin. »Meine Herren, vergessen Sie bitte nicht, dass ich auch noch da bin und wir die Eisengießerei und Maschinenfabrik Schwartzkopff und Nitsche sein werden. Das Bein, auf dem wir zunächst stehen werden, wird der Kunstguss sein, bis dann das zweite hinzukommt, der Lokomotivbau.«

Louis Schwarzkopff ergänzte: »Und wir werden zunächst unser Geld mit Dampfsägen verdienen, da habe ich die Pläne schon in der Schublade, mit Maschinen für die Holzbearbeitung, mit Ventilatoren, Kreiselpumpen und so weiter. Die Lokomotiven werden erst viel später kommen.«

Das überzeugte den Onkel, und er borgte Louis Schwartzkopff das Geld zum Ankauf des Grundstücks. Am 3. Oktober 1852 wurde das neue Unternehmen gegründet.

Die Rixdorfer Schmiede, an der Grenze zwischen dem ehemaligen Böhmisch-Rixdorf und Deutsch-Rixdorf gelegen, war erstmals 1624 erwähnt worden. 1797 war sie von einer Lauf- in eine Wohnschmiede umgewandelt worden, das heißt, dass von diesem Zeitpunkt an ein Schmied am Ort ansässig war.

Dieser Schmied war ein guter Bekannter von Friedrich Hermes, und dem war es gelungen, August Borsig zu einer kleinen Spritztour nach Rixdorf zu überreden. Ihre Kutsche hielt auf dem Dorfanger, und Friedrich Hermes half dem Freund, der in letzter Zeit etwas übergewichtig geworden war, hinunter auf das holprige Pflaster.

»Bitte sehr, Herr Commerzienrath! Leider ist der rote Teppich für Sie noch nicht ausgerollt.«

»Danke, Friedrich, danke!« Borsig machte ein paar Schritte, um die steif gewordenen Beine etwas zu lockern. »Mir kommt der Verdacht, du willst meine Maschinenbau-Anstalt verlassen und zu deinen Ursprüngen zurückkehren.«

»Nein, aber zwanzig möchte ich gern noch einmal sein.«

Der Rixdorfer Schmied war gerade dabei, einem Ackergaul neue Hufeisen zu verpassen. Das Horn zischte, als es mit dem glühenden Eisen in Berührung kam.

August Borsig stöhnte leise auf. »Allen Leuten sage ich, dass ich mich schon mein ganzes Leben lang als Schmied fühle, dass ich aus einer gestaltlosen Masse etwas formen will, etwas schmieden, das Eisen, das Schicksal, die Zukunft, und viele lächeln dabei. Klar, weil sie dabei einen Hufschmied vor Augen haben und keinen, der bei uns am Amboss steht.«

»Ich sage immer, dass du deines Glückes Schmied gewesen bist. Einmalig ist, was du geleistet hast.«

Borsig winkte ab. »So einmalig nun auch wieder nicht. Morgen kommt Alfred Krupp zu mir in die Fabrik, und dessen Ruhm ist ja nun auch kein geringer.«

Alfred Krupp war am 26. April 1812 in Essen zur Welt gekommen. Seine Vorfahren waren Essener Ratsleute und angesehene Kaufleute. Sein Vater, Friedrich Krupp, war Inhaber einer Gussstahlfabrik, die aber nie so recht florieren wollte und kaum Gewinn abwarf. Auch als Alfred Krupp die Firmenleitung übernommen hatte, dümpelte das Werk so vor sich hin. Erst mit der Eisenbahn kam die Wende. In Deutschland und ganz Europa stieg der Bedarf an Gussstahl, der zur Schienenherstellung und für Achsen benötigt wurde, stark an. Am 26. August 1830 lieferte Krupp, nach der Überwindung einiger Mühen bei der Herstellung, zum ersten Mal Walzen aus Gussstahl. 1838 meldete er ein Patent für die Löffelwalze aus Gussstahl zur Herstellung von Löffeln und Gabeln an. Die Firma expandierte zwar, hatte jedoch eine sehr dünne Finanzdecke und blieb so ständig in Gefahr, in Konkurs zu gehen. Man suchte sich mit der Produktion von Waffen zu retten, und 1847 wurde die erste Krupp'sche Gussstahlkanone hergestellt und dem preußischen Kriegsministerium zur Ansicht übergeben. Dort hielt man aber Gussstahl für zu brüchig und bestellte diese Art von Kanonen nicht. Der endgültige Durchbruch gelang Alfred Krupp erst 1852/53 mit der Erfindung des nahtlosen Radreifens: Ein geschmiedetes längliches Stück Stahl wurde mittig gespalten, ringförmig auseinandergetrieben, gestreckt und schließlich gewalzt. Für Jahrzehnte waren Eisenbahnreifen Krupps Kernprodukt, was vor allem daher rührte, dass die meisten US-amerikanischen Eisenbahngesellschaften Krupp'sche

Radreifen nutzten. Aber noch immer glaubte sich Alfred Krupp nicht am Ziel und reiste viel umher, um Abnehmer für seine Produkte zu finden. So war er auch nach Berlin gekommen.

»Stellen Sie sich vor, Herr Borsig«, begann er, »4300 Pfund zähesten Gussstahl haben wir mit unendlicher Sorgfalt aus Hunderten von kleinen Tiegeln gegossen. Ascherfeld, mein guter Geist in der Werkstatt, hat dieses Gießen förmlich einexerziert. Wie wenn er es dem Napoleon abgeguckt hätte, stand er auf einem Podium und gab seine Befehle. In zwei gleichmäßigen Zügen hat er die Arbeiter von den Schmelzöfen, wo ihnen der Schmelzer die Tiegel übergab, zum Gießkasten marschieren lassen. Dort gossen je zwei Mann ihren Tiegel aus und zogen dann seitwärts ab, um die leeren Tiegel wegzuwerfen und sich neue zu holen. Die Sache klappte wunderbar, und zur Belohnung gab es Schnaps, der sonst aus meinen Gießhallen verbannt ist.«

»Großartig!« war Borsigs Kommentar, als Krupp kurz Luft holen musste. Noch ein Besessener, dachte er, ich bin also nicht der einzige. Aber anders geht es wohl nicht, wenn man ganz nach oben will.

Schon war Krupp wieder am Reden. »Diesen Stahl zu einem einzigen riesigen Block zu verschmieden, das war mein Ziel im letzten Jahr, denn ich wollte und musste den Engländern auf ihrer Londoner Weltausstellung einen solchen Block präsentieren.« Seine Augen leuchteten. »Aber meine Hämmer waren zu schwach. Also packten wir den frischgegossenen, noch hellglühenden Stahlriesen auf einen schweren, eisernen Wagen, sorgfältig auf Asche gebettet, und fuhren ihn hinüber nach Oberhausen zur Gutehoffnungshütte. Mein bester Hammerschmied fuhr mit. Drüben auf der Hütte kam der Block, noch in frischer Glut, unter die schweren Hämmer. Mein Schmied ließ den Hammerbär wuchten und dröhnen, dass die Funken tanzten und sprühten. Und was soll ich Ihnen sagen? Der Block wurde tadellos durchgeschmiedet, ging nach London und war das große deutsche Schaustück auf der Ausstellung – das Ereignis schlechthin. Es soll Engländer gegeben haben, die direkt erschrocken waren über diesen Stahlblock.«

»Bravo!«, rief August Borsig und klatschte in die Hände. Wuchs Krupps Ansehen im Ausland, kam das allen deutschen Fabrikanten zugute. Gleichzeitig wurde ihm bewusst, dass er in Deutschland nicht ganz so einzigartig dastand, wie es manchmal den Anschein hatte. Aber das hatte er ja schon im Gespräch mit Friedrich Hermes zu erkennen gegeben. Schön, Berliner zu sein und die Nähe zum König verschaffte ihm einen gewissen Vorsprung vor allen anderen – aber wie hieß es so schön? Auch hinterm Berg wohnten Leute. Und er musste innerlich zugeben, dass der Krupp'sche Stahl für seine Lokomotivachsen besser war als der eigene.

Alfred Krupp war aufgestanden und warf einen Blick hinüber zu Borsigs Eisenwerk. »Sie meinen, Sie könnten mir in Kürze einen schweren Dampfhammer liefern, der mich von der Gutehoffnungshütte unabhängig werden lässt?«

Borsig nickte. »Er wird schleunigst fertig gemacht und kann in vierzehn Tagen nach Essen gehen. Und Sie könnten mir zwanzig schwere Lokomotivachsen aus Gussstahl liefern, aber es müsste eine schnelle und prompte Arbeit sein, Herr Krupp. Kann ich damit rechnen?«

»Aber sicher!« Alfred Krupp freute sich und war stolz darauf, dass er nun auch den Berliner Lokomotivkönig für seinen Gussstahl hatte begeistern und gewinnen können. »Und ich verspreche Ihnen für alle Lieferungen zehn Prozent Rabatt auf die festen Preise.«

Kapitel neunzehn
1853

Franz Krüger war am 10. September 1797 als Sohn eines anhaltischen Beamten in Großbadegast bei Köthen auf die Welt gekommen, hatte von 1812 bis 1813 an der Berliner Akademie der Künste studiert und sich danach autodidaktisch durch Zeichnen nach der Natur weitergebildet, besonders in den königlich preußischen Marställen. 1818 waren seine Militär- und Jagdgemälde erstmals in der Akademie ausgestellt worden. Aufträge des Prinzen August von Preußen und des Grafen Neidhardt von Gneisenau hatten seinen Ruf als Porträtist begründet. Auch andere Mitglieder der königlichen Familie ließen sich daraufhin von ihm porträtieren. 1825 war er zum Königlichen Professor ernannt und ordentliches Mitglied der Akademie geworden. Aufenthalte am russischen Zarenhof und den Höfen von Hannover und Schwerin hatten geholfen, seinen Ruhm zu mehren. Er galt als der bedeutendste Militär- und Porträtmaler Berlins, und wer in der guten Gesellschaft etwas auf sich hielt, der eilte in sein Atelier.

Als Louise Borsig ihrem Mann mitteilte, sie habe bei Franz Krüger die erste Sitzung vereinbart, verzog er ein wenig das Gesicht.

»Wie, bei Pferde-Krüger?« So hieß der Maler wegen seiner Vorliebe für diese Tierart bei den Berlinern. »Soll ich mich vielleicht auf'n Gaul setzen?«

»Nein, vor eine Landschaft mit rauchenden Schloten.«

»Da hängt doch schon ein Bild von mir an der Wand.« Borsig zeigte auf einen Stahlstich von Bernhard Afinger, der von Hause aus Spengler in Nürnberg war und von Christian Daniel Rauch als Schüler nach Berlin geholt worden war.

»Du musst dich in Öl verewigen lassen, August, und zwar vom größten Künstler weit und breit!«

Es schmeichelte ungemein, von Franz Krüger porträtiert zu werden, und deshalb gab August Borsig schließlich nach, obwohl er sich eigentlich nicht gern im Spiegel sah. Sein Gesicht war ihm viel zu weich. Solch eine Physiognomie passte zu einem feisten Lebemann und Couponschneider, aber nicht zu einem rastlosen Fabrikherrn und nicht zu Preußens Lokomotivkönig. Seine Hände erschienen ihm zu fleischig. Das waren keine Zimmermannshände und keine Pranken eines Schmiedes, sie erinnerten ihn an eine Waschfrau oder Amme. Er versuchte, es mit Humor zu nehmen: »Wenn ich noch einmal auf die Welt komme, dann in der Gestalt von Odysseus oder Achilles.«

Was Borsig tröstete, war der Gedanke, dass auch Friedrich Wilhelm IV. nicht wie ein König aussah, sondern wie ein subalterner Beamter im Friedhofsamt, der heimlich schwülstige Gedichte schrieb. Seine Hoffnung war, dass Franz Krüger nicht völlig dem Naturalismus verpflichtet war, sondern ihn so malte, dass er es leichter hatte, mit August Borsig zu leben.

Eine Stunde lang stillzusitzen gefiel ihm gar nicht, und wie Pferde-Krüger da mit Pinsel und Palette agierte, fand er affig. Generell hielt er von Künstlern nicht viel, und wenn er den Saal, in dem seine technischen Zeichner saßen, gern als Malerwerkstatt bezeichnete, dann war das durchaus abwertend gemeint. Seit es Daguerreotypien gab, die ein Gesicht hundertprozentig originalgetreu wiedergaben, brauchte man eigentlich keine Porträtmaler mehr. Nut gut, was sein musste, das musste halt sein.

Als er das Atelier von Franz Krüger endlich wieder verlassen durfte, schlenderte er noch ein wenig durch die Stadt. Er fühlte sich irgendwie schlapp, und es fehlte ihm die innere Kraft, sich in eine Droschke zu setzen und nach Moabit zu fahren. Auf dem Alexanderplatz verweilte er eine gute Viertelstunde, um die Menschen und die Pferdeomnibusse zu beobachten. Fast vierzig Jahre später als in Paris und London war in Berlin die erste

Linie in Betrieb genommen worden, am 1. Januar 1847 war es vom Alexanderplatz zur Thiergartenstraße gegangen. Bald darauf waren die Linien zwischen Potsdamer Straße und Köpenicker Straße, zwischen Universität und Charlottenburg sowie zwischen Halleschem Thor und Chausseestraße (Liesens Etablissement) dazugekommen. Im Revolutionsjahr 1848 war die Entwicklung jäh unterbrochen worden, da man die Omnibusse gern zum Barrikadenbau benutzt hatte. Die »Concessionierte Berliner Omnibus-Compagnie« war in Konkurs gegangen. Nun rollten die innerstädtischen Postkutschen wieder, doch überfüllt waren sie beileibe nicht, denn der Fahrpreis war mit zweieinhalb bis drei Silbergroschen für die Fahrt auf der ganzen Strecke verhältnismäßig hoch, und auch für eine Teilstrecke betrug er noch eineinhalb Silbergroschen. Da lief der ärmere Teil der Bevölkerung lieber, und wer genügend Geld hatte, setzte sich in eine Droschke, wo er mit keinem Fremden Backe an Backe sitzen musste. Borsig überlegte. Wenn man nun Schienen in den großen Straßen verlegte und kleine Dampfzüge auf ihnen fahren ließ … Nein, die Anwohner würden sich nie und nimmer mit dem Lärm und dem Ruß abfinden, der damit notwendigerweise verbunden war!

Während er noch grübelte, war jemand hinter ihn getreten und schlug ihm nun freundschaftlich auf die Schulter. »Hallo, Herr Major!«

Borsig fuhr herum und erkannte den Thierarzt Friedrich Ludwig Urban, einen der Anführer der Barrikadenkämpfer. Man war sich bei verschiedenen politischen Veranstaltungen begegnet. Nachdem er im Prozess um den Sturm auf das Zeughaus mit einigen Wochen Haft glimpflich davongekommen war, hatte Urban eine beachtliche Wandlung durchgemacht und war Prediger geworden, Patriarch der Urchristen-Gemeinde in Berlin. Worüber sie aber als Erstes sprachen, war Wilhelm Järschersky.

»Fünf Jahre ist es nun schon her, dass er in meinen Armen verstorben ist«, sagte Urban. »Ach ja, ich hätte ihn gern am 18. März, dem Jahrestag der Revolution, auf dem Friedhof der Märzgefallenen besucht – aber das ganze Areal war mit einem hohen Bretterzaun umgeben.«

»Ja, das macht einen schon alles traurig«, murmelte Borsig. »Aber wie meine Frau immer sagt: Der Herr hat's gegeben, der Herr hat's genommen. Der Name des Herrn sei gelobt!«

Ludwig Urban überlegte einen Augenblick, ehe er es wagte, Borsig zu einem Glas Wein in seine Wohnung einzuladen. »Ganz hier in der Nähe: Große Frankfurter Straße 80.«

»Gern!« Borsig wusste mit diesem Tag sowieso nichts anderes anzufangen. Nichts drängte ihn, eine bestimmte Sache noch heute zu erledigen. Er hatte das Bild eines Eisenbahnwagens vor sich, der sich vom Zug gelöst hatte und einen Berg hinunterrollte. Alles ging von selbst.

Doch es wurde nichts mit einem längeren und vertrauten Gespräch, in dem Borsig dem Prediger womöglich von den Schatten erzählt hätte, die sich auf seine Seele gelegt hatten. Denn als sie in Urbans Wohnung kamen, hörten sie dessen Frau Mathilde heftig klagen. Ihr Mann solle nach einem Arzt schicken, denn sie litte unter Durchfällen, Erbrechen, Kopfschmerzen und Wadenkrämpfen.

Borsig wünschte ihr gute Besserung und verabschiedete sich fast in Panik, denn diese Symptome ließen ihn sofort an die Cholera denken, die Berlin aufgrund seiner desolaten hygienischen Verhältnisse immer wieder heimsuchte. Und richtig, am 2. September fand er in der Zeitung eine Anzeige Urbans, dass seine Frau am Tage zuvor *an den Folgen der asiatischen Cholera* gestorben sei.

»Gott, August, hoffentlich hast du dich da nicht angesteckt!«, rief Louise, als sie davon hörte.

Die Schornsteine der WFC, der Waggly Field Railway Company, am Ufer des Allegheny bliesen an diesem Septembermorgen ihren Rauch ganz besonders fröhlich in den Himmel Pennsylvanias, denn man feierte das einjährige Jubiläum. Am Nachmittag gab es ein großes Fest für die mehr als zweihundert Arbeiter, die es schon waren.

Am 20. September 1852 hatte Julius Wucke – beziehungsweise James Waggly, wie er sich in den Vereinigten Staaten nannte –

seine eigene Fabrik gegründet. Den Grundstock seines Kapitals bildete das Geld, das er von William Norris für sein Schweigen erhalten hatte, den Rest hatten ihm die Banken geliehen. Erst hatte er daran gedacht, ein Borsig Nordamerikas zu werden, dann war ihm die Erkenntnis gekommen, dass er den Vorsprung der großen Lokomotivbauer beider Erdteile niemals aufholen konnte, und so hatte er nach einem Feld gesucht, das die noch nicht beackert hatten. Auch in den Vereinigten Staaten hatte sich das Eisenbahnwesen rapide entwickelt, doch abseits der großen Schienenstränge wurden Menschen, Materialien und Feldfrüchte noch immer mit Pferd und Wagen transportiert, und auf den Baustellen, im Tief- wie im Hochbau, dominierte die Schubkarre. Hier galt es also, Abhilfe zu schaffen, und da war ihm die Idee mit den Feldbahnen gekommen. Alles hatte sich wunderbar angelassen. Man bediente sich der leichten Transportgleise und der Loren auf Fabrikhöfen sowie innerhalb der Werkstätten, nutzte sie aber auch für Laderampen, Hochofenwerke, Schlackenhalden, Grubenstollen und Ziegeleien. Kurzum, er war nicht einmal vier Jahre in den Vereinigten Staaten von Amerika und galt schon als gemachter Mann.

Die Kinder aus der ersten Ehe fehlten ihm, aber das war halt der Preis, den er zu zahlen hatte. Zum Glück waren sie ja gut versorgt, und Auguste ging ganz sicher liebevoll mit ihnen um. Sie waren ordentlich geschiedene Leute, und die preußische Justiz hatte ihn auch nicht mehr auf der Fahndungsliste, da Borsig mit einiger Mühe – Auguste und des Freundes Konrad Schäschke wegen – alles darangesetzt hatte, Fluschnik als den allein Schuldigen und ihn, Wucke, als willenloses Opfer darzustellen. Nachdem dies alles vom Tisch war, hatte er seine Anne heiraten können – und die war im siebten Monat schwanger. Alles war also bestens, er gehörte zu den großen Gewinnern des Lebens.

Er sah auf die Uhr. Noch zehn Minuten, dann musste er sich in seine Kutsche setzen und zum Bahnhof fahren. Seit einem Jahr verband die Pennsylvania Central Railroad Philadelphia mit Pittsburgh, und er erwartete seine Familie, die vor einer knappen Woche in New York gelandet war. Er hatte darauf gedrängt, dass seine Mutter, seine Schwester Katharine und sein Bruder Johannes zu ihm nach Pittsburgh kamen. Hier gab es eine große deutsche Kolonie, und er wollte sie gern in seiner Nähe haben.

Die Chausseestraße stand bei August Borsig nicht nur für das Feuerland und seinen Aufstieg, sondern auch für Sterben und Vergänglichkeit, denn an ihr waren einige Friedhöfe gelegen, so auch der Dorotheenstädtische Kirchhof, auf dem schon Berühmtheiten wie Georg Wilhelm Friedrich Hegel, Johann Gottlieb Fichte und Karl Friedrich Schinkel ihre letzte Ruhe gefunden hatten. Nun sollte Beuth folgen, der »Vater der preußischen Gewerbeförderung«, der am 27. September 1853 verstorben war.

In Borsig wurden viele Erinnerungen wach: wie er sich mit Beuth wegen seines frühzeitigen Abgangs von dessen Gewerbe-Institut gestritten hatte; wie Beuth ihm eine dringend benötigte Maschine zur Verfügung gestellt hatte; wie sich Beuth gefreut hatte, als eine der ersten Borsig-Lokomotiven seinen Namen erhalten hatte.

»Ohne Beuth wäre ich nicht der, der ich heute bin«, sagte er mit Tränen in den Augen, als er mit seinem Sohn, Konrad Schäschke und Ludwig Rellstab wartend vor dem Friedhofstor stand. »Ich bin ihm unendlich dankbar.«

»Ganz Preußen, ganz Deutschland kann ihm dankbar sein«, fügte Rellstab hinzu. Für den Nachruf, den er schreiben wollte, hatte er schon einiges an Material gesammelt. »Bei seinen Vornamen gibt es ein ziemliches Wirrwarr.«

»Wieso?«, fragte Albert Borsig. »Die kennen wir doch alle: Christian Peter Wilhelm.«

»Sicher, so steht es im Kirchenbuch der Reformierten Pfarre in Kleve, aber Dr. Junas, der nachher die Worte am Sarge sprechen wird, hat mir gestern etwas von Peter Christoph Wilhelm erzählt, und im Immatrikulationsverzeichnis der Universität Halle, wo Beuth sich am 12. Oktober 1798 eingeschrieben hat, fehlt der Vorname Peter gänzlich, und es steht da auch Christoph statt Christian. Einer hat mir sogar erzählt, er habe ihn als Peter Caspar Wilhelm kennengelernt.«

»Es ist schon ein Kreuz mit unseren drei Vornamen«, sagte Schäschke. »Mal wird der eine an erster Stelle genannt, mal der andere.«

»Ich würde auch lieber Johann Borsig oder Friedrich Borsig als August Borsig heißen. Bei August denkt man immer an den dummen August im Zirkus.«

»Ich denke immer an Kaiser Augustus«, sagte Rellstab. »Aber zurück zu Beuth. Sein Siegel zeigt ja einen springenden Hund, und man sagt, dass sein Freund Schinkel ihm den Entwurf zum Familienwappen 1836 zum Weihnachtsfest geschenkt haben soll. Von anderer Seite heißt es, dass Beuth – als großer Liebhaber von Hunden und Pferden – das Wappen selbst entworfen haben soll.«

»Ich kann mich noch daran erinnern, wie er als Lützow'scher Reiter hoch zu Ross in Berlin eingeritten ist«, sagte Schäschke.

»Ja, und ohne die Befreiungskriege gegen Napoleon wäre Beuth wohl niemals Beuth geworden«, fuhr Rellstab fort. »Denn zu Beginn des Jahres 1814 war er in Lüttich stationiert und hatte dort Gelegenheit, die Fabrik der Gebrüder Cockerill zu besichtigen, wo es eine vorbildliche Ausbildung von jungen Leuten gegeben hat. Das wird ihn angeregt haben, später sein Gewerbe-Institut zu gründen.«

»Wie Beuth Beute machte, hätte Wilhelm Järschersky gesagt«, warf Schäschke ein.

Rellstab zog die Kopie eines Briefes hervor, den Caroline von Humboldt am 13. November 1815 an ihren Mann Wilhelm geschrieben hatte. »Beuth habe, so teilt sie ihm mit, *ein fatales Äußeres, keinen Bart und eine feine Stimme, aber in seinen Gesinnungen ist er desto männlicher. Er ist auch ein großer Protegé von August. Er besitzt ungemein schöne Kunstkenntnisse, besonders wohl der Kunst und der Literatur des Mittelalters, und ist durchaus ein edler, fester, rechtdenkender und -handelnder Mensch.*«

»Sehr schön«, sagte Borsig. »Schon wieder ein August. Aber um welchen handelt es sich diesmal?«

»Na, um Carl August Freiherr von Hardenberg, unseren großen preußischen Reformer.«

Damit verstummten sie und reihten sich ein in die Schar der schwarzgekleideten Männer, die langsam und würdig die Friedhofskapelle betraten.

Waldemar von Schwanow litt darunter, dass der eine Tag wie der andere war und sich alles nur noch im Leeren drehte, und so hatte er sich aus Langeweile darangemacht, einige Sonette von Shakespeare zu übersetzen. Mit dem 66. Sonett hatte er die meiste Mühe:

Tired with all these, for restful death I cry,
As, to behold desert a beggar born,
And needy nothing trimm'd in jollity,
And purest faith unhappily forsworn,
And guilded honour shamefully misplaced,
And maiden virtue rudely strumpeted,
And right perfection wrongfully disgraced,
And strength by limping sway disabled,
And art made tongue-tied by authority,
And folly doctor-like controlling skill,
And simple truth miscall'd simplicity,
And captive good attending captain ill:
Tired with all these, from these would I be gone,
Save that, to die, I leave my love alone.

Schon die Übersetzung der ersten Zeile wollte ihm nicht recht glücken. Schließlich hatte er drei Versionen zu Papier gebracht:

All dessen müd, nach Ruh im Tod ich stöhn …
Das alles hab ich satt, wünsch Ruh mir nur im Tod …
All dessen müd, nach Rast im Tod ich schrei …

Als er es niedergeschrieben hatte, wurde ihm klar, dass es sein Elend auf den Punkt brachte. Er hatte den Kelch des Lebens bis zum letzten Rest ausgetrunken, er war lebenssatt, und nichts mehr konnte ihn reizen: keine Frau, keine Mahlzeit, kein Wein, keine Musik, keine Lektüre. Shakespeare war für ihn das größte Genie der Menschheit, und mit den Versen des 66. Sonetts hatte er das Sosein der Welt – und Preußens – auf den Punkt gebracht:

All dessen müd, nach Ruh im Tod ich stöhn:
Seh ich Verdienst zum Betteln bloß geborn,
Und nichtig Nichts sich blähn mit Spassgehöhn,
Und reinste Treu durch Meineid bös verschworn,
Und goldne Ehr mit Schändlichkeit verwandt,
Und junge Unschuld roh verhurt, verkauft,
Und ganz Vollkommnes ungerecht verkannt,
Und Kraft mit lahmer Führerschaft zerrauft,
Und Kunst von Obrigkeiten stumm gemacht,
Und Geist, doktorenhaft beherrscht vom Wahn,
Und Einfachheit als einfältig verlacht,
Und Gutes mitgeschleift in übler Bahn …

Als hätte Shakespeare Friedrich Wilhelm IV. gekannt: *Und Kraft mit lahmer Führerschaft zerrauft …*

Mit Tränen in den Augen erkannte Waldemar von Schwanow, dass es in seinem Leben den Umstand nicht gab, der andere vom Selbstmordgedanken abbrachte:

All dessen müd, würd ich gegangen sein,
Ließe ich, tot, nicht meine Lieb allein.

Eine solche Liebe hatte er nicht, er war so allein, wie ein Mensch nur allein sein konnte. Er hatte viele Frauen gehabt, aber keine geliebt. Er kannte unzählige Menschen, aber ein echter Freund war nicht dabei, und auch der Mann, zu dem er an diesem Nachmittag gehen wollte, der König, war keiner.

Er fand Friedrich Wilhelm IV. noch immer erschöpft, und man spottete, er habe sich ein wenig damit übernommen, sich wie Herkules zu fühlen und den Augiasstall der Revolution auszumisten. Das habe ihn Kraft und Nerven gekostet, obwohl ja seine königstreuen Untertanen alles für ihn erledigt hätten.

Als sie sich begrüßt hatten, zeigte ihm der König einen Brief, den er gerade an den Kaiser Franz Joseph geschrieben hatte. »Der hat die österreichische Verfassung aufgehoben und setzt wieder auf den unbedingten Absolutismus. Und auch mich hat man gezwungen, eine miserable französisch-moderne Constitution zu beschwören! Hier, lies einmal …«

Enfin; es ist geschehen, und mein Wort ist heilig und ich brech es nicht. Ich kann, ich darf und ich will aber gerade mit der Hilfe der beschworenen Gesetze aus denselben herauskommen. Wenn Gott mir beisteht, was ich hoffe, so ersetze und töte ich die französischen Ideologien durch echt-teutsche ständische Einrichtungen, nach dem heiligen Grundsatz, der auf unsrem ersten Haus-Orden zu lesen ist: Suum cuique. – Solange wir aber noch unter der französischen Constitution kränkeln, brauchen wir, und vor Allem bei den Befreiungs-Akten von derselben, Majoritäten!

»Eine Kammermehrheit wirst du nie bekommen«, sagte von Schwanow ziemlich trotzig.

»Mein Ministerpräsident wird es schon schaffen«, war sich der König sicher. »Otto von Manteuffel.«

»Ja, und was der nicht schafft, das erledigen dir dein neuer Polizeipräsident, dieser unsägliche Hinckeldey, und diese Ratte von Dr. Stieber, der alle in Festungshaft nehmen wird, die gegen dich und für das Neue sind.«

Der König sah ihn traurig an. »Du stehst nicht mehr auf meiner Seite?«

Waldemar von Schwanow schloss die Augen. »*Und Gutes mitgeschleift in übler Bahn … Tired with all these, for restful death I cry.*«

Auf dem Heimweg ging er in die Hofapotheke, wo man ihn gut kannte, und kaufte eine große Tüte Rattengift.

Man trinkt des Morgens 3–6 Becher und gebraucht sowohl Mineralwasser- und Dampfbäder als auch mit vielem Erfolg Moorbäder, zu denen die Schlammerde dem Franzensbader Moor-

lager entnommen wird. Von Wichtigkeit sind auch die Quellenprodukte von Karlsbad und zwar das Sprudelsalz, welches durch Abdampfung der Sprudelquelle gewonnen wird.

August Borsig kannte, was im Konversationslexikon über Karlsbad geschrieben stand, und er konnte sich auch noch gut daran erinnern, wie sein Freund Wilhelm Järschersky über die Karlsbader Beschlüsse geschimpft hatte, die Ergebnisse der Konferenz von 1819, auf welcher der österreichische Kanzler Fürst Metternich alle Staaten des Deutschen Bundes auf eine strenge Pressezensur und andere Maßnahmen gegen die Demokraten eingeschworen hatte.

Spätestens seitdem Zar Peter der Große 1711 und 1712 zur Kur nach Karlsbad gereist war, war der Ort bei den höheren Ständen beliebt, und auch der Hausarzt der Familie hatte über ein geeignetes Heilbad nicht lange nachdenken müssen, als er bei August Borsig einen zu hohen Blutdruck und nervliche Erschöpfung festgestellt hatte.

»Sie müssen für mindestens vier Wochen nach Karlsbad, Herr Borsig!«

»Ich kann meine Fabriken unmöglich so lange alleinlassen!«

»Wozu haben Sie einen Sohn?«

Borsig überlegte. Albert kannte die Maschinenbau-Anstalt in all ihren Verästelungen und hatte vor seinem Militärdienst bei der Artillerie ein Jahr lang das Königliche Gewerbe-Institut besucht. Außerdem hatte der erste Theoretiker der Fabrik, der Oberingenieur Anton Flöringer, dem Studiosus Albert Borsig Unterricht in Mathematik und Mechanik erteilt. Und was noch für den Jungen sprach, war die Tatsache, dass er eine von ihm selbständig entworfene und in allen Teilen eigenhändig angefertigte Lokomotiv-Dampfpumpe gefertigt hatte.

»Also gut, Herr Doktor, ich fahre nach Karlsbad.«

Im Hotel empfingen sie August Borsig wie den preußischen König, und ging er vor der Trinkhalle oder am Ufer der Eger auf und ab, dann hatte er immer wieder den Hut zu ziehen, weil die

Leute den Geheimen Commerzienrath sofort erkannten und ihm Worte der Hochachtung zuriefen.

Louise Borsig, die ihn begleitete, schrieb nach Berlin, er würde sich in der Verehrung sonnen, die ihm entgegenschlug.

Borsig tat es, und er genoss es, doch er war so erzogen worden, dass er immer unwillkürlich dachte: *Und der Mensch versuche die Götter nicht / Und begehre nimmer und nimmer zu schauen, / Was sie gnädig bedeckten mit Nacht und Grauen.* In seinen melancholischen, ja depressiven Augenblicken hatte er, obwohl es Jahrzehnte her war, die Stimme der Wahrsagerin vom Breslauer Ring im Ohr: »Ich sehe eine Menge … Du bist ein Liebling der Götter, hoch sollst du steigen – aber mit einem Schlag kann alles aus sein.«

Auch als er an diesem Morgen in den Frühstücksraum kam, zischelten einige der neu angekommenen Gäste: »Das ist der Lokomotivkönig!« Die Eingeweihten wussten sogar, dass ihn sein Freund Alexander von Humboldt als Erster so genannt hatte. Vielleicht ein wenig spöttisch – aber wirksam.

Borsig lächelte in sich hinein, und was auf seinem Gesicht lag, war am besten als »stilles Glück« zu beschreiben. Doch seine Stimmung schlug jäh um, als er einen Blick in die *Vossische Zeitung* vom Vortage warf, die inzwischen in Karlsbad eingetroffen war.

»Gott, Louise, wieder einer!«, rief er. »Jetzt hat es von Schwanow getroffen. Er ist einer Herzattacke erlegen.«

Kapitel zwanzig
1854

Heil dem Maschinenbau!
Denn so wie Mann und Frau
Zusammensteh'n
So reichen sich die Hand
Zum innigen Verband
Hier die Gewerbe all;
Heil unser'm Stand!

Zur Melodie von *Heil Dir im Siegerkranz* sollte dieses Festlied am 25. März 1854 gesungen werden, wenn die fünfhundertste Maschine produziert worden war, und während seine Arbeiter ihre Dichtkunst erprobten, saß August Borsig in seinem Arbeitszimmer und beantwortete tapfer die Fragen, die Ludwig Rellstab und ein Referent des Handelsministers ihm stellten, ein Herr von Gräbendorff. Seit zwei Stunden ging das schon so, und Borsig wurde langsam ungeduldig.

»Soll ich denn mein ganzes Leben vor Ihnen ausbreiten, meine Herren?«

Ludwig Rellstab lächelte. »Ich hätte nichts dagegen …«

»Dann ist das nicht nur für die Rede, die Herr von der Heydt am Festtag halten will, und die *Vossische Zeitung*, sondern Sie, mein lieber Rellstab, wollen später einen Roman über mich schreiben.« Borsig war nicht sehr erfreut von dieser Idee, denn was ging die Leute sein Privatleben an! Wahrscheinlich hatte er schon viel zu viel von sich erzählt. Es war an der Zeit, die beiden Gäste hinauszukomplimentieren. Er zog seine Taschenuhr heraus. »Es tut mir leid, ich muss rüber in die Halle, einen Abstich überwachen.«

Als er wieder zurück war, blätterte er in der Kladde, in der die Namen aller von ihm und bei ihm gebauten Lokomotiven verzeichnet waren, beginnend mit der Nummer 1, der *Borsig* von 1841. Dreizehn Jahre waren erst vergangen, seit man sie mit Pferdekraft aus der Werkhalle gerollt hatte, doch es erschien ihm, als sei seitdem eine Ewigkeit vergangen. Ein Vorher schien es nicht mehr zu geben, und fragte ihn einer nach Einzelheiten aus seinen Breslauer Jahren, so brauchte er ein paar Sekunden, bis er sich an sie erinnert hatte. Jede Lokomotive war irgendwie sein Kind, die *Oppeln*, die *Ponni*, die *Beuth*, die *Polonia*, die *Mark*, die *Saxonia* und so weiter. Er überlegte einen Augenblick, dann griff er zur Feder und setzte mit kraftvoller Schrift eine *500* in die unterste, noch leere Zeile und schrieb *Borsig* in die Namensspalte. Wie die erste seiner Lokomotiven, so sollte auch die fünfhundertste seinen Namen auf dem Kesselschild tragen.

Der große Tag kam immer näher, und plötzlich stand auf dem Kalenderblatt *Sonnabend, 25. März*. Als er erwachte, küsste Louise ihn und wünschte ihm Glück und Erfolg bis zur tausendsten Maschine.

Er bedankte sich und rechnete. »Das könnte so um 1860 sein, wenn sich alles derart rasant entwickelt wie bisher. Sechs Jahre nur noch – na, da bin ich ja immer noch ein junger Mann.«

Der Tag verging so schnell und war so übervoll, dass ihm im Nachhinein alles nur noch wie ein Traum erschien.

Bis zwölf Uhr mittags wurde in den Werkhallen gearbeitet wie immer, zwischendurch aber hatten die Männer Körbe mit Tannengrün herbeigeschleppt, um die fünfhundertste Maschine angemessen zu schmücken. Sein Duft mischte sich mit dem des Öls, das ein Meister vom Triebwerk wischte.

Als der Pförtner melden ließ, der Handels- und Finanzminister sei im Anmarsch, gab Borsig das Zeichen, die Arbeit einzustellen, und eilte zum Tor, um Herrn von der Heydt zu begrüßen. Pferdegetrappel und das Rasseln von Kutschen zeigten ihm an, dass sich der Mann nicht geirrt hatte. Borsig begrüßte den hohen Gast, ohne irgendwie unterwürfig zu erscheinen. In seinem Selbstverständnis war er selbst mehr als ein preußischer Minister, auch wenn der zum Adel gehörte und aus einer alten Bankiersfamilie kam. Seite an Seite ging es durch die still gewordenen Hallen, und Borsig erinnerte die festlich-feierliche Stimmung irgendwie an Weihnachten. Es ging vorbei an den Ambossen, den Schmiedefeuern und den Drehbänken zur großen Lokomotivhalle. Stumm und ein wenig befangen standen die Männer in ihren blauen Arbeitshemden und dem umgebundenen Schurzfell an ihren Arbeitsplätzen. Sie folgten Borsig und dem Minister und versammelten sich in weitem Kreis um die Jubiläumsmaschine. Von der Heydt ließ sich noch die Unterschiede und die jeweiligen Vor- und Nachteile der frühen Borsig'schen Maschinen und einer Crampton-Lokomotive erklären, dann ergriff er das Wort.

Borsig konnte sich später an keine Einzelheit erinnern, auch nicht genau daran, was er anschließend gesagt hatte, bevor die umkränzte fünfhundertste Lokomotive unter Heil- und Hurrarufen auf den Weg zum Hamburger Bahnhof gebracht worden war. Wieder und wieder las er deswegen den späteren Bericht in der *Berliner Nationalzeitung*:

In der Borsig'schen Maschinenbau-Anstalt vor dem Oranienburger Thor fand heute eine seltene Feier, der Transport der aus dieser Anstalt hervorgegangenen 500sten Lokomotive, statt. Um 2 Uhr erschien Herr Handelsminister von der Heydt in der Anstalt und hielt, nachdem er die Maschine in Augenschein genommen, an sämtliche im Kreise versammelten Arbeiter der Anstalt eine herzliche Ansprache. Er hob hervor, wie das Borsig'sche Etablissement von besonderem Einfluß auf die Förderung der Industrie und speziell des Eisenbahnwesens des Vaterlandes sei, und dass der König geruht habe, den Commerzienrath Borsig zum Geheimen Commerzienrath zu ernennen. Herr Borsig sprach hierauf in wenigen, aber herzlichen Worten seinen Dank aus und hob besonders hervor, dass die vollendete Lokomotive nicht sein Werk sei, sondern das Werk sämtlicher anwesender Arbeiter, welche durch Einigkeit und unterstützt von dem guten Willen der Beamten das Werk voll-

bracht hätten; er spreche daher von ganzem Herzen den Wunsch aus, dass dies gute Einvernehmen auch ferner zum Nutzen jedes Einzelnen und des gesamten Staates recht lange unter seinen Leuten fortbestehen möge. Unter allgemeinem Jubel wurde nun die mit Blumen geschmückte Maschine aus der Werkstatt gezogen, – und unter dem Hurraruf der gesamten Menge von dem Etablissement nach dem Berlin-Hamburger Bahnhof transportiert.

Der Abend brachte ein großes Fest der Borsig-Lokomotivbauer im Kroll'schen Etablissement, einem Gaststättenkomplex, den Carl Ferdinand Langhans, Ludwig Persius und Eduard Stüler im Auftrage des Unternehmers Joseph Kroll auf dem Exerzierplatz vor dem Brandenburger Thor errichtet hatten. Die Krolloper, wie es auch genannt wurde, war am 15. Februar 1844 nach zehnmonatiger Bauzeit eröffnet worden. Der schlossartige Bau bestand aus einem erhöhten zweistöckigen Mittelteil und zwei langgestreckten Flügelbauten, ergänzt durch diverse Außenanlagen, und verfügte über zwei Wintergärten, vierzehn Festsäle, drei große Säle und den besonders prunkvollen Königssaal mit Logen und Balkonen für insgesamt fünftausend Gäste. Nach einem Großbrand am 1. Februar 1851 hatte der Baumeister Eduard Titz das Haus innerhalb eines Jahres wieder instandgesetzt.

Die *Berliner Nationalzeitung* berichtete über dieses denkwürdige Fest in einem längeren Artikel:

Da das Wetter ungünstig war, so waren alle Droschken der nächsten Reviere vor dem Oranienburger Thor in Beschlag genommen, und von sechs Uhr ab sah man Wagen an Wagen auf dem Wege zu Kroll. Nach acht Uhr waren alle versammelt, und Herr Borsig eröffnete das Mahl mit einer Einleitungsrede, worin er bemerkte, dass, als im Jahre 1846 die hundertste Lokomotive ausgegangen sei, er das Versprechen gegeben habe, den Ausgang der fünfhundersten durch eine allgemeine Feier zu bezeichnen. Herr Borsig brachte den ersten Toast auf den König, ein Beamter des Handelsministeriums den zweiten Toast auf den Handelsminister aus, dem der Toast auf Herrn Borsig folgte. Am Schlusse ging der Vorhang in die Höhe und zeigte Herrn Borsigs Büste in kolossaler Größe auf einer Säule stehend; dem zur Seite standen, als Repräsentanten der Eisenfabrikation und der Maschinenbaus, zwei lebensgroße Figuren, einen Puddler und einen Eisenarbeiter darstellend, und der Hintergrund gab die Ansicht der hiesigen Maschinenbauanstalt in größter Naturtreue. Gegen ½ elf Uhr war das Mahl beendet, und folgte hiernach ein Ball, welcher die Gesellschaft bis zum Morgen zusammenhielt.

»Kinder!«, hatte Borsig ausgerufen, an diesem Abend seinen Arbeitern so nahe wie nie zuvor. »Kinder, bewährt hier beim Essen und Trinken eure Kraft so, wie ihr sie in der Werkstatt zeigt! Bei der tausendsten Lokomotive wollen wir noch lustiger sein!«

Friedrich Wilhelm IV. kam einige Tage später nach Moabit, um Borsig zur fünfhundertsten Lokomotive zu beglückwünschen. Der Fabrikherr begrüßte den König auf Augenhöhe, sozusagen von König zu König, war ganz der Repräsentant des neuen Großbürgertums, das sich anschickte, an die Stelle des Militärs und des alten Adels zu treten und die dominierende Macht im Staate zu werden. Borsigs Selbstbewusstsein hatte seinen Grund auch darin, dass er seine herausgehobene Stellung aus eigener Kraft errungen hatte, während dem anderen die seine ohne eigene Meriten zugefallen war. Zugleich verband ihn mit dem König so etwas wie Freundschaft, beruhend auf einer gewissen Seelenverwandtschaft – waren sie beide doch im Grunde weiche, einfühlsame Charaktere und keine rücksichtslosen Herrscher.

Borsig führte den Gast auf den frisch bestreuten Kieswegen zu den Treibhäusern. An Büschen und Bäumen zeigte sich das erste zarte Grün, und das tiefe Gelb der aufblühenden Forsythien wirkte in der Frühlingssonne ein wenig künstlich. Borsig öffnete die Tür zum großen Palmenhaus, diesem wunderbaren Gebilde aus Eisen und Glas, auf das er so stolz war und das ihn so glücklich machte. Aus Tausenden von Blütenkelchen, einer exotischer als der andere, kam ein schwerer, feuchter Duft. Die Victoria regia schwamm im Becken mit warmen Wasser.

»Sie beschämen einen König, Herr Borsig«, sagte Friedrich Wilhelm IV. »Das alte Vorrecht der Könige, Schlösser und Gärten zu bauen, scheint ihnen von den Fabrikherren entrissen worden zu sein.«

Borsig war zu höflich, um nun zu nicken und zu sagen, wie sehr ihn diese Entwicklung freue, aber mit dem, was er nun sagte, kränkte er den König womöglich noch mehr. »Nun, Könige haben die Möglichkeit, Kolonien zu erobern, wir Fabrikherren hingegen nicht, und so muss ich, will ich autark werden, für viel Geld ein Stück Land kaufen, wo es Steinkohle gibt.«

»Preußen hat keine Kolonien«, sagte der König, in der Tat ein wenig verärgert. »Darin hinken wir allen großen europäischen Mächten erheblich hinterher.«

Borsig verzichtete darauf, Friedrich Wilhelm IV. darauf hinzuweisen, dass ein einiges deutsches Vaterland mit ihm als Kaiser die wesentlich größeren Chancen gehabt hätte, billig an überseeische Rohstoffe zu gelangen. »Nun gut, Schlesien, wo ich mir eine Kohlegrube kaufen will, ist ja schließlich auch eine Art preußischer Kolonie, erobert von Friedrich dem Großen.«

Der König lächelte. »Ihr Traum von der Autarkie, lieber Borsig, ich weiß. Unabhängig sein von der Rohstoffgewinnung bis zum Maschinenbau, keine Auslands- und Fremdlieferungen mehr.«

Bei Borsig war es mehr, er brauchte den Aufbruch zu neuen Ufern, wollte er leben. Sich mit dem zufriedenzugeben, was er erreicht, was er erschaffen hatte, konnte er nicht. Vielleicht wenn er achtzig wurde, aber nicht in seinem Alter. Es kam hinzu, dass im Deutschen Bund immer mehr Fabriken Lokomotiven bauten oder in Kürze bauen wollten, nicht nur Egells, Wöhlert und Schwartzkopff in seiner Nachbarschaft, sondern auch Kessler und Martiesen in Karlsruhe, Wever & Cie. in Barmen, Herrenkohl in Aachen, Maffei in München, Henschel in Kassel und noch einige andere. Irgendwie empfand er das als Aufstand gegen ihn, als Majestätsbeleidigung, denn *er* war der deutsche Lokomotivkönig. Besaß er ein eigenes großes Eisenhüttenwerk, so konnte er billiger produzieren und damit alle anderen Lokomotivbauer aus dem Felde schlagen und ein Monopol erreichen.

Auch noch ein weiteres Motiv mochte es geben, einen Grubenkomplex in Schlesien zu kaufen: die Rückkehr in die Heimat. Als ein Nichts war er 1823 nach Berlin gegangen, als großer Sohn Schlesiens kam er jetzt zurück. Oft hatte er am Ufer der Spree gestanden und den Dampfschleppern zugesehen, wenn sie mit ihren Rauchfahnen die mit schlesischer Kohle beladenen Kähne zum Moabiter Eisenwerk schleppten. Aber die kam aus fremdem Besitz, und er war abhängig von anderen.

Ein paar Tage, nachdem sie den Bau der fünfhundertsten Lokomotive gefeiert hatten, machte er sich auf den Weg nach Schlesien. Begleitet wurde er von seinem Sohn Albert, dem alten Freund Friedrich Hermes und drei sachkundigen Herren seiner kaufmännischen Abteilung. Er war gespannt auf Breslau und neugierig darauf, wie es sich verändert hatte. In die Vorfreude mischte sich aber auch die Angst, mit dem Damals konfrontiert zu werden. Er beneidete den August Borsig der Breslauer Zeit, denn der hatte das Leben noch vor sich gehabt. Der August Borsig von 1854 hatte es schon weitgehend hinter sich.

»Sei nicht undankbar!«, mahnte ihn Friedrich Hermes, als er ihm von seinen düsteren Gedanken erzählt hatte. »Du hast doch viel mehr erreicht, als du damals erhoffen konntest. Nicht einmal geträumt hast du von dem, was du jetzt bist.«

»Alt bin ich jetzt«, brummte Borsig.

»Ach was, nicht mal fünfzig bist du!«

Breslau hatte sich nur wenig verändert, aber neue Mühlen und Braubetriebe gab es, Ölmühlen und Spritfabriken, Anfänge der chemischen und der Metallindustrie, daneben auch Bekleidungs-, Möbel- und Papierfabriken. Was sie besichtigten, war aber einzig und allein die Wagenbauanstalt, zu der Gottfried Linke die Stellmacherei seines Vaters in der Büttnerstraße 32 gemacht hatte. Man baute offene Güterwagen für die Oberschlesische Eisenbahn.

»Wollen wir nicht auch Waggons bauen?«, fragte Albert den Vater.

»Nein, das ist doch Kleinkram«, brummte Borsig.

Insgeheim hatte er gehofft, dass ihn die Breslauer zum Ehrenbürger machten, aber so etwas gab es offenbar noch nicht, jedenfalls endete der Empfang im Rathaus durch Oberbürgermeister Julius Alexander Elwanger nur mit einem langen Händedruck.

Anschließend machte er sich mit Albert und Friedrich Hermes auf den Weg zu den Stätten seiner Kindheit und Jugend und zum Friedhof, auf dem seine Eltern ruhten. An vieles konnte er sich noch deutlich erinnern: an den Lehrer Mistek, an den Beamten Ludger Krauthausen aus dem Rheinland, der bei einem Kostümfest als Nero gegangen war, an den Meister Ihle, an den Großvater George Burzik aus Nieder-Pontwitz, an den Onkel Friedrich Burzik, der ihn vor Berlin gewarnt hatte … Und daran, wie er dem Vater immer geholfen und dabei schon das Zimmererhandwerk gelernt hatte, wie er vom Dach gefallen und fast totgegangen wäre, wie ihm einer von Trevithicks erster Lokomotive erzählt hatte, wie er in der Schmiede, wo er Friedrich Hermes zum ersten Mal begegnet war, seine Liebe zum glühenden Eisen entdeckt hatte, wie er in der Königlichen Bauhandwerkerschule seine Kuppeln entworfen hatte, wie er sich in Marie Kiesewetter verliebt hatte …

Als sie vor dem Elternhaus in der Neudorfstraße standen, kamen ihm die Tränen. »Wenn ich sie doch alle nur noch einmal wiedersehen und sprechen könnte, wenigstens eine Minute lang!«

Wer von der Familie noch lebte, traf sich am Nachmittag in der Wohnung von Johann Gottlieb Borsig, der auch ein Enkel von George Burzik aus Nieder-Pontwitz war und als Rathszimmermeister in Breslau geblieben war. Vier Kinder hatte er und war arm dran, da seine Frau im letzten Jahr verstorben war. Drei Kinder hatte auch Borsigs Schwester Luise mitgebracht und zwei sein Vetter Heinrich, seines Zeichens Schuhmachermeister zu Breslau.

August Borsig hielt eine kleine Rede, in der er an alle erinnerte, die nicht unter ihnen sein konnten, weil sie schon auf dem Friedhof lagen oder weit weg wohnten.

»In Dankbarkeit gedenken wir ihrer, die uns so viel gegeben haben.«

Am nächsten Morgen ging es dann nach Tarnowitz, wo man sich mit Carl-Wolfgang Graf von Ballestrem treffen wollte. Borsig überlegte. Es musste 1828 gewesen sein, als er den Namen Ballestrem zum ersten Mal gehört hatte, und zwar bei Waldemar von Schwanow in seinem Palais in der Wilhelmstraße, als auch Karl Godulla zu den illustren Gästen gehört hatte. Godulla war 1848 in Breslau verstorben. Carl-Wolfgang Graf von Ballestrem hatte vor zwei Jahren auf seinen Geländestücken bei Biskupitz Bohrlöcher in den Boden treiben lassen, um neue Kohlefelder zu erschließen. Der Bohrer war auch wirklich auf Flöze gestoßen. Es gab in verschiedener Tiefe Kohleschichten, die bis zu drei Metern mächtig waren. Ballestrem ließ die Felder umgrenzen, sicherte sich die Gerechtsame zum Abbau und gab den Landstücken bergmännische Namen wie »Gute Hedwig«, »Berthawunsch« und »Hedwigwunsch«.

Man verhandelte eine Weile, Borsig wägte und prüfte immer wieder, was die Fachleute schließlich zu Papier gebracht hatten:

Es übernimmt Herr Geheimer Commerzienrath Borsig die Verpflichtung, auf seine alleinigen Kosten die beiden Muthungen Gute Hedwig und Berthawunsch durch Bohrarbeiten weiter aufzuschließen und ihre Funde zu entblößen, die hierzu gehörigen Arbeiten durch Abteufung der erforderlichen Schächte, Maschinenbauten und nötige Vorrichtungen zu veranlassen, die zum Betrieb der künftigen Gruben nothwendigen Gebäulichkeiten aller Art herzustellen, die beiden Gruben – deren Beleihung Herr Graf von Ballestrem sobald als möglich auf seinen Namen nachzusuchen hat – in Betrieb zu setzen und während einer Zeitdauer von 25 Jahren in fortgesetztem Betrieb zu erhalten. Hierbei wird bemerkt, dass zu den Kosten des Betriebes auch alle königlichen Gefälle, die Bergbauhilfsgelder und sonstige Abgaben jeder Art gehören.
Die bisher auf die Muthungen verwendeten Kosten in Höhe von 5000 Thalern sind von A. Borsig zu erstatten.
Für die von Borsig eingegangenen Verpflichtungen überläßt Ballestrem ihm die volle Disposition über die beiden aufgrund der

Muthungen zu errichtenden Steinkohlengruben Gute Hedwig und Berthawunsch durch einen Zeitraum von 25 Jahren vom 1. Januar künftigen Jahres ab, also bis zum 1. Januar 1880. Außerdem ist Borsig verpflichtet, für das erste Jahr einen Pachtzins von 4000 Thalern, vom 1. Januar 1856 einen Zins von 5000 Thalern jährlich zu zahlen. Bei Überschreiten der jährlichen Förderung von 100 000 Tonnen sind außerdem für jede über das Quantum von 100 Tonnen mehr geförderte Tonne Kohlen aller Art 18 Pfennig zu zahlen.

»Was ich bisher geleistet habe, soll als unbedeutende Kleinigkeit erscheinen gegen das, was ich alsdann schaffen will!«, erklärte August Borsig mit Pathos, als er am 5. April 1854 seinen Namen unter den Vertrag mit Ballestrem gesetzt hatte.

Nach dem rauschenden Fest, das es zum Bau der fünfhundertsten Lokomotive gegeben hatte, war August Borsig des Feierns ein wenig müde, und so bat er, von seinem fünfzigsten Geburtstag am 23. Juni keinerlei Notiz zu nehmen. Es traf sich gut, dass sich sein Sohn gerade auf einer Auslandsreise befand. Ganz ausfallen lassen konnte man die Sache nicht, und so saß er am Abend mit Louise und seinen engsten Freunden und deren Frauen in einem kleinen Saal des Hôtel de Brandebourg an der Ecke Charlotten- und Mohrenstraße und speiste gediegen.

Die Tage danach brachten nichts Besonderes, sie waren angefüllt mit Arbeit. Der Juni ging, der Juli kam. Der 1. Juli fiel auf einen Sonnabend. Als am frühen Nachmittag die Werkstore geschlossen wurden und seine Arbeiter frohgemut nach Hause eilten, saß Borsig noch immer über seinen Plänen. Das schlesische Projekt musste mit Macht vorangetrieben werden. Als er gegen sechs Uhr hinüber in seine Villa ging, tat er das nicht, weil er erschöpft war, sondern weil Louise ihn zum Abendessen erwartete. Danach plauderten sie noch ein wenig über die Künstler, die er förderte, dann verabschiedete er sich mit einem Kuss auf die Stirn von seiner Frau und ging in sein Schlafzimmer. Es war noch so hell, dass er die schweren Vorhänge zuziehen musste, um das nötige Dunkel zu haben, ohne das er nicht einschlafen konnte. Alles war so wie immer, und nichts ließ ihn daran zweifeln, dass es bis in alle Ewigkeit so bliebe. Gegen drei Uhr morgens aber hatte er das Gefühl, auf seiner Brust würde ein tonnenschwerer Eisenblock liegen. Er schreckte hoch und rang nach Luft. Seine Atemnot wurde immer schlimmer.

»Louise, ich ersticke!«, konnte er gerade noch rufen.

Seine Frau kam in sein Zimmer gestürzt, hinter ihr das Dienstmädchen. Beide erschraken. Borsigs Atem ging pfeifend, Angstschweiß bedeckte seine Stirn, sein Herz klopfte heftig und krampfhaft.

»Mein Gott«, rief seine Frau, »was hast du denn, du bist doch nie krank gewesen! Jette, schnell, hol Doktor Hagemann!«

Der Arzt kam und diagnostizierte einen rheumatischen Brustkrampf, also einen Asthma-Anfall.

»Wie kann denn das kommen?«, fragte Borsig.

Dr. Hagemann, ein älterer, erfahrener Mediziner, brauchte nicht lange nachzudenken, um eine einleuchtende Antwort zu finden. »Ach, mein lieber Borsig, zählen Sie doch einmal die Stunden, die Sie in staubigen und mit Rauch erfüllten Hallen verbracht haben! Da kommen Jahre zusammen. Und das hält auf Dauer auch die gesündeste Lunge eines Zimmermanns nicht aus.«

»Und was nun?«, fragte Borsig mit schwacher Stimme.

»Sie richten sich jetzt auf, trinken die Tasse starken Kaffees aus, die Ihr Mädchen Ihnen gleich bringen wird, und dann legen wir Ihnen einen Wickel mit Senfteig auf die Brust, und Sie bekommen etwas Morphium von mir. Es ist ja Sonntag heute, und Sie können sich ordentlich ausruhen. Bald wird es Ihnen wieder gutgehen.«

Und der Arzt sollte recht behalten: Am Montagmorgen stieg Borsig in die Kutsche und fuhr zum Werk am Oranienburger Thor, um neue Skizzen zu entwerfen, sich lange und lebhaft mit seinen Ingenieuren zu unterhalten und beim Gang durch die Werkstätten die nötigen Weisungen zu geben. Er war so heiter wie schon lange nicht mehr.

Am Abend des 6. Juli aber, als er gerade zu Bett gegangen war, kam der nächste Anfall, heftiger noch als der erste. Louise eilte an sein Bett, sah seinen Zustand und stürzte sofort wieder in den Flur, um nach dem Arzt zu schicken.

Borsig rang nach Atem, geriet aber nicht in Panik wie beim ersten Anfall, denn er wusste ja nun, dass alles nach kurzer Zeit vorüber sein würde. Weder dachte er ans Sterben, noch sah er die Stationen seines Lebens an sich vorbeiziehen, auch bat er nicht um Vergebung und vergab niemandem – er war nur gänzlich konzentriert darauf, das nötige Quentchen Luft in die Lungen zu bekommen, das sein Gehirn unbedingt brauchte, um den Körper noch funktionieren zu lassen. Und er schaffte es, schaffte es bis zu dem Augenblick, als ihm war, als würde sein Kopf plötzlich explodieren. Er flog davon, flog in ein helles Licht hinein, in die vollkommene Seligkeit …

Als seine Frau an sein Bett getreten war, hatte der Tod seine Arbeit getan. Sie brach in Tränen aus, fiel auf die Knie und küsste seine Stirn.

Nach kurzem Unwohlsein entschlief in Folge einer Gehirnlähmung in vergangener Nacht mein geliebter Mann, der Königliche Geheime Commerzienrath
A. Borsig.
In Abwesenheit meines Sohnes zeige ich dies hierdurch, statt jeder besonderen Meldung, tief betrübt an. Die Beerdigung findet Montag früh 9 Uhr von Moabit aus statt.
Louise Borsig, geb. Praschl

So war es am 8. Juli in der *Vossischen Zeitung* zu lesen. Was sich danach tat, hat Fritz Pachtner in einmaliger Art und Weise geschildert:

Durch den Julitag schwebte die Trauer von dem Hause und den Gärten in Moabit hinein in die Hauptstadt. Sie ergriff Tausende von Menschen, denen die mächtige Gestalt des Fabrikherrn in Erinnerung war oder die immer wieder von den Taten dieses Lebens gehört hatten.

Diese Menschen wallten in einem Strome, der nicht enden wollte, durch den stillen, sonnig-klaren Julimorgen hinaus nach Moabit. Die Gärten standen im Grün und in der Blumenpracht des werdenden Sommers. Wie eine zeitlose Stille ging es durch den Sonntagmorgen. Nur aus der Ferne kam leises Glockenläuten von Charlottenburg über die Spree.

Von allen Werkstätten und Fabriken in der Oranienburger Vorstadt und in Moabit und von allen Bahnhöfen wehten Trauerfahnen; auch die Häuser in den Straßen Moabits hatten Trauerschmuck über ihre Fassaden gebreitet. Von neun Uhr morgens bis ein Uhr mittags an diesem strahlenden Julisonntag konnte Berlin von seinem toten Fabrikherrn Abschied nehmen. Vier Stunden lang, in ununterbrochenem Zuge, pilgerten die Menschen, in ehrfürchtigem Schweigen den Hut in der Hand haltend, an dem Toten vorbei.

Am Morgen des 10. Juli wurde der Fabrikherr bestattet. Wieder wallte, schon am frühen Morgen, eine unabsehbare Menschenmenge zu Fuß und zu Wagen nach Moabit. Überall auf den Straßen gingen in Gruppen schwarzgekleidete Menschen mit Blumen und Kränzen in der Hand. Um neun Uhr begann im Trauerhause ein Gottesdienst; der Prediger Vater sprach.

Kurz nach halb zehn Uhr bewegte sich der Trauerzug langsam durch Alt-Moabit. Der Tag lag heiter und sonnig über den Straßen; in unendlicher Reihe standen die Menschen auf den Bürgersteigen bis hinaus zur Chausseestraße.

Vor dem Zuge ging ein Trauermarschall mit weißer Schärpe. Dann kamen die langen Reihen jener Menschen, denen der Fabrikherr immer mit sorgender Treue verpflichtet war: die Arbeiter. Langsam, mit ernsten Gesichtern schritten die Maschinenbauer aus den Fabriken der schaffenden Hauptstadt, aus den Werken von Wöhlert, Schwartzkopff, Ohm, Siegel, Freund, Egells, Spatzier, Hamann, Hummel, die Männer aus der Königlichen Eisengießerei und aus den Werkstätten der Eisenbahnen im Zug.

Dann, näher ihrem toten Herrn, kamen die Reihen der Borsigarbeiter. Trauermarschälle und Musikkorps gingen zwischen ihnen, umflorte Fahnen begleiteten sie. Auf einem schwarzen, mit

Lorbeer umwundenen Samtkissen wurde der Rote Adlerorden des Fabrikherrn getragen.

Dann folgte der Sarg, mit schwarzem Tuch überzogen und beinahe verhüllt von dem Reichtum der Lorbeerkränze und Blumen. Er stand frei auf einem zehn Fuß hohen Wagen, den man noch, Tag und Nacht arbeitend, eigens in der Fabrik angefertigt hatte. Der Wagen wurde von vier Rappen gezogen und war mit einem schwarzen, reich mit Silber gestickten Leichentuch behängt. Marschälle gingen zu beiden Seiten. Die ersten Beamten der Werke trugen die Zipfel des Leichentuches.

Drei Prediger im schwarzen Ornat geleiteten den Bruder und den Sohn des Fabrikherrn hinter dem Sarg. Dann folgte der lange Zug der Männer des Staates und der hohen Behörden. Die Menschen, welche die Bürgersteige der langen Straßen bis an den Rand füllten, schauend, anteilnehmend und erlebend, flüsterten sich leise Namen zu: den Handelsminister von der Heydt erblickten sie im Zuge, den Geheimen Rath von Humboldt, den Unterstaatssekretär von Pommer-Esche, den Polizeipräsidenten von Hinckeldey, den Oberbürgermeister Krausnick, den Bürgermeister Naunyn, die Directoren der Eisenbahnen.

Uniformen und blinkende Helme hoher Militärs leuchteten wie bunte Flecke aus dem Schwarz der langsam wogenden Reihen. Zweihundert Kutschen und Wagen, darunter der Galawagen des Königs und die Wagen des Prinzen von Preußen und des Prinzen Carl, schlossen den Zug.

So bewegten sich die Reihen von Alt-Moabit, an der Ulanenkaserne vorbei, durch die Invaliden- und Chausseestraße bis nahe an das Oranienburger Thor. Dort, auf dem Dorotheenstädtischen Friedhof, gegenüber der Stelle, an der vor siebzehn Jahren der Faktor Borsig mit der Inbrunst seiner Jugend das Leben des Fabrikherrn begonnen hatte, war die Ruhestätte bereitet.

Es war ein Uhr geworden. Die Julisonne stand hoch und hell über den Bäumen. Wenn ein Luftzug über die Gräber fuhr, trug er den Duft der frischen Kränze und Blumen weithin.

Es war, als kämen die Worte von fernher, aus einer Ewigkeit, als der Prediger Vater den Segen und das letzte Gebet sprach. Das

Läuten der Glocken, das gedämpft über den Dächern und Häusern schwang, verband sich zu wundersamer Symphonie. Langsam verstummten die Glocken, eine nach der andern. Nur für Minuten schwang noch die Glocke von Sankt Johannes durch den Sommertag. Dann schwieg auch sie.

Hinzuzufügen wäre nur noch, dass man den Trauerzug auf zehntausend Menschen schätzte und dass am Abend, als es auf dem Dorotheenstädtischen Friedhof ruhig geworden war, eine gebeugt gehende Dame an Borsigs Grab trat und eine langstielige dunkelrote Rose auf den frisch geformten Grabhügel legte: Auguste Schäschke.

»In ewiger Liebe«, hauchte sie. »Du bist unsterblich.«

Epilog

Am 23. Juni 2011 hatte ich im Brecht-Zentrum in der Chausseestraße zu tun und war eine halbe Stunde zu früh an Ort und Stelle, so dass mir noch Zeit blieb, über den nahen Dorotheenstädtischen Friedhof zu schlendern und nach den Grabstätten deutscher Größen zu suchen. Plötzlich stand ich vor einem viereckigen Miniaturtempel und realisierte nach einigen Sekunden, dass es sich um das Erbbegräbnis Borsigs handelte, entworfen von Heinrich Strack. Die vier dorischen Säulen tragen einen Baldachin, ein Dach nach Art eines griechischen Tempels. Nach den Seiten hin ist alles offen, und in der Mitte ruht auf einer Stele die Büste August Borsigs, geschaffen von Christian Daniel Rauch.

Mir fiel ein, dass Borsig an diesem Tag Geburtstag hatte. Als Tag der Geburt war in der Tat der 23. Juni 1804 in Stein gehauen. Ich rechnete. 207 Jahre wäre er heute geworden. Ich trat nahe ans Gitter des Erbbegräbnisses heran.

»Herzlichen Glückwunsch, Majestät!«, rief ich zum König der Lokomotiven hinauf.

»Danke, mein Lieber!«, hörte ich seine sonore Stimme. »Und danke für Ihr Geschenk.«

Ich war nur mäßig erstaunt, denn schon einmal hatte ein Denkmal mit mir gesprochen, das für Theodor Fontane in Neuruppin. Und wie damals Fontane, so musste diesmal Borsig mitbekommen haben, dass ich etwas über ihn geschrieben hatte.

»Sie wissen von meinem Versuch, einen dokumentarischen Roman über Sie zu schreiben?«, war meine erste Frage.

»Was meinen Sie, wie mir die Ohren geklungen haben!«

»Nehmen Sie es als Ehrung, im Sinne von Fontane: *Die besten Gardebataillone der Menschheit sind die Toten, die, biographisch wiederbelebt, unter uns wandeln.*«

Borsig verzog das Gesicht. »Wie sind Sie eigentlich auf mich gekommen?«

»Nun, zum einen komme ich aus einer alten Handwerkerfamilie, und zum anderen bin ich von Lokomotiven fasziniert, solange ich denken kann. Auf meinem Schreibtisch steht eine 1E-Güterzuglokomotive, Baureihe 50, mit Kabinentender, und auf dem Fensterbrett eine 1C-Tenderlok der Baureihe 74, wie sie auf der Berliner Stadtbahn im Einsatz war. Beide im Modellbahnformat von 1 : 87, versteht sich, also H0. Mein Verleger weiß von dieser meiner Leidenschaft, und er war es schließlich, von dem die Anregung kam, ein Buch über Sie zu schreiben.«

Borsig staunte. »Obwohl Sie doch eigentlich gar nichts oder nur sehr wenig über mich wissen können. Ich darf einmal zitieren, was bei Ulla Galm geschrieben steht: *Über das Familienleben von August Borsig ist fast nichts bekannt. Es gibt keine Briefe, keine Tagebücher und naturgemäß auch nicht – wie das bei den Fabrik- und Arbeiterangelegenheiten der Fall war – irgendwelche zeitgenössischen Darstellungen.*«

»Allerdings, aber das ist ja gerade die berühmte Herausforderung und die große Chance. Ich habe aus Ihren Taten auf Ihr Wesen, Ihre Gefühle und Ihre Motive geschlossen, und ich hatte ja auch die beiden Bildnisse von Ihnen, das Gemälde von Krüger und den Stich von Afinger. Und dann bin ich so vorgegangen wie der Schauspieler Bruno Ganz, wenn der sich auf eine Rolle vorbereitet: *Ich suche zuerst ganz tief in mir nach dem, was ich mit der jeweiligen Figur zu tun habe. Das heißt, ich prüfe mich, wo gibt es Analogien, die in meinem Leben in etwa mit dem korrespondieren, was in dem Drehbuch steht? Wo kann ich die Figur mit meinen persönlichen Erfahrungen abdecken? Irgendwann sehe ich dann auch die Differenzen. Nachdem ich mich so orientiert und definiert habe, fangen handwerkliche Sachen an. Meine Glaubwürdigkeit und Authentizität hat wahrscheinlich damit zu tun, dass ich mich wirklich bemühe, genau die Teile einer Figur zu finden, die mit mir übereinstimmen und die ich sozusagen mit mir selbst besetzen kann.*«

Borsig blickte etwas skeptisch auf mich hinunter. »Sie als Schriftsteller?«

»Ich bin gelernter Industriekaufmann des Hauses Siemens, ich kenne Werkhallen von innen, ich habe viel über Werner Siemens gelesen und auch geschrieben, vor allem meinen Roman *Das Attentat* über die erste Berliner Hoch- und Untergrundbahn. Und der Aufstieg von Werner Siemens ist ja dem Ihrigen durchaus ähnlich. Apropos Aufstieg: Das ist es, was es mir ermöglicht hat, Sie in vielem zu verstehen, denn ich komme aus einem Neuköllner Hinterhaus, und in meiner Siemens-Zeit habe ich immer davon geträumt, ein großer Unternehmer zu werden, um eines Tages die Firma Siemens aufzukaufen und alle die rauszuwerfen, die mich geärgert hatten.«

Borsig stöhnte auf. »Schön und gut, aber Sie sind ja auch Soziologe, Linker, 68er, also jemand, für den Fabrikherren oder Unternehmer, wie man heute sagt, erklärte Feindbilder sind. Wie kann da jemand erwarten, dass Sie mich objektiv, geschweige denn liebevoll zeichnen?«

»Sie vergessen, dass ich Sie war, solange ich an diesem Buch geschrieben habe, und dass damit jeder Ihrer Erfolge auch mein Erfolg gewesen ist. Ihre Stärken habe ich als meine Stärken gesehen, Ihnen aber auch einige Schwächen unterstellt.«

»Das ist es ja, was mich so zornig macht!«, rief Borsig. »Dass ich eitel gewesen sein soll und geprotzt hätte mit meinem Reichtum, dass ich mich als der Kaiser Nero gefühlt haben soll! Und nicht nur, dass Sie mich und andere Menschen, die gelebt haben, falsch schildern und beurteilen, Sie erfinden auch noch eine Reihe von Leuten hinzu: meine angeblichen Freunde Schäschke und Järschersky, den Waldemar von Schwanow, den Fluschnik und den Wucke, vor allem aber die Auguste. Das alles riecht gewaltig nach Seifenoper! Da lobe ich mir doch den Roman, den Fritz Pachtner über mich geschrieben hat.«

»Der ist 1943 geschrieben worden«, wandte ich ein, »sozusagen im Auftrage des Führers, eine üble Beweihräucherung des

Deutschtums und des deutschen Edelmenschen. Der Fabrikherr als Vorbild für die deutsche Herrenrasse.«

Borsig grinste. »Und trotzdem haben Sie an einigen Stellen ganz schön von Pachtner abgeschrieben.«

»Manchmal hat er das Pathetische Ihrer Zeit so gut geschildert und den Ton so gut getroffen, dass ich nicht anders konnte, als einiges davon zu übernehmen. Außerdem scheint er Quellen gehabt zu haben, die ich nicht hatte.«

»Vater Borsig haben mich die Berliner einmal genannt, und ich war für manchen auch der wahre König, ein Denkmal bin ich – und da kommt nun ein Schreiber aus der zweiten Bundesliga und pinkelt gegen dieses Denkmal!«

Ich lachte. »Schon vierzig Jahre nach Ihrem Tod war es vorbei mit der Strahlkraft des Namens Borsig. Man reimte jetzt: *Wer nie bei Siemens-Schuckert war, / Bei AEG und Borsig, / Der kennt des Lebens Jammer nicht, / Der hat ihn erst noch vor sich.*«

»Ach ja«, seufzte Borsig, »Siemens ist immer noch eine Weltmacht, AEG und Borsig sind dagegen untergegangen – beinahe jedenfalls.«

»Nun, es existiert immerhin noch eine BORSIG-Gruppe, die laut Werbung *individuelle Lösungen für Apparate, Wärmetauscher, Membrantechnologie, Kompressoren, Kessel- und Kraftwerkstechnik sowie einen umfangreichen Kraftwerks- und Industrieservice* anbietet.«

Borsig stöhnte auf. »Keine Rede mehr von Lokomotiven und, was noch viel schlimmer ist, Borsig ist kein eigenständiger Konzern mehr, sondern Anhängsel einer malaiischen Holding. Keine Borsig-Werke mehr in Tegel. Und im Berlin-Baedeker bin ich im Kapitel *Berühmte Persönlichkeiten* nicht vertreten. Das sind alles Kränkungen, die ich schwer verkraften kann. Außerdem: Der Siemens hat seinen Adelstitel bekommen, der Menzel auch – und ich?«

»Sie Ärmster, Ihren Gram kann ich voll und ganz verstehen.« Ich wäre am liebsten auf eine Leiter gestiegen, um ihm tröstend über die Haare zu streichen. »Aber trösten Sie sich damit, dass man Ihren Namen in Berlin noch vielfach finden kann. Da haben wir den Borsigdamm und die Borsigbrücke in Tegel, die Borsigstraße in Mitte, die U-Bahnstation Borsigwerke auf der U6 und sogar einen Ortsteil, der nach Ihnen benannt worden ist: Borsigwalde. Mitsamt dem Fußballverein SC Borsigwalde 1910. Dann gibt es auf dem früheren Werksgelände in Tegel die Hallen am Borsigturm mit mehreren Dutzend Geschäften. Zu erwähnen ist auch die Borsig-Villa Reiherwerder am Tegeler See, wo heute alle Angehörigen des mittleren, gehobenen und höheren Auswärtigen Dienstes ausgebildet werden. Dazu kommen noch, was Berlin und sein Umland betrifft, die Borsig-Oberschule und das Landgut Borsig. Aber Borsigstraßen und -plätze gibt es auch in vielen anderen deutschen Städten, am bekanntesten ist wohl der Borsigplatz in Dortmund, wo die Fußballgroßmacht Borussia zu Hause ist. Und noch ein Letztes: Karl Eduard Biermanns Gemälde *Borsig's Maschinenbauanstalt zu Berlin* ist den Berliner Museen 245 000 Euro wert gewesen.«

»Nicht schlecht«, brummte Borsig, »aber …«

»Ihre narzisstische Unersättlichkeit!«, rief ich.

»Nun gut, für ein gewisses Maß an Unsterblichkeit reicht das ja, und wenn Sie über mich schreiben, dass ich mehr war als mancher König und Kaiser, dann will ich Ihrem sogenannten dokumentarischen Roman trotz aller Bedenken doch noch meinen Segen erteilen.«

Literatur

Bazinger, Irene, Los, steh auf, komm! Ein Gespräch mit Bruno Ganz. In: Berliner Zeitung, 9./10. Oktober 2010

Berger, Joachim, Berlin freiheitlich & rebellisch, Goebel, Berlin o.J.

Galm, Ulla, August Borsig. Preußische Köpfe, Stapp, Berlin 1987

Herre, Franz, Friedrich Wilhelm IV. Der andere Preußenkönig, Casimir Catz, Gernsbach 2007

Minkels, M. Dorothea, 1848 – ein Barrikadenheld. Aus dem Leben des Tierarztes Friedrich Ludwig Urban (1806–1879), unveröffentl. Ms.

Nicolai, Friedrich, Beschreibung der königlichen Residenzstadt Berlin, Reclam, Leipzig 1987

Pachtner, Fritz, August Borsig, Bernhard Sporn, Zeulenroda 1943

Pierson, Kurt, Borsig – ein Name geht um die Welt, Rembrandt, Berlin 1973

Schenzinger, Aloys, Metall, Wilhelm Andermann, Berlin 1939

Sichelschmidt, Gustav, Berühmte Berliner, Rembrandt, Berlin 1973

Wahlich, Ulrike, Die Borsig-Werke in Tegel, Jaron, Berlin 1998

Wernicke, Kurt, Mißverständnisse. Die Märzrevolution in Berlin, Edition Luisenstadt, Berlin 1998